한국근현대사 강의

한국
근현대사
강의

| 한국근현대사학회 엮음 |

한울
아카데미

한국근현대사는 그야말로 격동의 시기였다. 세계 어느 나라의 근현대사가 거대한 역사의 소용돌이를 비켜갔겠느냐마는, 그 가운데서도 가장 역동적인 역사의 한 줄기가 한국근현대사이다. 개화와 척사, 외세의 침략과 항쟁, 일제의 강점과 독립운동, 해방과 분단, 그리고 독재와 민주 등 가시밭길 역사를 걸어왔다. 긴 고난과 짧은 성취가 연속되었지만, 결국 광복을 맞이하고 산업화와 민주화를 이루며 통일을 향해 나아가고 있다. 이 같은 역동적인 한국근현대사를 한 권으로 묶은 것이 바로 이 책이다.

한국근현대사학회는 그동안 『한국근대사강의』(1997년 초판, 2008년 개정판 발행)와 『한국독립운동사강의』(1998년 초판, 2009년 개정판 발행) 등 두 권의 개설서를 펴냈다. 이 책은 이들을 한데 묶는 데 그치지 않고, 필진을 보강하여 새로운 내용으로 썼다. 한국근현대사를 수강하는 학생뿐 아니라 역사에 관심이 있는 일반인도 쉽게 이해하도록 만든 것이다.

이 책의 편찬은 2006년 한국근현대사학회 회장을 맡았던 김상기 충남대 교수의 발의로 시작되었다. 편찬과정에서 필진이 여러 차례 바뀌는 등 우여곡절도 있었지만, 2013년 한국근현대사학회 창립 20주년을 맞이하여 펴내게 된 것은 매우 뜻 깊은 일이다.

제1부 '근대국가의 수립, 변혁과 저항'(개항 전후~1910년), 제2부 '일제 병탄과 항일투쟁 그리고 민중의 삶'(1910~1945년), 제3부 '격동의 분단시대, 통일을 향해 나아가다'(1945년 이후)로 구성한 이 책은 각 시기별 주요 이슈를 골라 집필했다. 전체적인

구도를 조망하면서 기술한 방식으로 보면 한국근현대사를 관통하는 통사체제이지만, 주제별로 풀어낸 사실로 보면 분류사체제를 갖추었다.

통사적인 맥락과 구체적인 역사적 사실이 자연스럽게 교직된 이 책은 한국근현대사를 이해하는 데 도움이 될 것이다. 나아가 고난 속에서도 역동적으로 한국근현대사를 일궈온 역사인물들을 떠올리면서 삶과 역사의 주체로 자신을 바르게 정립하는 계기가 되기를 기대한다.

원고를 집필하고 책을 내는 일은 번거롭고 손이 많이 가는 작업이다. 무엇보다도 한국근현대사학회 회원이라는 이름 아래 강청한 원고를 알찬 내용으로 채워주신 집필자 선생들께 감사드린다. 원고 집필뿐 아니라 교열·교정 등 잡다한 일도 마다않은 이계형 선생을 비롯한 회원 여러분의 노고가 없었다면 이 책은 세상에 나오지 못했을 것이다.

끝으로 이 책을 기꺼이 펴내주신 도서출판 한울의 김종수 사장과 정성들여 만들어주신 염정원 선생을 비롯한 편집부 여러분들께도 감사의 마음을 전한다.

2013년 2월
한국근현대사학회 회장 김용달

차례

제2부 일제 병탄과 항일투쟁 그리고 민중의 삶

제3부 격동의 분단시대, 통일을 향해 나아가다

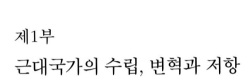

제1부
근대국가의 수립, 변혁과 저항

한국근대사를 어떻게 볼 것인가

1 19세기 조선과 서세동점

19세기 조선은 국내외적으로 큰 도전에 직면했다. 안으로는 순조·헌종·철종 시기에 걸쳐 안동 김씨와 풍양 조씨 등 외척의 세도정치가 지속되었다. 이러한 세도정치 하에서 과거제도가 문란해졌고 관리들의 부정부패는 극심했다. 중앙에서도 매관매직이 성행하여 인사행정이 혼란해지고 국가의 기강이 해이해졌다. 세도정치는 중앙 뿐만 아니라 지방에까지 영향을 미쳤다. 뇌물로 관직을 얻은 지방관의 탐학과 가렴주구로 농민들의 부담은 더욱 무거워졌고, 국가재정의 수입원인 소위 삼정이 문란해져 농민들의 피폐상은 극에 달했다. 결국 토지를 잃은 농민들은 유민이나 화전민이 되거나, 집단적으로 홍경래의 난이나 1862년 임술민란과 같이 체제개혁을 요구하는 항쟁을 전개하기도 했다. 이러한 체제개혁요구는 농민층만이 아니라 상공인층을 포함한 신흥 사회계층으로 확산되었다. 이들은 신분제를 비롯하여 사회구조 자체의 변혁을 요구했다.

한편 밖으로는 독자적인 문화권과 생활권을 유지하고 있던 조선의 연안에 서양

증기선이 자주 나타나 통상을 요구했다. 19세기 중반까지 조선의 대외관계는 기본적으로 중국, 일본과의 전통적인 사대교린 정책에 국한되었다. 그러나 당시 산업혁명을 거친 서구 제국주의 열강들은 시장 개척과 값싼 원료공급지 확보를 위해 점차 동아시아로 그 세력범위를 넓혀왔고, 조선 역시 그 범주에서 예외가 될 수 없었다. 초기에 이들은 주로 우리 해안에 대한 탐사와 측량을 했지만 때로는 통상을 요구하기도 했다. 조선은 이러한 서양의 도전에 천주교에 대한 경계나 박해로 응전했다. 이런 가운데 일부 지식인들은 문제의 심각성을 깨닫고 대응방안을 모색했다. 특히 이양선의 잦은 출몰과 1860년 베이징 함락 소식은 조선 사회를 뿌리 채 흔들어놓을 정도로 충격적이었다.

이와 같이 19세기 후반의 조선은 커다란 역사적 변동기에 처하게 되었다. 흔히 이 시기의 역사는 일본에 의해 조선이 침략당하고 식민지화되어간 과정으로 서술되기도 한다. 그러나 다른 한편으로는 조선이 중국 중심의 세계질서로부터 이탈하여 근대적 국제질서로의 전환을 도모하고, 아울러 서구 열강과 일제 침략에 대응하며 국권을 수호하고 국내적인 계급모순을 해결하여 국민국가를 수립하고자 노력했던 시기였다.

서구 열강의 근대적 무력 앞에서 중국을 비롯한 유교문화권은 무력했다. 중국은 영국과의 아편전쟁에서 패하고 1842년 난징조약을 강제로 체결당하여 홍콩을 영국에 강탈당했다. 이어 영프 연합군에 의해 1860년 베이징을 점령당하고 베이징조약을 체결했으며, 연해주 일대마저도 남하정책을 펼치던 러시아의 차지가 되었다. 중국은 함풍제(咸豊帝)가 사망한 후에야 비로소 서양기술을 배워 서양을 막아야 한다는 양무운동을 전개했다.

일본 역시 군함을 앞세운 미국의 함포외교에 무릎을 꿇고 문호를 개방했다. 도쿠가와 막부는 미국의 무력시위에 압도되어 왕의 재가도 받지 않고 미국과의 통상조약에 조인했다. 이때 막부체제에 불만을 품고 있던 조슈번(長州藩)과 사쓰마번(薩摩藩)을 중심으로 한 반막부(反幕府) 세력이 서양과의 통상외교정책에 반대하며 '존왕양이(尊王攘夷)'운동을 전개했다. 막부가 지방 세력에 대한 통제기능을 상실했음을 간파한 열강은 사쓰마번과 조슈번에 직접적인 공격을 가했다. 결국 1864년 시모노세키 전투와 가고시마 전투에서 패한 조슈번과 사쓰마번은 '존왕개국론(尊王開國論)'으로 선회하고 왕을 추대하여 근대화운동인 메이지유신(明治維新)을 주도했다. 그러나 '존왕양이'라는 국수주의적이고 배타적인 이념은 일본의 근대적 민족주의 이념의 근저를 이루게 된다. 또한 일본은 유신의 일환으로 단행한 폐번치현(廢藩置縣)과 판적봉환(版籍奉還)으로 신분상의 특권과 경제적 기반을 상실한 수십만 명에 달하는 무사계급을 처리해야 하는 난제를 갖게 되었다.

2 근대사회로의 모색과 이념

조선은 1876년 일본에 개항함으로써 비로소 세계자본주의체제에 편입되었다. 그러나 일본과 체결한 조일수호조규(朝日修好條規, 강화도조약)는 영사재판권, 일본화폐 유통권, 무관세무역 등을 허용한 전형적인 불평등조약이었다. 이후 조선이 서양 제국과 맺은 조약 역시 불평등조약이었다. 그뿐만 아니라 열강은 정치·군사적 압력을 동원하여 조약문을 자국에 유리하도록 해석하여 경제적 침투를 더욱 강화해갔다.

조일수호조규의 체결로 부산과 원산·인천을 개항하면서 조선의 대외무역 규모는 급격히 확대되었다. 그러나 곡물의 대량 수출은 농업에서 '쌀, 콩 단작화(單作化)'라는 재배작물의 협소화를 초래함과 동시에 농민층의 분해를 촉진시켰으며, 값싼 소비재의 유입으로 조선의 생산체계가 붕괴하게 되었다. 이는 조선 사회에서 내적으로 미약하나마 성장하고 있던 자본주의 발전의 길을 저해하는 요인으로 작용했다.

외세의 침략에 대한 대응은 민족생존과 직결되는 중대한 문제였다. 지식인들과 일반 민중 사이에서 이러한 위기를 극복하기 위한 방안이 모색되는 가운데 위정척사론·개화 사상·동학 사상이 형성되었다.

우선 정권을 장악한 흥선대원군을 비롯한 위정자와 척사유생들은 내수외양(內修外攘)을 기본 틀로 하는 위정척사론으로 위기를 극복하고자 했다. 이에 따라 체제 내의 개혁을 단행하면서 철저히 외세를 배척하는 쇄국정책을 추진했다.

위정척사론은 주자학자들이 서구 열강의 제국주의적 침략에 대응했던 사상과 논리로, 이항로(李恒老)와 기정진(奇正鎭)을 비롯한 재야의 유생을 중심으로 형성, 확대되었다. 이들은 주리론(主理論)에 근거하여 서양 세력을 배척하는 이론을 정비했으며, 1866년 프랑스군이 강화도를 침범하자 양이를 물리치는 대책으로 전국 각지에 군소사(軍召使)를 파견, 의병을 조직하여 외세의 침략에 대항할 것을 제안하기도 했다. 이들은 또한 조선의 산업이 서양에 비해 월등히 떨어지는 상태에서 교역을 한다는 것은 경제적 예속상태를 초래할 것이라고 하면서 서양 공산품과 조선 농산물 간의 통상관계의 불평등성을 지적했다. 아울러 서구문화의 유입으로 인해 조선의 고유문화, 심지어는 유교질서의 붕괴까지도 우려하는 등 서구의 침략성을 비판했다. 위정척사론자들은 외세 배척 이외에 내수책도 강조했다. 이들은 관료의 부패와 가렴주구 등이 민심을 이반시켜 국가의 기강마저 문란케 할 것으로 보아 이의 개혁을 요구했다.

이러한 의식의 성장 속에서 위정척사론은 19세기 중반 이후 구체적인 운동의 형태로 나타났다. 1876년 2월 조일수호조규의 체결이 구체화되면서 왜양일체론(倭洋一體論)의 관점에서 일본과의 수교를 반대하는 상소운동이 최익현(崔益鉉)을 중심으로 일어났다. 위정척사운동은 김홍집(金弘集)이 1880년 10월 일본에서 가져온『조선책략(朝鮮策略)』을 조정에서 수용하자 전국적으로 확대되었다. 신사척사운동(辛巳斥邪運動)은 영남만인소운동을 시작으로 전국 유생들의 호응을 받아 경기·충청·강원·전라 유생들의 복합상소로 이어졌다. 이 운동은 당시 개화정책을 추진하기 시작한 정부를 공격하는 반정부운동으로 발전했다. 정부에서는 운동의 주도자를 체포하여 유배를 보내거나 심지어 처형하는 등 강경책으로 대응했다.

위정척사론은 전통적 가치에 대한 신념이 확고하고 기존의 봉건체제를 옹호하는 입장에서 자본주의의 침략을 배척했기 때문에 시대착오적인 대응이었다고 비판할 수 있다. 그렇지만 외세의 침략으로부터 대내외적인 위기를 즉시 자각하고 강렬한 자주의식을 고취했기 때문에 사회 지도계층으로부터 지지를 받을 수 있었다. 비록 정부의 탄압을 받기는 했으나 청일전쟁 이후 일제의 침략이 자행되는 시기에 의병투쟁의 이념적 기반으로서 민족운동을 발흥시켰다는 것은 높이 평가해야 할 것이다.

한편 1860년을 전후로 서구의 물리적인 힘을 인식하고 이를 수용하여 개화·자강함으로써 대내외적인 위기상황을 극복해야 한다는 생각을 가진 개화지식인이 등장했다. 박규수(朴珪壽), 오경석(吳慶錫), 유홍기(劉鴻基) 등이 그들로, 이들은 문호를 개방하고 서구의 발전된 과학기술과 선진문물을 받아들여 부국강병을 꾀해야 한다는 개화 사상을 키워나갔다. 개화 사상은 내적으로는 조선 후기의 실학사상을 계승했으며 특히 실용과 대외통상을 주장한 북학파의 사상을 기반으로 했다. 그 위에 서구문물, 중국의 양무론, 일본의 문명개화론(文明開化論) 등 신진 지식을 수용하고자 했다.

개화 사상은 조선 사회를 지배했던 유교적 체제의 근본적인 개혁이 필요하다는 입장에서 서구문물의 도입을 주장했기 때문에 척사유생들의 논리인 위정척사론과는 확실히 구별되는 혁신사상이었다. 개화 사상은 정부가 추진했던 개화통상정책의 이념적 기반이 되었다. 1880년대 전반기는 고종과 신진개화파 관료에 의해 근대화 구상이 폭넓게 기획되었다. 그러나 임오군란 후 1882년 10월 조청상민수륙무역장정이 체결되어 청국의 조선에 대한 실질적인 간섭정책이 강화되었고, 다른 한편으로 1882년 5월 조미조약과 1883년 11월 제2차 조영조약 등 서구 제국주의 열강과의 불평등조약이 체결됨으로써 조선의 근대화정책 수행과정에 난제로 등장하고 있었다.

이러한 상황 속에서 개화파들은 개화정책의 추진방법과 청일에 대한 외교 문제로 대립하게 되었다. 김홍집·김윤식(金允植)·어윤중(魚允中) 등은 점진적인 개혁을 추진하고 청국과 종래의 외교관계를 유지해야 한다고 주장했다. 이와 달리 김옥균(金玉均)·박영효(朴泳孝)·홍영식(洪英植) 등은 일본의 메이지유신을 근대화의 표본으로 삼고 서구의 문물을 적극적으로 도입해야 하며 청에 대한 사대외교를 청산하자고 주장했다. 1884년 8월 베트남 문제로 청프전쟁이 발생하자 김옥균 등의 개화파는 조선에서 청의 세력이 약화된 틈을 타 정변을 일으켜 청국 세력을 몰아내고자 '12월 정변'을 단행했지만 실패했다(갑신정변). 이 사건으로 정변에 가담한 정치 세력은 몰락했지만 그 이념은 이후의 개화운동으로 계승되었다.

대외적인 위기가 고조되는 가운데 일어난 위정척사 사상과 운동, 개화 사상과 운동이 지식인 중심이었다면 민중을 대변하여 위기극복방안으로 모색된 이념은 동학이었다.

동학은 최제우(崔濟愚)가 1860년에 창도했다. 최제우는 민중이 개혁과 구제를 요구하고 있는 현실과 조선 사회에 밀어닥친 대외적 위기를 인식했다. 그는 전통적인 유교와 불교가 천주교의 침투를 비롯한 국내외의 문제를 해결할 수 없다고 판단했고, 동학은 서학과 다른 민족종교임을 강조했다. 동학은 독특한 평등사상을 민중에게 내세웠다. 즉 모든 사람이 하느님을 모시고 있다는 시천주(侍天主) 사상이 신분적 차별에 불만을 느끼고 있던 농민층을 비롯한 하층민에게 급속도로 파고들었다. 그리고 천운순환설(天運循環說)에 의한 개벽사상을 정립했다. 이는 동학 창도에 의해 말세가 종식되고 태평성세가 시작된다는 것으로 개벽, 즉 혁명이 도래할 것을 예언한 것이다. 이와 함께 동학은 귀신을 숭배하고 부적과 주문을 이용한 치병술을 구사하는 등 일반 민중이 안고 있는 고통을 즉각적으로 해결하는 데에 깊은 관심을 보였다. 이러한 동학의 포교 방식은 하층민들과의 친화력을 높이는 데 기여했으며, 유무상자(有無相資)의 정신을 강조하여 경제적인 여건이 다른 신도들 간에 공동체적 결속을 꾀해나갔다.

19세기 중엽 조선 신분사회는 상층부 양반사족 중심의 요호부민층, 하층부 평민·천민 중심의 소빈민층으로 대별되었다. 이 시기 농민들은 삼정의 문란으로 인한 봉건적 모순과 개항 이후 제국주의 침탈로 인한 피해 해결을 요구하는 항쟁을 전국에서 벌였다. 그러나 정부는 근본적인 대책을 세우기보다 농민의 요구를 처벌로 대처하는 한편 문제의 본질을 다만 지방 수령이나 이서(吏胥)의 잘못으로 돌리고자 했다. 이러한 상황 속에서 농민층은 개벽 이론을 담고 있는 동학에 크게 공감하고 자신들의 희망과 지향을 이에 투영시키고자 했다. 이처럼 동학은 하층민의 요구에 부응하는 혁명적인 사상이며 동시에 높은 친화력마저 갖추어 점차 민중종교로 발전했다.

동학은 정부의 탄압 속에서도 충청·전라·경상의 삼남 지역은 물론 강원도, 황해도 등 북부 지역까지 그 교세가 확대되었다. 도참(圖讖)이나 그 밖의 민간신앙이 동학으로 수렴되고, 봉건적 질곡에 억눌려 있던 여러 계층이 동학조직을 매개로 하여 점차 통합된 세력을 형성해나갔다. 이러한 조건이 1894년 2월 동학농민운동의 내재적 역량으로 작용했다.

3 반봉건·반침략 민족운동의 전개

위정척사파와 개화파, 그리고 농민 세력은 민족적 위기를 극복하기 위하여 각기 다양한 노력을 모색했다.

1894년 2월 고부민란을 시작으로 하여 농민층이 중심이 된 동학농민운동이 일어났다. 농민군은 부패한 관리를 제거하고 집강소(執綱所)를 통해 폐정을 개혁하고자 했다. 또한 일본 침략 세력을 몰아내어 조선의 정치적 자주성을 지키고 국왕의 통치권을 확립하고자 했다. 이들은 비록 사상적으로 봉건적 한계를 완전히 벗어나지는 못했지만 신분제 타파와 농민적 토지소유를 지향함으로써 사회·경제적인 측면의 봉건성을 타파하고자 했다. 따라서 동학농민운동은 조선봉건체제와 일본제국주의의 침략에 반대하여 동학조직을 기반으로 일어난 반봉건적인 민중운동이며, 동시에 반침략적인 민족운동이라고 할 수 있다.

한편 척사유생 세력은 1894년 8월 청일전쟁, 일본군에 의한 경복궁 점령 사건(갑오변란)과 을미사변, 단발령 실시 등 일련의 사건을 연달아 접하면서 마침내 의병을 일으켜 갑오개화파 정부와 일본에 항거하는 반침략·반개화 투쟁을 전개했다. 의병부대에는 유생을 비롯하여 구 군인과 관리, 소수의 농민군이 참여했다. 1894~1896년간 전국적으로 전개된 의병투쟁은 개화파 정부와 일제에 큰 타격을 주었다. 이 의병봉기 역시 농민군의 경우와 마찬가지로 정부에 의해 진압되고 말았으나, 1904~1905년에 재차 의병봉기를 단행하여 본격적으로 국권수호투쟁을 전개했다.

동학농민운동에 관여했던 농민들은 농민전쟁이 좌절된 후 일시 침체되어 있다가 서학당(西學堂)·영학당(英學堂) 또는 활빈당(活貧黨) 같은 무장집단을 조직하여 1890

년대 말에서 1900년대 초에 걸친 반봉건·반침략 민중운동의 주류를 형성했다. 이들은 주로 갑오개혁에서 추진된 지주 중심의 개혁정책과 본격화된 외세의 경제적 침탈로 깊어진 계급적·민족적 모순을 극복하고자 했다. 노동자들 역시 집단적인 저항세력을 형성했다. 광산노동자, 철도부설에 참여한 노동자, 부두노동자들이 중심이 되어 외국인의 광산채굴권 탈취에 항의했으며, 강제적인 노동력 동원에 반대하는 투쟁을 전개했다. 또한 열악한 노동조건을 개선하고자 하는 동맹파업도 벌였다.

한편 삼국간섭 이후 일본의 일방적인 지배력이 약화되고 러시아를 비롯한 열강들의 관계가 세력균형상태를 유지하는 가운데 대한제국 정부와 민간에서는 근대국민국가 수립운동이 일어났다.

고종은 대한제국을 출범시켜 구본신참의 입장에서 개혁정책을 펴나갔다. 고종은 부국강병을 달성하여 자주독립국가의 면모를 갖추고자 의욕적으로 개혁정책을 추진했다(광무개혁). 이와 동시에 재야의 지식인들은 독립협회(獨立協會)를 조직하여 시민계몽운동을 전개했다. 그러나 독립협회를 중심으로 한 민간 측의 개혁요구와 정부의 정책방향 사이에는 차이가 있었다. 특히 정부의 대외의존적인 정책은 독립협회의 비판을 크게 받았다. 독립협회는 열강의 이권 침탈을 저지하고 자립적인 국민국가를 지향하며 변혁운동을 전개했다. 그리고 만민공동회운동에서 보여준 소시민을 중심으로 한 반침략·반봉건적인 대중투쟁은 도시의 일반 대중에게까지 확산되었으며, 1904~1905년 이후 벌어진 국권회복을 위한 애국계몽운동의 기반이 되었다. 그러나 독립협회운동은 폭넓은 민중 층과의 연대를 이루지 못했으며, 정부의 만민공동회운동 탄압을 계기로 좌절되고 말았다.

4 국권회복운동과 이념의 통합

1904년 2월 러일전쟁이 시작되면서 일본은 군사적으로 한국을 점령한 상태에서 한일의정서를 강제로 체결했다. 러일전쟁에서 승리한 일제는 1905년 11월 을사늑약

(乙巳勒約)을 강요하여 한국의 외교권을 박탈하고 통감정치를 실시했다. 이후 일제는 1907년 7월 고종을 강제 퇴위시키고 군대마저 해산시킨 뒤 1910년 8월 한국병합을 감행했다.

이러한 상황에서 한국이 당면한 긴급한 과제는 일제에 빼앗긴 국권을 회복하는 것이었다. 한국인의 반일투쟁은 유생과 농민이 참여한 의병전쟁과 개화지식인이 주도한 애국계몽운동, 그리고 의사, 열사의 자결순국과 의열투쟁 등 다방면에서 전개되었다.

을미년에 봉기하여 1896년 말 해산했던 의병은 러일전쟁이 발발하자 다시 봉기했다. 을사늑약이 강제로 체결된 후 의병활동은 본격화되었으며, 1907년 7월 고종의 강제 퇴위와 군대 해산 후 전국적으로 확대되었다. 이 시기의 의병항쟁은 일본과의 전면전쟁 형태를 띠었다. 또한 해산된 대한제국 군인을 비롯한 민중 세력이 대거 참여하여 평민의병장의 진출이 두드러지는 등 의병의 신분구성도 다양해졌다. 이로써 의병전쟁은 민중·민족주의적인 성격을 띠게 되었다. 또한 13도창의군이라는 연합부대를 조직하여 서울탈환작전을 추진할 정도로 규모나 조직 그리고 무기 면에서 크게 성장했다. 의병은 비록 근대적인 무기로 무장한 일본군에 의해 진압되고 말았지만, 그 잔류 세력은 국망을 전후한 시기에 만주나 노령 등지로 망명하여 독립군을 결성함으로써 무장독립투쟁의 주력으로 활약했다. 이처럼 의병은 일제의 침략에 대항하여 민족의 독립을 수호하고자 치열하게 투쟁한 민족보위군이며, 항일독립운동의 원류였다.

의병전쟁이 지방에서 전개되었다면 애국계몽운동은 도시를 중심으로 전개되었다. 애국계몽운동은 1904~1905년 개화지식인들이 중심이 되어 전개한 실력양성운동으로, 단체를 결성하고 서구의 계몽사상을 도입하여 신교육운동을 전개하는 한편 실업을 진흥하고 국채를 보상하여 국가의 자립적인 자본주의적 경제발전을 지향했다. 그러나 애국계몽운동은 일제의 제국주의적 침략성에 대한 불철저한 인식으로 실력을 양성하면 국권도 자연히 회복할 수 있다는 '선 실력양성, 후 독립론'의 이념적 한계를 갖고 있었다.

의병전쟁과 애국계몽운동은 운동의 주체와 이념 그리고 투쟁의 방법 등 여러 면에서 공통성을 찾기 어렵다. 또한 실제 운동을 진행하는 과정에서 상호 비방하거나 심지어 살상하는 등 대립·갈등적인 면이 있었음도 사실이다. 그러나 다른 한편으로 의병과 애국계몽운동 간에는 국망을 전후하여 연합전선을 꾀하려는 통합의 노력이 시도되기도 했다. 여러 계통의 민족주의적 흐름을 규합한 비밀결사로 알려진 신민회가 조직되면서 양 세력 간 연합의 조짐이 보이기 시작한 것이다. 항일전에서 막대한 피해를 입은 의병들은 독립전쟁을 위한 민족의 각성과 실력의 필요성을 중시하게 되었으며, 애국계몽운동가들 중에서도 실력양성운동의 한계를 절감하고 현실적인 독립전쟁 준비를 실천하려는 이들이 있었다. 이들의 연합 시도는 국외에서의 독립군 기지 창건과 무관학교 설립과 같은 형태로 나타났다. 이러한 양 세력의 노력은 독립전쟁을 위한 통합적인 이념과 방법을 창출해낼 수 있는 새로운 모색이었다는 점에서 평가를 받을 수 있다.

　이와 같이 의병전쟁과 애국계몽운동은 국권회복이라는 동일한 목표를 가진 민족운동으로 근대 민족의식의 형성에 크게 기여했으며, 일제 식민지하에서도 끊임없는 대일 항전을 수행할 수 있게 한 민족적 힘의 원천이 되었다.　ㅣ김상기

1

개항 전후 제국주의의
침략과 대응

1 제국주의 시대의 개막과 동아시아

　19세기 중엽 유럽에서 산업혁명이 왕성하게 이뤄지면서 유럽 각국은 원료 확보와 제품시장 개척에 혈안이 되었다. 이런 가운데 비유럽 지역에서의 각종 경제이권을 확보하기 위해 각국은 대륙팽창정책을 추진했다. 1840년 전후부터 유럽열강은 함포로 무장한 증기군함을 앞세워 비유럽 지역을 침략하기 시작했다. 영국을 선두로 프랑스·독일·러시아·미국 등이 그 뒤를 따랐다.

　동아시아에서 영국과 처음 충돌한 나라는 중국이었다. 영국은 오랫동안 중국에 아편을 판매했는데, 그 폐해가 심해지자 중국에서 아편 수입을 엄단하여 갈등이 시작되었다. 사실 중국이나 동남아시아에서는 17세기경부터 담배와 함께 아편을 피우곤 했는데, 18세기에는 아예 파이프로 아편만 피우는 방법이 퍼지면서 중독자들이 늘어갔다.

　중국인의 아편 소비가 늘자 인도를 정복한 영국인은 아편의 제조와 유통에 열을 올려 대량의 아편을 중국으로 수출했다. 1729년에 고작 200상자였던 것이 1838년에

아편전쟁 당시 중국 정크 선을 공격하는
영국 군함 네메시스

는 4만 상자로 폭발적으로 증가했다. 이에 청국 정부는 1839년 임칙서(林則徐)를 광저우에 파견하여 아편 수입을 금지하는 강경책을 취하게 했다. 이에 불만을 품은 영국상인, 특히 아편무역을 주도했던 자딘 메디슨 사(Jardine, Matheson & Co.)는 영국 정부에 전쟁로비를 벌였고, 결국 1840년에 영국은 외륜 강철군함 네메시스를 비롯한 16척의 증기군함을 보내어 전쟁을 일으켰다. 영국은 1841년 상하이를 비롯한 양쯔강 하류의 도시를 점령하여 난징까지 이르렀다. 마침내 청국이 굴복했고 1842년 8월 29일 무력위협 속에서 난징조약이 체결되었다. 이 조약은 배상금 은 600톤 외에 종래 공행 폐지, 다섯 개 항구(광저우·샤먼·푸저우·닝보·상하이) 개방, 치외법권 인정 등이 명시된 불평등 조약이었다. 이와 동일한 조건으로 청국은 1844년 왕샤(望厦)조약(미국), 황푸(黃埔)조약(프랑스), 1851년 이리(伊犁)조약(러시아) 등을 각각 체결했다. 애로호 사건 이후 1857년에는 톈진조약이 추가로 체결되었다.

이러한 과정에서 동아시아 이권 쟁탈전에 새롭게 개입하기 시작한 나라가 미국이다. 당시는 태평양을 횡단하는 항해가 불가능했기 때문에 미국이 중국으로 가기 위해서는 캐나다로 북상하여 알래스카를 거쳐 캄차카 반도로 내려오는 방식을 취해야만 했다. 따라서 중간 경유지인 일본의 개항이 절대적으로 필요했다. 마침내 1853년 7월 8일 미국의 페리(Perry) 해군제독은 군함 미시시피호 등을 이끌고 우라가(浦賀)에 입항하여 무력시위를 벌이며 개항을 요구한 다음, 수호조약을 체결하기 위해 1년 뒤에 다시 오겠다고 통보한 후 떠났다. 당시 일본은 중국과 나가사키를 왕래하는 무역선을 통해 아편전쟁에 대한 생생한 소식을 접하고 있어서 지식인 사이에 대외적인 위기의식이 고조되어 있었다. 한편 막부는 네덜란드와의 교역을 통해 유럽열강의 동향을 전해 듣고 개항을 권유받으면서 서양과의 무력충돌이 무모하다고 판단했다. 그래서 1854년 2월 페리가 7척의 군함을 이끌고 재차 내항하여 조약 체결을 압박하자 큰 저항 없이 미일화친조약을 체결했다. 이리하여 일본은 중국에 이어 동아시아에서 두 번째로 서양열강과 불평등조약을 체결한 나라가 되었다.

이즈음 조선은 어떠했을까? 조선 연안에 조선의 배와 모양이 다른 배, 즉 '이양선(異樣船)'이 자주 나타나기 시작한 것은 1840년대이다. 그러나 당시 영국은 중국, 프랑스는 인도차이나 지역, 러시아는 중앙아시아, 독일은 서아시아 지역에 주력하고 있었기 때문에 조선에 대해 관심을 기울인 나라는 없었다. 그리고 일본이 아편전쟁에 강한 대외적 위기감을 느낀 것과 달리, 조선 정부는 이를 대수롭지 않게 여겼다. 그 이유는 무엇이었을까?

첫째, 조선은 전통적인 중화적 세계질서 안에 안정적으로 위치하고 있었다. 중국을 중심으로 하는 동아시아의 외교는 책봉과 조공관계로 이루어졌는데, 조선은 중국의 수도인 베이징으로 1년에 네 차례의 사절을 파견하며 조공을 바침으로써 대외적인 안정을 이룰 수 있었다(사대외교). 조선은 중국의 유교문화를 공유하며 이를 토착화·내재화했고, 명이 멸망한 후에는 유교문화의 중심이라는 자부심까지 고양시키고 있었다(소중화의식). 조선이 문화의 중심지라는 인식 속에서 외국에 대한 관심은 매우 적을 수밖에 없었다.

둘째, 정보 루트의 성격상 중국에서 발생한 서양 세력과의 분쟁에 대해 정확한 정보를 접하기 어려웠다. 조선은 중국에 파견한 연행사를 통해 아편전쟁 소식을 접했지만, 정작 청은 태평천국의 난(1850~1864) 등을 더 중요한 문제라 여겼기 때문에 아편전쟁이 '대국'인 중국을 존망의 위기로 몰아넣을 것이라 생각하지 않았다. 그리고 연행사가 서울에서 출발하여 평양, 의주, 책문을 거쳐 베이징으로 향했기 때문에 서양열강과의 분쟁지역을 접하지 못한 점도 작용했다. 연행사가 서양에 대한 위기의식을 느끼기에는 한계가 있을 수밖에 없었다.

셋째, 조선은 서양이 단지 천주교를 전파하는 이들일 뿐이라는 인식에 머물러 있었다. 조선 정부는 이양선의 내항이 조선에 사교, 즉 천주교를 전파하기 위한 것이라고 간주하여 대응했다. 1846년 프랑스가 전라도에 내항하여 통상을 요구하자, 조선 정부는 이양선의 내항을 '사술(邪術)'인 천주교를 전파하고 아편을 팔기 위한 것이

영프 연합군에 의해 점령된 베이징 원명원(1860)

라고 인식하여 강하게 경계했다.

이렇듯 당시의 조선은 서양열강의 제국주의적 실체에 대한 인식이 부족했지만 1860년 영국과 프랑스 연합군이 베이징을 점령하여 원명원(圓明園)을 약탈하고 당시 황제인 함풍제가 열하로 피신하는 사건이 발생(영프 연합군의 베이징 점령 사건)하자 비로소 위기의식을 피부로 느끼게 되었다. 당시 연행사로 청국에 갔던 사절단 정사 신석우(申錫愚)가 이를 목격하고 정부에 보고하면서 조선 정부를 긴장시켰다. 이 소식을 접한 서울 백성들은 짐을 꾸려 피난을 떠나기도 했다. 그렇지만 신석우는 여전히 천주교와 아편을 하는 내부의 무리가 내통하지 않는다면 서양이 조선을 침략할 이유가 없다는 수준에서 이 사태를 분석했다. 한편 1861년 열하로 피난한 함풍제를 위문하기 위해 중국으로 간 박규수는 약소국을 병탐하는 불의의 세력이 난무하고 육지와 바다에는 무력이 횡행하고 있어서 천하가 모두 위난에 처했다며 강한 위기의식을 느끼고 귀국했다.

1860년 영프 연합군의 베이징 점령 사건 이후 조선에서는 두 개의 대응론이 전개된다. 첫째는 무력으로 서양열강에 대적하여 전통적인 체제를 고수하는 것이었다. 둘째는 세계정세의 변화를 통찰하고 개항이 불가피하다는 인식을 하게 되는 박규수와 고종을 중심으로 하는 개국통상론자들의 성장이다.

2 양요와 저항

조선 연안에 이양선이 출몰하여 이에 대한 경계심이 고조되는 가운데, 러시아는

1860년 베이징조약을 통해 조선과 국경을 접하게 되자 1864년 겨울에 압록강을 건너와 통상을 요구하기 시작했다.

1864년 1월 12세의 나이로 왕위에 오른 고종을 대신하여 그의 아버지 홍선대원군이 섭정을 하게 되었다. 집권 초기 홍선대원군은 아직 권력기반이 취약했고 정부 내 기득권 세력인 위정척사 사상의 중심에 있으면서 당시 관료들 중 50~60%를 차지하던 노론계의 지지를 얻어야 했다. 사실 고종의 즉위에는 궁궐의 조대비를 비롯한 노론 세력의 지지에 힘입은 바 컸다. 이 무렵 홍선대원군은 남종삼(南鍾三)의 주선으로 러시아를 막기 위해 프랑스 신부의 도움을 요청하려고 한 적이 있었다. 그러나 중국도 서양에 대해 강경책으로 선회했다는 정보가 보고되면서, 서양열강의 침략에 대처하기 위하여 천주교도에 대한 대대적인 탄압(1866년 병인교난)을 벌여 외세와 내통할 수 있는 세력을 근절시키고자 했다. 이로 인해 국내에 잠입해 있던 12명의 외국인 선교사 중 9명이 처형되었고 리델(Ridel), 페롱(Férron), 칼레(Calais) 세 신부는 중국 산둥의 즈푸(芝罘)로 피신했다. 이 사건을 빌미로 삼아 마침 톈진(天津)에 머물고 있던 프랑스 로즈(Roze) 제독은 조선에 보복하고자 출정을 결심했다.

보고를 받은 프랑스 해군장관은 본국 정부의 개입을 필요로 하지 않는 선에서 강화도 부근에서 천주교도에 대한 박해를 막을 수 있는 정도의 군사행동만을 명령했다. 이에 로즈 제독은 1866년 9월 리델 신부와 조선인 신자의 안내를 받아 한강 입구까지 수로를 측량하고 돌아갔다. 같은 해 10월 로즈 제독은 프리깃함 게리에르와 코르베트함 프리모게, 라플라스, 통보함 2척, 포함 2척 등 총 7척에 1,000여 명의 병사를 이끌고 즈푸를 출발하여 10월 14일 갑곶진에 상륙한 뒤, 이틀 만에 강화부를 무혈점령했다. 그는 프랑스 선교사 학살에 대한 보복원정이며 선교사 살해 관계 책임자 3명을 색출하여 처형할 것과 전권위원을 파견하여 조약을 체결할 것을 요구했다.

홍선대원군은 강경대응방침을 정하고 순무영을 설치하여 대장에 이경하(李景夏), 중군에 이용희(李容熙), 천총에 양헌수(梁憲洙)를 임

홍선대원군

명했다. 그러나 이들이 보군(步軍) 500명, 마병(馬兵) 100여 명을 이끌고 10월 17일 양화진에 도착했을 때는 이미 강화도가 함락된 뒤였다. 프랑스군은 문수산성에 조선군이 진을 치고 있다는 정보를 입수하고 프랑스 분견대 120명을 보내 공격하여 점령했다.

재래식 포탄(좌)과 유선형 포탄(우)

프랑스군은 야포(野砲)에 대형 유선형 탄환을 장착하고 있었을 뿐만 아니라 자동소총을 사용하고 있어서 사정거리와 화력 면에서 조선군과 비교할 수 없을 정도로 우세했다. 조선 측은 고정형 대포에 원형포탄을 장착하고 화승총으로 무장했는데, 화승총은 일일이 화약이 묻은 짚(火繩: 화승)을 총신 구멍에 밀어 넣고 점화될 때를 기다려 발사해야 하므로 신속히 대응할 수 없었고 대포도 번번이 목표물을 빗나가거나 도달하지 못했다.

문수산성에서 조선군이 대패한 후 프랑스군은 열흘 동안 강화부를 약탈하고 다녔다. 양헌수는 10월 29일 밤에 문수산성 옆 수유현(水踰峴)으로 올라가 불을 밝혔다. 불빛을 본 프랑스군으로 하여금 공격토록 하여 탄환을 소모시키는 작전이었다. 그 후 양헌수는 프랑스군과 대결할 방도를 고심하다가 정족산성으로 도항할 것을 결의하고 11월 7일 549명의 포수를 이끌고 나룻배 3척으로 두 차례 왕복하는 방식으로 부래도(浮來島)를 출발했다. 이윽고 덕진진 하류에 상륙, 프랑스군이 점령하고 있던 강화도 안의 정족산성으로 비밀리에 입성하여 프랑스군이 오기를 기다렸다.

그런데 천주교 신자인 최인서(崔仁瑞)가 이 정보를 리델 신부에게 알렸고, 이것이 곧바로 로즈 제독에게 전달되어 11월 9일 아침 올리비에 대령이 이끄는 분견대 160명이 정족산성을 향했다. 그러나 올리비에 대장은 조선의 병력을 얕보았기 때문에 야포도 없이 경무장한 채 대응하러 나섰다. 프랑스 해군성 자료에는 이 전투에서 29~32명이 부상했다고 적혀 있으며, 양헌수가 적은 『병인일기』에는 프랑스군 사상자가 60~70명이었다고 한다. 오후 2시 경 조선군이 보유한 탄약도 바닥 날 즈음에 프랑스군이 마침내 퇴각하기 시작했다. 프랑스군은 각종 문화재를 약탈한 전리품을 싣고 철수했다. 로즈 제독은 보복원정이라는 소기의 목적을 달성했다고 자평하고 일본으로 돌아갔다. 양헌수는 공을 인정받아 한성좌윤을 제수받았다.

이보다 앞서 같은 해 7월에는 미국 상선 제너럴셔먼호가 통상을 요구하다가 불타 버리는 사건이 발생했다. 선주인 미국 상인 프레스턴은 조선과 직접 통상할 것을 계획하고, 텐진의 메도즈 상회와 상담한 후 면직물·유리 등 조선에서 팔릴 만한 것을 싣고 1866년 6월 18일 텐진을 출발하여 즈푸에 들러 중국인 인부와 영국 성공회파 선교사 로버트 토마스(Robert Thomas)를 통역으로 승선시켰다. 7월 7일 제너럴셔먼 호는 대동강을 거슬러 올라와 7월 13일 평양부 하류에 도착했다. 당시 평안도 관찰사로 있던 박규수는 평안도 중군 이현익(李玄益)과 평양부 서윤 신태정(申泰鼎)을 보내 내항한 목적을 알아보도록 했다. 토마스와 중국인 이팔행 등은 무역을 하기 위해 왔다고 말하고 프랑스인 선교사를 살해한 이유를 물었다. 이현익은 천주교나 기독교는 모두 나라에서 엄금하고 있으며 교역도 금지하고 있다고 답하며 즉시 물러날 것을 명했다. 그러나 제너럴셔먼호가 이를 무시하고 계속 강을 거슬러 오자 이현익이 나룻배를 타고 추격하다가 납치당하는 사건이 발생했다. 이에 성난 평양의 군민이 제너럴셔먼호에 돌을 던지거나 활이나 총으로 난사하여 공격하기도 했다. 그러다가 폭우로 불어난 대동강 물이 갑자기 줄어 제너럴셔먼호는 움직이지 못하는 상황이 되었다. 7월 24일 박규수의 지시로 짚더미를 실은 나룻배에 화약을 장치하여 밀어버리는 화공법(火功法)을 전개하여 제너럴셔먼호는 불타 침몰하고 말았다. 승선원은 분격한 민중에 의해 모두 살해되었다.

1866년에 발생한 두 차례의 사건 이후 양헌수나 박규수는 서양의 무력적 우위를 실감했다. 박규수는 서양의 증기선이 매우 견고하여 마치 성(城)을 공격하는 것과 같다고 비유하기도 했다. 이후 흥선대원군은 중국에서 『해국도지(海國圖志)』·『영환지략(瀛環志略)』 등 서양의 무기 제조

프랑스군이
문수산성을 공격하는 모습

미국 아시아함대의 군함 콜로라도의 모습과
강화도에 상륙한 미군(1871)

술과 관련된 책을 들여와 대포·화약·조총 등의 무기를 개발하는 등 대대적인 군비강
화정책을 추진했다. 다른 한편으로 외세와 내통하는 세력으로 간주된 천주교도에
대한 탄압은 더욱 가중되었다.

　이러한 상황에서 설상가상으로 서양에 대한 부정적인 인식을 각인시키는 사건,
즉 독일인 오페르트(Oppert)가 흥선대원군의 아버지인 남연군의 묘를 도굴하다가
미수에 그친 사건(1868)이 발생했다. 조선 정부의 배외노선이 더욱 강화되는 가운데
1871년에는 미국의 무력적인 개항요구에 직면하게 되었다.

　1866년 제너럴셔먼호 사건 이후 미국은 조선을 두 차례 더 찾았다. 1867년 미 증
기선 와추세트호가 제너럴셔먼호 사건을 조사하기 위해 내항했으며, 1868년 코르벳
함 셰난도어호가 내항하여 평안도 관찰사 박규수와 서한을 교환한 일이 있었다. 그
러나 당시 미국 측은 조선의 개항에 대해 강력한 의지를 표명하지 않은 채 제너럴셔
먼호 사건의 조사만을 하고 철수하여 양국 간의 군사충돌은 발생하지 않았다.

　미국은 1865년 남북전쟁이 종결되고 1869년 미국대륙 간 철도가 완성되자 자국
의 공산품을 캘리포니아를 거쳐 태평양 너머로 운반할 수 있게 되면서 본격적인 동

아시아 진출에 착수했다. 피시 국무장관은 1870년 4월 베이징 주재 신임 공사 로우 (Low)에게 조선을 개항시키라는 임무를 부여했다. 1871년 3월 로우 공사는 중국의 총리각국사무아문에 조회서를 보내어 미국의 이러한 의도를 전달하고 중국이 조선에 어떤 압력을 행사해줄 것을 요구했다. 중국은 조선이 비록 조공국가이나 내정은 자주라는 전통적인 견해를 제시하여 적극적인 개입을 피하고자 했다.

1871년 5월 16일 나가사키항에서 아시아함대 제독 로저스(Rogers)와 조선 파견 전권공사인 로우 공사 일행이 군함 5척, 총병력 1,369명을 이끌고 조선으로 출발했다. 이들은 남북전쟁 당시 사용했던 대포와 곡사포, 댈그런 및 레밍턴 소총으로 무장하고 있었다. 조선 측도 병인양요 후 강화도 포대에 많은 대포를 비치해두고 식량도 비축해놓았으며 전국의 숙련된 포수를 모집하여 방비를 강화하고 있었다. 6월 1일 미국 정찰선이 수로를 조사하기 위해 손돌목을 지날 때 광성진에서 대포를 발사하여 전투가 시작되었다. 6월 10일 블레이크 대령이 총지휘를 맡고 있는 상륙부대가 초지진과 덕진진 포대를 차례로 점령하고 광성진으로 북상했다. 진무사 중군 어재연(魚在淵)의 지휘하에 조선군은 과감하게 맞섰다. 총포와 활을 동원하여 집요하게 싸웠으며 무기가 없는 자는 맨주먹으로 싸웠다. 조선 측 사상자는 350여 명이었고 미국 측은 3명이 죽고 9명이 부상을 입었다. 로우 공사는 조선을 개항시킬 수 없다고 생각하여 교섭을 포기하고 7월 3일 작약도 정박지로부터 함대를 철수하여 5일 중국 즈푸로 돌아갔다. 이후 흥선대원군은 전국에 척화비를 세워 쇄국의지를 대내외에 과시했다.

흥선대원군이 세운 척화비(1871)

3 개항론의 형성과 조일수호조규의 체결

1860년대와 1870년대 전반 조선 정부의 대외정책은 강경론이 대세였으나 서서히 개항론이 제기되기 시작했고 이는 1876년의 개항으로 연결되었다. 이러한 움직임은

1866년 병인양요 당시 조선 정부 내에서 싹트기 시작했다. 당시 정국은 무력대항론이 우세했으나 중국과 일본의 경우에 비추어 조선도 서양과 통교할 수밖에 없을 것이라고 생각하는 이들이 생겨나기 시작했다. 이러한 인식의 중심에 있었던 인물은 박규수이다. 박규수는 연암 박지원(朴趾源)의 손자로 개화파 형성에 산파 역할을 한 인물이었다. 그는 1861년 열하사의 일원으로 청국에 파견되었을 때 영프 연합군의 베이징 점령 사건 직후 서양열강에 침탈당한 중국의 실상을 목격한 바 있고, 1866년 평안도 관찰사로 평양에 부임했을 때 제너럴셔먼호 사건과 셰난도어호 사건을 경험하기도 했다.

박규수는 미국의 통상요구를 배척하는 조선 측의 외교문서를 작성했는데 대세에 비춰 외국의 강압에 굴하지 않고 개항을 거부하는 조선의 입장을 명확히 전달하여 대외적 위신을 지키고자 했다. 그는 동생 선수(瑄壽)에게 보낸 편지에서 미국 함대를 물리쳐 모든 사람이 환호하고 있으나 자신은 장래의 사태에 대해 깊이 우려한다는 생각을 전하기도 했다. 박규수는 66세의 나이로 1872년 연행사 정사가 되어 다시 한 번 청국을 방문하여 당시 중국의 여러 지식인을 만나 유럽의 정세를 탐문하고 귀국 후 고종에게 중국의 양무정책의 효과를 보고 오기도 했다.

박규수의 개항론은 1870년대 전반에 중국의 양무정책에 관심을 갖고 있던 고종과 연행사행을 통해 국제정세에 관심을 갖고 조일수호조규 체결 당시 개항을 주장한 강위(姜瑋), 오경석 등의 공감을 얻게 되었다. 특히 1873년 말 친정(親政)을 시작한 이후 고종을 개항으로 이끌어 대외정책의 변화를 유도하는 데 가장 큰 구심점 역할을 했다.

박규수

조선의 대외정책은 가장 먼저 대일외교에서 변화가 나타났다. 그동안 조선과 일본의 외교는 대마도를 중개하여 일본 도쿠가와 막부와 조선의 국왕이 대등한 입장에서 이루어지는 교린관계를 유지하고 있었다. 그러나 조선은 소중화의식이 고양되어 있었기 때문에 내심 일본을 조선보다 뒤떨어진 나라로 인식하고 있었다. 하지만 일본은 메이지유신 직후 중앙집권체제를 정비하면서 종래의 대마도를 중개한 대조선 외교 방식을 청산하고 외무성에서 직접 담당하기 시작했다. 일본 외무성에서 보낸 외교문서에는 '왕정복고'를 알리며 자국의 천황을 '황(皇)'으로 칭하고 중국 천자의 문서를 의미하는 '칙(勅)'이라는 용어를 사용하여 조선 정부를 당혹시켰다. 마침 1867년에는 일본의 유학자 야도 마사요시(八戸順叔)가 조선이 일본에 조공을 바치지 않아 이를 문책하기 위해 일본이 80여 척의 병선을 이끌고 장차 조선을 정벌할 계획이라는 내용을 중국의 신문에 기고한 사실이 알려져 파문이 일어난 일도 있었기 때문에 조선 정부는 일본의 의도를 의심하고 외교문서를 수리하지 않은 채 대응하지 않았다. 마침 이 시기는 몇 차례에 걸친 양요로 인해 국내적으로 배외주의가 고양되어 있기도 했다.

그런데 1874년 고종의 친정 첫 해에 일본의 외교문서를 수리하는 쪽으로 대일정책이 변화했다. 이러한 상황에서 1874년 말, 박규수는 여전히 쇄국론 입장에서 강력한 영향력을 행사하고 있던 흥선대원군에게 대일외교문서를 수리하지 않는 것의 부당성을 주장한 서한을 보냈다. 박규수는 대마도주의 관직명이 달라진 것은 일본의 정령(政令)이 바뀌어서 그런 것이지 조선을 경멸하는 성질의 것이 아니고, '황'이나 '칙'이라는 용어의 사용도 자국 안에서 스스로 높여 부르는 것이기 때문에 타국이 상관할 일은 아니라고 논박했다.

한편, 1874년 타이완을 침략한 일본은 조선과의 교섭을 재개하고자 했다. 일본은 군함을 파견하여 이를 배경으로 교섭한다면 자국에 유리한 조약이 체결될 것이라고 생각했다. 훗날 주한 일본전권공사를 역임하게 되는 이노우에 가오루(井上馨)는 일본의 군함이 강화도에 접근한다면 조선 측이 포격할 것이라며 이를 구실로 조선과의 교섭을 전개하자고 주장했는데, 이는 1875년 운요호(雲揚號) 사건으로 실행에 옮겨졌다. 운요호는 1870년에 영국에서 만들어진 소형 증기목조선으로 대포는 8문, 승무원은 65명에서 75명가량 승선할 수 있었다. 일본 해군성으로부터 '조선 동남서해안부터 청국 뉴좡(牛莊)까지의 항로연구'를 명받은 이노우에 요시카(井上良馨) 함장은 9월 20일 운요호의 보트를 내려 담수를 구한다는 명목으로 강화도 초지진에 접근하면서 조선 측의 발포를 유도했다. 같은 날 오후에 운요호는 영종진을 공격하여 불태우고 밤늦게서야 전리품을 싣고 일본으로 돌아갔다. 일본은 이를 빌미로 1876

운요호의 모습(위)과
일본 측이 제시한 수호조규안(아래)

년 1월, 미국 페리 제독이 일본을 개항한 방식을 모방하여 조선에 수호조약 체결을 요구하며 내항했다.

조선 측은 일본군이 사건 발생 당일에 영종진을 포격하고 신속하게 퇴각해버렸기 때문에 그것이 일본에 의해 일어난 사건이라는 것을 알지 못했다. 운요호 사건 이후 일본은 이토 히로부미(伊藤博文), 이노우에 가오루, 프랑스인 법률고문 보아소나드(Boissonade)를 중심으로 사건조사위원회를 구성하고 국제법에 기초한 교섭안을 마련했다. 한편 일본에 주재하고 있던 미국, 영국, 러시아 공사에게 조선 개항에 대한 양해를 구했으며, 청국에는 모리 아리노리(森有禮) 주청공사가 파견되어 중국의 북양통상대신 리훙장(李鴻章)에게 조선과의 사대관계 여부를 물었고 리훙장은 중국은 조선의 내정에는 관여하지 않는다는 답으로 일관하여 일본이 수호조약을 체결하기 위해 조선에 간다는 것에 이의를 제기하지 않았다.

1876년 2월 일본은 구로다 기요타카(黑田淸隆) 전권변리대신과 이노우에 가오루 부전권 대신 모리야마 시게루(森山茂)를 외무권대승으로 승진시켜 군함 7척과 2,000여 명의 병대를 이끌고 조선으로 왔다. 동래부사 홍우창(洪祐昌)과 남양부사 강윤(姜潤)은 각각 이양선인지를 확인한 후 일본 측이 조선과 수호를 맺기 위해 강화로 향하고 있다고 보고했다. 조선 정부에서는 오경석을 역관으로 임명하여 먼저 강화부로 가도록 하고 판부사 신헌(申櫶)과 윤자승(尹滋承)을 접견대신으로 임명했다.

조약교섭과정에서 조선은 운요호가 황색 깃발을 달고 있어 일본의 배인지 몰랐다는 점을 부각시켰다. 다른 한편 야도 마사요시의 정한론으로 말미암아 조선의 대일

여론이 악화되었기 때문에 일본과의 수교 거부에는 일본의 과실이 있음을 주장하기도 했다. 이 과정에서 조선이 문제 삼은 것은 일본과의 정치적 평등관계를 명시하는 것이었다. 일본이 제시한 초안에는 이전의 '황', '칙'을 사용한 외교문서와 유사하게 '대일본국', '황제폐하', '조선국', '국왕전하'라는 표현이 있었다. 조선은 이를 수락할 수 없다고 주장하고 단지 '일본국'과 '조선국'이라는 명칭만 사용하자고 했다. 완성된 조약안에는 '대일본국'과 '대조선국'이라는 국가명이 채택되어 결과적으로 조선 측의 주장이 수용되었다.

운요호의 모습(위)과
일본이 제시한 조약안(아래)

한편, 조약 체결과 관련해서 박규수는 신헌에게 일본의 무력동원이 조선을 위압하기 위한 시위용이지 실질적인 군사행동을 하지는 않을 것이라며 담대하게 교섭에 임할 것을 자문해주기도 했다. 신헌은 일본과 수호조약을 체결하는 의미를 이해하고 있지 못했다. 일본이 조약에 대해 '관(館)을 개방하여 귀국의 지방에서 통상하는 것'이라고 하자, 신헌은 조선이 언제 일본과 통상하지 않은 적이 있느냐며 별도로 요청하는 것은 실로 이해하기 어렵다고 답변했기 때문이다. 다만 그는 러시아에 대한 방비를 위해 일본과 수호조약을 체결하는 것이라고 인식했다. 조약 체결이 대외적 위기의식의 발로에서 나왔음을 알 수 있다.

2월 27일에 체결된 조일수호조규는 '구호(舊好)를 수복하여 친목을 도모'하자는 전문과 총 12개 조항으로 구성되어 있다. 그 내용을 살펴보면 제1관에서는 조선국은 자주국으로 일본국과 평등한 권리를 보유한다고 하여 양국의 평등한 정치적 관계가 명시되었다. 이는 일본의 침략의도를 은폐한 조항이라고 해석되고 있지만, 1868년 메이지유신 직후부터 1874년까지 행해졌던 일본과의 외교교섭과정을 고려하면 조선의 주장이 관철된 부분으로 이해되어야 할 것이다. 제2관은 외교관 왕래의 규정, 제3관은 양국의 향후 외교문서에 일본은 일본어를 사용하되 향후 10년은 한문번역을 첨부할 것, 제4관은 개항장에 일본 인민이 왕래하여 무역하도록 할 것,

강화도 연무당에 대포를 배치하고 조약 체결을 강요하며
무력시위를 벌이고 있는 일본군

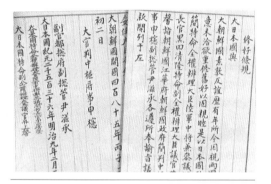

조일수호조규(강화도조약) 전문

제5관은 일본이 지정하는 두 개 항구의 개항, 제6관은 조난민의 구조, 제7관은 일본의 항해측량권, 제8관은 지정 항구에 일본 상관 설치, 제9관은 양국 인민의 자유무역, 제10관은 치외법권, 제11관은 가까운 시일 내에 통상장정 제정, 제12관은 위의 11조관을 양국이 준수하여 바꾸지 않는다는 것이다.

조일수호조규는 치외법권과 일방적인 개항장 설정, 일본의 항해측량권 인정 등으로 불평등조약임에 틀림없으며 향후 이를 개선하기 위한 조선의 치열한 대응이 요구되었던 것도 사실이다. 그러나 제국주의 시대의 국제법에 무지했던 조선이 불평등조약을 면할 가능성은 희박했다. 더욱이 조약의 불평등성은 당시 중국이나 일본의 경우를 보더라도 피할 수 없는 과정이기도 했다.

그럼에도 조일수호조규가 체결되기까지 주변 정세의 변화에 주목하면서 소중화의식을 벗고 개항의 필요를 인식한 박규수 등의 활동이 개시되었다는 점, 그리고 조약 체결에 바로 그들의 의지가 관철된 측면이 있다는 점을 주목해야 할 것이다. 조약 체결 후 곧바로 박규수의 노선을 계승한 개화파가 대두한 점이나 이후 이들이 주축이 되어 1880년대 전반에 구미열강과 잇달아 수호통상조약을 체결한다는 점에서 볼 때 조일수호조규의 체결이 쇄국에서 교류로, 위정척사에서 개화로, 시대의 논리를 전환시키는 토대가 되었다는 것은 분명하다.

▎윤소영

이야깃거리

1. 개항기에 조선의 대외적 위기의식이 일본보다 늦은 이유는 무엇이었을까?

2. 조선이 일본과 수호조약을 체결하여 개항하게 된 국제적·국내적 조건은 무엇이었을까?

3. 조일수호조규의 부정적인 측면과 적극적인 측면은 무엇인가?

더 읽을거리

김명호. 2005. 『초기한미관계의 재조명: 서면호사건에서 신미양요까지』. 역사비평사.

김용구. 2001. 『세계관의 충돌과 한말 외교사 1866-1882』. 문학과 지성사.

김원모. 1992. 『근대한미관계사: 조미전쟁편』. 철학과 현실사.

손형부. 1997. 『박규수의 개화사상연구』. 일조각.

연갑수. 2001. 『대원군집권기 부국강병정책연구』. 서울대학교출판부.

우에하라 카즈요시 외. 2000. 『동아시아 근현대사』. 한철호·이규수 옮김. 옛오늘.

윤소영. 1996. 「박규수와 세난도어호사건」. ≪숙명한국사론≫ 2.

윤소영. 2003. 「1870년 전후 조선의 대일인식과 정책」. ≪한국근현대사연구≫ 25.

윤소영. 2003. 「조일수호조규의 역사적 위치」. ≪한일관계사연구≫ 18.

이완재. 1989. 『초기개화사상연구』. 민족문화사.

이헌주. 2004. 「강위의 개국론연구」. 고려대학교 박사학위논문.

2 국민경제 형성의 좌절과 생활모습의 변화

1 자본주의 세계체제로의 편입과 경제구조의 변화

1) 대외무역의 확대와 상품유통구조의 변화

강화도조약의 결과 부산·원산·인천이 순차적으로 개항되면서 조선의 대외무역액은 급격히 증가했다. 개항장을 통해 이루어진 대외무역은 주로 영국산 자본제 면제품이 청국과 일본을 거쳐 중계수입되고 쌀, 콩으로 대표되는 곡물과 금 등의 원자재가 수출되는 형태로 이뤄졌다. 대외무역은 농업에서 '쌀, 콩 단작화'라는 재배작물의 단순화를 초래했고, 값싼 자본제 소비재의 유입으로 조선 재래의 생산체계가 붕괴하게 되었다. 이는 조선 사회의 내적인 발전동력에 따라 미약하게나마 성장하고 있었던 자본주의의 자생적인 발전의 길을 가로막는 원인이 되었다.

청일전쟁 이후 기존의 세 항구 이외에 진남포(1897), 목포(1898), 평양(1898), 군산(1899), 마산(1899), 성진(1899)이 순차적으로 개방되면서 쌀의 대일 수출은 더욱 확대되어갔다. 청일전쟁 이후에는 행상을 위한 여행권 발급을 외국 공사가 담당하면서 조선 정부는 외국 상인의 개항장 밖 행상을 전혀 통제할 수 없었고, 여행권 없이도 개항장 밖 40km까지 자유롭게 출입할 수 있게 됨으로써 전국 주요 지역이 외국 상인에게 사실상 자유롭게 개방되었다.

곡물 수출과 면제품 수입이 근간인 조선의 무역구조는 청일전쟁 이후 더욱 확고해져 곡물 수출이 총수출액의 80% 이상을 차지했다. 일본 상인들은 입도선매 방식으로 곡물을 대량 매집하여 곡물의 유통과정을 장악했고, 러일전쟁을 전후해서는 직접 토지를 매입하고 생산과정에까지 침투했다. 곡물의 대량 수출은 조선의 농업경영을 곡물재배로 단순화시켜 지주제 강화와 농민층 분해를 촉진시키는 원인이 되었다. 또한 일본산 목면과 면사의 수입 급증은 개항 이후 꾸준히 생산을 확대해왔던 면업발전에 타격을 입혔다. 조선 면포와 흡사한 값싼 일본 목면은 농촌의 소비시장을 잠식해갔고, 이에 따라 농촌시장을 배후로 생산을 확대해나갔던 면포 생산은 쇠퇴해갔다.

한편 개항으로 대외무역이 증대하고 개항장을 중심으로 상권이 재편되면서 종래의 상품유통권, 유통상품의 구성, 유통조직 등 유통구조에도 전반적인 변화가 나타났다. 개항 직전, 조선의 전통적인 상품유통권은 크게 경상도 동해안, 강원도 영동지방, 함경도를 잇는 동해안 유통권과 경상도 남해안, 전라도, 서울, 개성, 황해도, 평안도를 잇는 서해안 유통권으로 양분되어 있었다. 그러나 개항 이후 부산항이 삼남지방 곡물 집산지, 일본 수입품을 공급하는 새로운 유통중심지로 등장했고, 전통적으로 서해안 유통권에 속했던 전라도, 충청도, 경상도 일대가 차츰 부산항을 거점으로 하는 유통권에 포섭되어갔다.

곡물의 대일 수출 급증은 상품유통권의 변화뿐만 아니라 사회적으로도 큰 파장을 초래했다. 종래 부산에서 곡물을 공급받던 함경도 주민들이 극심한 식량난으로 유민화하거나 심지어 국경을 넘어 만주로 가기도 했다. 전라도의 쌀이 일본으로 대량 수출됨에 따라 서울의 쌀값이 폭등하기도 했다. 1882년 임오군란의 폭발력이 강했던 것도 쌀값 폭등으로 생계가 위협받았기 때문이었다. 특히 1890년을 전후로 전라도의 쌀이 부산항에서 반출되는 대일 수출 곡물의 약 70~80%에 달하게 되면서 서울

19세기의 부산항

을 비롯한 전통적인 서해안 유통권의 쌀 수급에 교란현상이 나타났다. 이에 조선 정부는 방곡령을 시행하는 한편, 인천항을 통한 쌀 유출을 막고자 '만석동회선령(萬石洞廻船令)'을 내려 조선 선박이 인천항에 정박하여 짐을 부리는 것을 금지하기도 했다. 하지만 조선 정부의 이러한 노력은 일본의 거센 항의와 위협으로 인해 실효를 거두기 어려웠다.

한편 근대적 운송수단인 기선이 도입되면서 원격지 유통이 확대되고 국내의 상품유통이 전반적으로 증대되었다. 하지만 일본인이 소유한 기선에 의해 원격지 유통이 이루어지면서 상품유통의 주도권이 일본 상인에게 넘어가 조선 상인이 종속되는 현상이 나타났다. 일본 상인이 개항장 이외 연안의 미개항 포구에서 밀무역을 자행하면서 조선 상인이 유통하던 국내 상품유통조차도 침탈당했다. 한편 개항장이 상품유통의 새로운 중심지로 성장하면서 조선의 전통적인 상품유통 중심지는 점차 위축되어갔다.

개항 이후 상품유통의 획기적인 증대로 상업이 발달하지만 불평등조약을 매개로 한 청일 상인의 활동에 의해 조선 상인의 상권이 크게 위협받았다. 조선 상인은 서울에 점포를 설치한 외국 상인들의 상권침탈에 동맹철시를 통한 점포철수요구로 맞서기도 했다. 기선의 도입으로 원격지 무역이 일본 상인에 의해 장악되고 개항장 밖 통상이 허용되면서 청일 상인들이 조선 각지의 상권을 침탈해가자 조선 상인들은 동업조직 결성, 자본합자, 업종 전문화 등을 통해 대응해나갔다.

개성상인은 종래의 상업조직을 기반으로 하여 삼포(蔘圃)의 경영과 수출입무역업으로 활동영역을 넓혀 서울 이북 지방의 상권을 장악했다. 평양상인들 또한 1883년 인천항에 대동상회를 설립하고 수출입 상품유통에 종사함으로써 진남포 개항 이전까지 전국적인 규모로 상권을 확대했다. 대표적인 객주회사인 인천의 신상회사(紳商會社)는 자본을 합자하여 인천 - 서울 간의 유통과 인천항 수출입 무역 등으로 영업망을 확대해갔다. 그러나 이들 상인들은 수세(收稅)를 대행해주는 조건으로 정부로부터 특권을 부여받고 있었고, 이러한 특권에 기대어 지방의 소상인들을 침탈함으로써

상설점포의 모습(1898)

이들의 몰락을 촉진하는 부작용을 낳기도 했다. 또한 이들 상업자본은 산업자본화하지 못한 채 무역 확대에만 편승하여 유통이윤을 확보하는 수준에 머물거나, 지대수입을 얻기 위해 토지에 투자되는 한계를 보였다.

2) 조선 정부의 경제정책과 한계

조선 정부는 1876년 강화도조약의 체결로 문호를 열었지만 '왜양일체론'을 주장하는 척사파(斥邪派)의 강한 반발로 개화정책 추진에 소극적이었다. 하지만 1880년 제2차 수신사로 일본에 갔던 김홍집이 『조선책략』을 들여온 것을 계기로 조선 정부는 개화정책을 적극 추진하는 방향으로 선회했다. 이에 반발한 척사파들이 '신사척사운동'으로 대응하면서 개화와 척사의 갈등이 표면화되었다. 척사운동을 강경 진압한 조선 정부는 서양의 근대적 기기의 도입과 대외통상을 담당할 기구로 통리기무아문(統理機務衙門)을 설치하는 한편, 농업생산력의 발전과 상품화, 상업세의 중앙세화를 통한 재정 확보, 광산 개발 등의 무비자강책(武備自强策)을 마련했다. 하지만 조선 정부의 개화정책은 무비와 기기 도입에 한정되었고, 그마저도 청의 외압과 재정 부족, 민씨 척족의 부패로 인해 실효를 거둘 수 없었다.

갑신정변 이후 조선 정부의 '동도서기론(東道西器論)'적 개화정책은 반청정책의 일

환으로 설립된 내무부에 의해 계승되었다. 조선 정부는 내무부 산하에 전환국, 광무국, 기기국 등 개화정책을 담당하는 실무기구를 설치하여 생사 수출, 남로전선 가설, 광산 개발 등을 추진했다. 하지만 무비자강책의 성패와 직결된 재정 확보가 여의치 않아 개화정책도 성과를 거두기가 어려웠다. 당시 조선 정부는 만성적 재정적자를 타개하기 위해서 봉건적 제도들에 대한 근본적인 개혁이 필요했지만 이를 고려하지 않았다. 부족한 재정 확보를 위해 당오전 등의 악화를 남발하여 화폐유통의 혼란만 가중시켜 자본축적의 기반을 취약하게 하는 결과를 초래했다. 또한 조선 정부는 차관 도입을 통해 부족한 재원을 충당하려 했으나 청일의 대립과 이를 둘러싼 정치 세력 간의 정쟁으로 인해 청국 이외의 국가로부터는 차관을 도입할 수 없었다. 이 때문에 반청정책의 일환으로 설립된 내무부의 개화정책이 오히려 청의 차관에 의존하는 역설적인 상황이 벌어지게 되었다. 또한 차관의 도입과 변제라는 악순환 속에서 개화정책의 재정적 기반이 매우 취약해졌고, 이로 말미암아 내무부에 의해 진행된 개화사업 대부분이 중도에 포기되고 말았다.

대한제국 정부는 '구본신참'을 표방하고 갑오개혁의 급진성과 외세의존성을 비판하며 옛 제도를 근본으로 새로운 제도를 도입한다는 입장을 취했다. 일단 동학농민운동과 갑오개혁으로 크게 흔들린 봉건체제를 유지하기 위해서 재정을 확보하고 부세체제의 모순을 시정할 필요성이 제기되었다. 정확한 토지실태를 파악하기 위해 실시한 양전(量田)은 전통적인 결부제(結負制)와 전분 6등제를 기초로 하되 평방척을 병기하는 방식으로 진행되었고, 동시에 역둔토에 대한 조사사업인 광무사검(光武査檢)을 실시했다. 이 과정에서 소유권 분쟁이 끊이지 않자 정부는 양전을 일시 중단하고 지계아문을 설치하여 토지문서인 깃기를 폐지하고 지계를 발급했다. 양전지계사업(量田地契事業)과 광무사검을 통해 정부는 황실과 지주의 소유권을 확정했으며, 이를 빌미로 결가(結價)를 50냥에서 80냥으로 인상하여 농민

제1조 대한국은 세계 만국에 공인되어온 바 자주독립하온 제국이니라.

제3조 대한국 대황제께옵서는 무한하온 군권을 향유하옵시느니 공법(公法)에 이르는 바 자립 정체이니라.

제5조 대한국 대황제께옵서는 국내 육해군을 통솔하옵서서 편제(編制)를 정하옵시고 계엄·해엄을 명령하옵시니라.

제6조 대한국 대황제께옵서는 법률을 제정하옵서서 그 반포와 집행을 명령하옵시고 만국의 공공(公共)한 법률을 효방(效倣)하사 국내 법률로 개정하옵시고 대사·특사·감형·복권을 명하옵시느니 공법에 이른바 자정율례(自定律例)이니라.

대한국국제(일부)

의 부담을 가중시켰다.

정부는 궁내부와 내장원의 확대를 통해 황제의 권력을 강화해갔다. 1895년 설치된 궁내부는 대한제국 선포 이후 서북철도국, 광학국(鑛學局), 박문원(博文院), 수민원(綏民院), 평식원(平式院), 경위원(警衛院), 개항장경무서, 예식원(禮式院) 등을 설치하고, 내장원 역시 인삼과 광산에 대한 모든 권한을 이속받아 기구와 재정 규모를 확대시켰다. 궁내부와 내장원을 통해 광산, 인삼, 둔토 등을 장악한 황실은 1898년 광산 및 토지 그리고 회사에 대한 외국인 합자를 금지시켜 관영업의 주도권도 장악했다. 또한 농상공부 산하의 통신국을 통신원으로 독립시켰으며, 전환국을 내장원경 이용익(李容翊)이 관리하면서 전신 수입과 주조 이익을 독점했다.

당시 내장원은 각종 수익사업에 손을 대면서 황실의 재정 규모를 확대시키는 한편, 산업시설에 투자하고 무기 도입을 시도했다. 그러나 이러한 사업은 내장원의 독주를 견제하려는 황실 측근 세력의 정쟁과 러·일 간 대립의 격화로 일관성 있게 진행되지 못했을 뿐만 아니라 철도부설권, 석금광 채굴권 등이 이미 일본을 비롯한 열강에 넘어갔기 때문에 실효를 거둘 수 없었다. 한편 탁지부 재정은 내장원 재정의 파행적 확대로 인해 심각한 상황에 빠졌다. 1899년에는 관료의 봉급이 체불될 정도로 재정이 악화되면서 황실로부터 9만 원을 차입한 것을 시작으로 매년 차입금의 규모가 커져갔다. 차입과 변제의 순환과정에서 내장원은 1903년 탁지부 재정의 기초인 삼남지방 결호전의 1/3을 장악했다. 이렇듯 재정이 황실에 예속된 상황에서 탁지부는 황실로부터 최소한의 행정경비를 차입하여 근근이 공권력을 유지해나갔고, 황실은 상대적으로 풍부한 재원을 바탕으로 하여 국정의 전권을 행사할 수 있었다.

그러나 황실 주도의 국정운영에는 적지 않은 한계가 있었다. 만성적 적자구조를 해결하기보다는 확실한 재원만을 장악하는 데 치중하여 과세 및 징세체계의 문란이 극에 달했다. 또한 새로운 재정재원으로 등장한 상업세의 거의 대부분을 황실이 장악하여 농상공부 및 탁지부의 수세와 충돌했고, 상인이나 관료들의 조세유용이 걷잡을 수 없는 상황임에도 내장원은 오히려 이들에게 영업독점권을 부여했다. 한편 재정 문제의 근본적인 해결을 위한 중앙은행의 설립과 '화폐조례' 실시도 지방관과

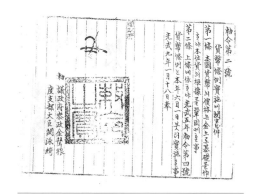
'화폐조례 실시에 관한 건' 칙령(1905.1)

결탁한 정부관료들의 반대에 부딪쳤고, 개혁을 위한 차관 도입도 러·일의 대립과 황실 측근 세력 내부의 주도권 경쟁 등으로 중단되고 말았다.

관료 및 상인들의 이윤기반을 특권으로 강화시켜 황실재정의 토대로 삼는 한편, 철도·은행 등 중요한 근대 산업의 물적 기반을 차관으로 조달하려 했던 정부의 식산흥업정책은 황제권 강화에 대한 집착과 차관 도입 실패로 좌초되고 말았다. 또한 내장원, 관료, 상인의 유통이윤에 기반을 둔 황실재정 강화책으로 인해 이들 자본의 이해기반이 해체되어 생산자본으로 전환시킬 수 없었을 뿐만 아니라 봉건체제의 모순을 개선하는 최소한의 재정개혁조차도 단행할 수 없었다.

3) 생산구조의 굴절

개항장을 통한 무역 급증은 상품거래의 증가와 상품유통구조의 변화만을 초래한 것은 아니었다. 외국산 자본제 공산품이 밀려들면서 수공업 생산을 비롯한 조선의 생산구조 전반에도 큰 변화가 나타났다.

자본제 면제품이 수입품의 주종을 이루는 상황에서 농가부업적 가내수공업 형태를 크게 벗어나지 못했던 조선의 면포산업은 직접적인 영향을 받을 수밖에 없었다. 1894년까지 청일 양국을 통해 수입된 영국산 면제품은 조선 전체 면제품 소비량의 1/4 수준인 연간 약 60만 반(反) 정도였다. 수입산 면제품의 시장 확대로 조선 재래 면포의 생산이 위축되는 결과가 초래되었지만, 사치품적 성격이 강했던 영국산 옥양목에 비해 토산 면포는 특유의 내구성 때문에 광범위한 농촌소비층을 대상으로 생산과 판매를 확대해갈 수 있었다. 경상도 진주와 같이 직포업이 성행했던 일부 지역에서는 농가부업적 가내수공업 생산에서 벗어나 직포과정의 전업화가 나타나기도 했다. 면포의 상업적 생산은 양반이나 상인자본에 의한 선대제적 생산 방식과 부농이 고용노동을 이용하여 생산하는 부농경영 방식 등이 나타나고 있었는데, 전자가 후자보다 더 지배적인 형태였지만 직물수공업이 발달했던 지역에서는 후자의 비중이 상대적으로 높게 나타나는 경향성을 보이고 있었다.

그러나 1894년 이후 조선의 면포시장을 직접 겨냥하여 상품화한 저가의 일본산 면제품이 본격적으로 수입되면서 시장을 장악하기 시작하자 면직업의 쇠퇴가 가속화되었다. 개항 초기부터 조선 면포를 모사한 일본 목면이나 막베 등이 수입되고 있었지만 품질과 가격 면에서 조선 면포를 능가하는 경쟁력을 갖추지는 못했다. 하지만 청일전쟁 전후부터는 방적공장에서 기계제 방적사로 짜서 내구성과 가격 면에서 경쟁력을 갖춘 일본산 방적목면이 수입되어 면포시장이 급속하게 잠식되기 시작했다. 저가 방적목면의 공세에 맞서 조선의 면포 생산자들은 수입방적사를 섞어 사용하여 생산비를 절감한 방적토포를 생산하며 대응했다. 그 결과 전통적으로 비면작지대였던 경기, 충청 지역에서 수입면사를 이용한 직포업이 발전하여 러일전쟁 이전 시기까지 일본산 방적목면 및 막베와 경쟁하며 농촌시장을 지켜냈다.

목포의 한 면화공장

충남 직산금광

반면에 전통적으로 면작 - 방사 - 직포라는 일관공정의 면업이 발달했던 경상도, 전라도의 경우는 면화산지라는 특수성으로 수입방적사를 이용한 대응이 어려웠던 탓에 오히려 방사 - 직포를 포기하는 경향이 나타났다. 경상도에서는 면화 재배 자체를 포기하고 좋은 가격조건에 수출되고 있었던 콩으로 재배작물을 바꾸는 농가가 급증했고, 전라도 지역은 거꾸로 1900년대 초반부터 원면을 일본 방적공장의 원료로 수출하는 길이 열리면서 면화 파종면적이 늘어나는 양상을 보였다.

경기, 충청 지역에서 활발히 나타났던 수입방적사를 이용한 면포 생산도 러일전쟁 이후 시기가 되면서 한계에 부딪쳤다. 수입방적사의 가격상승률이 면포의 가격상승률보다 지속적으로 높아지는 조건 속에서 가격경쟁을 위해 노임을 줄이는 이외에 어떠한 대안도 없었던 방적토포 생산자는 일본산 면포에 시장을 내어줄 수밖에 없었다. 개항장을 통해 밀려든 자본제 수입면제품의 확산에 따라 재래의 면제품 생산기반이 급격하게 위축되었고, 그 결과 조선은 일본 방적공장에 원료인 면화를 공급해주고 완제품인 일본산 면제품을 소비하는 시장으로 전락하고 말았다.

수입상품과 대립이 격심하지 않은 업종의 경우에도 무역으로 촉진된 상품화폐경제의 발전에 편승하여 생산이 확대되면서 공장제 수공업으로 발전하며 근대적 기기가 도입되었다. 개항 직후 경북 지역에 김동원 제지공장이 세워진 것을 비롯하여 유기제조업, 철 가공업, 제지업, 도자기공업 등이 발전해갔다. 이들 산업은 개항 이전에 이미 부분적으로 공장제 수공업 단계에 접어들고 있었고, 1880년대 이후 개인자본 혹은 자본결합에 의한 기계 도입도 일부 나타나 기계제 생산단계로 점차 이행하고 있었다.

유기제조업의 경우 일본산 유기가 1889년부터 수입되었지만 품질이나 기호 면에서 조선인을 충족시키지 못했기 때문에 그 영향이 제한적이었다. 경기도 안성과 평안도 정주를 중심으로 유기 생산이 활발했는데, 1887년에는 납청유기제조공장과 안성유기제조공장이 작업공정에 근대적 기계를 도입하여 유기의 대량 생산에 성공했다. 1894년 이후에는 개성, 구례, 전주, 재령 등지에도 유기제조공장이 세워져 치열한 경쟁 속에서 기술개선을 통한 생산력 향상을 위해 많은 노력이 경주되었다. 또한 1897년 서울에 설립된 조선유기상회 같은 합자회사의 사례에서 볼 수 있듯이 자본결합을 통해 경쟁력 강화를 도모하는 사례도 나타났다.

19세기 중엽 대규모 철산지 인근에는 철제품을 전문으로 생산하는 전업적 수공업 도시인 점(店)마을이 생길 정도로 철가공업이 발전하고 있었다. 1880년대 중반부터는 경북 청도, 황해도 금천 등지에서 규모가 큰 공장제 수공업장이 출현했으며, 농기구 같은 특정 물품만 전문적으로 생산하는 등 상품 생산의 전문화 경향도 나타났다. 특히 경북 청도군 운문면 일대에서 생산한 솥은 내구연한이 4대(약 100년)에 달할 정도로 품질이 뛰어났으며, 1904년 당시 이 지역에서는 연인원 24만 8,000명이 동원되어 약 18만 8,000관의 원철을 사용하여 약 1만 8,000개 이상의 솥을 생산할 정도였다. 이외에도 제지업과 도자기공업은 일본에서 값싼 양지(洋紙)와 도자기가 대량 수입되는 가운데서도 우수한 품질을 바탕으로 생산을 확대해갔다. 특히 한지는 뛰어난 품질로 인해 원동지방에서 호평을 받았으며, 일본과 중국의 수요가 많아서 생산과 수출을 지속할 수 있었다.

이렇듯 토착산업이 지속적으로 발전할 수 있었던 것은 조선의 전통적 관습에 의해 소비되는 생활용품이라는 점과 함께 수입상품과 직접적인 경쟁을 벌이지 않았기 때문이었다. 반면에 수입품과 직접 경쟁하던 면포 생산은 급속히 위축되었고, 면사 수입에 의존하는 방직업만이 저임금을 기반으로 일부 유지될 수 있었다. 또한 공업 부분에 대한 정부의 지원이 거의 전무한 상황에서 기계 도입을 통해 대량 생산공장을 설립하는 경우는 극히 제한될 수밖에 없었다. 더욱이 이 시기의 조선인 공장자본가를 지원해줄 수 있는 금융기구가 거의 존재하지 않았기 때문에 이들 공업이 생산을 확대하고 기술을 집적할 수 있는 기반이 전혀 갖추어지지 않았다. 따라서 조선의 토착산업은 수입품과 대립하지 않고 기계화도 어려운 토산품의 생산을 확대하는 방향으로 나아갔을 뿐이어서 자주적 민족산업의 토대가 취약할 수밖에 없었다.

4) 농민층 분해와 노동자의 생성

18·19세기 조선의 농촌사회에서는 이미 봉건적 신분제가 해체되는 가운데 농민층이 사회·경제적으로 크게 분화, 재편성되어가고 있었다. 개항 이후 곡물 수출이 본격화되자 지주들은 쌀 수출을 통한 이윤을 극대화하기 위해 소작경영 이외에 임노동을 이용한 직영지 경영을 강화하는 한편, 몰락농민층의 토지를 매입하고 소작 농민에 대한 통제를 강화해갔다. 이러한 지주제의 강화현상은 부농층의 성장을 제약하고 농민층의 몰락을 촉진하여 농민층 분해현상을 더욱 심화시켰다. 광무양안에 나타난 경기도 광주지방의 사례를 통해 토지소유실태를 살펴보면 6.5%의 부농이 전 농지의 40.5%를, 6.5%의 중농이 26.4%를, 9.6%의 소농이 16.9%를, 35.5%의 빈농이 16.2%의 농지를 소유하고 있었다. 소수의 부농과 중농이 67%에 달하는 농지를 소유

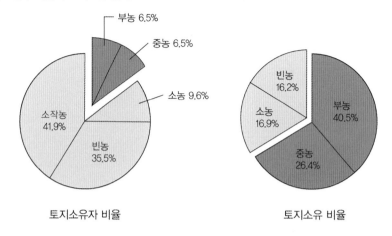

경기도 광주 지방의 토지소유 실태

부농 6.5%
중농 6.5%
소농 9.6%
소작농 41.9%
빈농 35.5%

토지소유자 비율

빈농 16.2%
소농 16.9%
부농 40.5%
중농 26.4%

토지소유 비율

했고 다수의 소농과 빈농이 극히 적은 토지를 소유했으며, 토지소유에서 완전히 배제된 이들도 적지 않았다.

한편 농업경영 형태에서는 소작경영의 확대가 뚜렷했다. 광주·수원·안성·온양·연산 등 다섯 개 지역 농민의 평균분포율은 자작농이 14.1%, 자·소작농이 57.7%, 소작농이 28.2%로 소작관계에 놓인 농민의 비중이 약 86%에 달하고 있었다. 이 시기 농민들에게는 수출입무역에 따른 상품화폐경제의 발달과 수출작물 재배를 통한 성장 가능성이 일부 열려 있었다. 그러나 1890년대 이후 쌀 수출 증대에 따른 지주제 강화와 정부의 결가 인상 등으로 그러한 성장의 길이 가로막히게 되었다.

조선 후기 이래 진행되었던 농민층 분해현상은 문호개방 이후 더욱 촉진되었다. 자본주의 열강의 상품과 자본이 농촌사회에 침투하면서 농촌경제가 교란되고 농민들의 토지방매와 부재지주 등의 토지투자가 성행하여 농민경제의 파탄을 가져왔다. 여기에 국가권력이 지세 수탈과 지주 중심의 개혁방안을 견지했기 때문에 지주제가 한층 강화되는 한편 농민층의 몰락이 가속화되었다. 이는 지주제를 바탕으로 한 근대 자본주의사회를 건설하려 했던 당시 집권 세력의 의도와 맞물려 있는 것이었지만, 이후 일제의 대조선 식민지정책과도 맞아떨어져 식민지 지주제의 발달로 귀결되었다.

한편 농촌에서 유리된 농민들은 광부, 부두노동자, 철도노동자 등 전업적 노동자로 바뀌어갔으며, 서울을 비롯한 주요 도시에서는 미약하지만 공장노동자도 출현했다. 당시 임노동자층의 분포를 보면, 매뉴팩처적 공장에서 일하는 임노동자는 적고 주로 농업노동자나 광산·부두·철도건설 노동자로 존재하고 있었으며 농업노동자의 비중이 특히 높았다. 또한 임금지불 방식에서 현물과 화폐지급이 병행되고 있었지만 현물지급 비중이 높았고 노동조건에서 봉건적인 제약들이 있었던 점에서 아직 전형적인 임노동자와는 거리가 있었다. 그러나 이 시기에 봉건적 신분제의 폐지와 더불어 신분적으로 자유롭고 경제외적 강제에서 어느 정도 벗어난 임노동자층이 폭넓게 존재했다는 것은 자본주의 성장의 기반을 제공하는 것으로서 중요한 의미를 갖는다. 또한 비중은 크지 않았지만 공장노동자가 생성되고 있었던 점도 자본주의 발달과정에서 매우 의미 있는 현상이라 할 수 있다.

2 생활모습의 변화

1) 서구 근대문물의 도입

개항 이후 조선 정부가 개화정책을 추진함에 따라 서구의 과학기술과 근대문물이 도입되면서 사람들의 생활모습에도 적잖은 변화가 나타났다. 조선 정부는 개화정책을 추진하기 위해서 1880년 11월 통리기무아문을 설치하고 1881년에는 일본과 청국에 각각 조사시찰단(朝士視察團)과 영선사(領選使)를 파견하여 근대문물을 배우고 오도록 했다. 1883년에는 박문국, 기기창, 전환국 등을 설치하여 신문 발행, 무기 제조, 화폐 발행 등을 시도했다. 이와 함께 통신·교통·전기 등의 분야에서 근대적 제도와 시설이 갖춰지기 시작하면서 생활모습에 변화를 가져왔다.

1880~1890년대에 근대적 통신시설인 우편, 전신, 전화가 가설되어 신속하고 정확

한성전보총국(현재의 세종로공원 내)

한 통신생활이 가능해졌다. 1884년 우정총국 설치로 시작된 근대적인 우편제도는 갑신정변으로 중단되기도 했으나 을미개혁 이후 부활하여 1900년부터는 만국우편연합에도 가입함으로써 세계 여러 나라와 우편물을 교환하게 되었다. 전신시설의 가설은 일본이 조선 정부와 협정을 체결하면서 1884년에 부산 - 나가사키를 잇는 해저전신을 개통한 것이 효시였다. 하지만 이는 일본이 한반도에서 자국의 편익을 얻기 위해 설치한 것이기 때문에 사실상 우리와는 관계가 없었다. 조선에서 전신업무가 시작된 것은 1885년 한성전보총국이 설치되어 서울 - 인천, 서울 - 평양 - 의주를 잇는 전신인 서로전선을 잇달아 개통하면서부터였다. 이후 1888년 서울 - 부산을 잇는 남로전선이 개통되고 1891년에 북로전선이 착공되어 서울-원산을 연결한 데 이어 1899년에는 함흥까지 연장함으로써 국내외를 잇는 전신망이 완비되었다. '전어기(電語機)' 혹은 영어의 음역인 '덕률풍'으로도 불렸던 전화는 1896년 궁궐에 가설하여 개통한 것이 최초였으며, 민간에서 전화를 사용하게 된 것은 1902년 3월 서울 - 인천에 전화가 가설되고 6월에 한성전화소가 전화업무를 시작하면서부터였다.

　근대적 교통시설인 철도의 개통은 1899년 9월 일본의 경인철도합자회사가 건설한 제물포와 노량진을 잇는 33.2km 구간의 경인선이 최초였다. 당초 1896년 미국인 모스(Morse)에게 부설권이 특허되어 1897년 3월 기공되었지만 완성을 보지 못하고 일본에 전매되어 완공되었던 것이다. 이후 경부철도 부설권은 일본에, 경의철도 부설권은 프랑스에 각각 특허되었지만 두 철도 모두 러일전쟁 중 일본의 군사적 목적에 의해 부설되어 개통되었다.

　전기의 사용은 1887년 3월 경복궁 내 건청궁에 전등을 밝힌 것이 시초였지만, 이는 향원정 연못가에 설치한 작은 발전설비를 이용하여 전기를 생산한 것에 지나지 않았다. 본격적인 전력사업은 1898년 황실과 미국인 콜브란(Collbran)의 합자로 설립된 한성전기회사가 동대문에 발전소를 건설하고 전등·전차사업 운영권을 허가받으면서부터 시작되었다. 한성전기회사는 1899년 서대문 - 종로 - 동대문 - 청량리 사이 25.9km 구간에서 전차를 운행하고 종로 등지에 전등을 가설하여 전기를 공급했다.

개통 당시의 전차와 동대문(1899.5)

교통·통신·전기 등의 시설 확충은 우리나라 사람들에게 많은 편익을 안겨주었다. 하지만 자본력도, 기술력도 결여된 조건 속에서 이들 시설의 건설은 거의 전적으로 외국자본과 기술에 의존하여 진행될 수밖에 없었다. 그 결과 이들 시설의 건설이 외세의 이권 침탈이나 침략적 목적과 연결되어 진행되는 양상을 보였다. 일제의 침략에 항거하여 봉기했던 의병이 전신선, 철도, 우체국 등을 공격대상으로 삼은 것은 바로 이 때문이었다.

2) 의식주 생활의 변화

우리의 의식주문화는 우리 민족이 한반도의 자연환경과 역사적 조건 속에서 오랜 세월을 거치면서 만든 역사적 산물이다. 그런데 문호개방에 따른 서구문물의 도입으로 전통적인 의식주 생활에도 변화가 일어났다. 의식주문화의 변화는 외형상 드러나는 생활모습 이상으로 조선 사회 내면의 사회의식 변화를 반영한다는 점에서 의미가 크다.

의식주문화 중에서 가장 빨리 변화가 나타난 것은 의생활이었다. 서양의 실용적 옷차림이 편리하다는 사실을 깨달은 개화파에 의해 1884년 복제개혁이 시도되었으나 실패하고, 1894년 갑오개혁 때에 이르러서 보다 강화된 형태로 시행되었다. 갑오 복제개혁의 내용은 종래의 붉은 색 관복 대신 흑단령(黑團領)을 입도록 하고 입궐 시에 검은색 두루마기를 착용하도록 했으며, 사복을 착용할 경우도 넓은 소매의 옷 대신 좁은 소매의 옷을 입도록 하는 것이었다. 서구식 편리성을 추구하며 전통복식의 현대화를 시도한 최초의 개혁이라 할 수 있다. 을미개혁 때에는 관민 구분 없이 모두 두루마기를 예복으로 착용하도록 했다. 이때부터 우리나라의 외투는 신분의 상하를 가릴 것 없이 두루마기 일색이 되고 말았다. 그리고 1900년 반포된 문관복장규칙(文官服裝規則)에 의해 문관의 복장이 서구식으로 개정됨으로써 조선왕조 500년간 지속되었던 관복제도가 폐지되고 양복으로 완전히 바뀌게 되었다.

복제개혁과정에서 유생들과 보수 관료들이 중심이 되어 강력한 반발이 일어났다. 이는 도포(道袍)로 표현되는 양반 사대부들의 외투는 단순한 옷이라기보다 피지배층과 자신들을 구분지으면서 주자의 도를 실천하는 사람들의 예의의 상징이기 때문이었다. 결국 신분제 폐지와 함께 진행된 갑오개혁기의 복제개혁은 신분차별의식이 깃들어 있는 복식제도를 없애겠다는 것에 다름 아니었다. 유생들과 보수 세력의 이러한 반발에도 서구식 복제가 점차 자리잡아갔다는 것은 평등사회로 한 걸음 더 나아가고 있었음을 의미한다고 볼 수 있다. 복제의 서구식 개정과 맞물려 이뤄진 단발령의 강행은 국민적인 반발을 불러와 을미의병이 전국 각지로 확산되는 기폭제가 되기도 했다. 갑오개혁 이후 여성들의 외출이 가능해지고 외부 활동이 허용되면서 옷차림에도 변화가 나타났다. 서양 선교사들이 입은 양장의 영향으로 한복을 개량하기도 했으며, 외출 시에 착용하던 장옷과 쓰개치마도 점차 사라지게 되었다.

개항 이후 외국인들과의 접촉이 늘어나면서 여러 나라의 음식이 자연스럽게 전해졌고 이에 따라 음식문화에도 변화가 나타났다. 궁중과 고위 관리들 사이에서 서양음식과 서양식 식사예절이 유행하기도 했고, 일부 상류층에서는 커피, 홍차, 설탕과 같은 서양기호품이 큰

구한말 당시 다양한 관복

인기를 누렸다. 또한 임오군란 이후 조선에 들어온 청국 군인이나 상인들의 영향으로 중국음식인 호떡과 중화요리가 전파되었으며 짜장면처럼 한국화한 중화요리도 등장했다. 이와 함께 일본인들의 왕래도 크게 늘어나면서 단무지, 어묵 등의 일본음식이 널리 확산되었다. 또한 주목할 만한 것은 성인 남자가 독상을 받는 전통적인 식습관이 서양인들의 영향으로 점차 겸상 혹은 두레상으로 바뀌어 남녀가 함께 식사를 하는 모습으로 변해간 점이다.

신분제사회였던 조선은 신분에 따라 거주하는 집의 택지와 건축 규모, 집을 짓는 자재와 장식 등에 제약이 있었다. 그러나 문호개방 이후 전통적인 주거문화도 변화했다. 우선 신분에 따른 가옥 규모에 대한 제약이 점차 약화되다가 갑오개혁 때의 신분제 폐지로 건축 규모에 대한 규제가 완전히 사라졌다. 1885년 선교사인 남편을 따라 한국에 온 언더우드(Underwood) 부인은 서울의 민가를 처음 보고서 "도시가 마치 거대한 버섯처럼 보였다"고 술회할 정도로 초가집이 주를 이루었다. 하지만 서울이나 개항장을 중심으로 서양식 건물과 일본식 주택이 들어서기 시작했다. 특히 서울의 정동 일대에는 영국 공사관, 러시아 공사관 등 각국의 공관이나 정동교회 등 종교건축물이 서구식 근대건축물로 세워져 이국적인 풍경을 연출했다. 또한 개항장이나 서울의 일본인 거류지를 중심으로 일본식 건물도 들어섰다. 1890년대 이후 민간에서도 한옥과 양옥의 장점을 살려 절충한 형태의 건축물을 짓는 사례도 일부 나타나기는 했지만, 일반인들의 주거생활에는 그리 큰 변화가 없었다. ㅣ이헌주

이야깃거리

1. 개항장을 통한 대외무역의 확대가 우리 경제에 끼친 영향은 무엇이었을까?

2. 외국자본의 침투에 대해 조선의 경제주체들은 각각 어떻게 대응했을까?

3. 대한제국 정부는 국내산업의 보호를 위해 어떠한 정책을 펼쳤을까?

4. 서구 근대문물의 도입이 가져온 생활상의 변화는 어떤 것이 있을까?

더 읽을거리

가지무라 히데키 외. 1983. 『한국근대경제사연구』. 사계절.

강만길 엮음. 2000. 『한국 자본주의의 역사』. 역사비평사.

권태억. 1989. 『한국근대면업사연구』. 일조각.

김경태. 1994. 『한국근대경제사연구』. 창작과비평사.

나애자. 1998. 『한국근대해운업사연구』. 국학자료원.

손정목. 1982. 『한국 개항기 도시변화과정연구』. 일지사.

오두환. 1991. 『한국근대화폐사』. 한국연구원.

유승렬. 1997. 「한말 일제초기 상업변동과 객주」. 서울대학교 박사학위논문.

이병천. 1985. 「개항기 외국상인의 침입과 한국상인의 대응」. 서울대학교 박사학위논문.

정재정. 1999. 『일제침략과 한국철도(1892~1945)』. 서울대출판부.

하원호. 1997. 『한국근대경제사연구』. 신서원.

3

척사와 개화 사상, 개화정책

1 척사론과 척사운동

1) 척사론의 대두

18세기 후반부터 서학이 종교적 신앙으로 널리 확산되자 조정에서는 유학을 옹호하고 서학을 배척하기 시작했다. 19세기 초 서학에 깊은 관심과 신앙을 가졌던 이가환(李家煥)·정약용(丁若鏞) 등 남인 학자와 관료들은 노론으로부터 대대적인 박해를 받았다. 1839년 조정에서는 많은 천주교도를 체포하여 처형했고, 11월에는 척사윤음(斥邪綸音)을 전국에 반포했다. 그러나 서학은 탄압을 받으면서도 굴하지 않고 그 세력을 넓혀나갔다.

19세기의 척사론은 이러한 역사적 과정에서 생겨났다. 당시 대표적인 척사론자였던 이항로는 일찍이 1835년에 남인과 더불어 서양 세력의 확산에 대한 우려를 표명했다. 그의 척사론의 이면에는 주리론(主理論)이 사상적 배경으로 작용하고 있었다. 그는 당시를 주기론(主氣論)이 풍미하는 사회로 진단하고, 주리론에 근거하여 서양 세력을 주기로 규정하고 배척했다. 이항로는 기(氣)가 이(理)에 복종할 때 천하가 잘 다스려진다고 생각했다. 아울러 동양은 양(陽)의 세계이며 서양은 음(陰)의 세계라고 인식하고, 지금은 음이 난무하지만 결국은 양이 이기는 시대가 올 것으로 기대했으며, 특히 조선만이 양이 존재하는 세계라고 보았다. 이러한 화이론(華夷論)에 철저히 입각하여 조선을 문화민족으로 생각한 반면, 서양을 윤리가 없는 나라로 규정했다.

2) 척사운동의 전개

1866년 병인양요가 일어나자 호남의 유학자인 기정진은 척사소를 올렸다. 그는 서양의 끝없는 욕심은 조선을 부용(附庸)으로 삼고 벼슬아치를 종으로 삼고 우리의 부녀자들을 약탈하고 백성을 짐승으로 만들고자 할 뿐이라고 했다. 특히 그의 양물금단론(洋物禁斷論)은 서양의 경제적 침략의 역사적 실체를 예리하게 간파했다. 그의 상소는 안으로 국방력을 강화하여 민족의 문화를 지키면서 저들의 경제적 침략을 막자는 것으로, 매우 투철한 현실인식을 보여준다. 이러한 기정진의 척사 이념은 후일 호남 지역의 척사운동과 의병운동의 사상적 근거가 되었다.

이항로는 천주교를 이단시하고 서양 세력의 배척을 극력하게 주장했다. 그는 당시의 국론이 서양을 물리치자고 주장하는 국변인(國邊人)의 설과 서양과 화친하자는 적변인(賊邊人)의 설로 분열되었다고 인식하고, 국변인의 편에 서서 서양을 물리칠 것을 주장했다. 그는 당시 논의되던 서울을 지키면서 전쟁을 하자는 '전수설(戰守說)'과 도성을 떠나 다른 지역에서 실력을 기르자는 '거빈설(去邠說)'에 대해, 현실적으로 보아 거빈설을 지키기는 어렵다고 하면서 전수설로 국론을 통일시키려 했다.

이항로는 이를 위해 국왕이 윤음을 반포하고 외적 침입의 연유를 파악한 후 방비책을 명백히 하여 민심을 진작시킬 것, 홍문관·사헌부·사간원 외에도 언로를 넓혀 여론을 들을 것, 장수를 선발하여 무비를 갖추고 인재를 등용할 것, 전국 각도에 명망이 있는 군소사(軍召使)를 파견하여 충의와 기절이 있는 인사를 모아 충의군(忠義

이항로

軍)으로 삼고 관군에 협력하게 할 것, 국왕 스스로가 정치 및 사생활에서 모범을 보일 것 등을 주장했다. 그는 구체적으로 경복궁 건설 등 토목공사의 중지와 사치풍조의 제거 등을 거론했다.

이항로는 이른바 외국의 물품이라는 것은 일일이 거론할 수 없을 정도로 그 종류가 많은데 양물이 가장 심하며, 그것들은 기이하고도 외설스럽고 교묘한 물건들로서 백성들의 일상생활에 아무런 도움을 주지 못한다고 했다. 더욱이 서양의 재화(財貨)는 손으로 생산되는 공산품으로 하루의 계획으로도 남는 데 반해 우리의 재화는 토지에서 생산되는 농산물로서 1년의 계획으로도 부족한 것인데, 부족한 것으로 남아도는 것을 교역한다면 우리 국가의 경제가 장차 곤궁을 면치 못할 것이라고 파악했다. 이처럼 이항로는 기정진과 마찬가지로 서양의 경제적 침략을 간파하고 양물의 사용금지를 강력히 주장했다.

기정진과 이항로는 프랑스의 군사적 침략에 대항해 싸울 것을 주장하여 대원군의 해외통상 반대정책을 강력히 뒷받침했으며, 이에 조정과 재야가 갈등 없이 척사운동을 전개할 수 있었다. 더욱이 대원군은 만약 서양과 화친한다면 나라를 팔아먹는 것이요, 교역을 허락한다면 나라를 망하게 하는 것이며, 적이 서울에 육박해오는 것을 보고도 도망간다면 나라를 위태롭게 하는 것이라고 천명했다.

한편 1871년 4월에는 신미양요가 일어났다. 주청 미국공사 로우가 아시아함대 사령관 로저스와 군함 5척을 이끌고 통상요구 차 경기도 남양(현재의 화성군 남양면)의 풍도 연안에 침입했다. 미군 450여 명은 강화도의 초지진·덕진진을 점령한 뒤에 광성진을 공격했다. 이곳을 지키던 어재연 등은 미군과 치열한 육박전을 치렀지만 전사하고 말았다. 서양의 종교적 침략이 군사적 침략으로 변질되어버리자 재야 유학자들은 지배층을 중심으로 국론을 통일하고 쇄국을 통해 조선의 문화를 지키고 양이(攘夷)정책을 더욱 강화함으로써 전통적 가치질서를 보존하고자 했다. 이들은 프랑스와 미국의 '통화(通貨)'요구에 대항하여 양물·양화를 배척하는 통상반대운동을 전개했고, 윤리적으로는 서양이 조선의 여자를 약탈한다는 '통색(通色)'에 대한 반대를 그 명분으로 삼았다. 그리고 1871년 대원군은 1866년에 이미 지어둔 "서양 오랑

캐가 침범하는데 싸우지 않는다면 화친하는 것이요, 화친을 주장함은 나라를 팔아먹는 것이니, 나의 만년(萬年) 뒤까지의 자손에게 경계하노라"라는 척사를 표방한 문구를 비에 새겨 전국의 고을에 세우게 했다.

그런데 1873년 10월 이항로의 제자였던 최익현이 서원철폐를 비난하고 이를 시정할 것을 요구하며 대원군을 공격했다. 이어 11월 3일에 최익현은 다시 소를 올려 대원군의 섭정을 비판하는 등 대원군을 탄핵했으나 상소문의 내용이 과격하다 하여유배되었고, 척사를 국시로 표방한 대원군 정권은 집권 10년 만인 11월 5일에 실각했다. 이러한 대원군 정권의 몰락은 조선의 문호개방과 장차 진행될 개화로의 전환을 의미하는 것이었다.

1876년 일본의 강요로 강화도에서 불평등조약인 조일수호조규가 조인되었다. 당시 개항에 직면하여 일본과 서양의 윤리적 침해에 대한 지적뿐만 아니라 경제적 침탈에 대한 위기의식이 그전에 비해 더욱 고조되었다. 이해 2월 23일 최익현은 '지부복궐소(持斧伏闕疏)'를 올려 일본과의 통상조약을 반대했다. 최익현은 상소에서 왜양일체론을 주장하고 왜가 양적의 앞잡이로서 속으로 깊이 연계되어 있는 점, 왜인이양복을 입고 서양 대포를 사용하고 서양 선박을 타고 있는 점 등을 왜양일체의 명백한 증거로 제시했다. 그리고 그는 구체적으로 일본의 경제적 침략에 대하여 우리의 땅에서 생산되는 한정된 물품으로 저들의 손에서 나온 무한한물품과 교역을 하게 된다면 몇 년이 지나지 않아 우리나라 수천 리의 전답과 가옥은 지탱할 수 없을 것이고 나라도 따라서 망할 것이라고 경고했다.

최익현

그런데 당시 조선 정부는 "왜를 제압하는 것은 왜를 제압하는 대로 처리할 것이고, 서양을 물리치는 일은 서양을 물리치는 대로 할 것이다. 이번에 왜선(倭船)이 온 것을 어찌 서양과 한통속이 된 것이라고 확실하게알 수 있겠는가. 설사 왜가 서양의 앞잡이가 되었다 하더라도 각각 상황에 대응하는 방법이 있을 것이다"라고 하며 왜와 서양을 분리하여 이해할것을 표명하면서 통상조약의 체결을 강행했다.

이항로의 제자 김평묵(金平默)과 유중교(柳重教)는 서양 세력의 침투에

『조선책략』

대한 깊은 우려와 함께, 남인 세력에 의한 정국 변동이 일어날지도 모른다는 위기의식에 사로잡혀 1876년 1월 경기·강원 유생 50명을 동원하여 척사운동에 나서게 했다. 본래 연명으로 올린 유소는 유중교의 문인인 윤정구·유중악 등이 제기하여 김평묵의 허락을 받아 이루어진 것이었다.

개항 당시에 이항로 문인의 척사운동은 이처럼 최익현의 '지부복궐소'와 유인석(柳麟錫)·홍재구(洪在龜) 등이 올린 연명유소를 통해 크게 두 노선으로 전개되었다. 그런데 두 상소는 김평묵과 유중교의 권유와 지시에 의해 올려졌다. 특히 김평묵은 개항 직전 최익현에게 상소를 권유했으며 연명유소를 직접 작성하는 등 척사운동의 배후에서 활동했다. 김평묵과 유중교의 후원 아래에서 최익현과 홍재구 등은 상소에서 왜양일체론을 표방하며 척왜가 곧 척양임을 주장했다.

1880년 8월 수신사 김홍집이 일본에서 가져온 『조선책략』은 척사운동을 전국적으로 확산시키는 계기가 되었다. 『조선책략』의 핵심 내용은 러시아의 남하를 막기 위해서는 조선이 친중국(親中國)·결일본(結日本)·연미국(聯美國)의 정책을 펴나가야 한다는 것이었다. 이러한 주장은 당시 조정과 재야에 파문을 일으켜 유생들뿐만 아니라 관리들까지 이에 반대하는 상소를 줄지어 올렸다. 그렇지만 조정에서는 오히려 1881년 1월에 조사시찰단을 일본에 파견하여 새로운 문물제도를 시찰하게 했다. 이러한 상황에서 영남의 유림들은 도산서원에 모여 척사운동에 관한 논의를 본격적으로 제기하여 1880년 11월 1일 영남 전역에 척사통문을 발송했다.

영남만인소에서는 『조선책략』 가운데 미국과 연합하라는 주장에 대해 아주 강하게 비판했고, 조선에는 예부터 훌륭한 법규가 있으므로 서학을 수용할 필요가 없다고 했다. 그리고 황쭌셴(黃遵憲)이라는 자는 중국인이라 하지만 일본의 앞잡이일 뿐이며 『조선책략』을 국내에 가져온 김홍집을 처벌할 것을 요구했다. 또한 기독교와 천주교에 대해서도 기독교는 단지 천주교의 명칭만 바꾸어 전파를 용이하게 하려는 것이라고 이해했다.

한편 충청도에서는 홍시중(洪時中)과 황재현(黃載顯)이 소를 올렸고, 또 유생 300여 명이 한홍렬(韓洪烈)을 소수(疏首)로 하여 대궐 앞에 나아가 소를 올렸다. 그리고 4월 중순에는 경기좌도 소수 유기영(柳冀榮)과 우도 소수 이행규(李行逵)를 중심으로 유생 100여 명이 소를 올렸다. 이때 정윤영(鄭胤永)이 좌도 소수 유기영을 위해 '척화만인소'를 작성하여 경기 유생들의 척사운동을 적극 지원했고, 김평묵은 이 행규의 상소에 대해 자문해주기도 했다. 그 뒤 영남·경기·충청 3도 유생은 지역과 당론을 초월하여 연대투쟁을 전개했다.

이와 같이 영남을 비롯한 경기·충청도의 유생들은 정부의 개화정책에 반대하고 서양과 일본 세력의 배척을 주장했다. 그리하여 4월 26일 상소가 받아들여지자 3도 유생들이 전개한 척사운동은 일단 누그러졌다. 하지만 이후에도 3도 유생의 척사운동은 계속되었고, 4월 말에는 고정주(高定柱) 등 호남 유생들도 상소운동을 전개했으며 강원도 유생들도 홍재학(洪在鶴)을 소수로 하여 척사운동을 거세게 펼쳤다. 이러한 척사운동과정에서 5월 8일 호남의 상소가 받아들여졌다. 그리고 5월 15일 척사운동을 끝내기 위해 척사윤음을 반포했다. 그럼에도 척사운동은 지속되어 이 해 6월에는 경기 소수 신섭(申㰔)이 척사운동을 주도했고, 신섭의 청으로 정윤영은 당시의 상소문을 교열하기도 했으며 김평묵도 이 상소에 대하여 상의해주었다.

그런데 영남·충청·경기·호남·강원 등 5도의 상소 중에서 특히 강원도의 홍재학이 올린 상소는 그 내용이 매우 격렬했다. 이 상소는 홍재학의 형이자 김평묵의 사위인 홍재구가 작성한 것이었다. 또한 김평묵도 상소문 끝에 자신의 의견을 붙여 유생들의 장렬한 의거를 격려했다. 홍재학은 60여 일간의 강력한 투쟁에도 불구하고 상소가 받아들여지지 않자, 민태호(閔台鎬)에게 편지를 보내 개항을 비롯한 개화정책에 앞장선 노론 집권 세력과 이를 알고도 침묵을 지킨 그를 강력히 비판했다. 이 때문에 홍재학은 연행되어 모진 고문을 받았으나 조금도 자신이 한 행동에 대해 소신을 굽히지 않았을 뿐만 아니라, 오히려 정부의 개화정책을 통렬히 비난하다가 결국 서소문에서 사형을 당했다.

이처럼 조선 조정이 『조선책략』의 연미론에 근거하여 조미조약을 추진하는 과정에서 영남 유생을 비롯한 각도 유생의 강력한 척사운동이 일어났고, 이러한 분위기는 재야에 실각해 있던 대원군과 그를 지지하는 남인 세력을 고무시켰다. 1881년 8월 말 안기영(安驥泳)·권정호(權鼎鎬) 등은 국왕 고종을 폐하고 대원군을 재집권시키기 위한 쿠데타를 모의하다가 발각되어 대원군의 서자 이재선(李載先) 등이 처형되었다. 조정에서는 이를 계기로 대원군의 측근 세력과 척사운동을 철저히 탄압함으로써 사태를 진정시켰다.

이재선 역모 사건이 마무리되었지만 척사운동은 수그러들기 시작했다. 이후 조선은 1882년 4월에 조영조약, 5월에는 조불·조미 조약, 6월에는 조독조약 등을 차례로 조인하여 본격적인 국제관계에 돌입하게 되었다. 이제 척사의 의미는 크게 쇠퇴했고, 정부에서는 임오군란 이후 개화정책의 추진을 강력히 천명하며 8월 5일 전국에 세워진 척화비를 모두 철거했다.

3) 척사운동의 성격

19세기에 전개된 척사운동은 크게 세 시기로 나누어 이해할 수 있다. 우선 제1기는 1866년 척사운동의 이념을 정립한 이항로와 기정진이 활동한 병인양요에서 1871년 신미양요에 이르는 시기로, 주로 학자나 관료들의 개별 상소를 통해 척사운동을 전개했다. 제2기는 1876년 개항을 전후한 시기로, 이항로의 제자인 최익현은 '지부복궐소'를 올렸고 김평묵과 유중교의 지시로 경기·강원도 유생 50명은 연명으로 소를 올려 개항을 반대했다. 이 시기에는 일본과 서양이 한 몸이라는 왜양일체론이 대두되었다. 제3기는 1880년 10월 수신사 김홍집이 일본에서 가지고 돌아온 『조선책략』의 내용을 놓고 이듬해 최대 규모의 척사운동이 전개된 시기이다.

개항 전후의 척사운동은 대외적으로는 서양 제국주의 침략 세력에 대응하여 전개된 운동이었지만, 대내적으로는 뚜렷한 정치적 성격을 띠고 있었다. 개항 직전에 김평묵은 외부로부터 침입해 들어오는 일본이나 서양 세력을 적으로 규정하고 있을 뿐만 아니라 국내의 실세한 남인 정치 세력을 또 다른 적으로 파악했다. 그리하여 김평묵은 최익현에게 개항이 이루어지면 남인들이 대원군을 끼고서 노론 당국자의 죄를 성토하는 거사를 일으킬지도 모른다는 위기의식을 부추겨서 상소를 올릴 것을 권했다. 아울러 김평묵은 외세를 물리침과 동시에 개항을 주도한 노론 집권 세력을 축출하고자 했다. 이와 같이 개항 당시에 전개된 척사운동에는 서양 제국주의 세력에 대한 배척뿐만 아니라 남인·소론 등의 국내 정치 세력에 대한 배척의 측면도 내재되어 있었다. 그리고 당시 개항을 주도한 노론 집권 세력과 척사운동의 전개에 동조하지 않는 임헌회를 비롯한 기호유림에 대한 비판의 측면도 주목된다.

그런가 하면 영남만인소는 당초에 개화정책을 추진하는 정권의 퇴진을 요구하는 매우 정치적인 성격을 띤 것이었다. 상소문이 올라가기 전에 이미 만인소의 부본이 나돌았는데 그 내용은 민비 세력과 국왕 세력의 대립관계를 언급했고, 조정은 이를 정권에 대한 도전으로 이해하여 조정을 비방하는 행동으로 규정했다. 이처럼 1881년의 영남만인소는 상소를 추진하던 초기 단계부터 매우 정치적인 성격을 띠고 있었으나 점차 반외세투쟁의 성격으로 바뀌어갔다. 1881년의 척사운동을 계기로 일본과 서양 세력의 침략에 대해 전국의 유림이 학파와 당론과 지역을 초월하여 연대투쟁을 전개하게 된 것이다.

그런데 척사운동에 대한 인식은 크게 양분되어 있다. 일부 학자들은 척사운동을 19세기 우리 역사에서 보수반동적인 운동으로 평가한다. 척사운동의 이면에는 신분제를 철저히 고수하고 화이론과 인수론(人獸論)에 얽매여 국제정세에 어두웠던 측면이 있다는 것이다. 그리고 성리학의 이론도 다분히 복고적이고 관념론의 틀을 크게 벗어나지 못했으며, 참여계층이 사족층의 인사들로 구성됨으로써 공론의 조성이 사림의 범위를 벗어나지 않았기 때문에 민중의 참여를 유도해내지 못했다는 것이다.

그렇지만 척사운동이 일본과 서양의 이질문화에 대응하여 전통적인 조선의 유교문화를 수호하기 위한 위기의식에서 발생했던 것도 엄연한 역사적 사실이다. 19세기 조선의 역사적 상황은 민족적 모순과 계급적 모순이 중첩된 위기에 놓여 있었는데, 척사운동은 이러한 위기를 극복하기 위하여 노력하다가 후일 의병운동과 그 이후에 전개되는 민족독립운동으로 전환함으로써 근대민족운동의 중요한 하나의 사상적 주류를 이루었다. 이는 척사운동에 참여했던 유생들이 1895년 을미사변 이후 의병운동에 참가했고, 그 뒤 민족독립운동에도 적극적으로 참여한 사례를 통해서 알 수 있다.

2 개화 사상의 형성과 개화정책

1) 개화 사상의 형성

19세기 중엽 동아시아 삼국은 '서세동점(西勢東漸)'으로 커다란 충격을 받았다. 아편전쟁과 페리 제독의 내항으로 청국과 일본이 서양 제국에 문호를 개방한 데 이어 조선의 해안에도 이양선이 자주 출현하면서 국가적인 위기를 점차 고조시켰다. 특히 1860년 베이징이 서구 열강에 의해 함락되었다는 소식은 조선의 조야에 큰 충격을 주었다. 이와 동시에 조선 사회 내부도 심각한 체제모순에 부딪쳤다. 1862년 임술민란에서 단적으로 드러나듯이 가혹한 수탈에 맞선 민중들의 저항도 점차 격렬해지고 있었다. 이러한 대내외적인 모순을 극복하기 위해 문호를 열어 서구의 우수한 제도와 문물을 수용하려는 개화 사상이 싹트기 시작했다.

개화 사상이 형성되는 데에는 박규수·오경석·유홍기 등이 중요한 역할을 담당했다. 박규수는 북학파의 거두였던 연암 박지원의 손자로 평양감사 재직 중 '제너럴셔먼호' 사건을 겪으면서 서양기기의 우수성을 몸소 깨닫게 되었다. 조일수호조규 체결 당시 전권대신이었던 신헌, 강위 등은 추사 김정희의 제자였다. 그들은 인적으로 조선 후기 실학사상과 연계되어 있었을 뿐만 아니라, 조선의 체제모순을 날카롭게 비판하고 전통적인 화이관을 탈피하여 '이용후생'의 차원에서 청의 문물도 적극 수용하자는 북학파의 사상을 계승·발전시켰다.

또한 박규수를 비롯한 오경석·강위 등은 사절단의 일원으로 여러 차례 청국을 방문했으며, 서양의 뛰어난 무기와 기술을 받아들이자는 양무운동의 일환으로 편찬·번역된 각종 개화 관련 서적들을 접하고 이를 국내에 들여왔다. 대표적인 책으로는 웨이위안(魏源)의 『해국도지』·『영환지략』·『지구설략(地球說略)』 등 세계지리 및 백과사전류, 『격물입문(格物入門)』·『박물신편(博物新編)』 등의 자연과학 서적, 그리고 『만국공법(萬國公法)』 등을 꼽을 수 있다. 이들 서적을 통해 그들은 서양의 기술과 문물, 그리고 국제정세 및 각국의 제도를 폭넓게 이해함으로써 서양의 침략에 맞서기 위해서라도 그들과 교류하여 우수한 기술을 적극 받아들여야 한다는 개화 사상을 형성하기에 이르렀다.

당시 정계 내에서는 서구 열강과 일본의 침략에 대한 위기의식을 담은 쇄국론이 여전히 대세를 이루고 있었기 때문에 박규수 등은 시대상황의 변화에 능동적으로 대응하자는 차원에서 개국론을 펼치기 시작했다. 박규수는 '제너럴셔먼호' 사건 후 미국과 자주적으로 수교하고 맹약을 맺음으로써 고립을 탈피함과 동시에 통상과 기술의 도입으로 부강을 도모해야 한다고 주장했다. 아울러 그는 일본과 서양이 한편이 되어 침입하는 것을 방지하기 위해 일본에 문을 열어야 한다고 주장했다. 이러한 그의 논리는 운요호 사건을 계기로 점차 설득력을 얻었고, 결국 1876년 조일수호조규를 체결하는 데 중요한 기반을 마련해주었다. 조규 체결 시 신헌·오경석·강위 등이 관여했던 것은 결코 우연이 아니었다.

한편 박규수의 주변에는 양반 김윤식·김홍집뿐만 아니라 중인 유홍기 등 개화에 뜻을 같이하는 사람들이 모여들었다. 나아가 박규수는 자신의 사상을 전파하고 세력을 확보하기 위해 젊고 유능한 양반 자제들과도 접촉했다. 그 결과 1870년대 초반 김옥균·홍영식·서광범·박영효·박영교(朴泳敎) 등 10~20대의 청년들이 박규수의 사랑방에 드나들면서 실학파의 저서와 개화 관련 서적을 읽고 토론했다. 그들은 승려 이동인(李東仁)·탁정식(卓挺埴), 중인 변수(邊樹), 판관 이인종(李寅鍾), 군인 유혁로(柳

赫魯), 상인 이창규(李昌奎) 등과도 신분에 구애받지 않고 사귀면서 일종의 정치결사인 개화당(開化黨)을 조직하는 등 점차 세력을 확대해나갔다.

개항 직후인 1877년과 1879년에 잇달아 박규수와 오경석이 사망한 뒤 김옥균 등은 '백의정승(白衣政丞)'으로 알려진 유홍기의 지도를 받으면서 사상의 폭을 넓혀갔다. 하루빨리 서구의 근대적 문물과 제도를 받아들여 조선을 개혁하고 부국강병을 이룩해야만 한다는 그들의 사상은 개항 이후 일본의 발전된 모습을 접함으로써 더욱 공고해지게 되었다. 일본은 중국의 양무운동과 달리 서양의 기술·문화를 뒷받침하는 근대적 사상·제도까지도 수용하려는 문명개화론을 바탕으로 적극적인 근대화를 추진하고 있었기 때문이다.

이처럼 개화 사상은 근대지향적이고 실용적인 실학을 바탕으로 형성되었으며, 서구의 과학기술을 직접 체험하고 중국의 양무론과 일본의 문명개화론의 영향을 받아 확립되었다. 아울러 개화 사상은 전통적인 사회체제의 재편을 부정하고 자본주의를 받아들였으며 중국 중심의 화이론적 세계관에서 벗어났다는 점에서 유생들의 논리인 위정척사론과 분명히 구별되는 혁신적인 사상이었다. 따라서 개화 사상은 한국 근대사에서 '위로부터의 근대화'를 추구하고자 한 부르주아적 변혁사상으로 평가할 수 있다.

2) 개화정책의 추진과 개화 세력의 분화

개항 후 개화 사상은 정부가 추진했던 개화정책의 이념적 기반이 되었다. 조일수호조규 체결 후 정부는 전통적인 화이관에 입각해서 옛 우의를 회복하고 선린을 도모한다는 명분 아래 제1차 수신사 김기수(金綺秀)를 일본에 파견했다. 1811년에 마지막 통신사가 쓰시마에서 국서를 교환했던 사실을 감안하면, 1763년 통신사행 이후 113년 만에 수신사가 일본의 본토를 밟은 셈이 된다. 더욱이 그가 견문·시찰한 것은 종전과 달리 메이지유신으로 서구화된 일본의 변화상이었다. 따라서 그의 일본의 상황에 대한 보고는 고종을 비롯한 위정자들의 일본관과 서양관을 형성·변화시키는 데 적지 않은 영향력을 끼쳤지만, 위정척사론이 여전히 우세했던 분위기로 말미암아 곧바로 개화정책의 추진이나 대외정책의 변화로 연결되지는 않았다.

제1차 수신사로 일본에 파견된 김기수 일행이 일본 요코하마 시내를 지나는 모습

1880년 인천 개항과 관세 문제 등 외교현안을 해결하기 위해 파견된 제2차 수신사 김홍집은 주일청국공사 등과 세계정세·통상 문제·향후 대외관계에 대해 의견을 나눈 뒤 황쭌셴의 『조선책략』과 정관잉(鄭觀應)의 『이언(易言)』을 갖고 돌아왔다. 『조선책략』에는 친중·결일·연미를 통한 러시아의 남하방지책이, 한글로도 번역되었던 『이언』에는 근대적 생산력과 제도의 우수성이 소개되어 있다. 이 두 책은 유생들의 격렬한 저항을 불러일으켰지만, 국제정세의 변화에 어둡던 위정자들에게 새로운 세계관을 제공했을 뿐만 아니라 서양식 부국강병의 필요성을 널리 확산시키는 계기가 되었다.

이처럼 국제정세와 서양의 근대문물에 대한 이해가 높아지는 가운데 고종은 양무론적 부국강병정책을 수용하여 1880년 말 통리기무아문을 신설하고 그 예하에 12사를 두어 적극적으로 개화정책을 펼쳤다. 청국의 총리기무아문을 본떠 만든 통리기무아문은 5군영에서 2군영으로 군제를 개편하고 일본 육군 공병 소위 호리모토 레이조(堀本禮造)를 군사교관으로 초빙하여 일본식 군사교련을 하는 신식군대인 별기군을 창설했다. 또 박정양(朴定陽) 등 62명으로 구성된 조사시찰단(신사유람단)을 일본에 보내 각종 제도와 시설을 살피도록 했으며, 영선사 김윤식과 38명의 학도 등을 청국 텐진에 파견해 무기제조법을 학습하게 했다. 그리고 서구 열강을 끌어들여 일본을 견제하라는 청국의 권고를 따라 미국과 조약을 체결하기도 했다.

정부가 주도했던 개화정책은 서구의 군사력과 근대적 생산력을 수용했다는 점에서 긍정적인 측면도 있지만, 이를 추진할 수 있는 재정과 인재를 충분히 확보하지 못한데다가 관리들의 무능과 부패로 말미암아 실효를 거두기는커녕 각종 폐단과 민중의 반발을 불러일으켰다. 그 대표적인 사례로, 별기군은 후하게 대우해주었던 반면 구식군인들에게는 13개월 동안 녹봉을 지급하지 않을 정도로 푸대접했던 것을 꼽을 수 있다. 더욱이 1882년에 가뭄이 크게 들어 농촌이 피폐해지고 많은 양의 미곡이 일본으로 유출되어 쌀값이 앙등하자 정부의 실정(失政)과 개화정책, 그리고 일본에 대한 반감이 고조되었다.

이러한 상황에서 구식군인들에게 그동안 밀린 녹봉 중 1개월분만을 주면서 쌀에다 겨와 모래를 섞고 나머지를 착복하는 사건이 일어났다. 이를 계기로 성난 구식군인과 민중은 1882년 6월 마침내 임오군란을 일으켰다. 그들은 녹봉미 관할 책임자인 선혜청당상 민겸호(閔謙鎬)의 집을 습격하고 동별영의 무기고를 탈취했으며, 전선혜청당상이자 경기도관찰사 김보현(金輔鉉)을 찾아 경기감영도 습격했다. 또한 일본공사관도 공격했으며, 창덕궁으로 쳐들어가 왕후인 민비와 척신들을 수색했다. 그 과정에서 이최응(李最應)·민창식(閔昌植)·민겸호·김보현을 비롯해서 별기군의 교관 호리모토 등이 살해당했고, 민비는 궁궐을 빠져나가 간신히 목숨을 건졌다.

임오군란으로 정권을 장악하게 된 흥선대원군은 별기군을 혁파하고 5군영을 다시 설치했으며, 통리기무아문을 폐지하고 삼군부를 부활시킴으로써 그동안 추진되었던 개화정책은 중단되고 말았다. 이 소식을 접한 청국은 조선에 대한 영향력을 강화하기 위해 전통적인 속방정책과는 달리 3,000명의 군대를 파견하여 조선의 내·외정에 적극 간섭하는 정책을 취했다. 흥선대원군을 납치하고 군란을 진압했으며, 조청상민수륙무역장정을 체결하고 묄렌도르프(Möllendorff) 등 고문을 파견함으로써 조선 내에서의 정치적·경제적 우월권을 장악했다.

한편 임오군란을 계기로 개화파들은 개화정책의 추진방법과 청과 일본에 대한 외교 문제를 둘러싸고 온건(점진·시무)개화파와 변법(급진)개화파로 분화되어갔다. 김홍집·김윤식·어윤중 등 온건개화파는 동도서기론의 입장에서 서양의 과학기술만을 받아들여 점진적으로 개혁을 수행하되 청과는 종래의 사대외교관계를 유지한다는 입장이었다.

별기군

반면 김옥균·박영효·홍영식 등 변법개화파는 일본의 메이지유신을 근대화의 표본으로 삼고 서양의 과학기술만이 아니라 근대적인 사상과 제도까지도 적극적으로 수용해야 하며, 청에 대한 사대외교를 불식해야 한다고 주장했다. 양자의 입장은 임오군란 후 어윤중과 김옥균이 각각 청국과 일본의 군함을 타고 귀국했던 점, 어윤중이 홍선대원군의 납치를 수용했던 데 비해 김옥균은 이를 맹렬하게 비판했던 사실에서도 잘 드러난다.

임오군란 당시 일본공사관을
빠져나가는 일본인들

3 개화운동의 전개와 의의

1) 갑신정변

임오군란 이후 청국의 간섭이 강화되는 가운데 고종은 헤이해진 기강을 바로잡고 정부체제를 새로 정비하기 위해 통리군국사무아문(내아문)과 통리교섭통상사무아문(외아문)을 신설했다. 외아문은 외교를 담당했으며, 내아문은 내정을 관장하면서 부국강병 혹은 편민이국(便民利國)에 관계되는 기기국·전환국 등을 예하에 두면서 개화정책을 추진했다. 그러나 고종과 민씨 척족은 청국의 원조 아래에서 정권을 유지하는 데에만 급급했으며, 재정난도 겹치면서 개화정책은 실효를 거두지 못했다. 오히려 그들은 변법개화파(개화당)이 추진하는 사업을 위험시하고 저지했다.

개화당과 민씨 척족의 대립은 차관 도입과 군대양성 문제에서 극에 달했다. 민씨 척족은 재정궁핍을 모면하기 위해 묄렌도르프의 조언에 따라 당오전의 발행을 서둘렀다. 이에 김옥균은 당오전과 같은 악화의 주조는 국가의 재정난을 타개할 수 없으며 오히려 물가앙등을 초래하게 될 것이라고 반대하면서 외채의 유리함을 주장했

1883년 보빙사(사절단)가
미국으로 떠나기 전의 기념사진

현재의 우정총국

다. 그러나 김옥균이 일본에서 외채를 모집하려는 시도
는 실패로 돌아가고 말았다. 또한 박영효는 광주유수로
있을 당시 일본에서 교육받았던 사관 신복모 등을 교관
으로 임명하여 약 1,000여 명을 훈련시켰으나, 이를 위험
시한 민씨 척족이 그를 파직하고 그 군대를 중앙의 친군
인 전·후영에 편입시켰다. 더욱이 1884년 5월 보빙사 민
영익(閔泳翊)이 미국과 유럽을 방문하고 귀국한 뒤 그동
안 개화당과 유지했던 친밀한 관계를 청산하고 대립적인
입장을 취하는 바람에 개화당의 입지는 날로 좁아졌다.

이와 같이 개화당이 궁지에 몰린 상황 속에서 청프전
쟁이 일어났다. 1884년 봄부터 베트남 문제를 둘러싸고
프랑스와의 전쟁이 벌어질 조짐이 짙어지자 청국은 5월
말경 서울 주둔군 3,000명 가운데 1,500명을 철수시켰다.
8월에 청프전쟁에서 프랑스 함대가 청국 함대를 격파하
자 개화당은 그 기회를 이용하여 정권을 장악하고자 했
다. 개화당은 이미 1883년경부터 청군을 몰아내고 국가의 자주독립을 실현하는 동
시에 근대적 개혁을 단행하기 위해서는 무장정변을 일으켜야 한다고 판단하던 중이
었다. 개화당이 독자적으로 정변을 준비해가는 과정에서 일본공사 다케조에 신이치
로(竹添進一郎)가 종전의 적대적인 태도를 바꾸어 호의적으로 접근해왔다. 원래 김옥
균 등은 개화당의 부족한 무력을 보충하고 청군을 견제하기 위한 방편으로 미국 공
사관 측에 원조를 요청했지만 거부당하자 일본군을 이용하기로 결심했다. 일본군이
왕궁 호위와 청군에 대한 방비만을 분담하고 내정개혁에는 관여하지 않는다는 다짐
아래 전략적으로 일본군을 끌어들였던 것이다.

마침내 1884년 10월 17일(양력 12월 4일) 김옥균·박영효 등 개화당은 홍영식이 총
판으로 있던 우정총국 낙성식 축하연을 계기로 정변을 일으켰다. 그들은 우선 국왕
과 왕비를 창덕궁으로부터 방어하기 좋은 경우궁으로 옮기고, 민씨 척족의 거두인

민태호·민영목(閔泳穆)과 한규직(韓圭稷)·이조연(李祖淵) 등을 처단했다. 아울러 우의정 홍영식, 전후영사 겸 좌포장 박영효, 좌우영사 겸 서리외무독판 겸 우포장 서광범, 형조판서 윤웅열(尹雄烈), 호조참판 김옥균, 병조참판 겸 정령관 서재필(徐載弼), 도승지 박영교 등을 중심으로 신정부를 수립한 다음, 서울 주재 각국 외교관들에게 대개혁정치를 실시할 것임을 알렸다.

이어 10월 19일 개화당은 국왕의 전교형식으로 '혁신정강(革新政綱, 정령)'을 공포하고 서울 시내의 요소에 게시했다. 김옥균의 『갑신일록(甲申日錄)』에 실려 있는 정강 14개 중 제1조는 임오군란 이후 조선에 대한 청국의 속방화정책을 거부함과 동시에 조공허례의 이행도 폐지함으로써 완전한 자주독립국가로서 명실상부하게 열강과 평등한 국가임을 천명한 것이었다. 제2조는 양반신분제도 폐지에 의한 인민평등권의 제정, 문벌의 폐지 등을 통해 양반정치체제를 타도하고 국민국가를 수립하려는 의도가 들어 있었다. 제3·6·9·12조는 삼정의 문란을 개혁하고, 보부상 등 전통적 특권독점상업의 폐지와 근대적 자유산업의 장려를 도모하며, 국가재정의 일원화를 꾀하려는 경제개혁안이었다.

제4·13·14조는 이른바 내각제도의 수립과 정부조직의 근대적인 개혁을 공포한 것이다. 대신과 참찬으로 하여금 의정부에서 회의하게 하고 정령을 의정, 집행토록 한다는 것은 국왕과 민씨 척족의 전횡을 막고 내각제도를 확립함으로써 국정을 주도하려는 조치였다. 비록 정강 속에는 드러나지 않으나 입헌군주제와 같은 정치체제의 수립을 구상하고 있었던 것이다. 제5조는 종래 민씨 척족 정권하에서 활개 친 극심한 탐관오리들을 숙청하여 처벌하되, 그 처벌의 기준은 국가이익

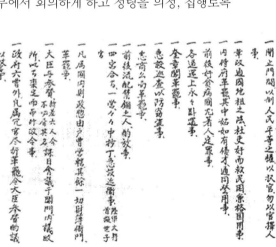

개화당의 14개조 정강

갑신정변의 주역들. 왼쪽부터 박영효, 서광범, 서재필, 김옥균.

에 얼마나 해독을 끼쳤는가를 기준으로 삼겠다는 것을 공포한 내용이었다.

제7조는 전근대적 양반귀족문화의 온상이었던 규장각을 폐지하고 일반 국민 중심의 신교육을 기본으로 한 근대문화 수립의 조건을 조성하려는 것이었다. 제8조는 순사제도 설치를 중심으로 한 경찰제도의 근대화를 꾀하려는 조치였다. 제10조는 가혹한 중세적 형행제도 때문에 억울하게 유배된 자와 금고인을 석방시켜 민심을 얻는 동시에 재판제도와 형행제도의 근대적 개선을 간접적으로 표명했다. 제11조는 군사제도의 개혁과 근대적 근위대를 신설함으로써 강병을 도모함과 동시에 개화당의 군사적 기반을 강화하려는 의도가 담겨 있었다.

이처럼 정강의 이면에는 개화당이 자신들의 입지를 강화하고 기존 체제하에서 소외되었던 광범위한 계층의 지지를 얻어내려는 정략적 의도가 담겨 있었다. 또한 그들이 내세운 각종 제도개혁안은 전통체제의 모순을 철저하게 극복하지 못한 측면도 적지 않다. 그렇지만 혁신정강은 대체적으로 국정 전반에 걸쳐 근대국민국가를 건설하는 과정에서 해결해야만 하는 과제였다.

그러나 갑신정변을 무력 진압하기로 결정한 청군은 10월 19일 1,500명의 병력을 두 부대로 나누어 창덕궁의 돈화문과 선인문으로 각각 공격해 들어갔다. 이에 친군영 전·후영의 군사들은 용감히 응전했으나 중과부적으로 패퇴했다. 전세가 불리해지자 일본군 역시 제대로 전투를 벌이지 않은 채 퇴각해버렸다. 이로써 갑신정변은 실패로 끝나고 말았으며, 개화당의 집권은 '3일 천하'로 막을 내렸다. 이에 김옥균·박영효·서광범·서재필 등 9명은 일본으로 망명하고, 홍영식·박영교 등은 청군에게 피살당했다. 그 뒤 국내에 남은 개화당 세력도 민씨 척족에 의해 철저히 색출되어 대부분 사형에 처해져 개화당은 몰락하고 말았다. 이러한 갑신정변의 실패 원인으로는 첫째, 청군의 강력한 무력 진압, 둘째 개화당의 치밀한 준비 부족, 셋째 일본군

차병에서의 실책과 일본군의 배신적 철병, 넷째 개화정책을 지지할 시민층의 미성숙 및 민중의 지지 결여 등을 들 수 있다.

한편, 정변 실패 후 일본은 공사관이 불타고 공사관 직원과 거류민이 희생된 사실에 대한 책임을 조선 정부에 따졌고, 조선 측은 정변에 일본이 관여한 사실을 문책하는 한편 망명한 개화당 요인의 소환을 요구하며 맞섰다. 그러나 결국 일본에 대한 조선의 사의표명, 배상금 10만 원의 지불과 일본공사관 수축비 부담 등을 내용으로 하는 한성조약이 체결되었다. 아울러 갑신정변의 사후 처리를 둘러싸고 청일 양국은 조선에서 양국 군이 철수할 것, 장래 조선에 변란이나 중대한 사건이 일어나 양국 군 중 어느 한쪽이 파병할 경우 그 사실을 상대방에게 통보할 것 등을 내용으로 하는 톈진조약(天津條約)을 맺었다. 이후 청은 조선의 내정에 깊숙이 간섭했고, 그 결과 개화운동은 크게 위축되고 말았다.

2) 갑오개혁

동학농민군이 전주성을 점령하자 조선 정부는 위기의식을 느끼고 청국에 파병을 요청했으며, 톈진조약에 따라 일본 역시 조선에 군대를 보냈다. 동학농민군은 외국군의 개입을 사전에 차단하기 위해 정부와 전주화약을 맺고 자진 해산했다. 그러나 이를 빌미로 일본은 조선을 침략·지배할 것을 계획했기 때문에 군대를 주둔시킬 명분이 사라졌음에도 조선 정부에 내정개혁을 요구했다. 조선 정부는 일본의 요구를 내정간섭으로 간주하여 거절하면서 일본군의 철수를 요청했고, 교정청을 설치하여 독자적으로 개혁을 추진하겠다고 천명했다.

1894년 6월 21일 일본군은 조선의 개혁의지를 묵살하고 서울 - 의주와 서울 - 인천 간을 잇는 전선을 절단하여 조선의 상황이 청국에 전해지는 것을 차단하는 동시에 경복궁을 점령했다. 일본은 '조선의 독립'을 위해 청일전쟁을 벌였다고 국내외에 천명했지만, 전쟁에서 일본군이 최초로 무력을 행사한 것은 바로 경복궁 점령이었다. 일본은 조선국왕을 포로로 삼고 민비 일족과 대립하고 있던 흥선대원군을 내세워

정권을 잡게 한 다음, 조선 정부를 일본에 종속시켜 '개전 명분'을 획득하고 청군을 조선에서 내쫓기 위해 경복궁을 점령했던 것이다.

그 후 일본군은 6월 23일 풍도 앞바다에서 청국 함대를 기습공격했고, 29일 성환 전투에서 승리를 거둔 뒤 7월 1일에 비로소 청국에 정식으로 선전포고를 했다. 이어 9월 15~17일 평양에서 1만 4,000명의 청국군을 격파하고 17일 황해전투에서 청국 함대를 격침시켜 제해권을 장악하면서 본격적으로 중국 본토를 공략하기 시작했다. 그 결과 1895년 4월 17일 양국 간에 시모노세키조약(下關條約)이 체결되었고, 일본은 청국으로부터 당시 일본 국가재정의 4년분 이상에 상당하는 배상금을 얻어냈다.

이러한 상황 속에서 일본은 흥선대원군을 끌어들여 '섭정(攝政)'으로 추대하고 김홍집·김윤식·어윤중 등을 내세워 정권을 새로 수립했으며, 6월 25일에는 군국기무처(軍國機務處)를 발족시켰다. 군국기무처는 형식상 의정부 산하의 정책의결기구였지만 실질적으로 막강한 권력을 행사하면서 약 210건의 개혁 안건을 의결했다. 갑오개혁의 서막이 올랐던 것이다.

먼저 군국기무처는 종래의 의정부와 6조를 궁내부와 의정부 및 그 산하의 내무·외무·탁지·군무·법무·학무·공무·농상 등 8아문체제로 개편함으로써 새로운 정치·행정체제를 구축하는 정치제도의 개편을 추진했다. 아울러 과거제도를 폐지하고 문·무관을 임용하기 위한 선거(選擧) 및 무관조례를 제정했으며, 관등·품계를 12등급으로 나누었다. 그 반면 칙임관·판임관에 대한 임명권이 총리대신과 각 아문대신의 재량에 맡겨지는 등 국왕의 전통적인 권한이 박탈 내지 축소되었다. 그 결과 의정부·8아문의 권한이 강화된 일종의 입헌군주제적인 정치 형태가 갖춰지게 되었다.

다음으로 취약한 재정구조의 체질을 개선하고 '편민이국'·'부국강병'이라는 목적을 달성하기 위해 경제개혁을 도모했다. 탁지아문에 전국 재정의 출납과 조세·국채·화폐 등의 사무를 총괄하고 지방의 재무를 감독하는 권한을 부여함으로써 국가의 재정을 일원화했던 것이다. 아울러 독자적인 재정을 운영했던 왕실의 재정권을 모두 부정하고, 홍삼·금광 등에 대한 국왕의 권한을 탁지아문으로 이관함으로써 국왕과 왕실의 재정운영권을 박탈했다.

또한 군국기무처는 물납세를 금납제로 고친 다음 은행을 설립하여 농민들의 생산물을 화폐와 교환케 하고, 그 자본을 정부의 공금에서 제공하고 업무의 진행에 따라 탁지아문이 원금을 회수케 하는 근대적 은행제도를 마련했다. 그리고 신식화폐와 구화폐의 태환법(兌換法)에 관한 조례를 제정할 것을 의결하는 동시에 신식화폐장정을 발포함으로써 은본위제에 입각한 근대적 화폐제도로의 개혁을 단행하기에 이르렀다. 그러나 재정궁핍으로 말미암아 본위화가 충분히 주조되지 못한 상황에서 외국화폐의 통행을 허용했을 뿐만 아니라 조·일 양국 간의 화폐제도를 통합시키는 등 궁극적으로 낙후된 조선의 경제를 일본의 자본주의 경제체제에 예속시킬 우려도 있었다.

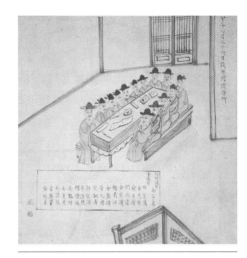

19세기 말 조석진이 그린
갑오개혁 당시 군국기무처 회의 장면

그리고 양반 중심의 전통적 사회신분제도와 관련된 관습을 철폐하는 데에도 착수했다. 군국기무처는 문벌·반상의 신분적 차이를 초월하여 인재를 등용하겠다는 정책을 펼쳤는데, 이는 반상의 계급적 차별 내지 양반제도의 혁파를 천명한 것이라기보다 앞으로 반상과 귀천을 가리지 않고 능력본위로 인재를 뽑아 정부의 관료체계를 충원하겠다는 의도에서 나온 것이었다. 또 문무존비(文武尊卑)의 전통과 관존민비(官尊民卑)의 폐습을 타파하고 모든 국민이 법 앞에 평등함을 명시했으며, 양반관료들로 하여금 전통적인 직업적 편견에 구애받지 않고 근대적 기업에 참여할 것을 권장했다. 능력본위의 인재등용을 재천명하고 나아가 평등주의적·민주주의적 사회질서 내지 근대적 경제질서를 수립하려고 시도했던 것이다. 나아가 조혼 금지와 과부의 재가허용에 대한 의안을 제정했고, 공사 노비의 혁파와 연좌제 폐지 등 혁명적 개혁안을 제정·공포했다.

마지막으로 학무아문을 독립시켜 전통적인 유교교육을 불식하고 합리성과 실용성 위주로 교육제도 및 풍속을 개혁했다. 군국기무처는 과거제도를 과감히 혁파하고 새로운 관리임용제도를 채택하고자 시도했는데, 이는 전통적 유학교육의 틀을 탈피하여 근대적 학교교육으로 전환하려는 의지를 비춘 것이었다. 아울러 소학교 설립과 함께 한글 교과서를 편찬하기 시작했고, 외국의 명칭을 국문으로 번역했으며, 외국에 유학생을 파견하여 선진문화와 학문을 신속히 받아들이고자 했다. 이러한 일들은 근대적 학교교육을 시행하는 데 수반되어야 할 제반조치로써 갑오개혁 전 기간에 걸쳐 단행된 교육제도의 개혁방향을 제시해주었다는 점에서 주목할 만하다.

그러나 청일전쟁이 진행되는 과정에서 일본은 러시아의 남하정책에 대처하는 데 필요한 전략적 시설을 설치하고 산업발달에 필요한 각종 이권을 획득함으로써 궁극적으로 조선을 일본의 보호국으로 만드는 것을 목적으로 삼았다. 이를 실현하기 위해 일본은 조선 정부로 하여금 내정개혁을 실시하도록 권고하는 한편 경부·경인 간 철도부설권 및 군용전신선관할권 등의 이권을 일본에 양도할 것을 보증한다는 조일잠정합동조관(朝日暫定合同條款)과 전쟁 중 조선이 일본의 동맹국으로서 일본군의 진퇴와 그 식량준비 등을 위해 편의를 제공한다는 조일맹약(朝日盟約)을 각각 체결했다. 아울러 일본고문관과 군사교관을 조선 정부 내에 배치한다는 약속을 받아냄으로써 일본은 조선을 보호국으로 만드는 데 필요한 최소한의 법적 근거를 확보했다. 그렇지만 일본은 열강의 간섭과 조선인의 반발을 우려하여 당분간 이들 조약의무의 즉각적인 실현을 요구하거나 급격한 제도개혁을 강요하는 것은 삼가는 태도를 취했다. 이에 따라 그 당시 집권했던 김홍집 등은 군국기무처를 중심으로 어느 정도 자율적으로 국정을 개혁할 수 있었다.

이상과 같은 군국기무처의 제도개혁은 일본군의 경복궁 점령을 계기로 추진되었다는 한계를 지님에도 개혁에 참여했던 개화파 인사들이 전통사회의 모순을 극복하고 근대적 사회체제를 수립하려고 노력했다는 점에서 커다란 의미를 가진다. 실제로 갑오개혁의 실질적인 주역이었던 유길준(兪吉濬)은 개혁을 추진하는 과정에서 일본의 원조에 의존할 수밖에 없었던 상황에 대해 매우 부끄러워하면서 깊이 반성하고 있었다. 이러한 사실은 1894년 10월 유길준이 일본을 방문할 당시 일본외상이었던 무쓰 무네미쓰(陸奧宗光)에게 조선이 불가피하게 일대 개혁을 단행하게 되었는데 이를 자력으로 행하지 못하고 일본의 '권박'에 따라 하게 된 것은 조선 국민·세계 만국·후세 역사 앞에 수치라고 고백했던 점에서도 잘 나타난다. 그러나 그는 이러한 수치를 감수하고라도 개혁을 성사시켜 국가의 독립과 보국안민(輔國安民)을 달성하면 자신의 행위를 용서받을 수 있을 것으로 전망했다. 그는 1895년 8월 17일 제출한 '비밀회(의) 청구하는 청의서'에서도 그의 이른바 '삼치론(三恥論)'을 되풀이하여 역설했다. 물론 이러한 대일의존적 태도는 유길준을 비롯한 개혁 주도 세력이 국민적 지지기반을 마련하지 못했을 뿐만 아니라 군사력·경제력마저 갖추지 못한 채 개혁을 추진하려 했던 데에서 비롯된 치명적인 약점이자 한계였음을 부인할 수 없다. 그럼에도 그들이 시한부로 일본에 의존하되 궁극적으로 조선의 자주독립과 부국강병을 달성하기 위해 개혁을 추진하려고 노력했던 점은 간과되어서는 안 될 것이다.

한편 일본은 평양전투에서 승리를 거둔 후 조선에 적극적인 간섭정책을 추진하기 시작했다. 이를 위해 오토리 게이스케(大鳥圭介) 공사가 경질되고 현직 내무대신이었던 이노우에 가오루가 서울에 파견되었다. 그는 조선의 보호국화라는 목표를 달성하기 위해 동학농민군의 항일운동을 무력으로 진압하는 동시에 11월 21일 박영효를 중심으로 한 친일정부 조성, 조선 정부 내일본인고문관 배치, 정치차관공여 등을 골자로 한 적

19세기 말 조선을 둘러싼
청, 일본, 러시아의 대립을 풍자한 그림

극적인 내정개혁작업에 착수했다. 그 결과 12월 17일 내무대신 박영효를 중심으로 구성된 김홍집·박영효 내각은 제2차 갑오개혁을 추진했다.

박영효는 홍범14조를 통해 왕실(궁내부)과 정부 간의 권력분리를 재천명하고 내각관제를 발포하는 정치개혁을 단행했다. 의정부를 내각으로, 8아문을 부(部)로 개칭하면서 농상무아문과 공무아문을 통합하여 7부로 구성했다. 내각은 중앙정부의 가장 강력한 정책입안기관이자 집행부가 된 반면 궁내부는 내각과 분리된 채 권위의 상징체로 전락했다. 아울러 8도제 대신 소구역주의에 입각하여 한성부·인천부 등 23부(府)로 편제했고, 부·목·군·현 등을 모두 군으로 단일화하여 총 337군을 23부 아

래 분속시켰으며, 인천 등 3항의 감리서를 폐지하는 지방제도의 개혁도 실시되었다.

또 홍범14조에 명시된 조세법정주의, 탁지부에 의한 재정일원화, 예산제도의 확립 등을 실시하려는 경제개혁도 단행되었다. 왕실재정을 탁지부가 아닌 궁내부 회계원에서 관장하게 함으로써 개혁에 대한 왕실의 반발을 무마시킨 데 이어 재정기구정비의 일환으로 조세를 비롯한 각종 세입징수사무를 전담할 관세사(管稅司)·징세서(徵稅署) 관제, 최초의 근대적 예산제도와 조세법정주의 등을 규정한 회계법을 발포했다. 재정을 확충하기 위해 관방전(宮房田) 조사·인삼전매사업 실시·육의전과 공납제도 폐지 등도 이루어졌다.

박영효는 강력한 근대적 상비군을 창설하기 위해 기존의 중앙군사조직을 폐지하는 대신 훈련대를 창설·확장하여 서울·평양·청주 등 주요 도시에 배치하고, 신설대(新設隊)와 군사교육기관인 훈련대사관양성소(訓鍊隊士官養成所)를 설치하는 등 군사제도의 개혁을 추진했다. 또 경무청을 확장하여 근대적 경찰조직을 확립함으로써 자신의 정권장악과 개혁 추진에 필요한 기반을 마련하고자 노력했다. 아울러 재판소구성법(裁判所構成法)을 공포하여 사법권을 독립시키는 사법제도의 개혁도 단행했다. 재판은 2심제였으며, 사법관을 양성하기 위한 법관양성소 규정도 마련되었다.

교육이 국가보존의 근본이라는 인식 아래 학교교육을 통해 인재를 양성함으로써 국가적 당면과제인 왕실안전과 부국강병을 달성할 수 있다는 내용의 교육입국조서(敎育立國詔書), 우리나라 최초의 근대식 학교관제인 한성사범학교관제(漢城師範學校

일본인 교관의 훈련을 받는 친위대

官制)·외국어학교관제가 발포되는 등 교육개혁도 추진되었다. 또 1895년 4월에는 내부대신 박영효가 일본에 파견될 유학생을 선발하라는 훈령을 전국 각도에 내리면서 이에 따라 발탁된 114명의 학생이 도쿄의 게이오기주쿠(慶應義塾)에 입학했다. 이는 국가의 부강과 독립을 달성하는 데 인재양성이 필요하다는 인식에서 비롯된 것이었다.

이러한 개혁을 추진하는 과정에서 박영효는 정계의
주도권을 장악해가는 동시에 일본의 이권할양요구에
대항해서 조선의 국익을 옹호했다. 그는 1895년 2월 하
순 조선의 철도 및 전신선 부설사업을 독점하려는 이노
우에 공사의 비밀교섭에 응하지 않았으며, 일본 정부가
조선에 제공하기로 약속한 300만 원의 차관대여조건이
가혹하다고 비판하기도 했다. 그러나 삼국간섭을 계기
로 일본의 영향력이 상대적으로 약화되는 상황에서 일
본과 고종의 견제를 받았던 박영효는 반역음모를 꾀했
다는 죄목으로 일본에 망명하기에 이르렀다. 이어 일본
내각의 비협조로 300만 원의 기증금 대여가 사실상 불
가능해짐에 따라 이노우에 공사 역시 교체되고 말았다.

소학교 교원을 양성하기 위해 설립된
한성사범학교

박영효의 일본 망명 후 1895년 7월 재차 집권한 김홍
집은 친미반일적인 박정양 등의 정동파 세력과 연합하
면서 제3차 갑오개혁을 펼쳐나갔다. 서울에 소학교·중
학교·의학교·상공학교 등 각종 근대식 학교를 세우고,
개성·수원·대구·부산 등지에 우체사를 설치했으며, 종

1882년 수신사 박영효가 조선의 자주독립을 대내외에
과시하기 위해 제작한 태극기. 1883년 정식 국기로 채택.

두법을 시행하고자 했다. 1896년부터는 태양력을 사용하고 건양(建陽)을 새 연호로
썼다. 아울러 종래의 훈련대와 시위대를 합쳐 서울과 지방에 각각 친위대와 진위대
를 두는 군제개편도 단행했다.

그러나 신임 일본공사 미우라 고로(三浦梧樓)는 일본의 세력을 만회하기 위해 공
사관원·경관을 비롯하여 기자·상인 및 낭인 등 민간인까지 동원해서 왕궁에 난입한
뒤 민비(명성황후)를 비참하게 살해하는 만행을 저질렀다. 이후 일본은 김홍집내각
으로 하여금 사건을 은폐시키도록 강요했지만, 이를 목격한 외국인들에 의해 그 진
상이 세상에 알려지게 되었다. 살해 사건이 국제 문제로 확대됨에 따라 곤궁에 빠진
일본 정부는 외무성 정무국장 고무라 주타로(小村壽太郎) 등 조사단을 파견하여 사건

단발하기 전 자신의 모습을 남기려던
사람들로 북적였던 사진관

을 수습하는 데 전력했고, 미우라를 포함한 관련자들을 소환해서 히로시마 재판소에 기소했다. 그러나 10월 12일 정동파가 중심이 되어 고종을 왕궁 밖으로 이어케 하려 했던 춘생문(春生門) 사건이 일어나자, 일본 정부는 미우라 등 민비 살해 가담자 전원을 증거불충분으로 면소·석방시켰다.

김홍집내각도 난국을 타개하기 위해 개혁을 추진하면서 단발령을 발포했다. 그러나 단발령의 강행은 민비 살해 사건으로 가뜩이나 팽배해 있었던 국민들의 반일 내지 반정부 감정을 폭발시키는 계기가 되었다. 그 결과 전국 각지에서 의병운동이 일어나 친일내각에 대한 항의로 지방관리들을 처단하고 관군과 일본군을 공격했다. 이를 진압하기 위해 군대가 파견된 틈을 타서 고종은 러시아공사관으로 피신하는 데 성공했다. 이른바 아관파천으로 김홍집내각은 붕괴되고 갑오개혁도 중단되었으며, 조선에 대해 독점적 지배력을 행사하려 했던 일본의 기도 역시 실패로 돌아가고 말았다.

갑오개혁은 청일전쟁을 도발하고 동학농민군의 재봉기를 진압했던 일본에 의해 그 계기가 마련되었고 추진과정에서도 일본의 영향력이 적지 않게 작용했다. 갑오개혁의 주도 세력은 민중적 지지기반이나 독자적인 기반을 확보하지 못했기 때문에 국가독립과 근대화를 달성하기 위해 일본에 의존할 수밖에 없었던 치명적인 한계와 약점을 지니게 되었다. 그렇지만 갑오개혁 전 기간 내내 일본이 강압적인 내정간섭 정책을 전개한 것은 아니었고, 개혁의 주도 세력 역시 일본의 요구를 무조건 혹은 무비판적으로 받아들인 것도 아니었다. 또한 개혁 세력이 입안·제정한 각종 개혁안들에는 그 이전부터 자신들이 품어왔던 근대적인 개혁구상이 나름대로 담겨 있었다. 이러한 개혁 추진 방향은 아관파천 이후에도 그 골격이 유지되었다. 따라서 갑

오개혁은 갑신정변과 독립협회운동을 이어주는 중요한 위치를 차지하고 있다고 평가할 수 있다. | 권오영 · 한철호

이야깃거리

1. 척사운동의 전개과정에서 운동의 시기별 변화양상과 성격에 대해 이야기해보자.

2. 척사사운동과 개화운동, 동학농민운동의 상호관계에 대해 비교해보자.

3. 척사운동을 오늘날의 한미 자유무역협정(FTA) 반대운동과 비교하여 토론해보자.

4. 개화 사상의 형성과정과 그 특징을 찾아보자.

5. 갑신정변과 갑오개혁의 공통점과 차이점, 그 의의에 대해 이야기해보자.

더 읽을거리

강재언. 1983. 『근대한국사상사연구』. 한울아카데미.

구선희. 1999. 『한국근대 대청정책사 연구』. 혜안.

권오영. 2003. 『조선 후기 유림의 사상과 활동』. 돌베개.

박성순. 2003. 『조선 후기 화서 이항로의 위정척사사상』. 경인문화사.

박은숙. 2005. 『갑신정변 연구』. 역사비평사.

왕현종. 2005. 『한국근대국가의 형성과 갑오개혁』. 역사비평사.

유영익. 1990. 『갑오경장 연구』. 일조각.

정옥자. 1995. 「19세기 척사론의 역사적 위상」. ≪한국학보≫ 78.

진덕규. 1978. 「척사위정론의 민족주의적 비판의식」. ≪한국문화연구논총≫ 31.

하원호 외. 1998. 『한국근대 개화사상과 개화운동』. 신서원.

한철호. 1998. 『친미개화파연구』. 국학자료원.

한철호. 2009. 『한국근대 개화파와 통치기구 연구』. 선인.

4

동학과 민중운동

---

1 동학과 동학농민운동

1) 동학 창시와 교조신원운동

동학은 1860년 최제우에 의해 조선 후기 이래 미륵 신앙, 정감록 신앙, 진인사상 등 다양한 민중사상과 유불선 사상, 서학사상까지 수렴한 민중종교로 창시되었다. 최제우는 또 1861년 '포덕문(布德文)'이라는 글을 통해서 잘못된 나라를 바로잡고 도탄에 빠진 민중들을 구제하겠다는 보국안민사상을 널리 천명했다. 이후 동학은 지속되는 정치의 부패, 조세수탈의 가중, 신분제의 문란의 심화, 흉년과 질병 등으로 불안과 고통 속에서 삶을 지탱해가던 조선 사회의 기층민들에게 큰 반향을 일으켰다. 이에 정부는 동학을 이단시했을 뿐만 아니라 동학의 교세가 사회질서를 위협할 정도로 급격히 확산되자 1863년 12월 최제우를 '좌도(左道)로 백성들을 미혹시켰다'는 죄명으로 잡아들인 뒤 이듬해 3월 10일 처형했다.

그 후 동학의 교세는 일시 위축되었으나 그의 제자 최시형(崔時亨)에 의해 되살아났다. 1870년대 후반, 최시형은 지도체제를 확립하고 동학의 기본 경전인『동경대전(東經大全)』과『용담유사(龍潭遺詞)』를 집성했다. 이로써 동학의 기본 교리와 주요 종교의식이 확립되었으며 교세가 커지기 시작했다. 특히 1880년대에 단양·괴산·청풍·충주·청주·옥천·보은·공주·목천·예산 등 충청도 지방을 중심으로 교세가 두드러졌다.

이렇듯 교세가 확산되자 지배층은 이를 커다란 위협으로 인식했고, 지방수령들은 사학(邪學)을 금단한다는 명분 아래 동학교도의 재산을 수탈하거나 그들을 잡아 가두는 등 탄압했다. 동학교도들은 피신과 도망을 하거나, 석방금을 내고 풀려나는 등 소극적인 방법으로 교문을 지켜나갈 수 있었다.

1890년대 초부터 동학교단은 그간의 소극적인 저항에서 벗어나 합법적인 운동을 통해 동학을 공인받고자 했다. 먼저 동학교단은 교조 최제우의 신원을 통해 동학의 공인과 포교의 자유를 동시에 얻고자 '교조신원운동(敎祖伸寃運動)'을 전개했다. 교조신원운동은『경국대전(經國大典)』에 보장된 신소(伸訴)제도, 즉 조정에 억울한 사정을 호소하는 집단적 시위 방식을 통해 이루어진 합법적 운동이었다. 1892년 10월 서병학·서인주 등 교도 1,000여 명이 공주취회를 열어 충청감사에게 동학에 대한 탄압 중지를 요구하면서 시작되었다. 이어 1892년 11월 전라도와 충청도 일대 수천 명의 신자들이 전라북도 삼례에 모여 20일 동안 대대적인 집회를 열었다. 이에 전라감사 이경직으로부터 동학교도에 대한 부당한 수탈을 금하도록 조치하겠다는 약속을 받아냈다. 이후 전라도 일대의 많은 농민들이 고을 수령의 수탈에서 벗어나기 위해 동학에 입교했다.

이를 기회로 1892년 11월 말부터는 서울로 상경하여 고종에게 집단적으로 호소하려는 계획을 추진했다. 이러한 소식을 전해들은 주한 외국공사관들과 외국인들은 커다란 위기감을 느꼈다. 1893년 2월에는 40명의 동학지도자들이 경복궁 광화문 앞에 엎드려 동학을 공인해줄 것과 교조 최제우의 억울한 죽음을 풀어달라며 3일간 호소했다. 그뿐만 아니라 외국인들을 배

최제우

최시형

척하는 내용의 괘서(掛書)가 교회와 외국공사관과 외국인의 집 담벼락에 나붙으면서 장안에는 온통 공포분위기가 조성되었다. 하지만 광화문 복소(伏疏)와 괘서사건은 외국 세력의 간섭과 조정의 강경탄압책으로 인해 실패하고 말았으며, 복소를 주도했던 동학 지도자들은 모두 체포되거나 수배되었다. 체포를 겨우 모면한 동학교단 지도자들은 동학의 본부가 있던 충청도 보은으로 내려와 새로운 대응책을 마련했다.

그 뒤 교주 최시형의 주도하에, 1893년 3월 10일 최제우가 처형된 날을 기하여 보은취회가 열렸다. 보은취

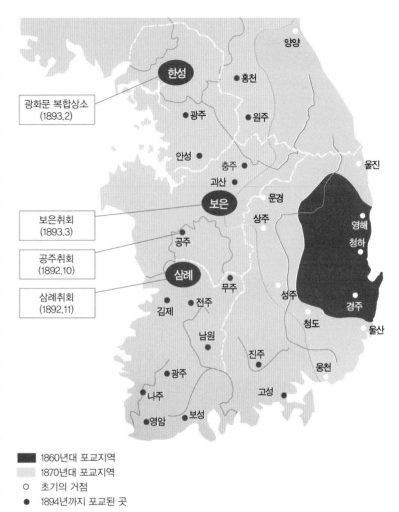

1860년대 포교지역
1870년대 포교지역
○ 초기의 거점
● 1894년까지 포교된 곳

회에 모인 2만 7,000여 명의 교도들은 이전과 달리 척왜양창의(斥倭洋倡義)라는 반외세의 깃발을 내걸었다. 이에 호응하여 전라북도 금구 원평에서는 금구취회가 개최되었다. 보은취회와 금구취회는 조정에서 파견한 양호선무사 어윤중의 설득과 회유, 그리고 군대를 동원하여 토벌하겠다는 중앙 조정의 강경책에 의해 해산했다. 이리하여 약 2년에 걸친 교조신원운동은 표면상으로 일단 막을 내리게 되었다.

2) 제1차 동학농민운동

동학농민운동은 1894년 1월 고부민란을 계기로 촉발되었다. 고부민란은 전봉준(全琫準)·김도삼(金道三)·정익서(鄭益瑞) 등의 주도로 고부 농민들이 온갖 폭정을 저지른 고부군수 조병갑(趙秉甲)을 몰아내고 수탈의 상징인 만석보(萬石洑)를 허물어버린 사건이다. 고부민란은 동학교단의 신원운동(금구취회)과 고부 지방 동학교도들을 중심으로 전봉준의 지휘하에 무장한 민군(民軍)들에 의해 일어났다. 고부민란은 단순한 민란에 그치지 않고 그해 3월 동학농민군의 전면 기포로 발전했다.

본격적인 동학농민운동은 고부에 파견된 안핵사 이용태(李容泰)의 가혹한 탄압에서 비롯되었다. 고부민란 지도자 전봉준 등은 무장으로 피신하여 무장대접주 손화중(孫華仲)의 도움을 받아 전면적으로 봉기했다. 이를 무장기포(茂長起包)라 하는데, 학계에서는 제1차 동학농민운동이라 부른다.

동학농민군은 창의문을 발표한 뒤 고부를 다시 점령하고 백산으로 이동하여 각지에서 참가한 농민군을 포함시키며 진영을 확대, 개편했다. 또한 호남창의대장소(湖南倡義大將所)라는 이름으로 격문을 발표하여 민중의 봉기와 호응을 촉구하는 한편, 4대 명의(名義)와 행동강령 12개조를 발표하여 군율을 정했다.

동학농민군은 같은 해 4월 초 황토현에서 전라감영군을 격파하고 전라도 서남해안으로 기수를 돌려 정읍·흥덕·고창·무장·영광·함평 등을 차례로 점령했고, 4월 하순경에는 장성 황룡촌에서는 홍계훈(洪啓薰)이 이끄는 경군(京軍)과 싸워 승리를 거두었다. 이러한 기세로 호남의 수부인 전주성을 점령한 뒤 5월 초 경군과 전주화약을 체결하고 이튿날 자진 해산했다. 이후 동학농민군은 자기들의 고을로 돌아가 집강소를 설치하고 폐정개혁을 단행했다.

집강소 설치와 폐정개혁활동은 새 전라감사

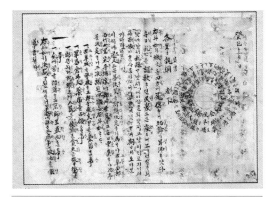

전봉준이 각 마을 집강소에 보낸 사발통문. '고부성을 격파하고 군수 조병갑을 효수할 것'이라고 쓰여 있다.

로 부임한 김학진(金鶴鎭)과 전봉준 사이에 담판이 이루어지면서 몇 개 고을을 제외한 전라도 전역으로 확산되었다. 그런데 이는 각 고을별로 다른 양상을 보였다. 동학농민군의 영향력이 절대적인 고을에서는 수월하게 집강소가 설치되고 과감한 폐정개혁활동이 이뤄졌지만, 나주·운봉·순창 등지에서는 향리와 재지유생, 지방 포군으로 구성된 수성군과 동학농민군 간에 치열한 전투가 벌어지기도 했다. 경상도 예천에서는 동학농민군을 토벌하기 위한 보수집강소가 설치되어 동학농민군을 체포, 처형하기도 했다.

한편 전봉준은 1894년 6월 21일 일본군이 경복궁을 점령했다는 소식을 접하고 전라감사 김학진의 협조를 얻어 일본군을 몰아내기 위한 재기포를 준비했다. 이로써 동학농민운동은 전혀 새로운 단계로 접어들게 되었다.

3) 제2차 동학농민운동과 지역별 전개양상

전봉준은 제2차 기포를 위해 9월 초부터 삼례를 거점으로 동학농민군을 재조직하고 10월이 되자 서울을 향해 북상했다. 동학농민군이 북상하자 서울에서는 동학농민군을 토벌하기 위한 경군과 일본군이 세 갈래 길로 나뉘어 내려오기 시작했고, 전국 각 지역에서는 일본군을 몰아내기 위한 동학농민군의 봉기가 잇따랐다. 특히 제1차 기포 때 봉기하지 않았던 충청도·강원도·경기도·경상도 북부 지방에서도 수많은 동학농민군이 반침략항쟁의 대열에 동참했다.

경상도 지방은 동학의 발상지로서 전라도 지방 못지않게 동학농민운동이 치열하게 전개되었다. 다만 경상도 북서부 지방의 집강소는 동학농민군을 토벌하는 보수세력에 의해 설치·운영되었고, 동학농민군 지도자 역시 동학교단의 접주 또는 접사 직책을 가진 양반 출신이라는 점에서 차이가 있었다. 경상도 남부의 고성·진주·곤양·하동에서도 치열한 항쟁이 전개되었다. 고성은 일찍이 최제우에 의해 접주가 임명되었던 곳이며, 진주는 동학교도로 행세한 이필제(李弼濟)가 진주작변(晉州作變)을 모의했던 덕산이 멀지 않은 곳이다.

충청도는 목천·천안권(세성산), 예산·홍성·서산·당진·태안권, 충주·단양·제천권, 부여·한산·서천권, 청주·옥천·보은·영동·논산권 등으로 나눠진다. 목천에서는 김용희(金鏞熙)·김성지(金成之)·김화성(金化成) 등 이른바 '삼노(三老)'로 불리던 세 명의 동학 지도자들이 1894년 10월 8일부터 약 3일간 관군과 치열한 접전을 벌였으며, 예산 지역은 박희인(朴熙寅)·박인호(朴寅浩)·홍종식(洪鍾植) 등이 이끈 동학농민군이 신례원·해미·홍성 등에서 역시 맹렬한 항쟁을 벌였다. 충주에서는 성두환(成斗煥)이, 청주에서는 임규호(任奎鎬)·권병덕(權秉悳) 등이 활약했다.

경기도에서는 수원·광주·용인·안성·양평권이라든지 이천·여주·장호원권 등에서 상당한 항쟁이 이루어졌다. 일찍부터 이 지역은 보은취회에 활발히 참여했던 동학 교도들이 많았던 만큼 교세가 조직화되어 있던 곳이다. 강원도는 1870년대부터 양구·인제·정선·영월·양양 등지를 중심으로 동학이 널리 포교된 지역이다. 제1차 동학농민운동 때는 기세가 미약했지만 제2차에서는 치열한 항쟁이 전개되었다. 특히 강릉부 점령과 홍천군 서석면 풍암리 자작고개에서의 혈전이 대표적이다. 끝으로 황해도와 평안도는 최제우가 활동할 당시에 유배된 동학교인들이 동학을 전파한 지역이다. 1890년대에 접어들면서 본격적인 포교가 이뤄졌는데, 황해도 접주로서 동학농민운동에 가담했던 김구(金九)의 이야기는 『백범일지(白凡逸志)』를 통해 널리 알려져 있다.

우금치 고개에 세워진
동학혁명군 위령탑

한편, 북접의 동학 지도자들도 휘하 교도들을 이끌고 봉기하여 1894년 10월경 논산의 전봉준 군과 합류했다. 연합군은 서울로 올라가기 위해 공주로 진격했다. 이에 맞서 서울에서 내려온 관군과 일본군은 공주 우금치 일대에 방어선을 쳤다. 10월 23일부터 25일까지 1차 대접전이 있었고, 11월 8일부터 11일까지 2차 우금치전투가 치열하게 전개되었다. 두 차례의 대혈전에서 분투했던 동학농민군이었지만 절대적인 무기의 열세로 패배하고 말았다.

이후 동학농민운동은 서서히 내리막길로 접어들었다. 11월경 논산 황화·대금구·원평·구미란 등지에서 끈질긴 항전이 계속되었지만 전세를 뒤집기에는 역부족이었다. 원평전투를 고비로 동학농민군 지도자들은 훗날의 재기를 위해 피신하지만 대부분 체포되고 말았다. 잔여 세력들은 살기 위해 외래 종교로 숨어 들어가기도 하고, 1895년 을미사변을 계기로 일어난 의병 대열에 합류하기도 했다. 또 일부는 일진회와 같은 친일단체에 참여하여 친일 세력으로 변모하기도 했다.

2 민중운동

동학농민운동이 좌절된 후 동학교세는 크게 침체하게 되었으나 1890년대 말에서 1900년대 초 의병투쟁에 참여하거나 서학당·영학당 또는 활빈당 같은 무장집단을 조직하여 반봉건·반침략 민중운동의 주류를 형성했다. 이들은 갑오개혁 당시 추진된 지주 중심의 개혁정책과 본격화된 외세의 경제적 침탈로 깊어진 계급적·민족적 모순을 극복하고자 했다.

이와 더불어 노동자들 역시 집단적인 저항 세력을 형성했다. 광산노동자, 철도부설에 참여한 노동자, 부두노동자들을 중심으로 하여 외세의 불법적인 광산채굴권 탈취에 대해 항의했으며, 강제적인 노동력 동원에 반대하는 투쟁을 전개했다. 또한 열악한 노동조건을 개선하고자 동맹파업도 벌였다.

1) 동학농민군 잔당과 영학당

1894년의 동학농민운동은 일본의 대대적인 무력 개입, 개화파 세력과 보수지배층의 탄압, 농민군의 군사력 한계 등으로 좌절되고 말았고, 군현 단위의 수탈구조는 새로운 형태로 재생산되었다. 투쟁의 전면에 나섰던 농민들은 대부분 일상생활로 돌아가 또다시 양반지배층이 주도하는 지배구조에 종속되었다. 일부는 외세와 결탁하여 변절하는 경우도 있었다.

하지만 대부분의 동학농민군은 반봉건·반외세 의식을 가진 잠재적인 사회변혁 세력이었다. 그들은 낡고 썩은 조선 사회를 타파하여 자유롭고 평등한 세상을 만들고 외세의 간섭이 없는 세상을 꿈꿨다. 1896년 전라도 나주에서 일어난 농민항쟁은 김순여(金順汝) 등을 비롯한 '동학 여당'이 적극 참여했듯이 이들은 언제라도 새로운 농민항쟁을 주도하거나 참여할 수 있는 세력이었던 것이다. 또한 양반 출신인 이헌표(李憲表)는 동학농민운동 당시 충청북도 괴산접주로 활동한 뒤 탄압을 피해 인근 음성으로 피신했다. 그는 이곳에서 계속 괴산접주로 활동하면서 평민과 맞절을 하고 평민 출신의 손자며느리를 맞아들이는 등 신분해방을 몸소 실천에 옮겼다. 한편 농민군 잔여 세력 중에서는 동학교단의 간섭 없이 독자적으로 동학조직을 재건해 활동한 세력도 있었다. 전라도에서 동학의 재건을 꾀하던 이관동(李關東) 등은 1900년 4월 전주에서 외국인배척운동을 전개할 계획을 세우고 활동하다가 발각되었다. 이밖에도 황해도 수접주 임종현(林宗賢)은 동학조직을 보전하여 구월산과 장수산에서 세력을 키운 뒤 1900년경에 다시 봉기했다.

농민군 출신으로 반봉건·반외세운동을 벌였던 대표적인 세력이 영학당이다. 그들은 탄압을 피할 목적으로 '동학' 대신 '영학'이라는 이름을 내걸고 전라도 일대에서 재건한 조직체였다. 이들은 전라도 고부·흥덕·무장·장성·영광·함평 일대에 조직망을 구축한 뒤 미곡수출에 따른 물가폭등과 빈민층의 몰락 문제를 내세우며 1898년 가을부터 본격적인 활동을 개시했다.

흥덕 영학당의 대장인 이화삼(李化三)은 1898년 12월 300여 명의 당원을 이끌고 관아를 점령하여 농민들이 대거 참석한 대중집회를 열었다. 이 자리에 참석한 민중들은 그동안 조세를 강압적으로 징수하고 미곡무역에 앞장서는 등 탐학을 일삼은 군수를 규탄한 뒤 그를 고을 밖으로 내쫓았다. 흥덕항쟁은 4일 뒤 진압되었지만 그 열기는 전북 전역으로 확산되었다. 특히 예전부터 소유권분쟁 때문에 불만을 가지고 있었던 김제 지역의 농민들이 적극 나섰다.

이를 계기로 영학당 지도자들은 1899년 5월경 무장한 농민군 400여 명을 이끌고 고부관아를 습격한 뒤, 보국안민과 척왜양을 외치며 흥덕과 무장을 공격하여 점령했다. 이들은 목포 개항장과 전주감영을 비롯한 전라도 일대를 점령한 뒤 서울로 공격해들어갈 계획이었다. 하지만 영학당 봉기는 1894년 농민군이 그러했듯이 우세한 화력을 지닌 정부군과 수성군·민병에 밀려 10여 일 뒤에 진압되었다. 영학당은 비록 일시적인 무력투쟁에 머물렀으나 동학농민운동의 이념을 계승한 반봉건·반침략투쟁이었다는 점에서 큰 의의가 있다. 그것은 안으로는 반(半)봉건 세력을 척결하고 밖으로는 일본과 같은 제국주의 세력을 축출한 뒤, 농민적 토지소유와 소상품 생산자의 자립·성장을 꾀한 운동이었다고 할 수 있다.

2) 화적과 활빈당

19세기 후반에서 20세기 초에 걸쳐 국가와 지주의 수탈로 인해 토지로부터 유리된 농민, 특권상인과 외국상인의 이윤독점과 국가적 수탈로 몰락한 중소상인, 신분제의 질곡에서 도망한 천민, 개항 이후 들어온 공산품 때문에 몰락한 수공업자, 지배층에 저항하다 도망한 자 등이 끊임없이 재생산되었다. 절대빈곤에 허덕이며 생계를 위협받는 극한 처지에 놓여 있었던 그들이 마지막으로 선택한 길은 도적질이었으며, 그것도 떼를 지어 활동하는 화적집단에 가담했다.

화적은 무리를 지어 돌아다니며 재물을 마구 약탈하는 농민무장집단이었다. 화적은 개항 이후 1880년대에 가장 극성을 부렸고 1894년에는 동학농민운동에도 참여했다. 대한제국 당시에도 '없는 곳이 없고, 없는 날이 없을' 정도였다. 이들은 지리산과 같은 산악지대와 사찰 등을 근거지로 삼아 몇 십 명씩 떼를 지어 부호·관공서·관리·외국인들을 거리낌 없이 약탈했다. 그중에는 당을 결성해 두목을 중심으로 조직적인 활동을 벌인 세력도 있는데, 대표적인 화적당으로 명화당(明火黨), 녹림당(綠林黨), 활빈당, 송악산 협무당(松岳山 挾武黨) 등을 꼽을 수 있다.

화적집단의 약탈행위는 단순한 범죄행위로 보이지만, 그 이면에는 기존 사회체제가 심각할 정도로 붕괴되고 있다는 것을 단적으로 드러내주며 사회 저변에 첨예화되어 있는 사회모순과 그에 따른 대립관계가 극한 상태에서 분출되는 것이기도 했다. 더 나아가 자신들을 생산수단에서 소외시킨 사회질서와 생산관계에 대한 반항인 동시에 새로운 사회에 대한 지향이 표출된 행동이라 할 수 있다.

화적들은 1880년대부터 어느 정도 반봉건·반외세 의식을 가지고 목적지향적인 약탈행위를 일삼았다. 그들이 종래의 양반사회를 부정하고 평등사회를 지향했음은 1885년경부터 나타난 굴총(掘塚)을 통해 알 수 있다. 굴총이란 이름 있는 양반들의 조상무덤을 파헤친 뒤 거액의 돈을 탈취하는 것을 말한다. 이러한 약탈방법은 대한제국 시기에 더욱 일반화되었다.

또한 이들은 외국공관과 외국인도 서슴없이 공격했다. 1881년에는 '정의로써 왜를 물리치겠다'는 대외명분을 표방한 집단도 있었다. 이러한 경향은 외국인들의 내류 침투가 활발해지는 대한제국 시기에 더 증가했는데, 단순히 외국인에 대한 약탈을 넘어서서 반외세적인 지향이 표출된 것으로 보아야 한다. 이에 화적들은 일반 대중들로부터 지지를 받기도 했다.

화적집단의 반봉건·반외세 의식이 보다 뚜렷해지고 그것이 대중적인 저항 형태로까지 발전한 예가 활빈당이었다. 활빈당은 이미 1886년경부터 소규모로 움직이기 시작했고 1900년에 들어와 본격적인 활동을 벌였다. 그들은 단순한 화적행위를 반복하기보다는 나날이 심화되어가는 사회적 모순과 민족적 모순을 자각하고 이를 해결하기 위한 구체적인 행동을 실천에 옮겼다. 또한 민란이나 농민운동에 참여한 경험이 있는 사회변혁 세력이 산속으로 들어와 합류함으로써 활빈당은 이념상의 한계를 극복할 수 있었다. 이는 초보적이고 잠재적이었던 빈민층의 평등주의적 열망이 구체적으로 반영된 것이다.

활빈당은 1899년부터 충청남도 내포 지역인 예산·홍성·보령·남포 등지에서 출몰하기 시작하여 백두대간의 산줄기가 닿는 충청북도와 전라도 산간 지역과 경상도의 낙동강 하류 지역에서 1900~1905년 사이에 주로 활동했다. 이들 지역은 다른 곳에 비해 양반지배층의 수탈이 많고 농민층 분해가 급속히 진행되었다. 때문에 1894년의 동학농민운동도 치열하게 전개되었을 뿐만 아니라, 개항 이후부터는 화적의 출몰이 잦았고 민란이 자주 일어났다. 즉, 농민층 분해과정에서 토지로부터 축출된 빈농들이 대거 화적이 되고, 이들이 이념을 갖춘 활빈당을 결성하여 조직적으로 활동했던 것이다.

활빈당은 적게는 수십 명에서 많게는 수백 명으로 편성되었지만 대개 50~80명 안팎이었다. 이들은 각지에서 독자적으로 결성되었지만 횡적으로 연결되어 있었다. 당시 이름을 떨치던 활빈당은 충청·경기도와 낙동강 동쪽 경상도에서 각각 활동하던 맹감역파와 마중군파, 지리산 인접 지역의 맹감역파였다. 이들은 평상시에는 개별적으로 활동하지만 필요할 경우 연합하여 대규모로 확대시켜 조직역량을

> "저 간악한 왜놈이 와서 개화를 빙자하여 우리 조정의 간사한 무리와 부동(符同)하고 궁궐을 침범하고 난을 일으켜도 사직을 보필하려는 사람이 없으니, 통탄할 노릇이 어찌 이보다 더하리까! 무릇 세계 각국 오랑캐와 수교한 이래로 전국 각지의 중요한 이익은 모두 저들에게 약탈되는 바가 되고, 게다가 온갖 폐단이 일어나 삼천리 금수강산 수많은 인민이 흩어지고 원성이 계속 이어지니 억울하고 원망스러움이 이보다 더 클 수 있겠습니까!"

활빈당 선언서의 일부

과시하곤 했다. 주로 사용하는 무기는 화승총과 칼이었고, 때로는 육혈포로 무장하기도 했다. 활동반경도 특정 지역에 국한되지 않았다. 이들은 지리산과 같은 산악지대와 사찰 등을 근거지로 삼아 여러 지역을 넘나들며 게릴라 형태로 움직였다.

활빈당은 주로 탐관오리, 부정한 방법으로 돈을 모은 부호·대상인·외국인 등을 공격했다. 때로는 평판이 나쁜 지방관이나 악덕지주 등을 살해하기도 했다. 이렇게 탈취한 돈과 곡식 등은 가난한 사람들에게 나누어주었다. 때문에 활빈당은 대중들의 호응을 얻으며 그 세력을 뿌리내릴 수 있었다. 그런 의미에서 활빈당은 도적떼·비도·폭도가 아닌 의적(義賊) 형태의 무장농민집단이었다.

활빈당이 궁극적으로 지향한 것은 모든 사람이 균등하게 사는 균산사회(均産社會) 내지 평등 사회였다. 그들은 그러한 사회를 이룩하기 위해서 부자의 재물을 빼앗아 가난한 사람들에게 나누어준 것이다. 이와 같은 활빈당의 이념은 그들이 1900년경에 내건 선언서와 행동강령에 잘 나타나 있다.

활빈당은 일본을 비롯한 서구 열강의 침략과 친외세 세력의 수탈로 민중의 생존

기반이 파괴되는 것을 강력히 성토했다. 그러면서 이들은 13개조의 강령을 통해 악법 폐지와 올바른 법의 제정, 사회빈부의 타파, 외세의 무분별한 침투 저지와 주권 수호, 소상품 생산자와 유통업자 보호, 조세제도 개혁, 이를 위한 국가체제의 혁신 등을 주장했다. 특히 강령 제9조에서는 "사전(私田)을 혁파한 뒤 균전(均田)으로 하고 구민법(救民法)을 채택할 것"을 주장하여 농민적 토지소유에 기초한 경제적 균등사회를 지향했다. 활빈당은 궁극적으로 정치적으로는 민권사회를, 사회적으로는 평등사회를, 경제적으로는 균산사회를 추구했던 것이다.

이처럼 활빈당은 이념적 지향이 뚜렷하고 폭력적인 표현수단을 가졌었다. 이에 정부는 각지의 지방군대를 동원하여 그들을 체포했고, 지배층은 향약과 오가작통법을 강화했으나 실효를 거두지 못했다. 활빈당과 같은 무법자를 제거하기 위해서는 무엇보다도 체제를 개혁하고 백성의 입장에서 올바른 법을 제정·시행함으로써 합리적인 공권력을 갖춰야 했지만, 대한제국의 성격상 그것은 불가능했다. 그리하여 1904년까지도 활빈당은 삼남지방 곳곳에서 활발히 활동했다.

활빈당을 와해시킨 것은 모순적으로 일본이 구축한 식민지 권력이었다. 러일전쟁에서 승리한 일본은 대한제국을 그들의 식민지로 경영하기 위해서 막강한 군사력과 경찰력을 동원하여 민족 세력과 반사회 세력을 대대적으로 탄압했다. 1906년을 전후하여 활빈당의 지도부가 대거 체포되면서 곳곳에 흩어져 있던 활빈당 조직은 와해되어, 일반 화적으로 전화되거나 혹은 의병전쟁에 가담했다. 일부는 의병장 역할을 할 정도로 두드러진 역할을 했다.

이와 같이 1900~1905년에 집중적으로 활동한 활빈당은 투쟁이 조직적이고 지향하는 이념이 선명했기 때문에 근대 한국의 반봉건·반제투쟁사에서 중요한 위치를 차지하고 있다고 평가받는다. 특히 그들의 이념형은 개항 이후 농민적 토지소유와 소상품 생산자의 자립과 성장을 꾀하던 농민들의 지향이 질적으로 한 단계 발전되어갔음을 의미한다. 또한 기존 체제의 붕괴를 가속화시켜 새로운 사회와 민족으로 통합될 수 있는 역사적 조건을 만드는 데도 일정한 기능을 했다.

3) 초기 노동운동

대한제국 당시 몰락농민층에서 쏟아져 나온 임금노동자층은 여전히 농민적 세계관을 가지고 있었기 때문에 자본주의 생산양식에도 완전히 포섭되지 않은 초기 노동자계급에 속했다. 따라서 초기 노동자들의 항쟁은 그들을 무산자의 지위로 빠뜨린 지배체제에 대한 저항인 동시에 새로운 자본주의적 생산조건에 대한 초보적인 노동운동의 성격을 지니고 있다.

1894년 청일전쟁 이후부터 본격화된 제국주의 열강의 이권침탈은 유통 분야 외에도 광산·산림과 같은 자원 분야나 해운·철도·전차·전기·전신과 같은 교통·통신 분야에 집중되었다. 그중에서도 제국주의 열강의 자본침투는 광산·해운·철도 등에 쏠렸고, 그 결과 초기 노동자 역시 주로 이 분야에서 대부분 일했다. 때문에 이들이 주도한 초기 노동운동은 외국인이 이권을 침탈한 광산, 해외무역량이 증가하는 개항장 부두, 일본인의 철도건설현장에서 대부분 발생했다.

광산노동자의 운동은 주로 이권침탈과 저임금, 그리고 민족적 차별대우에 대한 저항으로 나타났다. 제국주의 열강의 광산침탈은 민족의 경제적 손실을 가져왔을 뿐만 아니라 채굴과정에서 기존에 일했던 조선인 광산노동자를 내쫓거나 주변의 막대한 산림과 토지를 훼손하는 방식으로 일어났다. 또한 외국인 광산자본주는 새로 고용한 조선인 광산노동자들을 저임금의 장시간 노동으로 혹사시켰다. 이와 같은 상황은 당시 열강에게 이권이 넘어간 모든 광산에서 발생했으며, 그중에서도 평안도 운산과 은산, 충청도 직산, 강원도 당현 금광 등이 가장 심했다.

영국과 일본이 각각 1898년과 1900년에 이권을 강탈한 은산과 직산 금광에서는 정부의 허가를 받고 광산채굴을 하다가 졸지에 일터를 빼앗긴 노동자들의 격렬한 반발이 일어났다. 이 과정에서 외국 광산업자와 결탁한 조선인 채굴업자와 노동자들 사이에 충돌이 빚어졌는데, 주변 지역 주민들이 합세하기도 했다. 심지어 은산금광에서는 일본인 노동자를 고용하여 한국과 일본 두 나라의 노동자들끼리 무력충돌이 발생하기까지 했다.

평북 운산금광

당시 최대의 '노다지 금광'으로 알려졌던 평북 운산금광도 마찬가지였다. 1896년 이 금광을 차지한 미국인 자본가는 기존의 채굴업자와 노동자들을 축출했으며, 새로 고용한 노동자들에 대해서도 형편없는 노동조건하에 낮은 임금을 주고 차별과 멸시를 서슴지 않았다. 1898년 노동자들은 항의통문을 돌리고 미국인의 금광채굴에 저항했으며, 심지어 미국인들을 살해하려고까지 했다. 강원도 당현금광에서는 1898년과 1899년 사이에 독일인의 금광채굴을 반대하는 광산노동자들의 봉기가 연이어 일어났다. 1900년 평안도 은산금광에서도 광산을 침탈한 영국인을 상대로 생존권투쟁이 전개되었다.

제국주의의 경제적 침탈에 반대하는 초기 노동자들의 저항은 광산 외에도 열강 침략의 교두보이자 그 경로역할을 하는 부두와 철도 건설현장에서도 일어났다. 물류의 양이 급증하고 있던 개항장 부두는 해운업이나 하역작업과정에서 새로운 고용기회를 창출시켰으나 대부분 외국자본, 특히 일본자본이 운영을 주도했다. 이로 인해 개항장 부두에는 일본자본가와 조선인 노동자 사이에 자본 - 임노동관계가 형성되었다. 그리고 그 중간에는 일본자본가에게 빌붙어 기생하는 조선인 십장이 중간 착취자로 존재했다. 이런 조건에서 노동자들은 하루를 살기도 어려울 정도의 임금밖에 받지 못했으며 대부분이 점심을 엿이나 물로 대신해야만 했다. 때문에 목포의 부두노동자들은 1898~1903년에 걸쳐 임금투쟁을 벌이기도 하고 십장 반대운동을 전개하는 등 노동운동을 지속적으로 벌였다.

철도건설현장에서의 저항은 일본이 본격적으로 경부철도를 건설하는 1900년대에 들어와서 일어났다. 일본은 철도건설과정에서 마음대로 말뚝을 박아 농민들의 토지를 빼앗는가 하면 인근 주민들을 강제로 동원했다. 또한 철도건설에 고용된 노동자들은 노예 같은 노동을 강요받으면서도 형편없는 임금을 받는 데다 그나마도 토건회사의 중간관리자들에게 일부를 착취당하기까지 했다. 그래서 1901년 시흥에서는 저임금과 토건회사의 중간착취에 항의하는 철도노동자들의 집단적인 저항이 일어났고, 경인철도회사의 종업원들은 임금인상을 요구하며 파업했다.

광산, 부두와 철도건설 현장에서 벌어졌던 초기 노동자들의 저항은 생존권투쟁인 동시에 제국주의 열강의 경제적 침탈과 이와 결탁한 매판 세력에 대한 반제민족운동의 성격이 강했다. 이는 비록 자본주의 생산양식과 노동자계급이 형성되는 과정에서 전개되었고 이에 따른 한계가 있었을지라도 그 이후 노동운동의 원형과 방향성이 제시되고 있다는 점에서 역사적 의의를 가진다.

이상과 같이 반봉건·반식민지의 위기 속에서 여러 형태로 전개된 대한제국 시기의 농민운동은 이전보다 한 차원 높은 반봉건·반침략적 성격을 지니고 있었다. 동학농민군 잔여 세력은 다양하게 분화되면서 그중 일부가 새로운 조직을 결성하여 반봉건·반침략투쟁을 전개했다. 또한 심각한 농민층분해의 결과, 이전 시기에는 눈에 띄지 않던 소작농민들의 항조운동도 두드러지게 나타났다.

동학농민운동의 이념을 계승하며 계급의식과 민족의식에 보다 철저해진 대한제국 시기의 농민운동은 계급투쟁과 민족운동의 성격을 강하게 띠어갔고, 그 결과 일본의 침략에 맞선 항일의병투쟁이 역동적으로 일어날 수 있었던 뒷받침이 되었다. 더 나아가 이는 1910년대 이후 식민지하에서 농민과 노동자들이 중심이 된 민중항쟁이 광범위하게 전개될 수 있었던 밑거름을 만들었다. ㅣ 박맹수

이야깃거리

1. 동학사상과 동학농민운동의 관계는 어떠했는가?

2. 동학농민운동의 주체 세력은 누구였던가를 생각해보자.

3. 동학농민운동의 역사적 성격에 대하여 논의해보자.

4. 대한제국기 민중운동의 발생원인은 무엇인가?

5. 대한제국기 민중운동의 전개양상은 전후 시기와 어떻게 다른지 비교해보자.

더 읽을거리

김도형. 1994. 「농민항쟁과 의병전쟁」. 『한국사』 12.

김양식. 1996. 『근대한국의 사회변동과 농민전쟁』. 신서원.

동학농민혁명기념사업회 엮음. 1995. 『동학농민혁명의 지역적 전개와 사회변동』. 새길.

배항섭. 1996. 「동학농민전쟁연구」. 고려대학교 박사학위논문.

신용하. 1993. 『동학과 갑오농민전쟁연구』. 일조각.

양상현. 1986. 「목포 부두노동자의 존재실태와 노동운동」. ≪한국사론≫ 14.

이배용. 1989. 『한국근대광업침탈사연구』. 일조각.

이영호. 1993. 「'농민혁명' 이후 동학농민의 민족운동」. 『동학농민혁명과 사회변동』. 한울.

이윤상. 1992. 「대한제국기 농민운동의 성격」. 『1894년 농민전쟁연구』 2. 역사비평사.

장영민. 1994. 「동학농민운동연구」. 한국학대학원 박사학위논문.

5

대한제국 정부와 독립협회

1 대한제국의 등장과 보수정부의 정책

1) 고종의 황제즉위를 둘러싼 논란

　명성황후(민비) 시해와 단발령 이후 고종의 신변은 날로 위기에 처했고, 자연히 내정도 한 치 앞을 예측할 수 없었다. 이에 러시아 공사관으로 피신했던 고종은 그곳에서 1년을 머문 뒤 경운궁으로 돌아왔다. 이후 고종의 황제 즉위를 요청하는 상소가 조야에서 쇄도하여 1897년 8월에는 연호를 광무(光武)로 변경하고, 10월 초에는 서울의 회현방(현재의 소공동)에 환구단(圜丘壇, 현재 서울 웨스턴조선호텔 자리)을 축조했다. 이어 환구단에서 고종의 황제즉위식이 거행되고 대한제국의 탄생이 선포되었다. 이로써 505년간 지속된 조선왕조는 사라지고 한국 사상 최초로 황제의 나라, 대한제국이 탄생했다.

　대한제국 선포의 핵심은 군주의 존호를 황제로 변경하고 나라 이름을 대한(大韓)으로 정한 일이다. 그렇다면 고종이 황제로 즉위한 이유와 이를 주장한 이들의 생각

환구단

홍종우

은 무엇인가? 또한 나라 이름을 대한으로 변경한 이유와 대한제국의 등장이 갖는 의미는 무엇인가?

고종의 황제 즉위를 처음으로 거론한 인물은 김옥균으로 알려졌다. 1884년 갑신정변 무렵이다. 청일전쟁 직후 일본공사 오토리도 제기했고, 을미사변 직후에는 조선 내각에서 잠시 결정하기도 했다. 김옥균 등은 청국으로부터의 자주독립의식을 환기하자는 것이었고, 일본 측은 '조선을 청국으로부터 자주독립시켰다'는 선전구호로 쓰고자 했다. 그러나 청일전쟁 당시 일본의 의도를 간파한 고종은 황제 즉위를 거부했다.

이후 조선 조정 내부에서 황제즉위 문제를 공론화한 것은 고종이 러시아 공사관에서 경운궁(덕수궁)으로 옮겨온 이후였다. 대외적 여건도 좋았다. 청일전쟁을 계기로 청국의 간섭을, 아관파천을 계기로 일본의 간섭을, 환궁을 계기로 러시아의 구속을 어느 정도 탈피한 것 자체는 조선 정부의 운신의 폭을 넓게 했다. 당시의 논리는 이러했다. '왕이란 칭호는 황제보다 낮으며, 역사적으로 볼 때 조선인들은 왕을 황제에게 종속적인 존재로 여겨왔다. 따라서 황제 즉위는 우리의 군주가 누구에게든 독립적이며 아무에게도 낮은 존재가 아니라는 사실을 확인시켜 줄 최선의 수단'이라는 것이다.

특이한 것은 홍종우(洪鍾宇)도 이런 주장을 적극 펼쳤다는 점이다. 홍종우는 김옥균을 암살한 인물이다. 일찍이 프랑스에 유학하여 『춘향전』 등을 번역할 정도로 개명한 지식인이기도 했다. 그런 그가 김옥균을 암살했으니, 나라의 진로에 대한 생각은 김옥균과 현격한 차이가 있었던 것이다. 김옥균이 입헌군주제를 지향하는 인물이었다면 홍종우는 절대군주제를 지향했다. 양자의 입장은 달랐지만 고종이 황제로 즉위하는 것이 필요하다고 본 점은 같았다. 황제 즉위는 단순히 복고적인 차원의 논의만은 아니었던 것이다.

그러나 반대도 있었다. 최익현·유인석 등 보수유생들이 그들이다. 이들은 '서구의 예에 따라 존호를 변경하는 것은 짐승[禽獸]의 제도를 취하는 것이며, 소중화의 나라에서 칭제를 하는 것은 망령되이 스스로를 높이는 행위[妄自尊大]라고 비판했다. 윤치호(尹致昊) 같은 이도 '한 나라의 독립을 보장해주는 것은 국가의 힘이지 군주의 존호가 아니다. 외국의 군대가 왕궁을 유린하고 국모를 살해하는 마당에 황제 즉위가 무슨 의미가 있는가'라고 비판했다. 서구 열강 어느 나라도 알아주지 않을 행사에 재정을 낭비하기보다 국정을 개선하여 자주독립의 기초를 다지는 것이 시급하다는 논리였다.

러시아공사관으로 옮겨 간 뒤 러시아 복장을 한 고종(왼쪽)과 세자(오른쪽)의 모습

그러나 이에 대한 반론이 제기되었다. 칭제건원의 논리를 뒷받침해준 지식인들은 장지연(張志淵)·정교(鄭喬) 등 동도서기 계열의 지식인들이었다. 전자에게는 어리석은 자들의 망령된 주장으로 일고의 가치도 없다고 했고, 후자에게는 청일 모두 황제·천황을 칭하는데 우리만 왕(당시 대군주폐하)을 칭하며 스스로 비하할 이유가 없다고 일축했다. 그리고 '황제가 없으면 독립도 없다'는 조선인 일반의 의식상태를 고려할 때 칭제건원은 반드시 필요하다고 반박했다. 이런 주장이 교차되는 가운데 고종이 수용한 것은 동도서기 계열 지식인들의 주장이었다.

새 연호로 '광무'가 확정된 것은 1897년 8월 17일이다. 오늘날 우리가 쓰는 연호는 서력기원이지만, 조선왕조에 이르기까지 한국의 역대 왕조는 주로 중국의 연호를 썼다. 그러나 아편전쟁 이래로 중국은 동양의 중심적 역할을 상실해가기 시작했고, 청일전쟁에 이르러서는 더욱 그러했다. 그 결과 조선도 1896년에는 건양이라는 새 연호를 쓰게 되었다. 그 점에서 독자성을 확보했다고도 할 수도 있지만, 이는 일본의 간섭하에 진행된 일이었다. 청국으로부터는 자유로워졌지만 일본의 구속을 받았던 것이다. 따라서 광무라는 새로운 연호의 채택에는 일본의 간섭에서 탈피한다는 의미가 있었다.

2) 한국 최초의 황제즉위식과 대한제국 선포

1897년 10월 초 아홉 번의 사양 끝에 마침내 고종은 황제 즉위 안건을 재가했다. 10월 12일 고종은 황룡포(黃龍袍)를 입고 환구단에서 황제즉위식을 거행했다. 즉위식은 동서의 양식이 혼합된 모습이었다. 비록 취약하기 짝이 없었지만 한국사상 초유의 황제국 탄생이었다.

황제즉위식을 행한 다음날 고종은 대한제국을 선포했다. 국호를 대한으로 정한 이유는 우리나라가 마한, 진한, 변한 등 원래의 삼한을 아우른 것이니 큰 한[大韓]이라는 이름이 적합하며, 조선은 옛날에 기자가 봉해진 때의 이름이니 당당한 제국의 명칭으로 합당하지 않다는 것이었다.

대한제국 선포에 대해 공식적으로는 러시아와 프랑스가 적극적으로 축하했고, 일본·영국·미국 등도 직간접적으로 승인했다. 그러나 각국 외교관들의 솔직한 반응은 대한제국의 선포를 '1루블의 가치만도 못하게 여긴다'는 식이었다. 청국은 조선이 감히 제국을 칭했다며 '망자존대(妄自尊大: 망령되이 스스로 높임)'라고 여겼다. 청일전쟁의 패배보다도 자존심 상하는 일이라고도 했다. 이후 한동안 청 조정에서는 청국 상인의 활동을 위해 한국과 관계를 조정하자는 대신 측과 괘씸하다는 황실 측의 주장이 교차되었다. 이러한 분란에도 불구하고 1899년에는 사상 최초로 양국이 조약(한청통상조약)을 체결하여 대등하고 근대적인 외교관계를 수립했다.

3) 대한국국제의 제정과 군주권의 회복기도

칭제건원을 추진하거나 지지한 핵심 세력에는 고종과 대신, 관료, 유생 등이 포함되어 있었고, 동도서기론 혹은 개신유학의 전통을 잇는 지식인들이 정연한 논리를 제공했다. 그러나 이들 모두가 황권의 강화를 지향했는지 아니면 단지 대외적 자주권의 상징으로서 군권을 높이기 위해 동조했는지는 단정 짓기 어렵다. 다만 이후의 추세로 보아 정부가 황권의 전제화를 지향해갔음은 분명하다. 정부는 황권의 전제화를 통해 개혁을 추진해나갔다. 이를 상징하는 것이 1899년 8월 17일 교법규정소에서 제정하여 황제가 선포한 '대한국국제(大韓國國制)'이다.

'대한국국제'의 특징은 대한은 자주독립한 제국이며, 황제는 무한불가침의 군권을 향유한다는 것, 요컨대 입법, 사법, 행정, 선전(宣傳), 강화(講和), 계엄, 해엄(解嚴) 등에 관한 전권을 갖는다는 내용이다. 이는 갑오·을미개혁 당시 위축된 군권을 복고하여 이의 전제화를 꾀한 것으로서 황제가 입법, 사법, 행정은 물론 군통수권과 기타 모든 권한을 장악하도록 규정한 것이었다. 이 점은 통시기적으로 볼 때 오히려 복고적이고, 또한 그동안 외압에 의해 군주권이 과도히 침해된 데 대한 반작용이기도 했다.

4) '광무개혁'의 성격과 내용

갑오·을미개혁은 외세의 종용과 간섭이 있기는 했지만, 문호개방 이래로 팽배한 개화 사상을 정책적으로 구현하고 동학농민운동 당시의 사태수습을 위해서 시도된 것이었다. 1897년 성립된 대한제국도 열강 간의 상호 견제를 이용하여 국가의 자주독립을 지향하면서 내정개혁이 절실히 필요하기는 마찬가지였다. 이에 대한제국 정부에서는 러일전쟁 직전까지 점진적이나마 개혁을 추진하게 되었다. 이를 '광무개혁'(1896~1904)이라고 한다.

광무개혁의 방향은 '구본신참', 즉 옛 법을 근본으로 삼고 새 법을 참고한다는 데에 두었다. 갑오개혁은 일본의 압제하에 군주의 권한을 제한하는 방향에서 추진되었지만, 광무개혁은 근대적인 내용을 포함하면서도 군주의 권한을 갑오개혁 이전의 그것으로 복귀시키는 등 다소 복고적 성격을 띠었다. 그러나 황권의 강화를 제외하면 갑오개혁의 연장선상으로 보아도 충분하며 외압이 상대적으로 작아진 가운데 진행되었던 점에서 보완적 의미를 지닌다.

백동화

개혁을 주도한 인사들은 황제의 측근으로서 일부 인사들을 제외하면 모두 보수적 인물이었다. 그로 인해 개혁 추진 방향이 복고적 색채를 띠는 것도 사실이다. 특히 건양 연간의 개혁이 그러했다. 가령 아관파천 직후 각종 향사(享祀)와 음력 사용 등을 부분적으로 복구한 것이나 문제가 된 단발령을 취소한 것, 중앙과 지방의 제도를 개편하여 내각을 의정부로, 23부를 13도로 하려 한 것 등이 그러하다. 그러나 복구된 제도는 갑오개혁 이전의 8도와 이후의 23부제를 절충한 1부(한성부) 13도였다.

복고의 기미는 황실재정의 확대를 위한 각종 조치에서도 보인다. 갑오·을미개혁 당시는 군주권의 제약뿐만 아니라 왕실재정까지 통제를 받았다. 그리하여 아관파천 후 왕실재정을 개선하기 위해 몇 가지 시도가 있었다. 각종 잡세의 부활과 홍삼의 제조, 백동화 주조의 특허, 수리·관개·광산 사업, 심지어 매관매직 등을 통해 재정을 확대했다. 이 과정에서 전국의 광산, 철도, 홍삼제조, 수리관개사업 등이 궁내부 내장원으로 이관되었고, 황실이 직접 광산 등을 관리하고 직영하기도 했다. 그 수입은 황제가 내탕금으로 전용했는데, 그 결과 이 부분의 조세 수입은 정부에서 분리되어 황제의 수입이 되었다. 이로 인해 황실재정은 확대되었지만 국가재정은 약화되고 말았다.

서양인 교관에게 훈련 받는
대한제국 군인

군사력 강화 문제는 황제의 신변안전 문제와 국방력 강화와 관련하여 꾸준히 개혁이 시도되었다. 우선 황제가 육해군을 직접 통수하는 체제에 의거하여 1899년 7월 군부 외에 별도로 원수부를 설치함으로써 황제가 직접 서울과 지방의 모든 군대를 지휘하게 했다. 1900년 6월에는 원수부 내에 육군헌병대를 설치하여 전국 군대의 헌병업무를 관할했다. 이 시기에 시위기병대를 설치하고 병력을 일부 증강하기도 했다.

그 외에 서울의 진위대가 개편되고, 2개 연대의 시위대가 창설되었다. 호위군도 호위대로 개편, 증강되었다. 지방군도 증강되어 2개 진위대와 14개 지방대대로 늘어났고, 다시 6개 대대의 진위대로 통합, 개편되었다. 하지만 전체적으로는 재정이 부족하여 효율적인 군대양성을 기대하기 어려웠다. 황실의 호위병력 증가에 급급했다는 인상을 지울 수 없다.

대한제국의 정책에서 어느 정도 주목할 만한 것은 영토에 관한 조치이다. 블라디보스토크와 간도지방으로 이주한 교민들을 보호하기 위해서 해삼위통상사무(海蔘威通商事務), 북간도관리(北墾島管理)가 설치되었다. 이어 북간도의 영토편입을 시도했고, 1899년에는 오랫동안 종주권을 주장해오던 청국과 통상조약을 체결했다. 아울러 1900년에는 독도가 대한제국의 영토임을 관보에 게재하는 조치를 취했다. 1905년 일본이 시마네현(島根縣) 고시를 통해 독도를 자국 영토로 편입시키는 조치를 취하기 이전에 대한제국 정부에서 이미 한국영토임을 재확인했던 것이다.

한편 상공업진흥정책이 여론을 반영하는 가운데 비교적 적극적으로 추진되었다. 황실에서는 방직공장, 유리공장, 제지공장의 설립을 시도했고, 황실이 직영하는 업종이 아닌 경우 민간에도 공장설립을 허가해주고자 했다. 이러한 정책에 따라 각 부면에 걸쳐 특권적 성격을 벗어난 근대적 회사와 실업학교들이 설립되었다. 1899년 상공학교와 1901년 광무학교(鑛務學校) 등의 공립실업학교가 생겼고, 아울러 과학기술을 응용한 각종 기계나 윤선 등이 제조되기도 했다. 그럼에도 전체적으로는 민간 공업이 크게 발흥하지 못했다.

정부의 개혁사업 중 가장 주목되는 것은 양전지계사업이다. 대한제국 정부가 갑오개혁 당시부터 중요한 과제로 삼았던 이 사업은 가장 많은 자금과 인력을 투자할 정도로 역점을 둔 사업이다. 양전사업을 시행한 주요 목적은 제도 개편 및 증설에 따른 재정수요를 충당하는 데 있었다. 말하자면 전국 토지의 정확한 규모와 소재를 파악하여 합리적인 조세부과와 예산편성을 가능하게 하고, 이를 통해 각종 근대적 개혁사업을 추진하자는 것이었다.

이를 위해 1898년 양지아문(量地衙門)을 설치하고 외국인 측량기사를 초빙하여 1899년부터 양전사업을 본격적으로 실시했다(1901년 11월까지 124개 군에서 실시). 당초 전국에 걸쳐 실시할 계획이었으나 황해도를 제외한 이북 대부분의 지역에서는 시행되지 못했고 이남 지역은 강원도를 제외한 전 지역에서 실시되었다. 이는 양전사업이 궁방전(宮房田)과 역둔토(驛屯土)가 많은 지역에서 집중적으로 실시되었기 때문이다.

이어 지권(地券) 발급의 필요에 따라 1901년 11월 지계아문(地契衙門)이 설치되었는데, 이후 양지아문을 흡수(1902.3)하여 토지측량과 함께 토지소유권 증명서를 발급했다. 이는 토지측량에 그치지 않고 토지소유권까지 재확인하여 토지소유권 증명서를 발급하는 사업을 동시에 수행하기 위한 것이었다. 다만 양전지계사업은 앞서 양전사업이 시행되지 않은 군·현에서 주로 실시되었다(94개 군). 전국의 토지(331개 군) 중 약 3분의 2에 달하는 218개 군에서 제1차 양전사업, 제2차 양전지계사업이 시행됨으로써 근대적 토지소유권 증명제도를 도입했다는 데 중요한 의미가 있다.

제중원과 그 직원들(1904.2)

그러나 1904년 2월 일본의 러일전쟁 도발과 함께 개혁사업이 중단되면서 대한제국의 양전지계사업은 결실을 보지 못하고 중도에 좌절되고 말았다. 일제하의 조선총독부에서 1912년 이후 다시 전국적으로 실시했으나 이는 한국인의 토지를 수탈하기 위한 기초 작업에 불과했다. 이외에도 도량형제도 제정·실시, 교통통신 시설 확충, 우편정보망·발전소·전기·전차 시설 설치, 호적제 시행, 순회재판소 실시, 종합병원(제중원, 혜민원) 설립 등도 이루어졌다.

이상의 개혁은 어느 정도의 성과를 이루었지만 몇 가지 약점을 가지고 있었다. 진보적인 독립협회의 시정개선건의 등을 제대로 수용하지 않았고, 든든한 재정적 뒷받침 없이 개혁이 추진되어 사실상 실효를 거두기가 어려웠다. 민중의 경제생활과 국가재정을 도외시한 채 황실재정만을 개선코자 했고, 철도부설권이 외국인에게 특허되어 자체적인 기술습득이나 자본 없이 외국에 의해 철도가 건설되었다는 점도 있다.

그러나 광무연간의 시책은 국가의 자주독립과 근대화를 지향하며 비교적 자주적으로 추진되었고, 황권의 전제화 측면을 제외하면 갑오·을미개혁을 대체로 이어나갔다고 할 수 있다. 이 점은 갑오·을미개혁을 긍정적으로 평가할 수 있는 논거도 된다. 그러나 일본의 러일전쟁 도발과 함께 정부의 개혁사업은 중단되었다.

2 진보적인 독립협회와 ≪독립신문≫

1) 서재필을 지원한 정부

청일전쟁 이후 근 1년 반 동안 조선의 조정은 일본의 거듭된 왕궁유린으로 참담하기 그지없었다. 조정이 가까스로 안정을 되찾은 것은 고종이 러시아 공사관으로 피신한 직후였다. 그러나 어디까지나 찻잔 속의 안정이었다. 약육강식의 시대에 나라의 군주가 타국 공사관의 보호를 받게 되었으니 반대급부가 따를 수밖에 없었다. 한시라도 빨리 환궁하여 나라의 기초를 든든히 함으로써 독립하고자 하는 마음은 고종이나 백성이나 다를 게 없었다.

이러한 배경하에 아관파천 초기에는 고종과 대신, 신지식인과 도시민 모두가 부국강병이 절실하다는 것을 공감했다. 그리고 내정과 외교에서 다양한 움직임이 잇따랐다. 민영환(閔泳煥) 특사가 러시아에 파견되는가 하면, 최초의 한글신문인 ≪독립신문≫이 발간되고 독립협회가 결성되었다. 민영환 특사의 러시아 파견은 정부에서 직접 추진한 외교적 대책의 모색이었고, ≪독립신문≫ 발간과 독립협회의 창립은 정부에서 민간을 통해 우회적으로 추진한 개화운동이자 자주독립운동이었다.

≪독립신문≫은 한국사상 최초의 민간신문이다. 갑신정변의 실패로 미국에 망명 중이었던 서재필이 귀국하여 정부의 지원을 받아 창간했다. 서재필은 10년의 망명 생활 동안 많은 어려움을 겪으면서 학업(워싱턴대학교 의과대학)을 마친 뒤 개업의사가 되어 있었으며, 부인은 의과대학 재학 시절에 가정교사로 있었던 암스트롱(훗날 미국의 체신장관)가의 딸 뮤리엘(Muriel Buchanan Armstrong)이었다(1894년 결혼). 서재필의 미국 이름은 필립 제이슨(Philip Jaisohn)인데, 서재필의 역순(逆順)에서 따온 이

서재필

름이다. 그는 1888년 조선에 귀국하는 일이 절망적이라 보고 미국 시민으로 입적했다. 훗날 노총각 이승만(李承晩)이 프란체스카 여사와 결혼을 약속하자 서재필은 이를 극력 말리기도 했다. 한국인으로서 모국을 위해 무언가 큰일을 하려면 외국 여성과의 결혼이 크게 장애가 된다고 여겼기 때문이다. 경험에서 우러나온 이야기일 것이다.

서재필이 1895년 3월 1일 대역부도죄(大逆不道罪)를 사면받아 귀국하게 된 것은 김홍집내각에 의해서였다. 신식학문을 익힌 서재필을 통해 개화파의 기반을 강화하고 내정도 혁신코자 한 것이다. 그런데 당시는 일본공사가 이른바 '조선의 보호국화'를 추진하던 때였으니 지일파(知日派)를 이용하려는 일본의 의도도 물론 없지 않았다.

1896년 12월 26일 서울로 돌아온 서재필은 관직에 들어가는 대신 권력의 외곽에서 민중을 계몽하고자 했다. 내부대신 유길준 등이 그 계획에 적극 호응했고, 신문 발간사업이 추진되었다. 당시 서울에는 ≪한성신보≫(1895년 창간)라는 일본신문이 간행되고 있었는데, 일본의 침략정책과 일본거류민의 이익을 대변하며 조선에 대해서는 왜곡된 기사만 양산하고 있었다. 명성황후 시해 사건 당시 만행현장에까지 투입되었던 아다치 겐조(安達謙藏)는 한성신보사의 사장이었으며, 『민후조락사건(閔后殂落事件)』이라는 회고록을 쓴 고바야카와 히데오(小早川秀雄) 등도 바로 그 신문사의 기자였다. 이런 ≪한성신보≫에 맞대응하자는 의미에서 신문사업을 벌이자는 분위기가 형성되었다.

따라서 일본의 촉각이 곤두설 수밖에 없었고, 서재필은 암살 위협에 시달렸다. 조선의 왕후까지 잔인하게 살해한 마당에 일본의 정책에 방해가 된다면 누구인들 없애지 못할까. 이런 두려움이 서재필과 유길준을 떨게 했다. 일본공사 고무라 주타로는 서재필과 유길준을 위협하여 ≪독립신문≫ 발간사업을 포기하도록 종용했다. 이처럼 일본의 방해공작이 드러나는 가운데 새 신문은 발간사업이 중지되거나 아니면 ≪한성신보≫에 흡수되어 좌초될 상황이었다. 그러나 얼마 후의 한 사태가 신문발간을 순조롭게 했다. 아관파천이 그것이다.

2) 정부와 국민이 서로를 알고 세계를 알자! ≪독립신문≫

≪독립신문≫은 아관파천 2개월 뒤인 1896년 4월 7일에 창간되었다. 오늘날 신문의 날은 ≪독립신문≫ 창간일에서 유래한다. 주필은 서재필로, 국문판 논설과 영문판 사설을 담당했다. 한국의 관민은 그의 명논설을 열렬히 환영했다. 주시경은 조필로서 국문판의 편집과 제작을 담당했다. 서재필이 정부와의 마찰로 추방(1898년 봄)된 이후로는 윤치호가, 독립협회 해산 이후에는 아펜젤러, 킴벌리 등이 주필을 담당했다. 킴벌리를 제외하면 주필·조필 모두가 쟁쟁한 인사들이었다.

≪독립신문≫은 국문판, 영문판으로 구성되었는데, 창간 당시는 국문판에 논설과 신문사고(광고)·관보·외국통신·잡보·물가·우체시간표·제물포기선 출입항 시간표·광고 등을 실었고, 영문판에는 사설·국내잡보·관보·최신전보·국내외 뉴스 요약·통신의견교환 등을 실었다. 순한글신문으로 발간한 것은 양반계층보다는 일반 민중을 상대로 발간했기 때문이며, 영문판은 해외의 독자들에게 한국을 알리는 데 목적이 있었다.

창간호(1896.4.7)에서 밝힌 신문의 취지는 이러하다. ① 공명정대하게 보도하고, ② 전국의 상하 모두가 쉽게 알도록 한글로 쓰며, ③ 백성과 정부의 사정을 상호에게 알려주어 정부 관원의 잘잘못을 감시하고, ④ 조선의 사정을 외국에, 외국의 사정을 조선에 알려 인민의 지식이 열리게 하며, ⑤ 군주·관료·백성을 유익하게 한다는 것이었다. 요컨대 ≪독립신문≫은 남녀노소와 신분의 상하, 지역의 차별 없이 공평하게 보도한다는 입장이었다.

≪독립신문≫은 1899년 12월 4일 폐간될 때까지 근 3년 8개월간 정치·

한글과 영문으로 발간된 ≪독립신문≫

경제·사회·문화·교육 등 각 방면에 걸쳐 수많은 명논설을 남겼다. 이렇듯 ≪독립신문≫은 언론의 사명을 톡톡히 했으며, 창간 당시의 원칙을 충실히 지켰다. 시기에 따라 비판대상이 바뀌며 논조도 변했지만, 정부와 백성의 매개체 역할을 공명정대하게 한다는 기본 방침은 대체로 유지되었다. ≪독립신문≫은 언론의 정신과 원칙에 충실했다는 점에서 오늘날의 신문과 비교해보아도 손색이 없다. 특히나 한글 전용을 시도한 점은 한글의 발전과 보급에 지대한 공헌을 한 셈이니, 이야말로 조상의 얼을 이어준 보배였다.

3) '독립'의 의미는 무엇인가: 독립을 하자, 자강을 하자!

≪독립신문≫이 발간된 지 약 3개월 뒤인 1896년 7월 2일, 서울에서는 독립협회가 결성되었다. 독립협회는 정동클럽을 모태로 했다. 정동클럽은 고종과 민비가 후원하여 서울 주재 서양 외교관, 선교사들과 조정의 고위관리들이 친목을 표방하며 설립된 단체였다. 청일전쟁을 야기한 일본의 조선지배기도에 대하여 고종과 민비가 궁정외교 차원에서 결성한 반일적 사교단체였다. 주요 회원은 민영환·윤치호·이상재(李商在)·서재필·이완용(李完用) 등과 실(Sill, 미국공사)·플랑시(Plancy, 프랑스 영사)·르젠드르(Legendre, 미국인 고문)·다이(Dye, 미국인 교관), 선교사인 언더우드(Underwood)와 아펜젤러(Apenzeller) 등이었다.

그래서 출범 당시는 ≪독립신문≫과 유사한 성격을 지녔다. 정부의 후원하에 등장했으나 독립을 표방한 점 등이 그러하다. 독립협회는 이후 1898년 12월까지 약 30개월간 한국의 대표적인 정치단체로 활약했다. 독립협회의 활동은 세 가지 방향으로 요약된다. "나라의 독립자주권을 지키자!"(자주독립), "인민의 자유와 평등권을 확립하자!"(자유민권), "내정을 혁신하여 부국자강한 나라를 만들자!"(자강개혁)가 그것이다.

아관파천 직후 정부나 백성 모두가 가장 절실히 바란 것은 국권을 굳건히 하는 일이었다. 그러한 소망의 확실한 상징물이 현재 서대문 교차로의 한 켠에 서 있는 독

독립문과 독립관

립문이다. 독립문 정초식은 1896년 11월 서대문 밖 영은문 터에서 5,000명 내외의 관민과 학생이 운집한 가운데 성대히 행해졌다.

독립공원에서 열린 독립문 기공식 초청장

　독립문의 '독립'은 누구로부터 독립을 하자는 것인가? 우선 과거 500년 동안의 사대조공을 폐해야 했으니 청국으로부터 자주독립하겠다는 의미가 있겠다. 그러나 청은 청일전쟁의 패배로 조선에서 손을 떼지 않았는가. 그러니 사실은 조선을 위협하는 일본, 나아가 러시아 등 구주 각국으로부터 독립하겠다는 의미였다.

　독립문 낙성식은 이듬해 11월에 이뤄졌다. 꼭 1년 만에 건립된 것이다. 화강암 벽돌 1,850개를 쌓아올린 것으로, 파리의 개선문을 연상케 한다. 내부에 옥상으로 통하는 돌층계가 있고 윗부분은 난간 형태로 장식되었으며 거기에 좌우의 태극기 문양과 함께 '독립문'이라는 글자가 새겨져 있다. 설계는 러시아인 사바틴이, 공사는 심의석이 진행했다. 왕실에서 1,000원(건립기금의 5분의 1)을 하사했고 관료와 상인, 학생 등 각계각층의 정성과 헌금이 모인 결과였다. 나라를 반석 위에 올리려는 관민의 소망이 앞면의 '독립문'과 뒷면의 '獨立門' 글자에 아로새겨진 것이다.

4) 정부와 독립협회의 체제인식에 대한 차이

'대한국국제'와 이를 바탕으로 한 정부의 개혁방향은 민권을 강조하고 의회 설치를 지향했던 독립협회의 의도와 일치하기도 했지만, 다른 부분도 있었다. 특히 군권과 관련해서가 그러했다.

이 점은 독립협회에서 주도한 관민공동회의 '헌의6조(獻議六條)'(1898.10.29)에 잘 드러난다. 독립협회는 국권의 상징으로서 황권을 공고화하는 것 자체에 대해서는 정부와 인식을 같이했지만, 대내적으로는 황권의 견제를 지향하고 있었다. 독립협회에서 대외적 황권의 공고화를 주장한 것은 정부대신의 교체가 한국에서의 입지를 공고히 하거나 이권을 확보하기 위해서 각국 공사의 압력에 의해 이루어진 면이 많았기 때문이다. 실례로 1897년 후반부터 1898년 초 사이에 정부대신의 인사는 러·프·영·미·일의 압력행사로 한두 달 만에 교체되거나 심지어 하루 만에 번복을 거듭하는 일도 있었다. 이러한 현상을 방지하기 위해 '외국인에게 의부(依附)하지 아니하고 관민이 동심합력하야 전제황권을 견고케 할 것'이라 하며 '국권의 상징'인 황권의 자주를 주장한 것이었다.

서울 종로에서 열린 관민공동회

그러나 '정부와 외국인과의 조약에서 각부대신 및 중추원의장과 합동으로 날인(合同着啣捺印)할 것', '전국 재정의 탁지부 관할과 예산결산의 공포', '칙임관(勅任官)은 황제가 정부에 의견을 물어 과반수 의결로 임명할 것'이라 한 데서 보듯이 대내적으로는 황권의 견제를 주장했다.

즉, 독립협회는 대외적 국권의 상징으로서 황권의 공고화를 주장하면서도 대내적으로는 황권의 자의적 행사를 견제하고 있었다. 따라서 황권의 강화를 지향하는 정부와 충돌할 수밖에 없었고, 마침내는 독립협회의 배외운동을 우려한 외국 공사의 종용 내지는 방조와 황권에 대한 도전을 위험시한 정부의 무력탄압에 의해 강제 해산되었다. 그 결과 한국 최초의 의회설치운동은 내외의 압력에 의해 좌절되고 말았다. 이는 황권을 견제하고 의회를 중심으로 국정을 운영하려던 노력이 무산된 것을 의미한다.

5) 정부와 독립협회의 갈등: 독립협회는 친일단체인가

초기의 독립협회나 ≪독립신문≫은 주로 일본을 비판했다. 독립협회 창립 당시 조야가 가장 지탄했던 대상이 일본이었기 때문이다. 그러나 1897년 2월 환궁 이후로는 점차 비판대상이 러시아로 바뀌었다. 일본의 선동도 있었지만, 러시아 스스로도 비난받을 일을 저질렀다. 러시아의 입장에서는 고종을 환궁시키고 보니 당초 예상과 달리 조선 조정을 다루기가 쉽지 않았다. 일본과 영국도 은근히 러시아의 팔목을 비틀어댔다. 이때 태풍의 눈처럼 대두한 것이 러시아의 군사교관과 재정고문 초빙 문제였다. 전자는 일본이, 후자는 영국이 크게 우려하는 일이었다. 조선 문제를 놓고 러시아와 영국, 일본이 심각하게 대립했다.

이때 독립협회는 누구를 지지했는가? 러시아를 성토했으니 영국과 일본을 응원한 셈이다. 영국이나 일본, 미국 모두 독립협회가 러시아를 비판하는 입장에 서기를 은근히 바랐던 것도 사실이다. 그래서 독립협회가 반국가적, 매국매족적인 친일친미단체라는 극언도 나왔다. 1980년대의 반미운동에 편승한 주장이기도 했고, 당시 북한에서 쏟아져 들어온 역사서의 영향이기도 했다. 일본의 연구자들도 일찍부터 그런 논리를 펴기도 했다.

그러나 이는 정확하지 못한 주장이다. 한러관계는 아관파천 당시와 환궁 이후가 같지 않다. 이미 틀어졌던 것이다. 러시아가 재정도 지원하지 않으면서 한국의 군사와 재정권을 장악하려 했기 때문이다. 러시아나 일본이나 마찬가지라는 것이 고종과 대신들의 판단이었다. 이때 독립협회로 하여금 러시아의 행태를 성토하게 한 것도 다름 아닌 고종이다. 만일 독립협회가 매국매족적 친일단체라면 고종도 그렇다는 얘기가 된다.

다만 부분적으로 독립협회가 오해를 살 만한 부분이 없지는 않다. 독립협회의 활동은 초기에는 계몽운동이 중심이었지만, 점차 정부관료의 부패와 실정을 비판하고 국민의 권리를 강조하게 된다. 그래서 고급 관료들이 주도해가다가 점차 민중이 진출하고, 급기야는 민권신장운동을 전개하게 되었다. 게다가 의회설립운동이 시작되면서 정부관료가 이탈했다.

민권의 확대는 역사의 대세였지만, 외세가 기세등등하게 포진하고 있는 서울 한복판에서 전개된 투석전은 어느 모로 보아도 답답한 광경이었다. 일본의 첩자들이 독립협회를 드나들며 부추기는 가운데 일본공사는 정부 측에 독립협회에 대한 탄압을 은근히 조장했다. 박영효 일파가 독립협회를 통해 고종을 퇴위시키려는 음모를 꾀했다는 설도 나오고 있던 판이다. 정부와 협회의 충돌에 내심 환호한 것은 일본이었다.

결국 독립협회의 국권수호운동이나 자강운동은 어느 정도 정부와 손발이 맞아 진행되었지만, 말기의 의회설립운동은 마(魔)가 낀 것이었다. 전자의 경우 정부는 가만히 있고 독립협회가 반러운동을 전개했으나, 후자의 경우 정부와 독립협회가 정면으로 충돌했고 서로 한 치의 양보도 없었다. 결과는 물리력을 갖지 못한 협회가 강제 해산당하는 것으로 귀결되었다. 이때는 오히려 정부와 외세의 손발이 맞았다. 정부는 의회를 설치하려는 협회가 못마땅했고, 일본과 러시아는 이권 확대에 사사건건 시비를 거는 독립협회가 눈엣가시 같았다. 그러니 정부가 독립협회를 탄압, 해산하자 일본과 러시아에게는 '꿩 먹고 알 먹고'가 된 셈이다.

돌아보건대 정부가 《독립신문》 발간과 독립협회의 활동을 후원한 것은 시의적절했다. 외세에 시달린 저간의 경험에 비추어 여론 환기가 중요함을 깨닫고 늦게나마 정부에서 언론대책을 취한 것이다. 이후 정부는 대외적인 문제로 난항을 겪을 때 협회를 완충장치로 활용했고, 협회는 한동안 정부에 지원을 아끼지 않았다. 상보적이었다. 그러나 체제 문제를 놓고 관계가 틀어졌다. 의회제도를 내세운 독립협회는

정부와 보수적인 대신들에 의해 축출되었다. 민권의 확대는 군권과 관권의 축소로 받아들여졌고, 자강개혁의 일환으로 정부구조를 조정하자는 것인데 관료들이 변화를 꺼렸다. 결국 정부와 독립협회의 싸움에서 이득을 본 것은 일본과 서구 열강이었다. | 이민원

이야깃거리

1. 고종의 황제 즉위를 주장한 쪽과 반대한 쪽의 논리는?

2. 조선왕국과 대한제국은 어떠한 차이가 있나?

3. 대한국국제의 성격과 독립협회의 헌의6조의 차이점은?

4. '광무개혁'의 내용과 성격은 무엇인가?

5. ≪독립신문≫이 한국사에서 오늘날까지 길이 남긴 가장 중요한 업적은?

더 읽을거리

국사편찬위원회. 1999. 『한국사』 41(열강의 이원침탈과 독립협회).

김신재. 1998. 「독립협회의 대외인식과 자주국권론」. ≪경주사학≫ 17.

신용하. 1976. 『독립협회연구』. 일조각.

月脚達彦. 1999. 「獨立協會の「國民」創出運動」. ≪朝鮮學報≫ 172.

이민원. 1985. 「독립협회에 대한 열국공사의 간섭」. ≪청계사학≫ 2.

이민원. 2003. 「독립협회·≪독립신문≫의 민족주의적 성격」. 『한국민족운동사연구』. 나남출판.

주진오. 1985. 「독립협회의 경제체제개혁 구상과 그 성격」. 『韓國民族主義論』 3. 창작과비평사.

주진오. 1995. 「19세기 후반 개화 개혁론의 구조와 전개: 독립협회를 중심으로」. 연세대학교 박
사학위논문.

최덕수. 1978. 「독립협회의 정체론 및 외교론연구」. ≪민족문화연구≫ 13.

한철호. 1997. 「독립협회의 창립과 그 성격: 정동파의 역할을 중심으로」. 『한국민족운동사연구』.
우송조동걸선생정년기념론총간행위원회.

6

애국계몽운동과 의병전쟁

1) 애국계몽사상

1904년 러일전쟁 발발 이후, 특히 1905년 '을사늑약'의 강제체결을 전후하여 일제의 국권침탈이 본격화되자 한국인 사이에서는 국권회복의 움직임이 일어났다. 이는 크게 두 가지 방향에서 이루어졌는데, 애국계몽운동과 의병전쟁이 그것이었다. 애국계몽운동은 국권회복을 목적으로 하여 전개된 교육·언론·문화 부분의 실력양성 운동을 의미하며, 전통유학을 수학했으면서도 서구문물의 수용이 필요하다고 인식한 이른바 개신유학자 계층과 국내외에서 신교육을 받은 신지식층이 주도했다.

이들은 교육과 실업이 발전해야만 근대국가를 이룰 수 있다는 실력양성론의 관점에서 계몽운동을 전개했다. 동시에 사회진화론의 영향도 적지 않게 받았다. 생존경쟁·약육강식·우승열패를 골자로 하고 있던 사회진화론은 19세기 후반 자본주의의 발전에 힘입어 식민지 확보에 힘을 기울이던 열강들이 식민지 지배를 합리화하며

『음빙실문집』

제국주의의 이론적 기반으로 삼은 논리였다. 강자가 약자를 지배하는 것이 당연하다는 힘의 논리였던 사회진화론이 한국에 널리 알려진 것은 청 말의 사상가였던 량치차오(梁啓超)의 『음빙실문집(飮冰室文集)』을 통해서였다. 애국계몽운동가들은 사회진화론을 받아들여, 일본의 국권침탈이 한국의 실력 부족에서 오는 것이므로 실력양성을 통해 부국강병을 이루고 나아가 제국주의 국가와 같은 발전을 이루어야 한다고 주장했다. 그러면서도 일제의 침략을 사회진화론의 논리로 받아들이기도 했다.

2) 애국계몽운동의 전개

애국계몽운동은 다양하게 전개되었는데, 신교육운동을 비롯하여 단체·학회운동, 언론·출판운동, 신문화운동, 민족종교운동, 그리고 국채보상운동 등의 형태로 나타났다. 애국계몽운동은 기본적으로 서구문물의 수용을 통해 국민의 실력을 키워 '자강'을 이룩하자는 국권회복운동이었기 때문에 전체적으로 문화운동의 성격이 강한 실력양성운동이었다.

정치·사회단체의 활동은 1904년 7월 일제의 황무지개척권 요구에 반대하며 결성된 보안회가 설립된 이후 계속되었다. 반일진회 또는 반일을 목적으로 한 공진회·헌정연구회가 각각 1904년, 1905년에 만들어졌으며, 국민교육을 내세운 국민교육회도 조직되었다. 을사늑약의 강제체결 이후인 1906년에 교육과 식산을 내세우며 결성된 대한자강회는 조직을 전국적으로 확대시키며 기관지도 발행하다가 1907년 7월 '정미조약'의 체결로 해산되었다. 이것의 후신으로 같은 해 11월 대한협회가 조직되어 전국적으로 회원이 수만 명에 이르렀으나, 지도부가 일진회와의 연합을 획책하는 등 그 성격이 모호했던 것으로 알려져 있다.

대한자강회 결성 이후에는 서울에서 활동하던 지방 출신 인사들이 주축이 되어 학회를 설립했다. 1906년 10월 평안도·황해도 출신 인사들이 서우학회를 조직한 것

을 시작으로 함경도 출신들의 한북흥학회, 1907년에는
호남학회와 호서학회가, 1908년에는 기호흥학회·관동
학회·교남학회 등이 조직되었다. 서우학회와 한북흥학
회는 서북학회로 통합되었다. 이들 학회는 군 단위로 지
회를 두었고, 많은 사립학교를 설립했다. 또 일본유학생
들도 태극학회나 낙동친목회 등 출신지역별로 학회를
조직했고, 이어 대한유학생회·대한학회·대한흥학회와
같은 통합 유학생단체들이 결성되었다. 지역 단위 학회
나 유학생단체들이 국민계몽을 위한 기관지를 발행하고

≪대한자강회 월보≫와 ≪태극학보≫

있었음은 물론이다. 이러한 정치·사회단체, 계몽단체들의 국민계몽을 통한 국권회
복운동이 활발해지자 일제는 1908년 8월 학회령을 공포케 하여 학회들의 정치 관여
를 금지시켰다.

합법적으로 계몽운동을 전개한 단체나 학회들과는 달리 1907년 4월경 국권회복
을 목적으로 한 비밀결사로 안창호(安昌浩)가 주도한 신민회가 조직되었다. 기독교
신자 중 유력자와 교사·학생들 800여 명이 가입했던 것으로 알려져 있다. 신민회는
평양의 대성학교와 청년학우회, 각종 회사 등을 운영하며 민족의식과 독립사상을
고취시키고 교육기관과 상공업기관을 통해 교육과 국민경제를 도모했다. 그러나 신
민회의 활동은 1910년 12월 일제가 조작한 '105인 사건'으로 관계자들이 체포됨으로
써 중지될 수밖에 없었다.

을사늑약 체결 이후 교육을 통한 국권회복을 목적으로 전개된 신교육운동은 전국
각처에 사립학교를 설립하여 근대교육을 전개한 것이었다. 한때 전국에 5,000개에
가까운 사립학교가 설립되었는데, 여학교와 야학교도 상당수 포함되는 등 초등보통
교육을 주된 활동으로 하고 있었다. 서울에는 규모가 큰 학교들이 설립되었고, 교육
내용도 고등 또는 전문과정에 이르렀다. 지역적으로는 관서지방에 전체 사립학교의
2/3 이상이 집중되어 있었다. 사립학교의 설립자 대부분은 전직 관리들과 각 지역의
유지였다. 사립학교에서는 강한 민족주의 성격을 띤 교육이 이루어졌기 때문에 일

≪공립신보≫

『금수회의록』과 『월남망국사』

제는 1908년 사립학교령 등을 반포하게 하여 사립학교를 규제하고자 했다.

언론·출판활동 역시 국민계몽과 국권회복을 목적으로 하고 있었다. 국문으로 간행된 ≪제국신문≫을 제외하면 ≪황성신문≫·≪만세보≫·≪대한민보≫ 등 대부분이 국한문체를 썼다. 가장 영향력이 있었던 ≪대한매일신보≫는 국한문·국문·영문판으로 나왔으며, 총 1만 부가량 발간되었다. 다른 신문들은 3,000부 내외였다. 신문 제작이나 편집에 참여한 계층은 주로 개신유학자 출신이어서 대부분의 신문이 문명개화론과 사회진화론을 수용한 반면, 의병의 무장투쟁과 같은 국권회복활동에 대해서는 매우 비판적이었다. 국내에서 뿐만 아니라 국외의 교포사회에서도 신문이 발간되었다. 미주에서는 ≪공립신보≫·≪신한민보≫가, 하와이에서는 ≪합성신보≫·≪신한국보≫가, 노령에서는 ≪히죠신문≫·≪대동공보≫ 등이 발간되어 교포들을 계몽하고 애국심을 함양시켰다. 신문과 함께 한말의 언론을 주도했던 잡지 또한 국민계몽에 그 주된 목적을 두고 있었다. 이 시기에 발행된 잡지는 50종을 상회했는데, 특히 각 단체나 학회의 기관지들이 간행되었다.

출판은 1900년대 후반 전국 각지에 설립되었던 각급 사립학교의 확대로 수요가 급증한 교과서 공급의 차원에서 이해할 수 있다. 주로 일본이나 중국에서 발간된 서적을 번역 또는 중역한 책이 교과서로 사용되었다. 아울러 고전 간행에 대한 관심도 적지 않아, 최남선(崔南善)이 주재한 신문관(新文館)에서는 1909년 조선광문회를 조직하여 고전을 간행했다. 또한 『월남망국사』나 『금수회의록』 등과 같은 서적이 널리 읽히며 국권회복의식을 확대시켜나갔으나, 1909년 출판법이 제정되면서 국권회복을 강조한 서적들은 압수되었고 출판원고에 대해 사전검열이 이루어졌다. 교과서에 대한 검정도 실시되어 많은 교과서가 검정을 통과할 수 없었다.

국어와 역사에 대한 관심도 높아졌다. 신문이나 잡지, 서적들의 일부가 국문으로 간행되면서 일반 대중과 부녀자에 대한 계몽이 확대되었고, 언문일치에도 중요한 영향을 미쳤다. 또 각급 학교에서도 국어를 교수했으며, 1907년 학부에 국문연구소가 설치되어 국어문법을 정리하는 계기를 마련했다. 특히 주시경은 민족의 흥망과 언어·문자의 성쇠는 직접적인 상관관계를 가지고 있다고 보아, 민족독립의 유지와 발전을 위해서는 국어와 국문을 갈고 닦아야 한다고 주장했다. 한국사 관련 저술로는 개설적인 교과서가 대부분이었고, 외국사는 주로 일본어나 중국어를 중역한 망국사·독립사·개혁사 등의 서적이 발간되었다. 그리고 외국의 침략으로부터 국가를 수호한 국난극복의 영웅들에 관한 전기도 널리 보급되었다. 한국인으로는 을지문덕과 강감찬·최영·이순신 등이, 외국인으로는 잔 다르크·빌헬름 텔·마치니·가리발디·카보우르 등이 소개되었다. 이러한 역사 관련 저술들이 각급 학교에서 교수되었던 것이다.

역사학은 경사일체(經史一體)의 전통역사학을 벗어나 점차 근대적인 학문으로 발전했다. 동시에 일제의 식민사학을 비판한 신채호(申采浩)의 「독사신론(讀史新論)」과 국혼(國魂)을 강조한 박은식(朴殷植)의 논설 등이 발표되면서 민족주의 역사학도 태동하고 있었다.

1900년대 후반기에 나타난 문화적인 현상 가운데 하나는 민족종교의 출현과 기성종교의 민족운동이었다. 일제는 종교계의 친일세력화를 위하여 여러 형태로 공작했다. 종교가 민족전통과 민족정신의 유지와 발전에 중요한 역할을 할 수 있으므로 일제는 종교의 일본종속화를 시도했던 것이다.

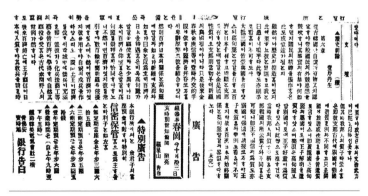

신채호가 ≪대한매일신보≫에 연재한 「독사신론」

1909년 창시된 단군교는 민족종교인데, 나철(羅喆) 등이 1910년 대종교로 그 명칭을 바꾸고 대일투쟁의 방략으로서 국권수호를 위한 종교운동을 전개했다. 천도교는 1905년 말 동학교주 손병희(孫秉熙)가 문명개화론을 수용하여 개편한 것으로, 정교분리를 앞세우며 국민계몽을 통한 민족운동에 참여했다. 천도교가 내부의 친일 세력인 일진회와 결별하자 일제는 이용구(李容九) 등을 내세워 시천교를 설립하게 하고 천도교와 대립시켰다. 유교의 경우에는 유교개혁론이 제기되었고, 대동교를 창설하여 국교로 보급하고자 노력했다. 그러나 일제가 친일유림을 동원하여 방해한 탓으로 큰 성과를 거두지는 못했다. 기독교(개신교)는 서양문물의 수용에 적극적이었으나 일제와의 대립을 피한 선교사들의 영향으로 대부분의 기독교인들은 신앙운동에 머물고 있었다. 그렇지만 민족 문제와 관련된 활동이 일부 한국인 지도자들에 의해 이루어졌는데, 상동청년회나 국민교육회 등의 움직임이 그것이다. 그리고 기독교적 배경에서 설립된 평양의 대성학교와 정주의 오산학교 등은 민족교육도 중시했다. 이러한 움직임은 1910년대에도 이어져, 일제는 기독교 지도자들의 활동에 쐐기를 박고자 '105인 사건'을 조작하기도 했다.

　국채보상운동은 1907년 1월에 시작되었는데, 고관이나 양반·부유층뿐만 아니라 노동자와 농민, 부녀자부터 상인·군인·학생·기생·승려에 이르기까지 전 국민이 참여했다. 언론이 이를 적극 지원했으며, 모금이 시작된 지 3개월 뒤인 5월에는 약속된 모금액이 20만 원에 달했다. 그러나 일제의 방해공작으로 그 이상의 성과는 얻을 수 없었다. 일제는 특히 이 운동을 주도했던 ≪대한매일신보≫에 대한 탄압을 시도하여 발행인인 영국인 베델의 추방공작을 전개했고, 총무 양기탁(梁起鐸)에게 국채보상

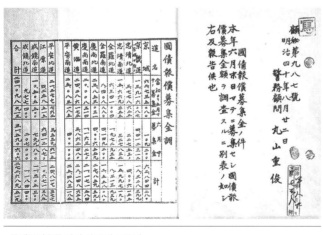

국채보상운동 당시 각 도별 모금액

금을 횡령했다는 혐의를 씌웠다.

3) 애국계몽운동의 전환

1900년대 후반기에 전국적으로 다양하게 전개되었던 애국계몽운동은 국민계몽을 통해 자강을 이룩하겠다는 목적을 어느 정도 달성할 수 있었다. 신교육운동에 동참한 사립학교가 수천 개에 이르렀던 것이 바로 계몽운동의 영향을 살필 수 있게 한다. 또 국채보상운동의 전개에서도 볼 수 있듯이 국권회복에 대한 전 국민의 의지도 확인하기 어렵지 않다. 그러나 이러한 대중계몽의 성과와는 달리, 계몽운동가들의 현실인식과 제국주의 침략에 대한 인식은 불철저했다. 문명개화론에 매몰되어 민족적 현실에 대한 이해가 모자란 경우가 적지 않았던 것이다. 국가의 독립보다 오히려 문명개화를 중시하기까지 했다.

신민회는 통감부 치하에서 합법적으로 계몽운동을 전개한 애국계몽단체들과 달리 국권회복을 목적으로 1907년 중반에 조직되었던 비밀결사였다. 이 단체는 외형적으로 합법적인 활동을 전개했으나 국권회복이 불가능하다고 인식되자 국외에 독립군기지를 창설하려 시도했다. 계몽운동론이 점차 독립전쟁론으로 전환하고 있었다고 할 수 있다. 비록 국내에서는 105인 사건으로 신민회의 활동이 중지될 수밖에 없었지만, 국외에서는 신민회 출신들이 중심이 되어 독립전쟁을 준비했다. 신민회뿐만

105인 사건 당시 판결문

아니라 계몽운동에 투신했던 안중근(安重根) 등 일부 인사들도 의병 또는 독립군에 참여하고 있었다. 제국주의에 대항하여 민족주의에 대한 이해가 확대되어가고 한국의 역사와 문화에 대한 자긍심이 커지고 있었음은 계몽운동의 한 단계 성장을 의미한다고 하겠다.

105인 사건 관련자들 체포 장면

애국계몽운동과 의병전쟁은 부분적으로 연결되기도 했지만 전체적으로는 대립적인 경향이 두드러졌다. 애

국계몽운동을 선도하던 단체나 신문의 대부분이 의병전쟁을 부정적으로 인식했다는 점에서 그러한 사실이 확인된다. 애국계몽운동가들은 전통유학자들의 문명개화를 촉구하며, 의병전쟁이 현실을 바로 보지 못하고 오히려 일본의 국권침탈에 빌미를 주는 일이라고 비판했다. 따라서 무장투쟁을 비판하던 이들의 관심은 계몽적인 문화운동의 차원에 머무를 수밖에 없었고, 그나마 그러한 계몽운동도 일제에 의해 제약과 탄압을 받고 있었다. 신문지법을 비롯한 보안법·학회령·사립학교령·출판법 등의 법령은 애국계몽운동을 탄압하기 위한 규제조치였다.

의병전쟁보다 일제에 대한 투쟁이 소극적이라고 하여 애국계몽운동을 국권회복운동에 포함시키는 데 주저하는 경우도 없지 않다. 실제 애국계몽운동가들 가운데에는 실력양성을 독립보다 강조하여 일제의 지배를 현실적으로 인정하는 부류와, 실력양성에 앞서 독립을 우선으로 삼아야 한다는 부류가 있었음도 사실이다. 그러한 부분적인 한계가 노출되지만 애국계몽운동 역시 국권회복을 그 목적으로 삼았으며, 그 영향도 컸다. 신민회와 같은 비밀결사는 국권피탈 이후 대표적인 독립운동 지도자를 배출했으며, 국외의 독립군기지 창건을 주도했다.

애국계몽운동의 영향은 1910년대에 이르러 두드러지게 나타났다고 할 수 있다. 1910년대 이후 독립운동에 참여한 계층이 계몽운동의 영향을 받은 세대였고, 1919년 3·1운동의 주도층이 학생이었다는 사실에서도 애국계몽운동의 의의는 확인된다. 아울러 대한민국 임시정부의 정체가 아무런 이의 없이 민주공화제로 결정되었던 것에도 애국계몽운동의 확산이 적지 않은 영향을 끼쳤을 것이다.

2 의병전쟁

1) 의병의 봉기

1894년 청일전쟁과 갑오변란, 을미사변과 단발령을 접한 척사 계열의 유생들은

의병을 일으켜 갑오정권과 일본에 대항하는 반침략·반개화 투쟁을 전개했다. 1894
년 안동유림들은 안동향교에서 의병봉기를 기도했고, 1895년 9월에는 평안도 상원
에서 김원교(金元喬)가 중심이 되어 의병을 일으켜 장수산성에서 전투를 치렀다.
1895년 10월 일본 낭인들에 의해 명성황후가 시해된 을미사변은 한국민의 분노를
불러일으켜 의병을 전국적으로 촉발시켰다. 유성과 제천을 비롯하여 이천, 춘천, 강
릉, 안동, 진주, 장성 등에서 의병이 잇따라 봉기한 것이다.

유성의병은 을미사변 직후 문석봉이 대전 유성에서 일으킨 의병이
다. 이들은 의진을 편성한 뒤, 왜적을 토벌하고 사직을 구할 것을 호소
하는 통문을 각지에 발송하고 공주부에서 관군과 전투를 벌였다. 제천
의병은 화서 이항로의 문인인 유인석을 중심으로 일어났는데, 충주성을
점령하고 관찰사를 처단하는 등 중부 지역 최대의 의병으로 세력을 떨쳤
다. 그러나 일본군과 관군의 대대적인 공격을 받은 이후에는 중국의 동
북 지역으로 건너가 그곳을 독립운동의 기지로 삼아 재기를 준비했다.

유인석

경상도 지역에서는 안동과 진주 등지에서 의병이 일어났다. 단발령
이 실시되었다는 소식에 김도화(金道和) 등 안동 지역 유생들은 의병을 일으켜 안동
부 관아를 점령했다. 안동의병은 함창 태봉에 주둔하고 있던 일본군을 공격했으나
대구에서 일본군이 증파되어 패퇴하고 말았다. 일본군은 안동부에 침입하여 민간인
을 학살하고 민가 1,000여 호를 불태우는 만행을 저질렀다. 경상도 안의에서는 노응
규(盧應奎) 등이 의병을 일으켜 진주성을 점령했다. 이들은 창의소를 올려 일제를 축
출하고 조선의 문물과 토지를 회복할 것을 촉구하는 한편, 관군을 격파하고 김해 일
대에서 일본군과 접전을 벌였다.

경기도 이천에서는 김하락(金河洛) 등이 남한산성을 거점으로 의병활동을 전개했
다. 이천의병은 서울진공계획을 수립하고 일본군과 항쟁했다. 강원 지역에서는 춘
천의병과 관동의병이 대표적이다. 이소응(李昭應)을 비롯한 춘천의병은 춘천부를 점
령했고 관동의병을 이끈 민용호(閔龍鎬)는 원산의 일본인 거류지를 공격했으며, 삼
척의병과 연합하여 갈야산성에서 전투를 치렀다. 이후 함흥을 점령했으나 일본군의

공격에 밀려 두만강을 건너 중국으로 들어가 재기를 도모했다. 호남에서는 노사 기정진의 문인인 기우만(奇宇萬) 등이 장성과 나주에서 의병을 일으켰다. 북한 지역에서도 함흥과 해주, 의주 등지에서 의병이 봉기했다.

이와 같이 1890년대 의병은 전국 각지에서 반침략·반개화 투쟁을 전개하여 갑오정권과 일본 침략군에 큰 타격을 안겨주었다. 그 결과 단발령이 철회되었으며 일제 침략정책의 일환으로 추진되던 여러 정책이 중단되거나 바뀌었다. 이러한 의병전쟁은 1904~1905년에 다시 일어나 국권회복운동으로 이어졌다.

2) 의병의 재봉기

1904~1905년 사이에 전국 각지에서 의병이 다시 일어났다. 일제가 한국을 식민지로 삼기 위한 정치적 침탈이 가중되었기 때문이다. 일제는 '한일의정서'(1904)를 체결하여 전국의 요충지를 제멋대로 빼앗아 사용했다. 또한 '제1차 한일협약'(1904)을 구실로 일본인 고문을 불러들여 한국의 내정을 장악할 수 있는 기반을 구축했다. 이때 초빙된 재정고문 메가타 다네타로(目賀田種太郎)의 농간으로 한국의 재정은 일제의 손아귀에 넘어갔다. 외교고문 스티븐스(Stevens) 역시 일제의 이익을 대변하다가 샌프란시스코에서 장인환(張仁煥), 전명운(田明雲) 의사의 손에 죽임을 당했다. '일본의 한국지배론'과 '이완용 충신론'을 강변하다가 재미동포들의 공분을 샀기 때문이다. 이 외에도 궁내부와 학부, 군부, 경찰 등 주요 국가기구마다 일본인 고문들이 개입하여 한국의 국권을 농단했기에 이른바 '고문정치'라 불렸다.

특히 1905년 11월 강제로 체결된 을사늑약은 모든 한국인을 격분시킬 만큼 충격적이었다. 이 조약으로 인해 대한제국은 외교권을 빼앗겼고, 일제의 통치를 상징하는 통감부가 서울에 설치되었다. 이때부터 모든 실권이 일본인 통감의 수중에 넘어갔고, 대한제국은 일제의 '보호'를 받는 반식민지로 전락하고 말았다. 을사늑약에 반대한 한국인들은 항의의 표시로 자결하는가 하면, 이른바 '을사5적'을 비롯한 친일파를 처단하기 위해 5적암살단이나 결사대를 조직했다. 또한 이 시기를 전후하여 고종은 의병을 일으키라는 밀지를 보내 의병전쟁의 재봉기에 어느 정도의 역할을 했다. 결국 1904~1905년 이후 일제의 정치적 침탈이 본격화되면서 잠잠했던 의병이 다시 일어났는데, 이를 흔히 중기의병이라 한다.

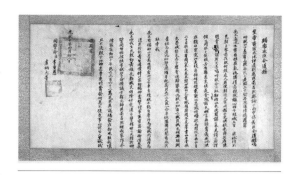

의병을 일으키라는 고종의 밀지

1907년 7~8월에 이르러 한국은 더욱 큰 위기를 맞았다. 일제가 헤이그특사의 파견을 구실삼아 고종을 강제로 퇴위시키고, 이어 이른바 정미조약의 체결과 군대 해산을 단행한 것이다. 정미조약을 빌미삼아 일제는 통감부의 내정간섭권을 크게 강화했을 뿐만 아니라 법령과 제도의 개선, 관리의 임면권조차 빼앗아 갔다. 수많은 일본인이 중앙과 지방행정기관의 요직을 차지함으로써 대한제국은 허울만 남게 되었다.

일제는 또한 대한제국을 무력화시키기 위해서 식민화의 마지막 걸림돌인 군대를 강제로 해산시켰다. 군대 해산소식을 전해들은 시

1906년 윤4월 최익현이 의병을 일으킬 때 고종에게 올린 상소문(「창의토적소」)

위대 제1연대 1대대장 박승환(朴昇煥)은 "군인으로서 나라를 지키지 못했으니 만 번 죽어도 아깝지 않다"는 유서를 남기고 자결했다. 이 소식을 접한 한국군 1,000여 명은 비분을 참지 못하고 일제히 봉기했다. 이들은 숭례문과 서소문 일대에서 일본군과 치열한 공방전을 벌이며 일본군 수 십 명을 살상했다. 그러나 해산군인 측도 170여 명의 사상자가 발생한데다 탄환이 떨어지자 물러나지 않을 수 없었다. 서울을 탈출한 시위대 병사들은 지방으로 내려가 의병에 합류함으로써 의병전쟁의 전국적 확산에 기여했다.

한편 일제의 경제적 침탈도 더욱 가중되었다. 주요 항구와 도시의 번화가뿐만 아

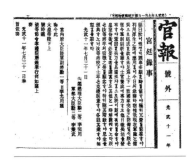

구한국 관보에 실린
군대 해산 조칙(1907.7.31)

니라 삼남지방의 비옥한 토지, 연해와 도서 지역의 황금어장, 산간벽지의 울창한 산림 등이 일본인들에 의해 급속히 잠식당했다. 1907년 9월에는 일제가 총포 및 화약류 단속법을 제정하여 한국인의 무기 소지를 금지시켰다. 이로 인해 큰 타격을 받은 사람들은 수렵을 생계수단으로 삼는 함경도와 강원도의 포수들이었는데, 이들은 일제의 무기반납지시를 거부하고 의병 대열에 합류했다. 이처럼 국가존립의 위기와 민중의 생존권조차 위협받는 절박한 상황을 깨닫게 된 한국인들이 의병에 투신하게 된 것은 어쩌면 당연한 결과라 하지 않을 수 없다. 이렇게 시작된 후기의병은 1907년 8월부터 이른바 '남한폭도대토벌작전(南韓暴徒大討伐作戰)'이 종료된 1909년 10월 말까지 반일투쟁을 전개하며 전국의 산야를 피로 물들였다. 그 이후부터 1914~1915년까지의 의병은 전환기의병이라 하는데, 의병에서 독립군으로 바뀌었기 때문이다.

3) 의병전쟁의 주도 세력

1904~1905년을 전후하여 일제의 침략이 본격화되자 나라를 구하기 위한 의병봉기가 줄을 이었다. 중기의병의 대표적인 의병장으로는 강원도의 원용팔(元容八), 충남의 민종식(閔宗植), 충북의 노응규, 전북의 최익현·임병찬(林炳瓚)·양한규(梁漢奎), 전남의 백낙구(白樂九)·고광순(高光洵)·양회일(梁會一), 경상도의 신돌석(申乭石)·정용기(鄭鏞基)·이현규(李鉉圭)·유시연(柳時淵), 황해도의 박기섭(朴箕燮)·이진룡(李鎭龍) 등을 들 수 있다.

이 가운데 대규모의 의병부대를 형성하여 활동한 의병장은 원용팔·민종식·최익현·신돌석 등이다. 원용팔은 1905년 중반 강원도 원주에서 의병을 일으켰다. 그는 포군(砲軍) 150여 명을 근간으로 수백 명의 의병부대를 형성하여 원주·제천·횡성·홍천 등 강원도와 충북을 넘나들며 활동하다가 그해 10월에 체포되었다.

이조참판을 역임한 민종식은 내로라하는 명문가인 여흥 민씨였다. 그는 을사늑약의 부당함을 호소하는 상소운동을 전개하려 했으나 여의치 않자 1906년 3월 충남 정산에서 봉기했다. 이후 1,000여 명의 의병을 모아 홍주성을 점령하며 기세를 올렸으나 일제의 압도적인 군사력에 밀려 수백 명의 사상자를 낸 채 진압되고 말았다.

최익현은 1906년 6월 임병찬 등과 같이 전북 태인의 무성서원에서 의병을 일으켰다. 이들은 정읍·순창·옥과 등지를 차례로 점령하며 약 1,000명의 의병을 모았다. 또한 군량과 무기를 확보하여 북상할 계획을 추진하다가 일제의 군경과 전주·남원의 진위대에 의해 해산되었다. 최익현과 임병찬 등은 대마도까지 끌려갔다가 최익현은 그곳에서 순국함으로써 이후의 의병봉기에 큰 영향을 주었다.

경상도에서는 평민의병장으로 널리 알려진 신돌석 의병부대의 활동이 중기의병을 빛냈다. 신돌석은 1906년 음력 3월경 의병을 일으켜 영해를 비롯한 평해·영양·울진 등 경상북도와 강원도 접경지대를 중심으로 급속하게 세력을 확대했다. 그는 경상북도 영천의 정용기, 진보의 이현규 등이 이끄는 의병부대와 연합하여 항일투쟁을 전개했다. 의병장 신돌석은 험준한 산악지대를 기반으로 삼아 유격전술을 펼치며 일제의 간담을 서늘하게 했다.

이와 같이 중기의병은 양반 유생이라 하더라도 위정척사적 명분론을 내세우기보다는 국가와 민족을 구하기 위해 항일투쟁을 전개했다. 중기의병의 병사층은 유생이나 포수, 농민이 많았다. 이들 외에 화적이나 활빈당이 의병에 투신한 사실도 주목된다. 화적이나 활빈당은 본래 농민들이었지만 수취체제의 모순 속에서 발생한 무장집단이라 할 수 있다. 이들은 반정부활동을 전개하다가 국가적 위기를 인식한 후 의병들과 함께 반침략운동을 전개한 점에서 그 의미가 크다고 하겠다. 이처럼 빈민층을 포함한 모든 계층이 을사늑약을 비롯한 일제의 침탈을 국가적 위기로 인식했음을 알 수 있다.

1907년 후반에 일어난 후기의병의 경우 무엇보다 해산군인의 참여가 주목된다. 군대 해산을 계기로 해산군인들이 의병에 합류함으로써 무력투쟁은 전국 방방곡곡으로 파급되었다. 원주의 진위대는 지방에서는 처음으로 해산을 거부하며 민긍호

후기의병들의 모습

(閔肯鎬)와 김덕제(金德濟)의 주도로 봉기했다. 1907년 8월 민긍호와 김덕제는 해산군인을 주축으로 하여 포수와 농민 등 1,000여 명을 모아 의병부대를 조직하고 강원도를 근거지로 삼아 경기도와 충청북도의 접경지대까지 활동범위를 확대하며 이듬해 2월까지 강력한 반일투쟁을 전개했다. 이들은 기동력과 유격전에 능숙하여 상당한 성과를 거두었으며, 일제는 이들의 세력 확산을 두려워한 나머지 회유와 귀순공작을 펼칠 정도였다.

강화진위대의 해산군인들도 1907년 8월에 지홍윤(池弘允)과 연기우(延基羽)·유명규(劉明奎)·김동수(金東秀) 등의 지휘 아래 일제히 봉기했다. 강화의 해산군인들은 무기를 탈취하여 무장한 후 부대를 나누어 경기도와 황해도를 중심으로 눈부신 항쟁을 전개했다. 특히 강화 지역의 의병활동은 계몽운동 계열의 대한자강회와 개신교 세력의 지원을 받아 이루어진 점에서 주목된다.

그 밖에도 해산군인으로서 의병에 투신하여 두각을 나타낸 인물이 적지 않다. 강원도의 박여성(朴汝成), 전남의 정원집(鄭元執)·추기엽(秋琪燁)·정철화(鄭哲和) 등이 대표적인 의병장들이다. 이 가운데 정원집·추기엽·정철화 등은 의병으로 활동하다가 체포되어 전남의 도서지방에 유배되었으나 그곳을 탈출하여 다시 의병에 투신하여 눈부신 활약을 펼쳤다.

물론 해산군인 출신 외에도 후기의병을 주도했던 대표적인 의병부대는 수없이 많았다. 이 가운데 지역별로 주요 의병부대의 사례를 살펴보면 다음과 같다. 먼저 중부 지역에서는 김수민(金秀敏)·이강년(李康秊)·이은찬(李殷瓚)·허위(許蔿) 의병부대 등을 들 수 있다. 김수민 의병부대는 농민을 비롯한 평민들을 주축으로 조직되었는데, 주로 경기도 장단과 강화, 임진강 일대에서 활동했다. 이강년 의병부대는 주로 태백산맥을 중심으로 활동했는데, 의병장 김상태(金尙台)·변학기(邊鶴基) 등과 연계하여 활동했다. 이은찬 의병부대는 허위와 함께 연합의진을 형성하여 임진강 일대에서 서울을 공격할 기회를 노리며 투쟁했다.

다음으로 영남 지역에서 활동한 주요 의병장은 신돌석·정환직(鄭煥直)·서병희(徐炳熙)·변학기 등이다. 신돌석 의병부대는 일월산과 영해 등 경상남북도를 넘나들며 눈부신 유격활동을 펼침으로써 중기의병 이래로 이름을 떨쳤다. 중기의병으로 활동한 아들 정용기의 뒤를 이어 의병장이 된 정환직은 산남의진을 재편하여 영천·경주·청송 등지에서 활동했다. 영남 서부 지역에서는 노병대(盧炳大)·유종환(兪宗煥) 의병부대, 동남부 지역에서는 서병희 의병부대가 유격투쟁을 전개했다.

한편 함경도의 삼수, 갑산 등지에서는 의병장 홍범도(洪範圖)·차도선(車道善) 등이 포수와 해산군인 등을 이끌며 반일투쟁을 주도했다. 황해도에서는 박기섭·이진룡 등의 의병부대가 평산을 근거지 삼아 크나큰 활약을 벌였다. 평안도에서는 김관수(金寬洙) 등과 같은 유인석 계열의 유학자들이 의병을 일으켰다. 그리고 함북 경성과 명천 등지의 의병들은 대한협회의 지회(支會)와 연계하여 활동했으며, 간도와 연해주 등지에서도 이범윤(李範允)·유인석·최재형(崔在亨)·안중근 등이 의병을 조직하여 국내진공작전을 전개했다. 제주도에서도 1909년 봄에 고사훈(高仕訓) 주도로 의병이 일어나 활동했다. 이처럼 후기의병은 간도와 연해주부터 제주도에 이르기까지 한반도 전역에서 일본 세력을 구축하기 위해 벌떼처럼 일어났다.

특히 후기의병 시기에 호남 지역 의병부대의 활동은 단연 돋보였다. 의병장 김동신(金東臣)·고광순·기삼연(奇參衍)·김준(金準)·김율(金聿)·이석용(李錫庸)·문태서(文泰瑞)·전해산(全海山)·심남일(沈南一)·안규홍(安圭洪)·황준성(黃俊聖) 등이 그들이다. 김동신과 고광순 등은 전라남북도의 경계인 내장산과 지리산, 덕유산을 기반으로 하여 유격전을 전개했다. 이들은 험준한 산악지대인 지리산을 장기항전의 근거지로 삼았다는 점에서 주목된다.

전기의병에 가담했던 기삼연은 1907년 10월에 호남창의회맹소(湖南倡義會盟所)를 결성하여 장성·고창·영광 등 전라도의 서부 지역에서 활동했다. 그는 전남 지역 후기의병의 활성화에 크게 기여했다. 김준은 동생 김율과 함께 결사항전의 의지를 불태우며 나주·함평·광주 등지에서 활발한 유격투쟁을 전개했다. 1908~1909년 사이

후기의병의 교전 횟수와 교전의병 수(1908년 전반~1909년 전반)

구분 / 도별	교전 횟수(%)		교전의병 수(%)	
	1908	1909	1908	1909
경기도	78(4.0)	165(9.5)	1,453(1.8)	3,453(8.9)
충청남도	217(11.0)	138(7.9)	7,666(9.3)	1,003(2.6)
충청북도	113(5.7)	66(3.8)	6,815(8.2)	832(2.2)
전라남도	274(13.9)	547(31.5)	10,544(12.7)	17,579(45.5)
전라북도	219(11.1)	273(15.7)	9,960(12.0)	5,576(14.5)
경상남도	153(7.7)	61(3.5)	3,328(4.0)	934(2.4)
경상북도	158(7.9)	161(9.3)	5,702(6.9)	3,667(9.5)
강원도	273(13.8)	124(7.1)	18,599(22.5)	2,468(6.4)
황해도	232(11.7)	111(6.4)	7,998(9.7)	2,148(5.6)
평안남도	108(5.5)	61(3.5)	1,391(1.7)	540(1.4)
평안북도	41(2.1)	17(1.0)	2,590(3.1)	123(0.3)
함경남도	99(5.0)	14(0.8)	6,438(7.8)	270(0.7)
함경북도	11(0.6)	-	283(0.3)	-
합계	1,976	1,738	82,767	38,593

자료 : 『한국독립운동사』 1, 국사편찬위원회(1965), 295~296쪽.

에 전해산은 영광·함평·나주 등 주로 전라도 서부 지역에서, 심남일은 함평과 강진을 축으로 하는 남부 지역에서, 안규홍은 보성·순천·광양 등의 동부 지역에서 각각 활약했다. 한편 전라북도에서는 이석용 의병부대가 진안과 임실에서, 무주·진안·장수 등 전북의 동북 산간지대에서는 문태서 의병부대가 활동했다. 호남의병은 1909년 9월 일제의 이른바 '남한폭도대토벌작전'이 실시될 때까지 끈질긴 반일투쟁을 전개했다. 물론 1908년 이후에는 전국 어느 곳이나 의병전쟁의 무대가 아닌 곳이 없었으나, 후기의병의 중심지는 단연 호남 지역이었다고 할 수 있다. 전라도는 1908년에 교전 횟수와 교전 의병 수에서 각각 25%와 24.7%, 1909년에는 각각 47.2%와 60%를 차지했다는 점에서 그러하다.

후기의병의 전면적인 무력투쟁에 직면한 일제는 우선적으로 호남의병을 근절시키기 위한 대책을 수립했다. 일제는 '남한폭도대토벌작전'에 대규모의 군사력을 투

입시켜 호남의병을 매우 잔혹하게 진압했다. 일제의
야만적인 초토화작전은 전북 부안 - 임실 - 남원 - 구례
- 하동을 잇는 섬진강 이서 지역과 전남 해안의 도서
지역에 집중되었다. 호남의병은 끝까지 저항했으나
일제의 막강한 군사력을 막아내는 데에는 역부족이었
다. 당시 다수의 의병장을 비롯한 500여 명이 전사했
고 약 2,000명이 체포되었는데, 이로써 후기의병은 일
단락되었다.

'남한폭도대토벌' 당시 붙잡힌 의병장들

4) 의병의 투쟁역량강화와 서울진공작전

후기의병의 지도부는 투쟁역량을 높이기 위해서 적극 노력했다. 해산군인들이
의병에 합류함으로써 그 계기를 마련했지만 의병 스스로 투쟁역량의 향상에 앞장선
것이다. 즉 이들은 무기 개조와 신무기의 확보, 기각지세(掎角之勢)의 형성, 연합전
선의 결성, 엄정한 군기(軍紀)의 확립, 군사훈련의 실시 등과 같은 다양한 방법으로
의병의 전투능력을 향상시켰다. 또한 '분산과 집중' 혹은 '교란과 습격'과 같은 초보
적인 유격전술을 구사하여 일제의 군사력을 분산시킴으로써 보다 효율적인 투쟁을
전개했다.

또한 후기의병은 지역 주민과의 유대강화에 힘썼다. 이들은 "의병과 주민은 머리
와 꼬리처럼 서로 이어져 있으므로 어려울 때는 서로 돕고 서로 의지하는 바가 마치
부자형제의 허물없음과 같다"고 표방했다. 그리하여 주민들을 괴롭히는 부호의 토
색(討索)이나 관리의 가렴주구 등의 문제를 해결해주었으며, 주민들은 의병에게 숙
식과 정보를 제공하며 서로 도왔다.

한편 후기의병의 지도부는 1908년을 전후하여 장기항전에 대비한 의병기지 건설
을 추진했다. 중부 이북 지역에서는 의병장 유인석이 제기한 이른바 '북계책(北計策)'
을 추진함으로써 간도나 연해주에 의병의 근거지 건설을 도모했다. 특히 유인석·홍

범도 의병부대가 '북계책'에 적극적이었는데, 이들이 건설한 백두산근거지는 훗날 독립군의 활동무대가 되었다.

남부지방에서 활동하던 의병들은 지리산과 도서 지역을 의병의 항전근거지로 주목했다. 1907년 중반 고광순은 '불원복(不遠復)'의 기치를 걸고 이른바 '근거지계(根據之計)'라 하여 지리산을 근거지 삼아 의병을 정예군대로 훈련시킴으로써 장기항전을 도모했다. 또한 안규홍·심남일·황준성 등은 도서 지역을 일시적인 피난처나 근거지로 활용했다. 일제가 '근래 의병은 여러 섬에 집중하는 경향'이라거나, 도서 지역을 '의병의 소혈(巢穴)'로 파악했다는 점에서 그러한 사실을 확인할 수 있다.

이처럼 후기의병은 일본 군경과 정면으로 맞서 싸울 수 있을 만큼 투쟁역량을 강화했는데, 일부 지방은 치안불능상태에 빠질 정도로 의병의 기세가 거셌다. 이에 힘입어 이은찬·이구채(李球采) 등은 전국 단위의 통합된 의병조직을 추진했다. 1907년 11월경 의병장 이인영(李麟榮)과 허위를 중심으로 13도창의대진소(十三道倡義大陣所)가 결성되었다. 그리하여 이인영은 전국 각지의 의병장들에게 경기도 양주로 집결하라는 격문을 발송했다. 당시 그는 "우리 군대를 해산하고 우리 황제를 강제양위케 하는 등 우리나라를 빼앗고 우리 민족을 멸망시키려 하기에 의병을 일으켜 이를 이끌고 상경으로써 통감과 담판"하려 한다고 주장했다. 또한 그는 서울 주재 각국 영사관과 해외동포에게 통문을 보내어 의병전쟁의 합법성과 서울로 진격할 것임을 공언했다.

전국 각지의 의병들도 이인영의 주장에 즉각 호응하여 1만여 명의 의병이 경기도 양주에 집결했다. 당시 참여한 주요 의병장으로는 이인영을 비롯하여 허위·민긍호·이강년·권중희(權重熙) 등이 있다. 이들은 통합군 사령부의 총대장에 이인영, 군사장에 허위, 관동창의대장에 민긍호, 호서창의대장에 이강년 등을 비롯하여 각 지역의 대표자를 정했다. 전열을 정비한 13도창의대진소는 서울진공작전을 감행했고 1908년 1월 말 허위의 선봉대 300명이 동대문 밖 30리 지점까지 진격했다. 그러나 후속부대가 도착하지 못했고 일본 군경의 압도적인 화력을 뚫지 못하여 결국 퇴각했다. 13도창의대진소는 임진강 유역에서 의병을 수습한 후 다시금 서울진공작전을 시도했으나 끝내 성공하지 못했다. 이후 의병부대는 각자의 근거지로 돌아가 독자적인 활동을 전개했다.

5) 일제의 야만적인 의병 탄압

후기의병의 활동이 거세어지자 정부와 일제는 이들을 진압하기 위해 다양한 방법을 모색했다. 먼저 정부에서는 의병의 해산을 권유하는 선유사(宣諭使) 혹은 선유위원을 임명하여 전국 각지에 파견하는가 하면, 의병귀순을 적극 권유했다. 정부의 귀순정책은 1907년 12월부터 이듬해 10월까지 약 1년 동안 지속되었고, 적극적인 귀순 권유로 말미암아 상당수의 의병이 의진을 이탈했다. 그런데 귀순정책의 실질적 주체는 대한제국 정부라기보다 일제 통감부였다. 통감부에서 장악한 경무국과 일제의 군사기구가 그것을 주도했기 때문이다.

통감부는 의병을 완전히 제압하기 위해서 주로 군대와 경찰을 동원했다. 그 내용을 자세히 살펴보면, 첫째 군대와 헌병 및 경찰력을 지속적으로 증강시켰다. 둘째, 한국인 밀정이나 정탐(偵探)을 고용하거나 정찰대를 조직하여 의병에 관한 제반정보를 수집했다. 셋째, 특설순사대를 편성하여 대표적인 의병부대의 진압에 투입했다. 넷째, 특정 지역의 의병이나 특정 의병부대를 진압할 목적으로 단기적인 군사작전을 수시로 실시했다. 다섯째, 대표적인 의병장의 소재지나 의병부대의 근거지를 찾기 위해서 변장대(變裝隊)를 투입했다. 여섯째, 연안과 도서 지역의 의병을 진압하기 위한 경비선을 배치했다. 또한 헌병과 순사보조원을 각각 수천 명씩 선발하여 이른바 '이한제한(以韓制韓)'의 수법을 동원했다.

한편 의병을 진압하는 과정에서 일제의 만행이 수없이 자행되었다. 일제의 야만스러운 행위를 폭로한 매켄지(Mckenzie)는 충주와 제천 사이에 있는 마을의 4/5가 일본군에 의해 소실되었다고 적었다. 일제는 무고한 민간인을 학살하거나 민가와 마을을 불태운 경우가 많았다. 이를테면 의병들과 접전하다가 패하면 그 부근의 마을이나 의병장의 가옥을 보이는 대로 불태웠던 것이다. 특히 의병 당사자에 대한 일

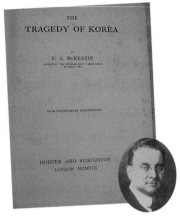

일제의 만행으로 초토화된 마을(매켄지, 『한국의 비극』)

제의 인권유린이나 비인도적 행위는 이루 헤아릴 수조차 없다. 그중에서도 의병에 대한 불법적 처형이 가장 빈번하게 일어났다. 즉 일제는 체포된 의병의 도주를 빙자하여 고의로 학살한 경우가 매우 많았으며, 부상당한 의병들을 난자하는 만행도 서슴지 않았다. 이처럼 일본군경이 의병진압과정에서 저지른 악행은 일일이 지적하기 어려울 정도로 많았다.

후기의병의 중심 무대는 호남 지역이었다. 일제는 이들을 진압하기 위해서 1909년 9월부터 약 2개월 동안 이른바 '남한폭도대토벌작전'을 실시했다. 일제는 호남의병의 활동으로 말미암아 전라남도가 거의 무정부상태나 다름없다고 파악했다. 따라서 호남의병의 활동이 자칫 그들의 대한정책을 수포로 돌아가게 하지 않을까 심히 우려했다. 이에 일제는 임진왜란 당시 호남의병에게 참패당한 조상의 명예회복을 기도하고 전라도 지역에서의 경제적 침탈을 보다 용이하게 하기 위하여 대규모 군사작전을 감행한 것이다. 일제는 '교반적(攪拌的)' 방법으로 호남의병을 진압했는데, 이는 대규모 군대를 일시에 투입하여 마치 소용돌이를 일으키듯이 상대를 포위하고 교란시켜 초토화시키는 방법을 말한다. 다시 말해 대규모 병력을 투입하여 닥치는 대로 살상하고 방화하는 이른바 초토화전술이었다. 이로써 한말의병의 주무대였던 전라도의 의병들은 심각한 타격을 받은 반면, 일제는 경제적 침투를 비롯한 병탄의 기반을 조성했다.

6) 독립군으로 전환

1910년을 전후한 시기부터 1915년경까지 의병들은 주로 황해·경기·강원·함경도의 산악지대를 중심으로 명맥을 이어갔다. 당시 이름을 떨친 의병장으로는 채응언 (蔡應彦)·강기동(姜基東)·한정만(韓貞滿)·홍범도·이진룡·이석용·강형오 등을 들 수 있다. 그러나 이들도 일제의 탄압을 견디지 못해 국외로 망명하거나 지하로 잠적하여 비밀결사를 조직하는 방향으로 전환해갔다.

연해주나 간도로 망명한 주요 의병장은 이진룡과 홍범도 등인데, 이들은 그곳에서 활동 중이었던 이범윤·안중근 등과 연합했다. 1910년 6월에는 유인석과 이범윤 등이 의병연합체인 13도의군(十三道義軍)을 조직했다. 13도의군은 연해주와 간도를 포함하여 전국 13도의 의병을 아우르는 통합단체를 표방했다. 이는 의병의 중심 세력이 국내에서 국외로 이동했음을 상징적으로 보여준다.

나아가 연해주와 간도에서 활동하던 의병들은 계몽운동 세력과 힘을 합하여 민족 교육과 독립군 양성에 일익을 담당했다. 무장투쟁과 실력양성을 주장하던 양대 세력이 국가와 민족의 독립을 위해 통합, 연합을 추진했다는 점에서 주목된다. 그 결과 의병전쟁은 한층 성숙한 모습으로 독립운동의 발전에 기여했다.

의병들이 사용하던 무기

한편 국내의 전라도·충청도 지역에서는 임병찬의 주도로 비밀결사인 독립의군부가 조직되었다. 독립의군부는 1912년에 고종의 밀명을 받아 전국 단위의 광범한 조직으로 추진되었으나 1914년에 발각되고 말았다. 경상도 지역에서는 광복회·민단조합·조선국권회복단 등이 결성되었다. 그리고 의병장 강기동은 연해주로 이동하려다가 원산에서 체포되었으며, 채응언은 항일투쟁을 계속하다가 1915년 7월에 체

일본군에 체포된 채응언 의병장

포되었다. 심지어 전남 순천의 강형오 의병장은 망국 이후 10여 년간 이나 비밀결사를 주도하다가 1921년 8월 21일 체포되기도 했다. 이로 써 국내에서의 의병활동은 종식되었으며, 국외로 이동한 의병들은 독 립운동으로 전환했다.

이상과 같이 의병전쟁은 1915년을 전후한 시기까지 지속되었다. 의병들은 불굴의 의지를 갖고 투쟁역량을 향상시키면서 일제의 침략 에 맞서 싸웠다. 따라서 의병전쟁은 반침략적 구국운동이라 할 수 있 다. 또한 의병전쟁은 평민의병장이 대거 등장한 후에 더욱 활성화되 었으므로 반봉건적 성향도 없지 않다고 볼 수 있다. 의병 지도부는 투 쟁역량의 강화, 근대적인 부대편제와 연합전선의 형성, 장기항전을 위한 의병기지 구축을 위해 노력했다. 이러한 의병전쟁은 일본제국주의 세력을 저 지하기 위해 광범한 계층이 호응하고 참여한 민족운동이었으며, 강점을 전후하여 독립운동으로 전환되었다. 이들은 일제와 비교할 수 없을 정도의 열악한 군사력 때 문에 국권수호라는 목표를 달성할 수 없었으나, 일제의 식민화정책을 지연시키는 데 기여했다. | 최기영 · 홍영기

이야깃거리

1. 계몽운동의 사상적 기반과 독립운동사에서 어떠한 위치는 차지했는지 논의해보자.

2. 계몽운동의 목적과 그 전개양상에 대하여 생각해보자.

3. 계몽운동과 의병전쟁의 관계는 어떠했는가?

4. 의병이 일어난 직접적인 원인은 무엇인가?

5. 의병전쟁의 역사적 의의를 논의해보자.

더 읽을거리

구완회. 2005. 『한말 제천의병 연구』. 선인.

김도형. 1994. 『대한제국기 정치사상 연구』. 지식산업사.

김상기. 2009. 『한말 전기의병』. 독립기념관 한국독립운동사연구소.

김의환. 1974. 『의병운동사』. 박영사.

박민영. 2009. 『한말 중기의병』. 독립기념관 한국독립운동사연구소.

윤건차. 1987. 『한국 근대교육의 사상과 운동』. 청사.

조동걸. 1989. 『한말의병전쟁』. 한국독립운동사연구소.

최기영. 2003. 『한국 근대계몽사상연구』. 일조각.

홍순권. 1994. 『한말 호남지역 의병운동사 연구』. 서울대학교 출판부.

홍영기. 2004. 『대한제국기 호남의병 연구』. 일조각.

홍영기. 2009. 『한말 후기의병』. 독립기념관 한국독립운동사연구소.

보론
일제의 한국 국권 침탈과 조약의 불법성

일제는 청일전쟁 이후 한국에 대한 독점적 지배를 꾀하여 1904년 러일전쟁 이후부터 1910년까지 소위 '보호국화'라는 명분을 내세우며 단계적으로 한국의 주권을 앗아갔다. 일제는 한국의 동의를 구한 것처럼 꾸미려 '조약'이라는 국제법적인 절차를 자의적으로 해석하고, 1904년 한일의정서와 '제1차 한일협약', 1905년 을사늑약, 1907년 정미조약, 1910년 '한일병합조약' 등을 강제했다.

당시 한일 간에 체결된 '조약'들은 절차와 형식에 중대한 결점과 결함을 지녔고 불의부당(不義不當)하지만, 1945년 8월 해방 이후 어느 누구도 이에 대해 문제를 제기하지 못했다. 해방 직후 미일과 중소 중심의 동아시아 냉전체제가 구축되고, 1950년 6·25전쟁이 발발하면서 이를 논할 여유가 없었다. 더욱이 1952년부터 한일회담이 시작되었지만, 식민지책임 문제를 제외한 '샌프란시스코 강화조약'을 전제로 회담이 진행되었기 때문에 을사늑약을 비롯하여 한일 간에 체결된 조약의 법적 효력, 개인 보상 문제 등은 흐지부지되고 말았다.

일제의 한국 식민통치에 대한 성격규정이 이루어진 것은 1965년 한일협정이 체결되면서부터이다. 한일협정에서는 "1910년 8월 22일 및 그 이전에 대한제국과 대일본제국 간에 체결된 모든 조약 및 협정이 이미 무효임을 확인한다"라고 규정했다. 이로써 과거 문제에 대한 분쟁이 해결될 것으로 기대했지만, '무효' 시점을 두고 한국과 일본 측의 해석이 달랐다. 한국 측은 모든 조약과 협정이 체결된 당시 또는

1910년 8월 이전이라고 해석한 반면, 일본 측은 1948년 10월 대한민국 정부가 수립된 시기부터라고 못 박았다. 아울러 한국 측은 을사늑약은 강제에 의해 성립된 만큼 무효이며 나아가 '한국병합' 또한 원인무효라고 주장했다. 이후 '무효론'은 오랫동안 한국 측의 입장을 대변해왔다. 이에 반해 일본 측은 국제법적으로 전혀 문제되지 않았다는 '유효론'으로 맞서고 있다.

1. 을사늑약 무효론과 불성립론

을사늑약은 강제로 체결되었다

러일전쟁에서 승리한 일제는 러일강화조약(포츠머스조약)을 조인한 직후, 1905년 11월 9일 한국에 이토 히로부미를 파견했다. 이토는 다음날 고종황제를 알현하여 일본 천황의 친서를 전했다. 일주일이 지난 뒤 다시 고종황제를 찾은 이토는 조약 원문을 제시하면서 "만약 체결을 거부하면 더 심각한 곤란에 처할 것"이라며 위협했다. 고종황제는 매우 중대한 사안이기 때문에 정부 대신들과 논의해야 하고 백성들의 의향도 살펴야 한다며 조약 체결에 부정적인 입장을 밝혔다. 한편 일본공사 하야시 곤스케(林權助)는 11월 16일에 외무대신 박제순(朴齊純)을 만나고, 11월 17일에는 각 대신을 일본 공사관으로 불러들여 조약 체결에 협조할 것을 강요했다. 대부분의 신하들은 이를 거부하고, 입궐하여 고종황제에게 아뢴 뒤에 확답하겠다며 자신들의 입장을 유보했다.

이토는 서울에 도착한 지 열흘이 다 되어가는데도 별다른 진척이 없자 대신들의 요구에 따라 어전회의를 개최토록 했다. 이토는 하야시 공사와 함께 일본군인들을 이끌고 고종황제가 머물고 있던 경운궁으로 들어가 어전회의가 열리는 중명전을 에워쌌다. 이토의 강압에도 불구하고 참정대신 한규설·탁지부대신 민영기·법부대신 이하영 등은 조약 체결에 반대했다. 밤늦도록 회의가 계속되었지만 결론이 나지 않자 궁내부 대신 이재극의 제안으로 다수결로 결정하게 되었다. 이때 이토는 조약 체결에 강경하게 반대하는 한규설을 회의장에서 강제로 끌어냈다. 그리고 조약 체결에 찬성입장을 표명한 외부대신 박제순, 학부대신 이완용, 군부대신 이근택(李根澤), 내부대신 이지용(李址鎔), 농상공부대신 권중현(權重顯) 등 다섯 명의 동의를 얻어 그 다음날 새벽 2시에 을사늑약을 체결했다. 이들을 소위 '을사 5적'이라 한다. 물론 고종황제는 끝까지 을사늑약을 인준하지 않았다.

을사늑약 제1조에서는 일본 정부는 한국의 외국에 대한 관계 및 사무를 감리·지휘한다고 규정했고, 제2조에서는 한국 정부는 일본 정부의 중개 없이 국제적 성질을 갖는 조약이나 약속을 할 수 없다고 규정했다. 제3조에서는 상기 업무를 위하여 한국에 통감 1인을 두고, 일본 정부는 한국의 각 개항장 및 그들이 요구하는 지역에 이사관을 설치할 권리를 갖는다고 규정했다. 이로써 대한제국은 일본에 외교권을 빼앗겨버려 자주적인 외교활동을 할 수 없게 되었다.

을사늑약은 무효이다(무효론)

을사늑약의 원문을 보면 제목이 들어가야 할 부분이 비어 있다. 조약 제목이 없는 것이다. 조약의 명칭은 통상 체결 당사국과의 조약 체결 목적, 등급 등에 맞게 붙여지는 것이 당연하다. 그렇지만 조약 제목이 없어 사람마다 각기 을사늑약, 을사조약, 을사5조약, 한일협상조약, 제2차 한일협약, 한일신협약, 을사보호조약 등으로 달리 칭한다. 이 중 제2차 한일협약, 한일신협약 등은 당시 일본 측에서 주로 썼는데, 1904년 8월 체결한 '한일의정서'를 뒤이은 조약이라는 의미이다.

그런데 1907년 7월 한일 간에 다시 조약을 체결하면서는 단지 '한일협약'(정미조약)이라 했다. 앞의 조약들이 정상적인 절차로 체결되고 효력을 가진 것이라 인정했다면 제3차 한일협약이라 해야 옳다. 그렇지 않다면 일본 스스로 기존에 체결한 조약이 불완전하거나 체결과정이 완료되지 못했음을 인정한 것과 마찬가지이고, 이때서야 비로소 한국과 일본 간에 처음으로 정식 조약이 체결되었다는 것을 의미한다. 결국 일제 스스로 을사늑약은 조약으로서 무효라는 점을 인정한 것이다.

무효론은 한국 측이 오랫동안 주장해왔던 논리이다. 을사늑약은 대한제국을 대표하는 고종황제를 강박하여 체결된 것이기 때문에 무효라는 입장이다. 1960년대에 을사늑약 무효론은 국제적으로 인정받기에 이르렀다. 을사늑약 체결 시 한국 측 대표에게 군사적 위협을 가하고 격리, 감금한 사실과 1904년 한일의정서에서 한국의 독립을 보장한 일본이 한국의 독립을 포기하는 '보호관계'를 설정한 점 등은 독립보장의무를 위반한 것이라는 이유에서이다.

국제법상 조약은 하자 없는 의사표시로 체결되어야 효력을 인정받을 수 있다. 1919년 국제연맹규약과 1928년 부전조약(不戰條約), 국제연합헌장과 1969년 '조약법에 관한 비엔나 협약'에 따르면, 강박에 의해 대한제국의 외교권을 박탈한 을사늑약은 무효인 것이다.

을사늑약의 무효성은 유럽의 언론과 학계에서도 제기되었다. 늑약이 조인된 지 10일 뒤인 1905년 11월 26일, 고종황제는 황실고문 헐버트(Hulbert)에게 전문을 보내 '조약은 강박에 의해 체결된 것으로 무효임을 선언하고 이를 만방에 선포할 것'을 지시했다. 이에 영국은 1906년 1월, 프랑스는 1906년 2월에 각각 신문과 논문으로 늑약이 무효임을 거들었다.

특히 프랑스의 국제법학자인 프랑시스 레이는 「대한제국의 국제법적 지위」라는 논문에서 '을사늑약은 완전히 무효'라고 주장했다. 한국 정부 측의 동의표시가 누락되었고 일본 측이 한국에 대해 확약했던 보장의무를 위반했기 때문에 효력을 갖지 못한다는 것이다. 그는 을사늑약이 일본과 같은 문명국으로서는 부끄러운 정신적·육체적 폭력으로 한국 정부를 강요해 체결되었다고 보았다. 조약 서명은 일본군대의 압력하에서 대한제국 황제와 대신들로부터 얻어낸 것일 뿐이며, 대신회의에서는 이틀 동안 저항하다 체념하고 조약에 서명했지만 황제는 즉시 강대국, 특히 워싱턴에 대표를 파견하여 가해진 강박에 대해 맹렬히 이의를 제기했다는 점을 강조했다. 전권대사에게 행사된 폭력을 감안할 때 한국 정부 측이 자유로운 의사로 동의했다고 볼 수 없기 때문에 을사늑약은 효력을 가질 수 없다는 주장이다.

또한 '일본의 보장의무 위반'은 일본이 '한일의정서'에서 한국의 독립을 보장했음에도 을사늑약에서 보호관계를 설정함으로써 약속을 지키지 않은 것이라고 질타했다. 1894년 이후 일본은 한국과 네 번의 조약을 체결하면서 한국의 독립을 보장했음에도 을사늑약을 통해 독립 포기를 의미하는 보호관계를 설정한 것은 절대적 모순이라는 것이다.

을사늑약은 성립되지 않았다(불성립론)

1990년대 이후 '무효론'보다는 '불성립론'이 대두하기 시작했다. '무효론'은 어찌되었든 절차를 거쳐 조약이 성립되었음을 인정한 것이기 때문에 문제가 있다는 점에서 출발했다. 더욱이 '무효론'은 조약을 무효로 하는 '하자'가 확인되었기 때문에 이에 대한 효력을 정지시켜야 하는데 그 시점이 언제인지가 문제가 된다. 이에 조약 자체가 아예 성립되지 않았다는 '불성립론'을 주장하게 된 것이다. 을사늑약은 위임, 조인, 비준이라는 성립절차를 모두 거치지 않았다는 이유다.

자세히 살펴보면, 한일 양국 모두 을사늑약과 관련한 위임장과 비준서를 소장하고 있지 않을 뿐만 아니라 조인 문서가 있지만 문서 제목이 빈 칸으로 되어 있는 등 여러 가지 문제가 있다. 대개 완료된 조약은 기본적으로 위임장과 비준 문서를 한 벌씩 갖추고 있으며, 문서는 체결 당사국 각각의 언어로 작성하는 것이 일반적이고, 이를 각자 한 벌씩 보관해야 함에도 불구하고 을사늑약은 그렇지 못하다.

조약 원본의 맨 마지막 부분에서 "각 본국 정부에서 상당한 위임을 수(受)하여 본 협약에 기명조인(記名調印)"이라고 밝혀 마치 위임장을 받은 것처럼 기술되어 있지만 실제는 그렇지 못하다. 현재까지 위임사항을 기록한 행정문서와 위임장은 양국 모두에서 확인되고 있지 않다. 그렇다면 일본 측은 분명 위임장이 필요하다는 것을 인식하고 있었으며, 실제의 위임장이 없었음에도 불구하고 이러한 문구를 집어넣었다고 볼 수 있다. 눈속임이었던 것이다.

더욱이 고종황제는 을사늑약을 끝까지 거부했을 뿐만 아니라 비준 또한 한 적이 없다. 그럼에도 일제는 을사늑약이 체결된 것 마냥 열강들의 외교관들을 철수시키는가 하면 통감부를 설치하고 외부를 폐지시켜버렸다. 고종황제는 이에 반발하여 끊임없이 이의를 제기했고 일본에 빼앗긴 외교권을 되찾고자 많은 노력을 했다.

1906년 1월 고종황제는 영국 ≪트리뷴≫ 신문의 더글러스 스토리 기자에게 을사늑약을 부인하는 친서를 건네주며 이를 세상에 알리도록 부탁했다. 스토리 기자는 1906년 12월 친서 전문을 《트리뷴》 신문에 게재했다. 친서를 통해 고종황제는 일본이 조약을 제안했을 때부터 이를 찬성하지 않았고 비준한 적이 없다고 밝히며, 일본이 조약 체력을 마음대로 공포했다는 점 등을 알렸다.

1. 1905년 11월 17일 일본 사신과 박제순이 체결한 조약 5조는 황제께서 처음부터 인허하지 않았고 또한 서명하지 않았다.

2. 황제께서는 이 조약을 일본이 마음대로 반포하는 것을 반대했다.

3. 황제께서는 독립 황제권을 조금도 다른 나라에 양여하지 않았다.

4. 일본이 외교권에 대해 조약을 강제한 것도 근거가 없는데 하물며 내치상에 한 문제라도 어떻게 인준할 수 있는가?

5. 황제께서는 통감이 와서 상주하는 것을 허락지 않았고, 황제권을 조금이라도 외국인이 마음대로 행사하는 것을 허락하지 않았다.

6. 황제께서는 세계 각 대국이 한국의 외교권을 함께 보호하고 그 기한은 5년으로 할 것을 원함.

또한 1906년 1월 고종황제는 대한제국과 수교를 체결한 미국과 프랑스·독일 등 9개국 원수들에게 친서를 보냈고, 6월에는 미국인 헐버트를 '특별위원'으로 임명하여 일본을 만국공판소에 제소케 했다. 기소 내용은 대략 세 가지로 정리된다. 첫째, 정부대신들이 위협을 받았고 고종황제 자신이 이를 허가하지 않기 때문에 조약 자체가 무효임을 선언했다. 둘째, 조약을 앞으로도 응낙하지 않을 것이고 일본이 아무리 떠들어대도 결코 믿지 말라는 것이다. 셋째, 한국은 당당한 독립국이므로 이전처럼 공사관을 즉시 재설치 해달라는 요청이다.

짐[본인]은 대덕국[독일]의 호의와 지원을 항상 기대하고 있습니다. 그러나 짐에게 파국이 닥쳐왔습니다. 이웃 강대국[일본]의 공격과 강압성이 날로 심해져 마침내 외교권을 박탈당했고 독립을 위협받고 있습니다. 우리는 하늘에 호소하고 있습니다. 짐은 폐하에게 고통을 호소하고 다른 강대국들과 함께 약자의 보호자로서 본국의 독립을 보장해줄 수 있는 폐하의 우의를 기대합니다. 이렇게 된다면 짐과 조선의 신민은 귀하의 성의를 영원히 잊지 않을 것을 하늘에 두고 맹세합니다. 광무 10년[1906년] 1월 경운궁에서. 폐하의 좋은 형제.

  고종황제는 자신의 이러한 노력들이 별다른 성과를 거두지 못하자 만국평화회의에 희망을 걸었다. 1906년 2월에 들어서면서 제2차 만국평화회의가 개최될 것이라는 얘기가 심심찮게 흘러나왔다. 그해 4월 니콜라이 2세는 극비리에 고종황제 앞으로 8월에 개최될 예정인 제2차 만국평화회의의 초청장을 보내왔다. 고종황제는 일제에 의해 강제 체결된 을사늑약의 부당성을 국제여론에 호소하고 중재재판소에 제소하면 탈취당한 주권을 회복할 수 있을 것이라 기대를 갖게 되었다. 하지만 1906년 8월에 열리기로 했던 제2차 만국평화회의가 독일과 오스트리아의 참가 거부로 취소되고 말았다.

  그 뒤 1907년 1월이 되자 제2차 만국평화회의가 개최될 것이라는 소식이 다시 전해졌다. 고종황제는 블라디보스토크에 머물고 있던 이용익에게 밀명을 내려 유럽으로 떠나도록 지시했다. 그런데 이용익이 용정에 있던 이상설(李相卨)과 상하이에 있던 파블로프와 만나 특사파견 문제를 논의하던 중 1907년 2월 돌연사하는 바람에 계획은 수포로 돌아가고 말았다.

  한편, 제2차 만국평화회의가 개최된다는 소식을 접한 전덕기(全德基) 목사를 비롯한 이회영·이동휘(李東輝)·이갑(李甲)·안창호·이승훈(李昇薰)·이준(李儁)·김구 등 국내의 여러 인사들은 대책 마련에 부심했다. 이들은 만국평화회의에 고종황제의 특사를 파견하여 을사늑약의 부당성을 알리고 이를 무효화시키기로 합의했다. 여기에 보낼 특사로는 용정에 머물고 있던 이상설과 통역관으로 전 러시아 공사관 참서관 이위종을 꼽았으며, 국내 인사들 가운데는 이준을 보내기로 합의했다.

  이용익의 갑작스러운 죽음으로 수포로 돌아간 줄 알았던 특사파견 문제가 해결될 기미가 보이자 고종황제는 이준의 요청을 쾌히 수락하여 이들을 특사로 임명했다. 고종황제가 작성한 돈유문(敦諭文)·신임장·친서 등이 이준에게 전달되었다.

대한제국 특파위원 전 의정부 참찬 이상설, 전 평리원 검사 이준, 전 주아공사관 참서관 이위종 위임장

대황제는 칙하여 가로되 우리나라의 자주독립은 이에 천하 열방에 공인하는 바라. 짐이 지난번에 여러 나라와 더불어 조약을 체결하고 서로 수호하기로 했으니 무릇 만국회의가 열리는 곳에 사람을 보내 참석토록 하는 것이 응당한 도리이나, 1905년 11월 18일 일본이 우리나라에 대하여 공법을 위배하며 비리를 자행하고 협박하여 조약을 체결하고 우리의 외교 대권을 강탈하여 우리의 열방 우의를 단절케 했다. 일본의 사기와 능욕과 업신여김은 끝이 없을 뿐더러 공리에 어그러진 것이고 인도에 위배하는 것 또한 다 기록할 수 없다. 짐의 생각이 이에 미쳐 참으로 통한을 느끼는 바이다. 이에 종2품 전 의정부 참찬 이상설, 전 평리원 검사 이준, 전 주러공사관 참서관 이위종을 파견하여 네덜란드 헤이그 평화회의에서 본국의 제반 힘든 시정을 알리기 위해 회의에 참석토록 함으로써 우리의 외교권을 다시 찾게 하며 우리의 열방과의 우의를 다시 찾도록 하노라. 짐이 생각건대 신들이 본디 성품이 충실하여 이 임무에 과감하게 나서서 마땅히 주어진 임무를 온당하게 이룰 줄로 안다.
대한광무 11년 4월 20일 한양 경성 경운궁에서 친서압하고 보(寶)를 영(鈴)하노라

이상설·이준·이위종 등 세 명의 특사들은 한국대표로 만국평화회의에 참석하기 위해 갖은 애를 다 썼다. 하지만 일본이 한국의 외교권을 가지고 있다는 일제의 방해로 번번이 강대국들로부터 회의 참석을 거절당했다. 이들은 끝내 회의에 참석하지 못했고, 국제여론을 통해 일본의 침략과 한국의 요구사항을 각국 대표들에게 알려 한국 문제를 국제정치 문제로 부각시키는 것에 만족해야만 했다.

일제는 헤이그 특사파견을 문제 삼았고 고종황제는 자리에서 쫓겨나는 처지가 되었다. 일제의 사주를 받은 이완용은 1907년 7월 내각회의에서 고종황제에게 수습방안을 올렸다. 그 내용은 첫째, '한일신조약'(을사늑약)에 옥새를 찍어 이를 추인할 것, 둘째 섭정을 둘 것, 셋째 황제가 친히 일본으로 가서 일본 천황에게 사과할 것 등이었다. 고종황제가 이를 모두 거부하자 이완용은 다시 황태자에게 양위할 것을 요청했다. 고종황제는 이 역시 거부했다. 이를 통해 당시까지도 을사늑약이 정식으로 비준되지 않았음을 알 수 있다. 결국 을사늑약 비준 거부와 외교권 회복투쟁이 고종황

제 퇴위의 직접적인 계기가 되었던 것이다.

일제는 고종황제를 강제로 퇴위시키자마자 1907년 7월 24일 '한일협약'(정미조약)을 체결했다. 하지만 이 역시 협정대표의 위임장이나 협정문에 대한 순종황제의 비준서가 없다. 단지 대한제국 내각총리대신 이완용과 통감 이토 히로부미가 서명 날인한 협정문만 있을 뿐이다. 고종황제의 강제 폐위와 순종황제 즉위 직후의 혼란스러운 상황에서 어느 쪽도 전권위원 임명과 이에 대한 위임장 발부를 논의할 상황이 아니었던 것이다. 비준은 더 말할 것도 없다.

2. '한국병합조약'의 무효론

순종황제의 칙유문에 서명이 없다.

일본의 정치가들은 1907년 7월 헤이그 특사 사건이 일어난 당시부터 '한국병합'을 염두에 두고 있었다. 한국 황제가 일본 황제에게 양위한다는 형식을 취하고자 했지만 때가 이르다는 판단에 따라 잠시 유보되었다. 고종황제가 폐위되고 '한일협약'이 체결되면서 병합 문제는 더 이상 거론되지 않았다. 그런데 군대 해산 이후 전국 곳곳에서 의병운동이 일어나자, 1908년 7월 출범한 가쓰라 다로(桂太郎) 내각은 거세진 일본 군부의 입김으로 인해 대한정책 또한 강경노선으로 선회했다. 일본 각의는 1909년 6월 이토 통감을 경질하고, 7월 초에는 '적당한 시기'에 한국'병합'을 단행한다는 내용의 '한국병합에 관한 방침'을 통과시켰다. 이때 마련된 '대한시설대강'에는 가능한 다수의 헌병 및 경찰관 파견, 외교사무의 완벽한 장악, 가능한 많은 일본인의 이주 실현, 한국에 취임하는 일본인 관리의 권한 확대 등의 내용이 담겨 있다. 한국을 식민화하기 위한 모든 조치가 일제의 각본대로 움직였다.

1910년 5월 말 일제는 한국을 병탄하기 위해 병약한 소네 아라스케(曾彌荒助) 통감을 경질하고 군부의 강경론자인 현역 육군대장 데라우치 마사타케(寺內正毅)를 통감으로 임명했다. 일제는 그를 한국병탄 업무의 적임자로 파악했던 것이다. 그해 6월에는 병합 후의 한국에 대한 시정방침을 결정했다. 병합 후 한국에 일제 헌법을 시행하고, 천황에 '직예(直隷)'하는 총독을 두어 조선에서의 일체의 정무를 통할하는 권한을 부여한다는 내용이었다. 이를 위해 '병합준비위원회'를 설치하기도 했다. 그 뒤 7월 8일 위원회의 한일병합에 따른 21개항의 결정 내용이 각의를 통과했다. 이렇듯 '한일병합'은 치밀하게 준비되었고 그대로 시행되었다.

1910년 7월 하순 한국에 부임한 데라우치는 일본군 수비대에 경비태세강화를 명령했고, 각지의 수비대 병력을 용산에 집결시켰다. 이런 가운데 총리대신 이완용을 만나 '합병'에 관한 협의를 진행시켜나갔다. 이완용은 1909년 12월 이재명에게 저격을 당한 이후 지방에서 요양하다가 귀경한 지 얼마 되지 않았었다. 1910년 8월 12일, 한국주차군사령부에서는 '병합' 발표에 따른 한국인의 항거에 대비한 회의를 열었다. 헌병대는 이미 7월부터 옥내외의 집회를 엄금했으며 신문·잡지도 철저히 검열했다. 8월 16일 데라우치는 이완용에게 '합병조약안'을 제시하고 '합의적인 형식의 조약'을 강조했다. 이완용은 그 문제를 협의하기 위해서 8월 18일에 각의를 열었고, 22일 형식적인 어전회의를 개최하여 데라우치 통감과 '합방조약'에 조인했다.

데라우치는 이완용을 조약 체결을 위한 전권위원으로 만들고자 순종황제에게 '전권위임에 관한 칙서안'을 건넸고, 황제는 두세 시간을 끌다가 결국 이름으로 서명하고 국새를 날인했다. 군대가 해산당하고 경찰권도 일본군 헌병이 대신하던 시기였으며 더욱이 한 달 전부터 서울 지역에 위수령이 내려진 상황에서 어쩔 수 없는 선택이었다.

순종에게 전권위원 위임장을 받은 이완용이 데라우치와 맺은 '한국병합조약'은 이전 조약들과 달리 전권위임장, 순종의 서명, 대한제국 황실의 공식 국새인 '대한국새(大韓國璽)' 날인 등 형식상 정식 조약의 요건을 갖추었다. 하지만 문제는 있다.

일반적으로 조약은 조약문에 대한 기명 날인 후 3개월 이상의 시간을 두고 비준 절차를 거친다. 그러나 한국에 '병합조약'을 강요한 일본으로서는 그럴 시간적 여유가 없었다. 한국인의 저항이 거세져 비준 자체가 수포로 돌아갈 수도 있었기 때문이다. 이에 비준 대신 사전승인이라는 편법을 동원했다. '병합조약'은 공포절차를 거쳐야 비로소 효력이 발생하기 때문에, 일제는 '병합'을 알리는 양국 황제의 조칙문을 미리 준비했다. 이러한 절차는 비준서에 준하는 것이었다. 비준은 전권위원들이 합의하여 서명한 것을 국가원수가 승인하는 것인 동시에 자국민과 외국에 그 사실을 알리는 목적을 가지는 것으로, 공포 목적의 조칙은 비준에 다름없다.

일제는 조약 체결을 숨긴 채 정치단체의 집회를 철저히 금지시키고 원로대신들을 연금한 뒤에 8월 29일 순종황제로 하여금 '통치권을 일본 천황에게 양여'한다는 조칙을 공포토록 했다. 그런데 비준 대신 조약을 공포하고 '병합' 사실을 알린 8월 29일자 순종의 칙유문에는 전권위원 위임칙서에 사용된 '대한국새'가 아니라 행정결재에만 사용되는 '칙명지보(勅命之寶)' 어새가 찍혀 있을 뿐이고 황제도 친필 서명이 빠져 있다. 1907년 11월 18일부터 대한제국의 공문서 재가형식은 일본과 똑같이 황제의 수결[御押] 대신 이름자 서명을 직접 하고 그 아래에 어새 또는 국새를 찍는 것으로 바뀌었다. 1910년 8월 22일까지 이 방식에 따라 제정된 법령 건수는 조칙 16건, 법률 76건, 칙명 275건 등이었다.

일제는 그토록 합의와 합법을 가장하여 조약의 형식을 갖추려고 애썼지만 결과적으로 비준서에 해당하는 '병합' 공포 칙유문에 조약상 필수요건의 결격 사유가 생기고 말았다. 한마디로 '한국병합조약'은 불법이나 합법을 따지기 전에 그 자체가 성립되지 않은 셈이다.

이에 일본 측에서는 조약 제8조에 "본 조약은 한국 황제폐하 및 일본국 황제폐하의 재가를 거친 것이니 공포일로부터 이를 시행함"이라 규정된 점을 들어 사전승인 형식임을 강조했다. 그리고 황제가 오후 2시에 내전에 나와 먼저 '통치권 양여의 요지를 선시(宣示)'한 다음 전권위임장에 친히 서명하고 국새를 찍어 이를 내각총리대신에게 내렸다고 하면서, 선시한 것은 사전재가에 해당된다고 주장했다. 즉 이러한 이유로 비준서를 교환할 필요가 없었다는 것이다. 하지만 이 방식은 어느 국제조약에도 시행된 적이 없다. 더욱이 순종황제가 1926년 4월 26일 붕어하기 직전에 자신은 병합을 인준해준 적이 없다는 유조(遺詔)를 남겼으며, 이러한 사실은 그해 7월 8일에 미국 샌프란시스코에서 발행된 ≪신한민보≫에 보도되었다.

통감의 '한국병합조약' 서명이 합당한가?

1910년 8월 22일, 일본은 '한국병합조약'을 체결할 당시, "통감자작(統監子爵) 데라우치 마사타케"를 위임자로 내세워 '통감지인(統監之印)'을 날인했다. 즉 데라우치라는 개인이 아니라 '통감'에게 조약 체결의 권한을 위임한 것이다. 이를 제대로 따져보면, 을사늑약의 성립 여부와 상관없이 통감부에 의해 대한제국 외부가 이미 폐지되었기 때문에 통감은 을사늑약 제3조에 의거하여 대한제국 측의 외교사무를 총괄하는 지위에 있어야 한다. 따라서 통감은 일본 측의 전권대신이 될 수 없다. 일본이 통감을 전권대신으로 임명했다는 것은 일본 역시 을사늑약이 성립하지 않았다는 사실을 스스로 인정하는 셈이다. 만약 을사늑약이 성립하여 효력을 발생하고 있었다면 일본은 을사늑약의 규정을 어긴 것이 된다.

이에 일본 측 학자인 운노 후쿠주(海野福壽)는 서명자의 조인 자격에 있어 통감은 한국 정부에서 일본 정부를 대표하는 외교관이며, 보통 외교사무는 '지방적 사무'를 통괄하는 데 한정되었기 때문에 통감을 '한국의 외교권 행사의 대표'로 상정하는 것은 잘못이라는 주장을 펼쳤다. 더불어 그는 이토 통감과 이완용 내각총리대신 간에 상하관계가 있었지만, 엄연히 일본과 한국을 대표하는 입장에서 조약 서명자로 조인했다고 말했다. 대한제국은 을사늑약으로 외교권을 빼앗겼지만 '병합' 때까지 주권국가로 존속했고, 일본의 강제로 고종황제의 양위가 이루어졌지만 순종황제는 정당성을 가진 대한제국의 국가원수였기 때문에 황제의 전권위임장 발급권과 전권위원인 이완용의 기명조인권이 존재했다는 입장의 논리이다.

한편 아라이 쓰토무(新井勉)는 을사늑약 제3조에 따르면 통감은 "오로지 외교에 관한 사항을 관리한다"라고 되어 있음에도 불구하고, 이토 초대 통감은 이를 무시하고 시정개선을 충고한다는 명분하에 내정간섭을 자행했으며, 이러한 상황에서 '합병'이 이뤄진 것은 조약 내용상 하자에 해당한다고 주장했다.

정리하자면 한국 측은 1910년의 '한국병합조약'은 그 전제가 되는 1905년의 조약이 무효이며, 설사 '유효'로 본다 할지라도 한국 정부의 외교권을 가진 통감과 갖지 않은 한국 정부의 총리대신 사이에서 조약 서명이라는 관계는 성립될 수 없다고 지적하며 조약이 불성립되었음을 주장한다. 반면에 일본 측은 '한국병합조약'의 체결이라는 행위는 외교에 관한 사항이기 때문에 을사늑약에 의해 만들어진 통감의 권한에 속하며, 통감이 대한제국 정부에 대해 병합조약의 서명을 지시할 수 있는 입장이었다고 주장한다.

경술국치 이전 한일 간 조약의 지속적인 연구 필요

일제에 외교권을 빼앗긴 을사늑약, 경술국치를 당한 '한국병합조약'이 체결된 지 100년이 넘었다. 지금 을사늑약과 더불어 '한국병합조약'의 불성립(무효론)을 언급하는 것은 제국주의 국가 사이에 형성되어 있었던 국제법 질서가 한국과 같이 식민지를 경험한 나라에까지 적용되면서 한일 간 맺어진 조약들이 가지고 있는 문제점이 드러났기 때문이다.

1948년 대한민국 정부가 수립된 이후 지금까지도 양국이 가진 역사인식의 차이가 너무 커서 '과거사'에 대한 정치적·외교적 문제를 제대로 마무리 짓지 못하고 있는 실정이다. 한국 측은 일제의 강제적이고 불법적인 통치로 인해 자주적 근대화의 실현을 저지당했다고 주장하지만, 일본 측은 '병합'은 당시 국제법상 합법적이었으며 한국의 근대화 실현에도 기여했다는 '시혜론'을 펴고 있다.

이러한 인식 차이는 한일 간의 감정의 골을 깊게 하는 원인으로 작용하고 있다. 이를 둘러싼 제반 문제를 풀기 위해서는 역사적 진실을 통해서 해결의 실마리를 찾아야 할 것이다. 이는 한일 간 체결된 조약들이 절차상·형식상으로 필요한 법적 요건을 갖췄는지를 꾸준히 연구, 검토하는 것에서 출발해야 한다. | 이계형

제2부
일제 병탄과 항일투쟁
그리고 민중의 삶

항일투쟁기를 어떻게 볼 것인가

1 일제시기·일제강점기·항일투쟁기

이 시기를 어떻게 부르는 것이 바람직할까? 대개 일제시기·일제강점기·항일투쟁기의 세 가지가 흔히 쓰인다. '일제'라는 접두어가 붙게 되면 시기를 나누는 기준이 한국이 아니라 침략한 남의 나라가 된다. '일제시기'는 일본제국주의가 통치하던 때라는 뜻이다. 여기에서 주체인 한국인은 객체가 되고 만다. 자존심을 헤아린다면 일제가 한국인의 의사를 짓밟고 강제로 점거하고 통치하던 때라는 '일제강점기'가 조금은 나은 표현이다. 하지만 이것도 주체는 침략통치자 '일제'다. 객체를 앞세워 시기를 구분하는 것은 적절하지 않아 보인다. 그렇다면 주체를 되찾아 표현할 방법은 없을까? '대한민국 임시정부 시기'라고 부르는 방법이 있다. 하지만 대한민국 임시정부가 이 시기 전체를 대표하는 데에는 문제가 있다는 반론도 있을 것이다.

그렇다면 이 시기에 당면했던 최고의 역사적 과제를 앞세우면 어떨까? 그것이 반외세·자주독립이라고 합의된다면 '항일투쟁기'라는 말이 적절하지 않을까 여겨진다. 물론 모든 분야를 모두 담아내는 데는 모자란다. 하지만 주체도 자연스럽게 살아나고 역사적 과제와 시대적 정신이 분명하게 드러나는 용어가 아닌지 생각한다. 물론 독립운동사에만 치우칠 수 있다는 우려가 생기지만, 실제로 내용을 기술할 때는 그 시대를 포괄적으로 다루면 되지 않을까?

다음으로 검토할 용어는 '조선인'과 '한국인', '조선'과 '한국'이다. 현재 한국이나 한국인, 조선이나 조선인으로 표현되고 있어 혼돈스럽다. 여기에다가 '식민지조선'이라는 표현도 쓰인다. 일제가 이 땅에 설치한 통치조직은 '조선총독부'였다. 그 조선총독부는 '한국'이라는 말 대신 '조선'을 사용하도록 강제했다. 이는 망해버린 '대한제국'을 떠올릴 수 있는 기회를 막아버리겠다는 정책이었다. '대한사람'이라거나 '대한의 아들'이 아니라 조선인이 되어버렸다.

대한제국 시기에 '조선'에서 '한국', 혹은 '대한'으로 바뀌어갔는데 일제가 이를 다시 뒤집었다. 이러한 사실을 헤아린다면 굳이 '조선'을 사용할 필요가 없겠다. 조선보다는 한국, 조선인보다는 한국인이나 한인이 옳아 보인다. 예를 들어, '상하이 조선인 사회사'라기보다 '상하이 한인 사회사'가, '재만 조선인 독립운동사'보다 '재만 한인 독립운동사'가 적절한 듯하다. 더구나 1919년에 세워진 나라의 이름도 대한민국이었다. 나라 밖에서 세워졌다거나 실제 통치권이 미치는 영토가 없다는 점 때문에 대한민국이 국가가 아니라고 말한다면 제2차 세계대전 때 나라 밖으로 쫓겨나간 드골 정부 시절에 프랑스라는 국가가 없었다고 주장하는 것과 마찬가지이다. 해방 이후와의 연속성도 고려해야 한다. 조선에서 대한제국을 거쳐 대한민국으로 발전하는 동안, 조선인이 한국인 또는 한인으로 변한 사실을 새겨둘 필요가 있다.

식민지통치를 겪은 나라 가운데 한국인이 보인 특성도 주목해야 한다. 항일투쟁이든 아니면 타협적인 활동이든, 그 모두를 다른 나라의 경우에 견주어 평가해보는 것이 좋다. 무엇이 같으며 무엇이 다른지 추적하지 않고, 오직 일본하고만 관련시킨 이해만으로는 객관적인 평가가 어렵다. 통치조건과 저항양상이 갖는 보편성과 특수성을 견주어보면 일제통치의 악랄성과 한국 독립운동의 투쟁성은 자연스럽게 이해된다.

1) 일제 식민통치의 특성

일제는 세계 침략제국주의의 아류로 등장했다. 홋카이도(1869)와 오키나와(1872)에 이어 타이완(1894)을 손에 쥔 뒤 대한제국을 침략했다. 청일전쟁과 러일전쟁을 거치며 침탈의 지분을 확보한 후 나머지 관련 제국주의 열강들과 식민지 나눠 먹기 과정을 거친 것이다. 1875년 운요호의 함포사격 이후 일제가 패전하는 때까지 70년, 한국침략의 역사가 그렇게 시작되고 이어졌다.

일제의 한국 식민통치는 서유럽의 통치 방식과 달랐다. 서유럽 제국주의 국가들은 아시아·아프리카의 식민지에 대해 대체로 간접통치를 지향했고 식민지인을 외국인으로 취급하여 한정된 범위 안에서 자치권을 주어 통치하기도 했다. 영국과 인도의 관계가 그렇다. 프랑스는 베트남을 남북으로 3등분하여 직접통치와 간접통치, 그리고 자치제를 실시했다. 일제는 이와 달리 한국을 직접 통치했고, 따라서 통치의 내용과 강도가 크게 달랐다.

일제의 한국통치정책은 민족말살정책이었다. 한인들을 철저하게 동화시켜 영원히 복속시킨다는 것이 그 기본이다. 이를 위해 일제는 한국인의 정체성을 말살하는 정책을 밀고 나갔다. 민족의식의 뿌리이자 줄기인 말과 글, 역사를 없애거나 왜곡시키고, 시조(始祖)를 내세워 민족을 결집하자 이를 미신으로 몰아 짓밟았다. 동화주의는 이를 위한 그들의 위선적 정책이었다. 그리고 그 최고 정점에 조선총독이 있었다.

조선총독은 '천황'을 대행하여 행정·입법·사법권에 군령권까지 가진 절대적인 존재였다. 그 아래에 헌병대사령관이 경무총감을 맡아 헌병경찰제라는 통치체제를 이끌었고, 조선주차군사령부(朝鮮駐箚軍司令部) 아래에 2개 사단이 포진하여 전국을 옥죄었다. 교육은 동화정책을 밀고 나가는 데 알맞게 추진되었다. 일본어 교육에 집중하며, 단순하고 기능적인 인물을 길러내는 데 초점을 두었다.

이러한 통치정책은 1919년 3·1운동을 겪으면서 변해갔다. '문화통치'라는 기만적인 이름을 가진 정책이 등장했다. 이는 보통경찰제로 바꾸어 한인들의 저항을 수면 위로 떠오르게 만듦으로써 반발을 약화시키고 한인 지도층을 분열시켜 에너지를 분산시키려 한 것이다. 그러면서 실제로 항일투쟁의 뿌리를 잘라내기 위해 제령 제7호(1919)와 치안유지법(1925)을 만들어 독립운동을 짓밟았다.

1929년 세계대공황 이후부터는 식민지에서 수탈할 자원이 줄어들자 이를 살리려는 노선을 택했다. 농민층의 몰락은 곧 식민지 자원의 고갈을 뜻한다. 일제가 1932년부터 농촌진흥운동을 시작한 이유는 바로 식민자원의 보고인 농촌의 붕괴를 막는 데 있었다. 그러면서도 마치 농촌을 살리기 위해 대단한 인심을 쓴 것처럼 위선적인 주장을 펼쳤다.

중일전쟁을 일으킨 뒤에는 '황국신민화' 정책을 내세웠다. '황국신민의 서사' 제정(1937), 제3차 조선교육령과 육군특별지원병제(1938) 실시는 한반도를 대륙침략을 위한 병참기지로 만들어가는 조치였다. 여기에 한국인의 정체성을 무너뜨리기 위해서 창씨개명(1940)을 강제로 추진하고, 징용과 징병을 통해 인력을 강제동원·수탈하여 전쟁터로 몰아넣는 통치정책이 펼쳐졌다.

2) 식민경제와 민중의 고통

대한제국은 근대국가를 지향했으나 이를 완성하지 못한 채 식민지의 나락으로 떨어져버렸다. 일제는 1905년부터 1919년 사이에 토지조사사업과 회사령을 실시하면서 식민지 경제체제를 형성해나갔다. 그러한 바탕 위에 1920년대에는 산미증식계획을 펼쳐 생산된 쌀을 착취했고, 이에 따라 민중의 저항도 급속하게 확산되었다. 1930년대에는 파시즘체제의 기틀을 구축하면서 농촌통제와 함께 공업화정책이 추진되었다. 이어 중일전쟁 이후부터는 전시통제기로 접어들면서 침략전쟁을 펼치기 위해 극심한 인적·경제적 수탈을 진행했다.

일제가 행한 경제침탈의 기본 방향은 한국을 식민지 경제구조로 바꾸는 것이었다. 일제는 제1차 산업사회인 한국을 공략하고 착취하는 방안으로 토지장악을 선택했다. 토지조사사업을 맨 먼저 들고 나온 이유도 거기에 있었다. 이어서 금융조합과 은행을 만들어 일본의 자금을 유입시켜 일본금융시장에 종속되도록 했다. 또 미곡을 일본으로 가져감으로써 한국에 식량난을 불러일으킨 한편, 일본상품을 들여와 판매하면서 식민지 경제구조의 틀을 단단하게 굳혀갔다.

또한 일제는 농업증산정책과 지주제를 강화했다. 1910년대 농사개량사업, 1920년대 산미증식계획, 1940년대 조선증미계획은 모두 증산정책에서 나왔지만, 이는 일본 내지인을 위한 것이었다. 더구나 쌀 유출로 말미암아 쌀 가격이 급격하게 뛰어올라 한인들의 삶은 더욱 어려워졌고, 대토지 소유자에게 토지가 쏠리는 바람에 자소작농의 몰락현상이 심화되었다. 1930년대 농촌진흥운동은 수탈대상인 식민지가 붕괴되는 것을 막아 수탈자원을 보존하려는 조치일 뿐이었고, 농민경제의 구조적인 취약성은 더욱 심각해졌다.

일제는 만주 침공 이후 대륙침략의 경제적 기반을 한국에서 찾았다. 공업정책이 나온 이유가 거기에 있었다. 일본자본의 침투가 증가한 1930년부터 일본 대기업과 한인 중소기업이라는 민족적 공업구조가 틀을 잡아갔다. 거기에 한인과 일본인의 노동조건이나 임금차별도 심했다. 한인 노동자들의 삶은 비참했고, 이를 개선하려는 요구가 점차 커갔다. 전시총동원체제가 실시되자 인력이 강제로 동원되고 수탈되는 현상이 극에 달했다. 국민징용령(1939)이 실시되면서 수백만 명의 한인이 강제로 끌려갔다. 당시 노동력의 3분의 1이나 되는 엄청난 수탈이었다. 또 학살로 희생된 인원도 많았다. 더구나 여자정신대근무령(1944)으로 많은 한인 여성이 끌려가서 힘들고 치욕스러운 삶을 살았다.

농촌은 마을 단위로 전시통제체제에 동원되었다. 부락연맹과 애국반체제가 그 핵심으로서, 이를 단위로 생산과 공출량이 정해지고 수탈이 이루어졌다. 이로 말미암아 농민들은 만성적인 굶주림에 시달려야 했다. 농촌의 몰락은 이농현상과 도시 빈민의 증가를 가져왔다. 도시 주변에 토막민이 즐비했고, 굶주림과 전염병은 이들의 마지막 삶마저 이어갈 수 없게 만들었다.

한국의 독립운동은 1894년부터 1945년까지 이어졌다. 1910년 나라를 잃기 전에는 의병전쟁과 계몽운동이 펼쳐졌다. 나라가 망해가자 전통적인 지배계층에서 자정순국(自靖殉國)을 택한 사람들이 줄지어 나왔는데, 확인되는 인물만 70명에 이른다. 또한 나라를 잃자 새로운 독립운동기지를 마련하려는 움직임이 나타났다. 만주로 망명하여 독립군기지를 건설한 것이나 중국 상하이 지역에 교두보를 확보한 일이 대표적이다. 국내에서는 소규모였지만 의병과 계몽운동의 합류 가능성을 보여주었다. 의병의 규모가 축소되면서 지하로 스며들고 계몽운동 계열이 이들과 같은 공간에서 합류하는 움직임을 보였는데, 대한광복회의 조직과 국내외 연결망이 바로 그것이다.

1919년에 일어난 3·1운동은 한국 독립운동사의 분수령으로 이야기된다. 제1차 세계대전의 뒤처리를 위해 프랑스 파리에서 강화회의가 열리자, 이를 독립을 달성할 기회로 포착하고 한민족의 독립을 선언한 거사가 3·1운동이다. 이는 안으로 민족의 단결투쟁을 이끌어내어 일제의 무단통치를 무너뜨렸고, 밖으로 일제 식민지 통치의 잔학상과 한민족의 고난을 전 세계에 폭로했다.

독립선언은 "조선의 독립국임과 조선인의 자주민임"을 분명히 밝혔다. 나라 밖에서도 '대한독립'이 선언되었다. 이어 자주독립국가를 운영하기 위한 정부조직이 여러 곳에서 등장했고, 대한민국의 건국과 임시정부 수립으로 귀결되었다. 이것은 한국사에서 최초로 등장한 민주공화정이었으니, 근대국민국가 수립운동의 결실이자 근대시민혁명에 해당한다. 독립운동을 통해 시민혁명의 목표인 시민사회를 일구어나간 것이 성과의 핵심이다. 줄여 말하면 독립운동으로 근대국가를 건설한 것이다.

1920년대에는 독립운동의 양상이 다양해지고 범위도 확대되었다. 국내에서는 민립대학 설립운동이나 물산장려운동처럼 자산가 중심의 활동이 전개되는 한편, 사회주의의 도래와 함께 노동운동·농민운동·형평운동·여성운동·학생운동 등이 확산되어갔다. 조선공산당의 출현과 좌우 세력의 발전, 그리고 이를 바탕으로 일어난 6·10

만세운동에 이어 민족운동 세력의 통일을 추구한 신간회가 설립되었다. 한편 만주 지역에서는 독립군의 무장항쟁이 왕성했는데 1920년 봉오동·청산리전투가 가장 대표적이다. 이 지역에서는 민정(民政)과 군정(軍政) 기능을 가진 독립군 조직이 대거 등장했다. 또한 1920년대 중반부터 만주 지역에서 조선공산당 만주총국을 중심으로 한인공산주의자의 활동도 활발해졌다. 그들은 1926년 후반부터 1928년 말까지 조선혁명연장론을 바탕으로 반일시위를 벌이기도 했다. 그러다가 1928년 말부터 중국공산당이 한인공산주의자를 중국반제반봉건투쟁의 자원으로 삼고 자신의 영역 안으로 끌어들이기 시작했다.

한편 중국 본토 지역에 있던 대한민국 임시정부가 일제의 집요한 감시와 압박, 그리고 자체의 구심력 약화 때문에 쇠약해지기 시작하자 임시정부 요인들은 돌파구 마련에 부심했다. 임시정부는 이념적인 통일운동에 나서는 한편, 장기적인 독립전쟁 준비방략을 수립하면서 의열투쟁을 병행시켜나갔다. 의열단을 비롯한 의열투쟁 조직은 1920년대 전반기에 왕성한 활약을 보였다. 또 중국 남부 지역에서는 광둥(廣東)이 독립운동의 근거지로 주목받으면서 많은 청년들이 집결했지만 국공분열 직후 중국의 혁명물결에 동참하면서 많은 희생자가 발생했다. 한편 미주 지역에서는 동포사회가 틀을 잡고 대한민국 임시정부를 지원하거나 독자적인 활동을 펼쳤으며, 일본에서도 유학생과 노동자가 증가하면서 이들의 활동이 늘어났다.

1930년대에는 정당조직이 독립운동을 이끌어가는 특징을 보인다. 국내에서는 일제의 만주 침공 이후 전반적으로 독립운동의 힘이 약화되었으나 학생운동과 조공재건운동, 노동·농민운동이 그나마 명맥을 유지해갔다. 중국에서는 독립운동정당이 등장하여 구심체로서 기능했다. 대한민국 임시정부는 한인애국단 거사 이후 중국 내륙으로 이동하고, 중일전쟁을 겪으면서 다시 충칭(重慶)으로 옮겨갔다. 만주 지역에서는 1930년대 전반기에 조선혁명당군과 한국독립당군이 활약했고, 중국공산당 만주성위원회 소속 동북항일연군이 국내진입작전을 벌여 빛을 발하기도 했다. 중국 관내 지역에서 활약하던 조선의용대가 동북항일연군을 모델로 설정했던 사실은 동북항일연군이 당시 한인 무장항쟁의 모범으로 인식되었음을 알려준다.

1940년대 들어서는 국내에 독립군적인 조직들이 다시 나타났다. 학생조직은 독립군과 비슷했고, 조선건국동맹도 해방을 내다보면서 독립국가의 건설을 가늠하기 시작했다. 중국에서는 임시정부가 광복군을 조직하고 국군으로 양성하여 국내진입을 시도했고, 정치적으로 좌우합작을 달성했다. 화북 지역에서는 조선독립동맹과 조선의용군의 활동이 돋보였다. 당시 국내와 중국 지역 독립운동조직들 사이에 대통합이 시도된 일은 특기할 만하다. 또한 임시정부의 국무위원이 옌안(延安)의 조선독립동맹에 파견되거나, 동북 지역의 독립운동 세력에 교섭대표의 파견을 시도한 사실도 밝혀지고 있어서 해방 전야의 통합 시도가 흥미롭다. 미주 지역에서는 미국정부에 벌인 외교활동이나 임시정부 지원활동 및 참전활동이 있었다.

4 독립운동의 특성과 근대국가건설

한국인이 펼친 독립운동은 다른 나라의 식민지 해방투쟁에 견주어볼 때 보편성과 특수성을 함께 갖고 있다. 이 가운데 이념과 방략에서 보인 특성은 다음과 같다. 첫째, 이념적인 특성은 분화와 통합을 반복하면서 발전성을 보였다는 사실이다. 독립운동의 출발점인 의병전쟁은 위정척사론을 계승한 복벽주의를 바탕으로 삼았다. 이보다 약간 늦게 시작된 계몽운동은 공화주의를 표방하고 국민국가의 수립을 목표로 삼았다. 독립운동을 전개하는 과정에서 하나의 구조 속에 녹아들기 어려운 복벽주의와 공화주의를 합류시킨 조직이 대한광복회(1915)였다. 그리고 한 걸음 더 나아가 구체화된 주장이 1917년에 발표된 '대동단결선언'이다. 여기에서 민주공화정부를 수립하고자 하는 이념이 분명하게 드러났다. 완전한 의미에서 이념적인 수용과 합류를 보여준 것은 국내의 3·1운동이었다. 독립선언서를 통해 선언된 "조선의 독립국임과 조선인의 자주민"이라는 목표를 실천에 옮긴 것이 대한민국(국가)을 세우고, 이를 운영할 임시정부(정부)와 임시의정원(의회)을 구성한 것이다.

이념의 분화와 통합이라는 면에서 두 번째 단계는 사회주의의 등장에서 비롯되었다. 국내에 사회주의가 밀려들기 시작한 때는 3·1운동 무렵이다. 이를 수용한 인물들은 일제와 한국을 계급투쟁의 두 축으로 인식했다. 일제는 독점자본가이자 유산자이며 지배계급인 반면에 한국은 무산자요 피지배계급이라고 이해하면서, 일본과 한국의 지배·피지배계급 구도를 부수는 것이야말로 독립을 달성하는 지름길이라 여겼던 것이다. 사회주의는 민족주의노선과 맞서거나 어울리면서 민족 문제를 해결해 나갈 새로운 힘으로 자리잡았다. 대한민국 임시정부에도 한인사회당 세력이 참가했고, 곧 고려공산당을 결성하여 하나의 공간에서 활동했다. 국내에서도 1924년 무렵이면 대부분의 청년운동이 사회주의노선을 수용했고, 1925년에 조선공산당이 조직되었다. 1926년 좌우합작으로 6·10만세운동이 펼쳐졌고, 중국 본토 지역에서는 유일당운동이 시작되어 1927년 만주 지역으로 확산되었으며, 국내에서도 신간회가 좌우합작체로 들어섰다. 비록 신간회는 코민테른의 '12월 테제' 이후 분리되었지만, 1930년대 중반에 들어서자 민족 문제를 중심으로 다시 좌우합작을 추구하려는 노력이 이어졌다. 1940년대 들어 대한민국 임시정부가 좌우 통합정부를 구성하게 된 것은 이러한 노력의 결실이었다. 또 대한민국 임시정부와 옌안의 조선독립동맹이 결속을 추구했던 것이나, 임시정부가 동북 지역의 항일투쟁을 주도했던 세력에 밀사 파견을 시도했던 점도 마찬가지이다.

한편 아나키즘은 모든 형태의 독재체제를 거부하고 절대적인 자율사회를 최고의 덕목으로 삼았다. 아나키스트들은 한국의 자율체제를 붕괴시킨 일제를 절대권력이자 최고의 적으로 인식하고, 이를 무너뜨리는 데 활동목표를 두었다. 어떠한 형태의 지배와 강권도 모두 거부하는 이들은 절대적인 자유와 자율성이 보장되는 사회를 구현하기 위해서 암살·파괴·폭동 등의 방법을 제시했다. 의열단의 이름으로 발표된 '조선혁명선언'에서 그러한 정신을 한눈에 파악할 수 있다.

둘째, 독립운동에서 추구된 방략이 가지는 특징은 이렇다. 1910년대에는 독립전쟁을 준비하는 방책이 주를 이루었다. 나라를 잃자마자 독립군기지를 건설하기 위해서 많은 이들이 애를 썼다. 남만주에서 성립한 경학사·부민단·한족회·백서농장·신흥무관학교·서로군정서·북로군정서 등은 모두 이러한 노력의 결실이었다. 국내에서는 의병전쟁과 계몽운동이 하나로 합류하는 발전적인 양상을 보였다. 1915년 결성된 대한광복회가 대표적인 사례이다.

1920년대에는 국내외에서 독립전쟁과 독립전쟁 준비방략, 의열투쟁과 외교방략이 추진되고 만들어졌다. 먼저 제1차 세계대전 직후 파리강화회의가 열리자 독립을 성취할 절호의 기회로 파악한 인사들은 외교활동에 매달렸다. 1905년 11월 외교권을 잃은 뒤 처음으로 국가와 정부의 이름을 내건 외교활동을 편 것이다. 강화회의에 한국 문제를 상정시키기 위해 한민족 전체가 독립을 원한다는 선언이 필요했고, 이에 3·1운동을 일으켰다. 3·1운동으로 나타난 민족의 뜻을 수렴하여 국가와 정부를 세우고, 그 이름으로 파리강화회의에서 외교를 벌였다.

그렇다고 임시정부가 외교에만 매달렸던 것은 결코 아니다. 만주에서 결성된 서로군정서와 북로군정서를 정부 아래로 끌어들이고, 국내에 군사력을 확보하기 위해 주비단(籌備團)을 설치했다. 내무부는 세계 각처에 존재하는 한인들을 정부 산하로 편제하기 위해 교민단을 만들기도 하고, 대한인국민회의 각지 총회를 장악하기도 했다. 또 국내의 행정 장악을 위해 연통제를 마련했고, 교통부 산하에 교통국을 만들어 독립운동의 연결망을 확보하기도 했다. 의용단도 마찬가지이다. 이는 곧 임시정부가 총체적인 방략을 구사한 것이라 평가할 수 있다. 다만 파리강화회의의 결과로 형성된 베르사이유체제 아래에서 독립운동이 길어질 것이라는 전망이 나오자, 장기적으로 독립전쟁을 준비하는 노력이 나타났다. 한국노병회가 대표적인 예이다.

만주 지역에서는 봉오동·청산리 승첩 이후 자유시참변을 겪으며 독립군 조직이 해체되었지만 다시 군사력을 정비하여 무장부대가 국내진공을 여러 차례 시도하기도 했다. 참의부·정의부·신민부는 모두 군정과 민정 기능을 가진 조직으로서 군사력을 갖춘 지방정부 기능을 맡고 있었다. 한편 중국 본토 지역에서는 의열단을 비롯한 의열투쟁방략을 채택한 조직이 등장했으며 성과도 컸다. 의열투쟁과 테러는 완전히 다르다. 의열투쟁은 정의에 입각하여 불의를 소탕하는 것이요, 전쟁을 일으킨 책임자와 기관만을 겨냥한 것이다. 그래서 정당성을 가진다. 이에 반해 테러는 불특정 다수에 대한 무차별 폭력이다. 때문에 테러는 인류의 비난을 면치 못한다. 임시정부도 쇠약기에 접어들면서 돌파구로서 병인의용대를 조직하기도 했다.

1930년대는 만주 지역에서 독립전쟁방략이 전개되고, 중국 본토 지역에서는 의열
투쟁방략이 구사되었다. 만주를 침공한 일본군에 맞서 남만주에서는 조선혁명당군,
북만주에서는 한국혁명당군이 활약했고, 1930년대 후반에는 동북항일연군에 참가
한 한인들의 활약이 돋보였다. 중국 본토 지역에서는 한인애국단의 의열투쟁, 대한
민국 임시정부와 조선민족혁명당 중심의 군사간부 양성이 추진되었다. 전자는 임시
정부가 한인애국단을 조직하여 일제의 침략을 맞받아치는 반침략전(反侵略戰)을 펼
쳐나갔고, 후자의 결실은 한국광복진선청년공작대와 조선의용대로 나타났다.

1940년대에는 독립전쟁과 외교가 주된 방략이었다. 한국광복군 창설과 조선의용
대 통합, 옌안의 조선의용군을 독립전쟁의 대표적 사례로 꼽을 수 있다. 그리고 대
한민국 임시정부와 미주 지역 인사들에 의한 외교활동이 두드러졌다. 1943년 12월
카이로선언에 한국의 독립에 대한 결의사항이 담긴 사실이 그것을 증명한다. 국내
에서도 제2차 세계대전 말미에 독립군적 성향을 지닌 지하조직이 확산되어갔고, 특
히 독립군 성격을 띤 학생조직이 두드러지게 나타났다.

다음으로 한국의 독립운동이 근대국가를 건설했다는 사실에서 세계사적 의미를
가진다는 점을 살펴본다. 세계의 식민지해방운동이 가졌던 공통 목표는 자주국가와
근대국가를 세우는 것이었다. 이것은 이미 3·1운동에서 독립선언서로 제시된 내용
이다. 그 첫 머리에서 "조선의 독립국임"을 선언했으니, 다음 순서는 국가의 이름을
정하고, 이를 운영할 정부조직체를 만드는 것이었다. 3·1운동의 주체 세력이 3월 3
일자로 발행한 ≪조선독립신문≫ 기사에 따르면 가정부(假政府), 곧 임시정부의 수
립을 기획했음을 알 수 있다.

假政府組織說. 日間 國民大會를 開하고 假政府를 조직하며 假大統領을 選擧하얏다더라. 安心安
心 不久에 好消息이 存하리라.(≪조선독립신문≫ 제2호)

독립선언서와 신문기사는 조선이 독립국이라는 사실을 선언하고 국민대회를 통

해 가대통령(임시대통령)을 뽑았다고 전했다. 즉 대통령제 민주공화정부를 수립했다는 말이다. 그때는 아직 진행되지 않고 있었지만, 이것이 당시 목표였음을 말해준다. 이에 따라 1919년 4월 11일 중국 상하이에서 대한민국(국가)이 건국되고 이를 운영할 정부조직체로 임시정부(정부)와 임시의정원(의회)이 만들어졌다. 나라가 망할 때는 황제가 주권을 가지는 대한제국이었지만, 독립운동가들이 세운 나라는 시민이 주권을 가지는 대한민국이었다. 황제가 빼앗긴 나라를 민중이 나서서 독립국이라고 선언했고, 그 뜻을 독립운동가들이 모아 국민이 주권을 가지는 대한민국을 세운 것이다.

대한민국 임시정부는 임시헌장(헌법)을 공포했다. 제1조에 "대한민국은 민주공화제로 함"이라고 밝혔다. 이는 한국 역사에서 최초로 수립된 민주공화정이요, 근대시민사회가 성립했다는 말이자, 독립운동으로 근대국가를 세웠다는 사실을 말해준다. 이러한 특징은 세계 식민지해방운동사에서 모범적인 것임에 틀림없다. 또 제1조에는 국회 소집에 대한 규정을 담았다. 국토를 되찾으면 임시정부가 정부로, 임시의정원은 국회로 바뀐다는 것이다. 정부나 국회라는 이름도 모두 여기에서 비롯되었다. 그뿐만 아니라 근대정당 간의 힘겨루기나 정부조직 개편, 개헌작업과 의회구성, 운영을 통해 근대사회를 향한 정치경험도 축적해나갔다. 이러한 과정은 망명지에서 독립운동을 병행하면서 추진되었지만 해방 이후의 정치 흐름에 견주어보면 훨씬 성숙된 것이었음을 알 수 있다.

한국의 독립운동은 그 과정에서 단순한 항일투쟁만으로 그치지 않았다. 흔히 독립운동은 일제에 항거하는 것만을 말하는 경우가 일반적이다. 하지만 한국의 독립운동은 그 과정을 통해 근대국가를 탄생시켰다. 1919년에 세워진 대한민국이 그것이고, 이는 1948년에 세워진 대한민국 정부의 뿌리이다. 대한민국이라는 국가는 그대로 이어지고, 다만 임시정부가 정부로, 임시의정원이 국회로 바뀌었을 뿐이다. 국가를 세우고 정부를 조직하여 독립운동을 펼쳐나간 거레, 27년이라는 기나긴 세월 동안 이를 유지해나간 나라, 이런 경우는 세계 식민지해방투쟁사에서 그 유례를 찾을 수 없다.

식민지역사가 전개되면서 식민성과 근대성이라는 두 개의 기준이 뒤섞여 돌아갔다. 마치 해방 이후 독재와 산업화가 얽혀 가치기준을 모호하게 만든 것과 다르지 않다. 몰주체적인 근대화는 비민주적인 산업화와 구도가 비슷하다.

일제가 식민지 인프라를 구축하면서 한인들의 일상생활도 여기에 따라가게 되었다. 철도와 교통망이 확충되자 일상은 새롭게 변할 수밖에 없었다. 교통과 통신이 모두 철도와 신작로를 따라 재편되었다. 역이 생긴 지역에는 갑자기 도시가 들어섰고 그것이 비켜간 전통적인 거점도시들은 쇠락해갔다. 이에 따라 행정구역도 재편되고, 경제생활만이 아니라 사회생활권역도 새로 짜여졌다. 또 늘어난 전기통신망은 식민통치의 그물망으로 작용했다. 학교와 병원의 증가는 문명화를 진전시켰지만, 반대로 일제의 감시망에 노출시키거나 그 지배 아래로 들어가게 만들었다. 이런 장치를 통해 형성시켜간 인간상이 근대시민이 아니라 일제에 종속하는 황국신민이었다는 사실은 뒷날까지 어두운 그림자로 짙게 드리워졌다.

1920년대 한국 사회에는 일제의 이식자본주의가 뿌리를 내리면서 건강하지 못한 '모던(modern)' 풍조가 도시를 중심으로 자리잡았다. 식민도시는 식민통치의 새로운 거점으로 기능했다. 조선총독부와 경성부청, 경성역과 조선신궁 등 식민통치를 상징하는 건물들이 거만하게 버텨 섰고, 넓게 뚫은 도로 곁에 조선은행·식산은행·동양척식주식회사 등의 식민지 금융기관이 늘어섰다. 철도와 신작로에는 군사기관이 들어서고, 일본인 거주지가 생겨났다. 도입된 자동차가 길을 내달리면서 교통체제를 바꾸었다. 또한 이런 속도에 맞추어 건축물의 모습도 확연하게 바뀌어갔다. 서양건축양식을 모방한 백화점이 들어서고, 밤을 밝히는 네온사인도 등장했다. 밤 문화가 크게 바뀌어가기 시작했다. 이는 다시 소비문화를 바꾸었다. 새로운 형태의 접객업소가 나타나고 '모던 보이'와 '모던 걸' 문화가 보수층의 우려를 비웃듯이 터를 잡아갔다.

다양한 장르의 대중문화가 나타났다. 영화와 연극, 음반과 라디오 등 대중매체가 형성되면서 새로운 대중문화가 꽃을 피웠다. 무성영화에서 유성영화로 발전하고, 할리우드 영화가 상륙했다. 또 대중가요도 널리 퍼져갔다. 출판 분야에서도 신문과 잡지가 활기를 띠었다. 그러나 이러한 '모던' 풍조는 일본풍을 줄기로 삼았다. 그래서 식민지성이 뒤얽힌 식민지 근대의 대중문화는 출발부터 잡종일 수밖에 없었다. 근대성에 탐닉하면서도 식민성에 매몰되어가는 식민지 근대의 문화현상이 이 시대의 얼굴이었다.

식민성 근대화는 일상생활양식에도 커다란 변화를 가져다주었다. 의생활은 한복에서 양복으로 변해갔다. 머리 모양새도 크게 바뀌고, 안경도 멋스럽게 착용되었다. 식생활에서도 중국식과 일본식 음식이 들어왔고, 점차 외식문화가 자리를 잡아갔다. 주택이 개량되면서 주생활도 크게 바뀌었다. 새로운 건축재료가 공급되고 건물의 구조도 한식과 양식이 절충된 모습으로 바뀌어갔다. 하지만 도시 주변에는 엄청나게 많은 토막민들의 움막도 혼재했다.

일제 식민지권력은 일상생활의 모든 영역에 걸쳐 세밀하게 감시하고 통제했다. 거기에는 으레 문명화와 근대화라는 이름을 내걸었다. 그런데 그들이 추구한 근대성은 권력과 식민지배를 합리화시키는 데 한정되었을 뿐이다. 이는 근대성의 또 다른 측면인 비판적 이성에 기초한 인간의 해방과는 거리가 먼 것이었다. 그러한 면에서 한국의 식민지 근대는 폭력성을 띤 차별과 억압이라는 어두운 그늘을 가졌다. 이 시기 생활세계의 재편 또한 일차적으로 식민성에 얽매어 있었으니, 민족주체적 근대는 멀고도 먼 이야기였다. | 김희곤

1

식민지기 일본의 지배정책

1) 전쟁을 매개로 군대가 앞장선 영토확장 방식

오늘날 우리가 알고 있는 일본의 영토는 1870년대에 확정된 것이다. 일본은 1868년 메이지유신을 통해 근대국가로 탈바꿈했다. 그 직후인 1869년에 홋카이도, 1872년에 오키나와를 일본의 영토로 공식 편입했다. 두 지역에 살고 있던 사람들의 역사와 언어를 철저히 배제시키고 천황제를 주입한 결과 오늘의 일본을 만들 수 있었다.

이어 일본은 전쟁을 통해 다른 민족을 지배해나갔다. 그 첫 대상지는 타이완이었다. 1894년 청일전쟁에서 승리한 일본은 전쟁배상금의 일부로 중국의 변방인 타이완을 얻었다. 그곳에 총독을 정점으로 하는 타이완총독부를 두고 1945년까지 통치했다.

1905년 러일전쟁에서 승리한 일본은 한반도에서 러시아를 밀어내고 1906년 1월 통감부를 설치하여 대한제국을 '보호국화'했다. 일본은 이에 저항하는 의병운동을

일본군의 기습 공격으로 불타고 있는 하와이 진주만

무력으로 진압하는 한편, 미국 및 영국과 조약을 맺어 국제관계를 튼튼히 한 이후인 1910년 대한제국을 완전히 식민지로 만들었다. 타이완처럼 조선에도 총독이 지휘·감독하는 조선총독부를 두었다.

일본이 러일전쟁으로 얻은 전리품은 대한제국만이 아니었다. 배상금의 일부로 북위 50도 이하의 사할린섬을 러시아로부터 할양받아 화태청(樺太廳)이라는 통치기구를 두고 1945년까지 통치했다. 또한 러시아가 개발 중이었던 중국의 뤼순(旅順)과 다롄(大連) 일대에 대한 조차권도 넘겨받아 관동도독부[關東都督府, 이후 관동청(關東廳)]란 통치기구를 설치하고 지배했다. 뤼순과 다롄 일대는 1894년 청일전쟁에서 승리한 일본이 요동반도를 차지했다가 삼국간섭으로 조약을 체결한지 6일 만에 다시 중국에 되돌려주어야 했던 땅이다.

1914년 7월 제1차 세계대전이 일어났다. 일본은 그해 8월 독일에 선전포고를 했다. 그리고 독일이 차지하고 있던 태평양 일대의 섬과 중국의 산동성에 있는 칭따오(靑島)를 점령했다. 1921년 국제연맹은 태평양 일대의 섬에 대한 일본의 위임통치를 인정했고, 일본은 마샬제도에 남양청(南洋廳)을 두고 통치했다. 제1차 세계대전이 끝났을 때 일본은 군사력과 경제력에서 미국, 영국에 이어 세계 제3위의 국력을 가진 국가로 발돋움해 있었고, 서구 열강과 협조하여 상대적으로 안정된 동아시아 국제관계를 유지하며 내몽골과 만주에서의 이권을 보장받고 있었다.

그러나 일본은 여기에 만족하지 않았다. 그들의 목표는 조선을 발판삼아 대륙을 직접 지배하는 것이었다. 그 첫 표현이 1931년 9월의 만주 침략이었다. 일본은 6개월 만에 한반도보다 여섯 배 이상이나 넓은 땅인 만주를 점령하고 1932년 3월 만주국이라는 괴뢰국가를 세웠다. 1922년 동아시아 국제질서와 관련하여 서구 열강과 합의한 워싱턴체제조차 파기한 것이다. 이어 일본은 1937년 7월 중국 본토를 공격하는 중일전쟁을 일으켜 중국 전체를 집어삼키려 했다.

또한 일본은 1940년과 1941년에 '대동아공영권'을 세운다는 허울 좋은 명분을 내세우며 석유자원 등을 확보하기 위해 베트남을 침략했다. 1941년 12월에는 말레이시아를 시작으로 인도차이나반도 전역을 침략하는 동시에 미국 하와이의 진주만을 공습하여 아시아태평양전쟁을 일으켰다. 일본은 한때 호주와 인도까지 위협했다.

일본은 다른 민족과 국가를 지배하기 위해 언제나 군대를 먼저 동원하여 저항을 억누른 후 일본인을 이주시키는 방식을 취했다. 항상 전쟁을 수단으로 영토를 확장하던 방식은 일본제국주의의 특징적인 침략 방식이자 영토확장 방식이었다. 이는 종교인과 상인 등 민간인이 먼저 이주하여 정착하는 과정에서 그곳을 식민지로 만드는 경우가 많았던 서국 제국주의와도 확연히 다른 영토확장 방식이었다.

일본이 식민지를 상실하는 과정도 전쟁과 관련되어 있다. 일본은 1945년 8월 패전하는 순간 카이로선언과 포츠담선언에 따라 침략으로 획득한 모든 영토를 일거에 상실했다. 반면에 전승국인 영국과 프랑스, 네덜란드는 제2차 세계대전이 끝나자 예전에 자신들이 지배했던 영토인 말레이시아와 홍콩, 그리고 베트남에 다시 가서 한동안 그 지역을 지배했다.

2) 일본식 통치이념, 민족말살의 동화주의

많은 일본인은 식민지 통치에 두 가지 길만이 있다고 보았다. 하나는 영국이 인도에서 실시한 방식으로, 인도인을 외국인으로 취급하면서 약간의 자치를 부여하는 것이다. 미국이 필리핀에서 취했던 정책도 이와 유사했다. 하지만 일본은 영국과 같은 통치 방식이 인도의 독립을 막지 못할 것으로 보았다.

다른 하나는, 식민지 민족을 동화(同化)시키는 통치 방식이다. 프랑스와 일본이 이러한 지배 방식을 취했다. 다만 프랑스가 알제리에서 정치와 행정을 일원화하는 정도에 머물렀다면, 일본은 민족동화를 지향한다고 공공연하게 표방했다. 그래서 일본은 식민지 민족에게 일본어를 가르치고, 자신의 생활과 습속 그리고 제도를 이식하여 일본인과 하나가 되도록 함으로써 '조선'과 '조선인'을 일본과 일본인의 일부로 만들 수 있다고 보았다. 그들은 이러한 방식이 몇 세대에 걸쳐 누적되어야 하므로 오랜 시간을 필요로 하지만 식민지 지배를 영원히 보장하는 유일한 과정이자 방법이라고 간주했다. 이때 교육은 오랜 기간 다수의 사람에게 반복된 주입을 통해 동화를 달성할 수 있는 가장 유력한 수단으로 꼽혔다. 일본이 조선을 지배하는 전 기간에 걸쳐 동화교육에 신경을 썼던 이유 가운데 하나가 바로 여기에 있었다.

일본의 동화주의 이념과 정책은 영국, 프랑스, 미국 등 서구 제국주의 국가들의 식민지 지배에서는 찾아볼 수 없는 독특한 침략논리였다. 서구 국가들은 식민지인이 미개하고 스스로 계몽할 능력이 없으므로 자신들이 문명화시켜야 한다는 논리를 내세워 침략을 정당화했다. 이에 비해 일본은 황인종이 거주하는 지역에서만 식민지를 갖고 있었다. 때문에 다른 인종을 지배해야 했던 서구 제국주의 국가들과 달리 동조동근론(同祖同根論)을 주장할 수 있었다. 더구나 일본이 지배한 지역은 유교, 불교, 한자문화권에 속하는 곳이었다. 그래서 문화적 동질성을 내세워 침략을 정당화하는 경우가 많았다. 특히 한국인을 자신의 입맛대로 포섭하고 침략과 지배를 정당화하는 명분의 하나로 내세우면서 조선을 이역(異域) 곧, 식민지가 아니라 내지(內地) 곧, 일본의 본토처럼 간주한다고 합리화할 수 있었다.

결국 일본이 내세우는 동화는 한국인의 피와 정신까지 일본인화하겠다는 것이다. 우리 민족의 입장에서 그것은 민족말살을 의미한다. 그러므로 한국인으로서는 민족의 미래보다 자신과 가족만의 미래를 위해 일본제국주의와 운명을 함께했던 친일파를 더욱 비판적으로 볼 수밖에 없는 이유가 여기에 있다.

남산 조선신궁 내 황국신민서사 탑

1. 우리는 황국신민(皇國臣民)이다. 충성으로서 군국(君國)에 보답하련다.
2. 우리 황국신민은 신애협력(信愛協力)하여 단결을 굳게 하련다.
3. 우리 황국신민은 인고단련(忍苦鍛鍊)하여 힘을 길러 황도를 선양하련다.

황국신민서사

3) 왕 노릇을 한 식민지 통치의 핵, 조선총독

1910년 10월 일본은 통감부를 조선총독부로 확대, 개편했다. 통감이자 육군대신으로 재직 중이던 데라우치 마사타케가 초대 총독이 되었다.

조선총독은 동화주의 이념을 조선에서 구체적으로 집행한 최고 책임자였다. 1910년 10월에 시행된 조선총독부관제에 따르면, 조선총독은 육해군 대장 출신자, 곧 무관 출신자만 될 수 있었다. 당시 타이완총독이 대장뿐만 아니라 중장 출신자도 가능했던 것에 비하면 한 급 높은 군 출신자가 조선 총독이 되었던 것이다. 일본이 통치한 35년간 재임했던 8명의 조선총독 가운데 7명이 육군대장 출신이고 나머지 한 명만이 해군대장 출신으로 조선 총독은 모두 군인 출신이었다. 같은 기간 15명의 타이완총독 중 9명이 문관 출신이었으며, 인도에서 총독제가 실시된 이후 배출된 33명의 인도총독 가운데 군인 출신 총독은 8명에 불과했던 사실과 대조된다.

데라우치 마사타케

사이토 마코토

조선총독은 천황에 직속하며 필요한 사항에 대해 천황에게 직접 상주할 수 있었다. 반면에 타이완총독은 내각수상의 감독을 받으며 수상을 경유해야만 천황에게 칙재(勅裁)할 수 있었다. 조선총독은 사실상 수상의 감독을 받지 않았으므로 제국의회에 나가 정무를 보고하거나 질문에 답변해야 할 의무도 없었다. 조선총독이 제국의회에 반드시 출석해야 했던 때도 하라 다카시(原敬) 내각기가 유일했다. 달리 말하면 내각은 조선총독을 감독할 권한이 없었고, 제국의회도 그를 확실히 견제할 카드를 갖고 있지 않았다. 이처럼 일본정계에서 높은 비중을 차지했던 조선총독은 총독 개개인들의 경력관리에 아주 좋은 노른 자위 보직이었다. 일본이 조선을 지배하던 시기에 30명의 수상이 재임했는데 8명의 조선총독 출신자 가운데 4명이 수상을 역임했다. 같은 기간 15명의 타이완총독 가운데 수상이 된 사람은 단 한 명도 없었다. 총독제가 실시된 이후 배출된 33명의 인도총독 가운데 영국수상에 취임한 사람 또한 한 명도 없었다.

조선총독은 조선총독부령을 제정·공포할 수 있는 권한을 갖고 있었다[제령권(制令

權). 타이완총독 역시 마찬가지 권한을 갖고 있었다(율령권(律令權)). 하지만 조선총독은 행정권만이 아니라 입법권과 사법권도 가졌다. 1910년대의 경우 군사권까지 장악하여 헌병경찰을 통해 한국인의 사소한 일상까지 직접 관여하고 지배할 수 있었다. 조선총독 밑에는 행정사무를 총괄하는 정무총감을 두고, 그 아래에 중앙과 지방의 행정기관, 사법기구(재판소와 감옥), 경찰기구, 각종 경제통치기구(조선은행, 철도국, 세관 등등)가 있었다. 고위급 친일파들의 결집체인 중추원도 자문기관으로 두었다. 그래서 당시 사람들은 헌병경찰제를 창안하고 확립한 데라우치 조선총독을 '조선왕'이라고까지 불렀다.

2 군대를 앞세워 지배의 기초를 확립

1) 조선특별통치주의에 따른 헌병경찰제

일본은 한국인과 일본인이 같은 인종이고 조선과 문화적으로 동질적인 측면이 있으며 지리적으로도 근접하다며 겉으로는 조선을 식민지라 표현하지 않았다. 그렇지만 구체적으로 보면 한국인도 일본인과 다른 풍속과 관습을 갖고 있을 뿐만 아니라 문화수준도 일본에 뒤처진다고 보고 식민지 조선을 본토의 일부로 곧바로 편입하지 않았다. 일본은 최소한 규슈(九州)나 시코쿠(四國) 지역만큼의 정도에 도달할 때까지 조선을 별도로 통치해야 한다고 합리화했다. 그리고 막강한 권한을 가진 총독을 내세워 천황의 권한을 대행하도록 했다.

일본은 이를 조선통치특별주의라 불렀다. 조선통치특별주의는 조선을 식민지로 인정하지 않는다는 명분을 살리면서도, 조선을 식민지로 다루려는 행위를 정당화한 논리였다.

그러한 분리통치의 정점에 바로 조선총독이 있었다. 1910년대에 조선총독은 통치기반을 확대하고 안정화시키기 위해 군대를 전면에 배치하면서 엄벌주의로 밀어

붙였다. 일본은 조선에서의 안정된 통치를 보장하고자 1918년 조선군사령부를 용산에 설치하면서 주차군 성격의 일본군을 상설 부대인 주둔군 성격으로 바꾸었다. 총독의 출동 명령도 받아야 하는 조선군은 용산에 있던 군사령부 아래에 용산과 함경북도 나남에 각각 사단사령부가 있는 두 개의 상설 사단을 산하에 두

함경북도의 헌병경찰 사진. 왼쪽의 간판에는 함경북도경무부, 오른쪽 간판에는 경성 헌병대본부라 되어 있다.

고 있었다. 조선군은 이때부터 1931년 일본이 만주를 침략할 때까지 식민지에 배치한 군대 가운데 유일한 주둔군이었다. 그때까지도 다른 지역은 1년 내지 2년에 한 차례씩 본국의 다른 부대와 교대하는 주차군을 두었던 것이다.

엄벌주의는 조선총독의 지휘·감독을 직접 받는 경무총감이 책임졌다. 경무총감은 현역 장군인 헌병대사령관이 겸직했다. 군대의 경찰인 헌병이 민간인을 상대하는 보통경찰까지 지휘하는 체계였던 것이다. 일제가 1914년 오늘날 남한의 도 단위 구역과 거의 유사한 체제를 갖춘 형태로 지방행정구역을 개편할 때 헌병경찰도 여기에 맞추어 지방조직을 대폭 개편했다. 이에 따라 도 경무부(헌병대 본부) - 군 경찰서(헌병 분대) - 읍·면 순사주재소 또는 순사파출소(헌병분견소 또는 헌병파견소)가 설치되었다. 도지사와 군수는 헌병경찰을 지휘할 권한이 없었다. 우리는 이를 헌병경찰제라고 하며 이러한 통치 방식을 무단통치라고 한다.

엄벌주의의 실체는 헌병경찰의 막강한 권한을 보면 알 수 있다. 헌병경찰은 의병 탄압에 직접 나섰을 뿐만 아니라 어업 단속, 삼림·산야의 감시 단속, 총포화약류 단속, 도로의 수축·유지, 국경관세, 강우량 측정, 여행자 보호, 위생, 일본어 보급, 징세원조, 민적(民籍), 묘지·장례·화장장·화약 단속 등 아주 다양한 행정업무에도 관여했다. 헌병경찰은 총독과 총독부의 방침이 지방행정기관인 도 - 군 - 읍·면을 통해 시골 구석구석에 거주하는 한국인 개개인에게까지 관철될 수 있도록 했다. 헌병경찰제

는 완비되지 않은 행정기관의 부족한 행정력을 보완하는 장치이기도 했던 것이다.

헌병경찰은 사법업무인 즉결심판, 집달리(執達吏)도 담당했다. 그래서 정식 법 절차나 재판을 거치지 않고도 한국인에게 벌금을 물리거나 구류처분을 내릴 수 있었다. 일본은 메이지 헌법에서 자신들도 없앴고 조선왕조에서도 갑오개혁 때 비인간적 처벌이라 하여 폐지한 태형마저 부활시켜 감옥이나 즉결 관서에서 한국인에게만 비밀리에 집행할 수 있도록 했다. 헌병경찰제도는 재정압박에 시달리고 있던 일본 정부가 재정부담을 줄일 수 있는 장치였다. 이 제도하에서 헌병경찰이 수행하던 체벌 중심의 엄벌 방식은 한국인 민중을 통치하는 비용을 절감하면서 체벌효과를 극대화할 수 있는 정책이었다.

결국 한국인은 태어나서 죽을 때까지 일상에서 무서운 헌병경찰의 그늘을 벗어날 수 없었다. 한국인을 손아귀에 넣은 헌병경찰은 1910년 2,019명(헌병 1,007명에 한국인 헌병보조원 2,019명)이었는데, 3·1운동이 일어나기 전년도인 1918년에는 7,978명(헌병 3,377명, 헌병보조원 4,601명)까지 늘어나 있었다. 우리의 조부모들이 우는 아이 달래려고 '계속 울면 순사가 잡으러 온다'고 한 말에서 알 수 있듯이, 순사의 무서운 이미지는 이 무렵 형성되었을 것이다. 이처럼 1910년대 조선에 대한 일본의 지배와 한국인 사이의 거리감은 헌병경찰제와 일본군 두 개 사단에 의해 메워지고 있었다.

2) 교육을 통해 충성스러운 식민지인 만들기

조선특별통치주의 전략은 1911년 11월부터 시행된 제1차 조선교육령에서도 압축적으로 드러난다. 데라우치 조선총독은 오로지 실용적인 지식과 온건한 성품을 배우고 일본신민으로서의 자질과 품성도 갖춘 한국인을 양성하는 데 교육의 목표를 두도록 했다. 그래서 제1차 조선교육령에서는 "시세와 민도에 맞는" 교육을 실시하도록 규정하고(제3조), 보통교육과 실업교육을 강조했다(제4, 5조). 특히 일본어 교육은 보통학교와 고등보통학교 4년간 각각 주당 40시간과 30시간씩 배정되어 전체 수업시간에서 37.74%와 23.44%의 비중을 차지한 데 반해, '조선어와 한문'은 각각

20.75%, 10.94%에 불과한 22시간과 14시간씩만 배정
했을 뿐이었다.

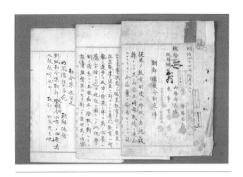

제1차 조선교육령은 통치효과를 배가시키기 위해
일본어를 서둘러 보급하려는 정책이었다. 그러면서도
보통교육과 실업교육을 실시함으로써 치안을 불안케
할 수 있는 비판적인 한국인을 통치에 순응하는 단순
하고 기능적인 사람으로 키워내려 했다. 조선총독부는
1915년에 '개정사립학교규칙'을 제정하여 이를 더욱 강
화하는 한편, 종교교육을 정규교육과정에서 배제함으로써 천황제를 부정하고 교육
을 통한 동화정책에 방해되는 미션 계통의 학교를 견제하는 장치를 마련했다.

하지만 1919년 보통학교의 취학률이 3.7%에 불과할 정도로 조선총독부가 주도한
공교육은 한국인의 호응을 얻지 못했다. 근대교육을 받으려는 많은 한국인은 사립
학교에 다녔다. 비록 일제의 탄압으로 1910년 1,973개 학교에서 1919년 742개로 줄
어들었지만, 1919년 현재 보통학교의 수가 여전히 484개 교에 머물고 있었던 현황과
대비한다면 1910년대 한국인의 근대교육은 여전히 한국인들이 주도하고 있었다고
볼 수 있다. 일본이 주도하는 교육을 받아들일 수 없었던 한국인의 민족의식이 사립
학교 교육으로 표현된 것이다.

3 무단통치 방식의 포기와 새로운 통치 방식 도입

1) 새로운 통치기조, '문화통치'

1919년 3·1운동이 일어났다. 3·1운동은 군사적 지배라는 일본식 팽창 방식이 처
음으로 거부당한 저항이었다. 3·1운동은 일본문명의 우월성과 인종적 동질성을 내
세운 동화주의를 받아들일 수 없다는 한국인의 의사표명이었다.

일본은 통치정책이 겉돌았음을 깨달았다. 그런데 그들은 한국인이 만세시위를 한 결정적인 이유를 헌병경찰제의 폭력성에서 찾았다. 그래서 헌병경찰제를 폐지하고 문관도 조선총독이 될 수 있게 하는 등 문관 중심의 '내치(內治)동화'를 실천하여 내지 곧, 일본의 연장선에서 조선을 동화시키기로 했다. 그것이 조선에서는 '문화정치' 또는 '문화통치'라는 말로 구체화되었다.

하라 다카시 수상은 1919년 9월 서울에 부임하는 신임 총독 사이토 마코토에게 조선에서 빨리 시행해야 할 열다섯 가지 정책을 다음과 같이 제시했다. 조선총독은 문무관을 차별하지 않고, 조선에서 시행할 법률과 명령은 가능하면 일본에서 시행하는 것과 같도록 한다. 국방·사법·대장(大藏)과 관련된 업무를 가급적 본국과 밀접하게 관련지어 실시하고 조선에서 자치제를 시행한다. 헌병경찰제도를 폐지하고 지방의 경찰권을 각 도(道)의 책임자인 도장관에게 귀속시킨다. 본국과 마찬가지의 교육을 실시하고, 일본인과 한국인이 함께 거주하고 혼인할 수 있도록 하며, 관리등용과 봉급에서 민족을 차별하지 않는다. 일본인과 한국인 모두에게 이익이 돌아가도록 토지를 개발한다. 태형령을 폐지하고, 관리의 '복제대검(服制帶劍)제도'를 폐지한다. '친일당'만이 아니라 '명가(名家)', '구가(舊家)'에게도 작위를 주어 협력을 이끌어낸다. 기독교 선교사 및 교인들과 연계를 맺고, 교육과 종교를 혼동하지 말도록 한다. 조선만의 특별회계제도를 당분간 그대로 유지한다.

새로운 정책의 핵심은 크게 두 가지로 요약할 수 있다. 하나는, 본국에서 시행하는 법률과 명령을 조선에서도 가능하면 시행하도록 한다는 점이다. 그리하여 점진적으로 본국과 조선을 일치시키는 정책 곧, 궁극적으로 동화를 달성한다는 계산이었다.

다른 하나는, 무단통치의 상징인 헌병경찰제를 폐지하고 보통경찰제를 실시하며 문화통치를 시행한다는 점이다. 이에 따라 헌병경찰을 보통경찰로 전환시키면서 경찰력을 대폭 보강하여 1920년 보통경찰이 1만 8,376명에 이를 정도였다. 조선총독부는 조선어 신문과 잡지도 발행할 수 있게 하여 《동아일보》, 《조선일보》와 《개벽》 등이 창간되었다. 집회도 허가함으로써 노동운동과 농민운동이 활성화될 수 있는 합법공간이 만들어지기도 했다. 문화통치는 한국인의 강력한 저항에 대응하는 일본제국주의 나름의 유연한 지배전략 내지는 회유전략이었다.

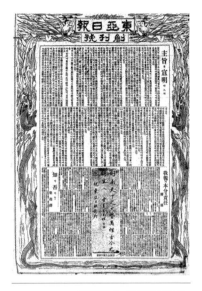

동시에 문화통치는 한국인사회의 여론 주도층을 회유하고 친일파를 적극 육성하는 정책이기도 했다는 점에서 한국인 분열전략이기도 했다. 조선총독부는 핵심적인 친일인물에게 계급과 사정에 따라 각종 친일단체를 만들도록 하고, 농민을 통제하기 위해 교풍회와 진흥회 같은 친일단체를 두는 등 친일파 육성을 위해 다양한 정책을 시도했다. 또한 도평의회와 부·면협의회를 설치하여 일부 지역에서 선거제를 통해 의원을 선발했다. 하지만 상층 자산가들에게만 선거권이 주어졌고, 이들 기관 자체가 자문기관이었기 때문에 진정한 의미에서의 지방자치와는 거리가 멀었다. 일부 지식인 중에서는 조선총독부의 분열전략에 호응하여 민족개조론, 조선자치론, 제국의회 의원을 선출할 수 있는 참정권론을 주장하는 사람도 있었다.

문화통치는 회유의 대상조차 될 수 없는 상대를 철저히 배제하는 통치 방식이기도 했다. 조선통치의 근간은 기본적으로 한국인에 대한 억압이었기 때문이다. 조선총독부는 국내외에서 일본의 지배에 정면으로 맞서 싸우는 사람에게 '제령 제7호'(1919)를 적용하여 탄압했고, 항일운동이 더욱 강화되자 본국에서 시행되던 치안유지법(1925)을 조선에도 적용했다. 또한 일본은 3·1운동의 영향으로 독립군의 활동이 고조되는 가운데 1920년 6월 봉오동전투에서 일본군이 패배하고 10월 청산리전투에서도 독립군을 효과적으로 제압하지 못하자, 일본군을 동원하여 동만(東滿)지방 일대에 거주하는 한국인을 무차별적으로 살해하는 '경신년대참변'을 일으켰다. 조선총독부는 이후에도 독립군이 압록강과 두만강을 넘어와 일본인과 친일파를 공격하여 식민지 조선의 통치안정을 방해하고 만주로의 영향력 확대에 지장을 초래하자, 1925년 6월 중국의 봉천군벌과 미쓰야협정(三矢協定)을 체결하여 독립군이 조선으로 들어오는 것을 막았다.

2) 허울 좋은 내선공학(內鮮共學)

조선총독부는 문화통치의 일환으로 1922년 4월 제2차 조선교육령을 제정하여 교육정책도 바꾸었다. 새로운 교육정책은 민족별로 학교를 구분하지 않고 일본어를 사용할 수 있는지에 따라 학교선택권을 주겠다는 내선공학을 내세웠다. 학제도 일본 본국과 똑같이 한다는 취지에서 보통학교는 4년에서 6년으로, 고등보통학교는 4년에서 5년으로, 여자고등보통학교는 3년에서 4년 또는 5년으로 수업연한을 연장했다. 그리고 보통교육과 실업교육만이 아니라 전문교육, 대학교육, 실업교육도 실시하고 사범학교도 설치하도록 했다.

제2차 조선교육령은 3·1운동 이후 급속히 고조되고 있던 한국인사회의 교육열을 어떠한 형태로든 관리하기 위해 실시된 측면도 있었다. 한국인 보통학교 재학생은 1918년 당시 8만 명 정도였지만, 1921년 15만 9,000여 명, 10년이 지난 1929년에는 44만 3,000여 명으로 급증했다. 조선총독부는 한국인의 교육열을 수용하기 위해 학교를 늘릴 수밖에 없었다. 그렇지 않으면 지배의 대의명분인 문명동화에도 위배될 뿐만 아니라 통치불안을 야기할 수 있었기 때문이다.

그럼에도 불구하고 조선총독부는 일본어와 조선어가 가능한 학생별로 학교 선택을 구별한다는 명분을 내세워 사실상 내선공학을 가로막고 민족별 차별교육을 정당화했다. 또한 조선총독부는 이 기회에 일본어 교육시간을 더 늘려 언어동화교육을 강화했다. 일본어는 전체 교육에서 보통학교 39.15%, 고등보통학교 20%, 5년제 여자고등보통학교 18.67%를 차지한 데 반해, '조선어와 한문' 교육은 각각 12.24%, 7.50%, 8%에 불과할 정도였다. 그래서 1920년대 후반에 이르면 한국인 학생들이 항일시위를 하는 과정에서 "한국인 본위의 교육제도를 확립하라", "식민지 노예교육제도를 철폐하라"고 주장하기도 했다. 또한 관립 중등학교 설립을 최대한 억제했으며 한국인이 설립한 사립전문학교의 학력을 일본 본토에서는 인정하지 않음으로써 고등교육의 활성화를 억제했다.

한편, 1924년에는 경성제국대학을 설립하여 조선에 거주하는 일본인 자녀들과 한국인의 고등교육에 대한 열기를 흡수하고자 했다. 한국인 입학자는 전체 입학정원의 1/3정도로 제한된 가운데, 의학부와 법문학부에서 근대 학문을 연마할 수 있었으며, 1938년부터 이공학부가 개설됨에 따라 이과 계통의 고등교육도 받을 수 있게 되었다. 경성제국대학은 1929년부터 졸업생을 배출했는데, 한국인 졸업생들은 1930년대 조선학 연구의 열기를 북돋아주었다. 경성제국대학 졸업자 이외에도 제2차 조선교육령에 따라 일본어로 배우며 학력을 인정받아 일본에 유학한 사람들도 이 무렵 귀국하여 조선학 연구에 동참했다. 1930년대 들어 근대적 지식체계에 따라 고등교육을 받은 이들을 중심으로 한국에서의 근대적 학문이 시작되었다고 말하는 이유도 여기에 있었다.

『국어독본』(일본어)을 읽고 있는
국민학교 어린이들

국민학교에서 실시한
학부모들의 일본어강습 장면

결국 3·1운동 이후 새로 실시된 문화통치는 점진적 내지연장주의를 통해 '내치동화'의 기초를 닦으려는 지배전략이었지만 조선특별통치주의에서 벗어난 전략은 아니었다. 한국인의 입장에서 그것은 기만적 지배정책에 불과한 것이었다.

3) 공황으로 불안정해진 조선을 안정화시키는 대책

1929년 세계대공황이 일어났다. 공황은 조선의 쌀 가격을 하락시키고 농민경제를 더욱 궁핍하게 하면서 농민층의 몰락을 가속화했다. 1930년 현재 전체 농가의 절반가량, 소작농가의 70%가량이 봄이 되면 굶어야 하는 처지였다. 이에 따라 노동자와 농민의 파업과 소작쟁의가 급속히 늘어났다. 일본의 조선통치가 다시 한 번 불안

쌀 출하 광경

정해지기 시작한 것이다.

　조선총독부는 농민의 반발을 미리 방지·회유하여 농촌사회를 안정시키고자 1932년부터 농촌진흥운동을 추진했다. 1932년 조선소작조정령, 1934년 조선농지령을 제정하여 소작농에 대한 지주의 과도한 수탈을 억제하고 중간관리자인 마름을 행정기관에서 직접 통제할 수 있도록 함으로써 소작쟁의의 증가를 억제하려 했다.

　그러는 한편에서 조선총독부는 한국인의 사상을 철저히 통제하고 반발을 억눌렀다. 1930~1935년 사이에 '사상 사건'으로 체포된 사람이 약 2만 명에 달할 정도였다. 조선총독부는 1936년 조선사상범보호관찰령을 제정하여 독립운동가의 전향을 강요하고 이를 거부하는 사람에게 사상범이라는 딱지를 붙여 감시했다.

4 침략전쟁의 확대와 한국인 동원

1) 중일전쟁으로 급속히 추진된 황국신민화정책

　1937년 7월 일본이 중국 본토를 침략함으로써 조선은 본격적인 대륙병참기지로서의 역할을 요구받게 되었다. 미나미 지로(南次郎) 조선총독은 내선일체를 전면에 내세웠다. 그가 말하는 내선일체란 천황을 중심으로 동아세계에 가족국가를 건설할 수 있다는 '국민적 신념'을 조선에서 실천하는 것이다. 이제 한국인은 이전과 달리 일본 국민이 될 것을 직접적이고 공공연하게 요구받았다. 하지만 내선일체는 한국인으로서의 의무에 충실하라는 메시지로, 조선의 물자와 사람을 최대한 전쟁에 동원하기 위해 조작된 이데올로기에 불과했다.

　조선총독부는 침략전쟁의 요구에 맞추어 한국인을 일본인처럼 만들고자 다양한 조치를 취했다. 우선 1937년 10월 '황국신민의 서사'를 제정했고, 1938년 4월부터 제3차 조선교육령과 육군특별지원병제를 실시했다.

미나미 총독이 만든 '황국신민의 서사'는 천황의 백성으로서 자격을 갖추는 데 필요한 가장 기본적인 태도를 규정한 것이다. 이제까지의 동화정책이 주로 학생을 상대로 한 언어교육과 정신교육 위주였다면, 중일전쟁 이후부터는 모든 한국인을 상대로 문명동화보다 민족동화라는 측면을 강화하는 상징적인 조치였

창씨개명 등록을 하는 경성부 주민들

다. 조선총독부는 수업과 학교생활에서 조선어 사용을 금지시키고 일본어만 쓰도록 강요했다. 교육내용도 천황에 대한 충성만이 애국이고, 천황을 위해 죽는 것은 영광이므로 언제든지 자신을 버릴 수 있는 사람을 길러내는 데 중점을 두었다. 일본은 그 과정에서 여성 노동력까지 동원했고, 그중 일부 여성을 일본군'성노예'로 만들었다. 인간을 전쟁의 수단으로 이용하는 극단적인 흐름이 확산되는 가운데, 한국인이 천황의 충성스러운 백성임을 증명해 보이는 길은 일본군대에 적극 지원하고, 전쟁물자의 모집에 동참하며, 징용 등 노동력 동원에 적극 참여하는 것이었다.

창씨개명한 호적

조선총독부는 한국인의 충성의식을 더욱 내면화시키기 위해 궁성요배를 실시하고 전국에 신사를 건설하여 신사참배를 강요하는 한편, 1940년 2월부터 창씨개명이라는 일본식 성명제를 실시했다. 학교, 직장, 지역, 가정에서 동화의식의 보편화를 강요한 것이다. 더불어 조선총독부는 한글을 사용하는 잡지와 신문이 황국신민화를 방해하는 가장 암적인 존재라고 판단하여 1940년에 기관지인 ≪매일신보≫를 제외한 모든 간행물을 폐간시켰다.

전시체제기로 들어선 1938년 10월에는 한국인의 정신개조를 사회조직 속에서 체계적으로 담보하기 위한 조치로 국민정신총동원조선연맹을 결성했고, 이를 더욱 강화하기 위해 농산어촌진흥운동까지 흡수·통합하여 1940년대 10월에 국민총력조선

아침조회시간에
'황국신민의 서사'를 외우는 학생들

연맹을 결성했다. 두 연맹에는 조선에 주둔해 있던 일본군 현역 또는 예비역 장교(장군)들이 고문, 참여(參與), 지도위원, 사무국 총장 또는 차장 등으로 직접 참가했다. 1910년대처럼 다시 군인이 통치의 전면에 나선 것이다. 국민총력조선연맹은 1942년 연맹 산하 직역(職域)연맹에 군대식 조직인 '사봉대(仕奉隊)'를 조직했다. 그것은 황국신민화의 도달 정도와 관계없이 점차 불리해지고 있던 전쟁상황에 쫓겨 한국인에게 일방적으로 강요한 정책이었다.

한편, 황국신민화정책에 따르기를 거부하는 사람들은 사회로부터 철저히 배제되었다. 특히 과거에 저항경력이 있는 사람들, 곧 황민화에 적극적으로 반대하거나 거부할 가능성이 높다고 판단된 사람들은 조선사상범보호관찰령(1936. 12), 조선사상범예방구금령(1941. 2) 등을 근거로 철저한 감시와 재교육을 받아야만 했다. 심지어 특정한 혐의가 없는데도 예비검속을 통해 사회로부터 격리당하기도 했다. 전쟁 속에서 포섭될 가능성이 없는 사람을 미리 배제시킨 것이다.

2) 불리해지는 전황(戰況)과 확산되는 염전(厭戰) 여론

아시아태평양전쟁은 1942년 6월 미드웨이해전을 고비로 미국 등 연합국이 공세로 전환하면서 새로운 국면을 맞았다. 1943년 2월 과달카날전투에서 2만 명 이상의 병력을 상실한 일본은 전략적 공세를 포기할 수밖에 없었다. 이후 일본은 점차 밀렸다. 중국전선에서도 중국국민당과 중국공산당의 저항을 제압하지 못하고 수렁에 빠져 있는 형국이었다.

일본은 1942년 9월 전쟁국면을 효율적으로 이끌며 넓어진 제국의 영역에 '대동아'를 건설하고 외교를 일원화시키기 위해 대동아성이라는 통일기구를 설치했다. 통일성을 강화하여 전쟁에 효과적으로 대응하려는 의도는 조선과 타이완의 총독부에 관한 사무를 내무대신이 총괄하고, 총독부의 업무 가운데 각 성(省)의 업무에 해당되는 사항은 각 성의 대신에게 감독을 받도록 하는 조치로 가시화되었다. 이것이 1942년 11월에 제정된 '내외지 행정일원화' 조치이다. 조선에서의 황국신민화정책에 대해서도 총독과 총독부보다 본국 정부, 특히 중앙군부의 주도력이 높아졌다. 조선통치특별주의는 사실상 폐기된 것이다.

'대동아공영권'의 범위가 그려진
일본의 10전짜리 우표

하지만 새로운 조치는 황민화의 도달수준에 따른 결단이 아니라 불리해지고 있던 전쟁상황 때문에 취해진 것이었으므로 식민지 조선에서 구체화되는 데는 한계가 명확했다. 전황이 불리해질수록 일본으로서는 필요한 물자와 사람을 더 많이 동원해야만 했고, 한국인으로서는 일상생활이 더욱 어려워질 수밖에 없었기 때문이다.

조선총독부는 부족한 노동력을 만회하고 신속히 동원하기 위해서 '관 알선', 모집에 이어 1944년부터 징용제를 실시했다. 학교교육을 중단시키고 학생을 노동력으로 동원했다. 하지만 동원이 강화될수록 태업, 탈출 등의 행동이 빈번하게 나타났고 전쟁이 빨리 끝나기를 바라는 염전사상이 확산되어갔다. 고통스러운 근로동원에서 벗어나고 싶은 욕구가 심정적 민족의식과 결합하면서 일본의 패전을 바라는 마음이 깊어갈 수밖에 없었던 것이다. 그리고

징병검사에 합격한 장정의 집에 장행기를 꽂고 영예의 집으로 떠받드는 모습

일부 사람들 사이에서는 일본의 패전에 따라 우리도 독립할 수 있을 것이라는 막연한 희망까지 생기기도 했다. 결국 황민화의 정도를 판단하는 기준의 하나였던 근로동원이 괴로울수록 황민화정책을 공동화(空洞化)시킬 수 있는 기반이 넓어졌고, 일본에 계속 불리해지는 전황은 황민화정책의 공동화를 더욱 가속화시켰다. 일본으로서는 악순환의 연속이고, 한국인으로서는 희망의 새싹이 계속 자라는 과정이었던 것이다.

조선총독부의 최후의 정책은 1945년 2월부터 '본토결전'을 위해 한반도 전체를 전쟁기지화하는 것이었다. 특히 제주도, 한반도 남서해안, 함경도 일대에서는 수많은 주민과 징병자들이 그 지역에서 전쟁기지를 만드는 데 동원되었다. 다행히 일본의 항복으로 한반도는 전쟁터로 바뀌지 않았지만, 민간인이 군인보다 더 많이 죽어야 했던 1945년 4월부터 6월 사이의 오키나와전투에서처럼, 미군이 한반도의 어느 한 곳에라도 상륙했다면 한국인도 미군의 총알받이로 나서도록 일본군에게 강요받았을 것이다. 결국 황국신민화의 대가는 한국인의 죽음뿐이었다. | 신주백

이야깃거리

1. 일본의 이민족 통치 방식의 특징은 무엇인지 다른 제국주의 국가의 지배 방식과 비교해보자.

2. 조선총독이 일본제국의 정치군사구조에서 어떤 위상이었는지 말해보자.

3. 시기에 따라 동화주의(정책)이 어떻게 바뀌어갔는지 생각해보자.

더 읽을거리

강동진. 1980. 『일제의 한국침략정책사』. 한길사.

강정숙. 2010. 「일본군 '위안부'제의 식민성 연구」. 성균관대학교 박사학위논문.

김영희. 2003. 『일제시대 농촌통제정책연구』. 경인문화사.

도면회. 1999. 「일제 식민통치기구의 초기 형성과정」. 『일제식민통치연구 1 : 1905-1919』. 백산
　　서당.

변은진. 2000. 「일제의 식민통치논리 및 정책에 대한 조선민중의 인식(1937-45)」. ≪한국독립운
　　동사연구≫ 14.

신주백. 2001. 「일제의 교육정책과 학생의 근로동원(1943-1945)」. ≪역사교육≫ 78.

신주백. 2001. 「일제의 새로운 식민지 지배방식과 재조일본인 및 '자치' 세력의 대응(1919-22)」.
　　≪역사와 현실≫ 39.

신주백. 2004. 「일본의 '동화'정책과 지배전략」. 강만길 외 지음. 『일본과 서구의 식민통치 비교』.
　　선인.

신주백. 2012. 「한반도에서 일본군의 역사(1904~1945)」. 『군대와 성폭력: 한반도의 20세기』. 선인.

정재철. 1985. 『일제의 대한국식민지교육정책사』. 일지사.

정준영. 2009. 「경성제국대학과 식민지 헤게모니」. 서울대학교 박사학위논문.

정혜경. 2011. 『일본 '제국'과 조선인 노무자 공출: 조선인 강제연행·강제노동 연구』 2. 선인.

최유리. 1997. 『일제 말기 식민지 지배정책연구』. 국학자료원.

2

식민지 시기 경제와 민중생활

1 식민지 시기 경제구조의 특성

1) 일제강점기 사회경제를 이해하기 위한 질문들

『고향』의 작가 이기영은 자신이 살고 있던 일제시기를 두고서 "세상은 점점 개명한다는데, 사람 살기는 더 곤란하니 웬일인가?"라는 질문을 했다. 사회의 특성을 단순하게 표현하기 힘들다는 말이었다. 그는 무엇 때문에 자신이 살고 있던 시대에 대해서 설명하기 어려워했을까?

당대 사람들은 세상의 모습이 크게 변하고 있다는 것을 실감하고 있었다. 많은 사람들과 물건이 '철마'를 타고 한반도의 끝에서 끝까지, 나아가 그 너머로까지 빠르게 이동했다. 콘크리트 댐이 건설되고 그 저수지의 물이 수로를 따라 평야를 적시기 시작했다. 도시는 화려한 신식 건물과 물건들로 가득 찼다. 공장과 공단이 생기더니 많은 노동자들과 기업경영인이 생겨났다. 외형적 변화와 더불어 일상의 경제활동도 새로운 법률과 규칙, 제도에 맞춰 바뀌어갔다. 그들은 제국 일본이 추진하는 이런 변화가 한국 사회를 '근대'의 틀 속으로 끌어가고 있다고 인식했다. '개명'한 세상이 된 것이다.

그러나 동시에 '개명'에 대한 문제인식도 커져갔다. 사회 전체의 규모가 커지고 근대화되는데도 인구의 거의 전부를 차지하는 농민이나 노동자의 살림살이가 그다지 좋아지지 않고, 소수를 제외하고는 빈곤에서 벗어나지 못했다. 오히려 그들은 더 이상 고향에서 살 수 없어 도시로 흘러들어 빈민이 되거나 외국으로 떠나야 했다. 그래서 사람들은 이런 현실을 두고 "정말 이것이 한국이 원하는 '근대'의 모습이었을까?"라고 묻기 시작했다. 즉 "식민지사회에서 '개명'한다는 것은 무엇을 의미하는가?" 또 "어떻게 개명하고 있기에 사람들은 더 살기 곤란해진다고 생각하는가?"라는 질문이었다.

외형적으로 풍요로워지고 자본주의적 근대질서가 사회를 지배해가는데 대다수 사람들의 살림은 어려움에서 헤어나지 못한 현실을 놓고서 무엇을 중심으로 일제강점기 사회를 이해하면 좋겠느냐는 질문이 나온 것이다. 여기서 당대 사회의 여러 현상들에 대한 서로 다른 이해 방식이 등장했다.

하나는 조선총독부나 기업들은 경제가 계속 성장하지 못하면 사회를 유지할 수 없다고 강조하는 입장이다. 사회가 발전하기 위해서는 시스템이 정비되어야 하고, 일정하고 꾸준한 성장이 필요하다는 것이다. 경제활동을 하는 데 있어 세제나 토지제도, 공장과 회사의 설립에 대한 인허가나 감독, 이를 뒷받침하는 법률체계가 갖춰지지 못하면 그 사회가 합리적으로 운영될 수 있을까? 경제활동을 뒷받침하는 사회기반시설이 없다면 경제는 어떻게 운용될까? 이는 사회를 평가할 때 경제성장이나 제도의 정비라는 지표를 중요시하는 입장이다.

다른 하나는 소수의 사람들에게만 부가 집중되고 대다수는 가난에서 벗어날 수 없는 사회를 어떻게 평가해야 하는지 문제 삼는 입장이다. 소수에게만 유리한 경제시스템 때문에 살기 어려워진 사람들이 소작쟁의와 노동쟁의를 일으킨다면 그러한 문제제기와 행동이 그 사회를 혼란에 빠뜨리고 발전하지 못하게 만든다고 해야 할까? 아니면 그런 행동이야말로 사회의 구조적인 문제점을 해결하는 적극적인 방안을 제시하는 행동이라고 평가해야 할까? 이런 질문들은 사회를 구조적으로 이해하고 새로운 변화의 방향을 모색하는 것이 중요하다는 입장이다.

이러한 입장 차이는 일제강점기의 변화상을 두고 '제국에 의한 식민지 개발'이 가능하다고 볼 것인가 아니면 '제국의 이익을 위한 식민지 수탈'이 이루어진 상태로 볼 것인가라는 논쟁과, 사회발전의 동력은 제국에 있는가 아니면 내재적 발전의 주체인 민중에게 있는가라는 논쟁으로 이어졌다. 이 두 가지 관점은 대립적이지만 한 사회에서 벌어진 실제 상황을 바라보는 현실적인 시각이다. 이제 각 부분의 변화를 자세하게 살펴보면서 경제구조와 사람들의 삶이 어떤 연관관계를 갖는지, 그 사회의 성격은 어떻게 이해될 수 있는지를 함께 검토해보자.

2) 제국 일본과 식민지 한국의 경제적 관계

일제는 한국을 식민지로 만들면서 일본자본주의체제에 '동화'시키는 한편 지배와 종속관계라는 위계적 '차별'구조를 유지하고자 했다. 경제적인 측면에서 본다면, 한국은 일본제국주의의 경제를 성장시키고 더 확대할 수 있도록 하는 수탈기반인 식민지이다. 그러므로 일제는 한국의 경제제도와 법률을 일본자본주의의 운용 방식에 맞게 고치고, 자본을 투자하여 식민지 개발에 따르는 이윤을 얻을 수 있는 경제구조로 만들었다. 즉 한국경제 자체를 일본제국에 필요한 시장으로, 자원과 인력 등을 수급하는 존재로 만들어가고자 했다. 따라서 한국경제를 바꿔가는 방향은 당연히 일본자본주의의 발전수준과 정책방향에 의해 결정되었다.

그렇지만 제국시스템의 어떤 부분을 어느 수준에서 도입할 것인가는 한국경제와 사회의 상황에 따라 달라질 수밖에 없었다. 그러한 점에서 볼 때 한국은 근대화의 시도가 상당정도 진행되어 있었다는 점을 고려해야 하는 특징적인 식민지였다. 한말 시기에 정부는 경제활동을 활성화시키기 위해서 법과 제도를 근대적으로 고칠 필요가 있음을 인식하고 그것을 정비해나갔다. 특히 대한제국기에는 본격적인 개혁을 추진하려 했다. 그러나 정부가 법률과 제도를 제정하고 성과를 거둔 후 다시

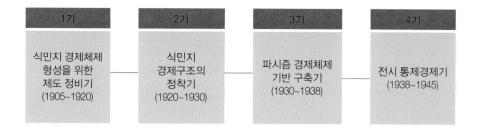

1기	2기	3기	4기
식민지 경제체제 형성을 위한 제도 정비기 (1905~1920)	식민지 경제구조의 정착기 (1920~1930)	파시즘 경제체제 기반 구축기 (1930~1938)	전시 통제경제기 (1938~1945)

재검토하는 일련의 과정을 마무리하지 못한 채, 한국은 일본의 식민지가 되었다. 그후 일제는 한국에 총독부를 설치하여 일본의 법률을 적용하고 각종 법령과 규칙을 제정하면서 경제운용과 그 지원을 위한 제도를 구축했다. 따라서 일제는 일본에서 시행하는 근대적인 제도와 법률을 거의 동일한 수준에서 한국에 적용할 수 있었다.

식민지 경제정책은 일본자본주의의 발전과정과 식민지 지배정책에 의해 규정되면서 크게 네 번의 변화를 거쳤다. 1905년부터 1910년대는 일본이 조선을 식민지로 만들기 위한 기본 틀을 구축하던 시기였다. 을사늑약을 계기로 대한제국을 반식민지화한 일본은 본격적으로 한국을 종속시키려는 정책을 추진해갔다. 특히 기본 법률을 제정하고 농업과 공업정책의 방향을 수립했다. 토지와 관련된 제도와 정책을 세운 토지조사사업과 회사 설립에 관한 법률인 회사령이 대표적인 경제정책이었다. 1920년대는 1910년대에 구축된 식민지 지배체제가 운용되었다. 이 시기를 대표하는 정책인 산미증식계획은 토지조사사업으로 형성된 지주가 주도하는 농업경제의 생산력을 높이고자 한 것이었다. 동시에 노동자와 농민의 삶이 붕괴해가면서 한국경제정책의 모순이 빠르게 드러나고 민중저항이 확산되는 때이기도 하다.

1920년대 후반 세계대공황과 체제위기로 인해 한국의 민중은 극심한 사회경제적 위기에 빠졌다. 이런 상황을 타개하고자 민중은 일제에 강력히 반발했다. 민중의 격렬한 저항에 직면한 일제는 식민지 사회경제체제의 모순을 일정정도 완화하고 구조를 조정하는 정책으로 방향을 전환했다. 이를 위해 농촌진흥운동 등 일련의 농촌통제와 농가경제 안정화정책이 추진되었고, 공업화정책이 시작되었다. 1930년대 중반 이후부터는 중일전쟁과 태평양전쟁으로 이어지는 침략전쟁을 수행하기 위해서 한국을 병참기지로 만들기 위한 군수공업화가 빠르게 진행되는 한편, 총독부 관권은 전쟁을 빌미로 경제통제체제를 구축하여 사람과 물자를 심하게 수탈했다.

2 사회경제구조의 식민지적 재편

1) 토지조사사업과 식민지 경제구조의 틀 구축

일본제국주의가 한국을 식민지 경제체제로 재편할 때 가장 중요시하며 바꾸고자 했던 것은 토지제도였다. 새로운 토지제도의 핵심은 개인의 토지소유권을 법적으로 인정하는 것이었다. 이는 1906년의 토지가옥증명규칙으로 시작해서 1910년부터 1918년까지 진행된 토지조사사업, 1916년 조선등기령과 등기제도의 실시로 완결되었다. 근대적 토지소유제도의 확립은 토지에 하나의 소유권만을 인정하는 배타적인 자본주의적 사유권을 법적으로 인정함을 의미했다. 조선에서 토지소유권은 그때까지 민간 차원의 관행으로 인정되어왔고, 대한제국 정부는 '광무양전지계사업' 등을 통해 근대적 토지소유권제도를 확립하려 했다. 그런 점에서 본다면 한국 사회의 근대적 소유권제도는 조만간 도입될 예정이었다. 그 연장선에서 일제는 1910년대에 토지조사사업을 벌여 토지소유권을 비롯한 토지에 관한 제반사항을 조사함으로써 소유권을 확인하고 이를 국가가 관리하는 근대적 토지소유권제도를 확립했다.

그런데 토지조사사업의 과정은 토지제도의 확정에만 머물지 않고 조선의 사회경제체제를 크게 바꿔놓았다. 첫째, 토지소유권만 권리로 강조되어 광무양전지계사업에서 조사했던 토지이용권인 도지권 등은 인정받지 못하게 되었다. 조선 후기 이래 진행되어왔던 소작인의 권리향상을 위한 시도는 좌절

토지조사사업 당시 측량용 기구를 지게로 운반하는 한국인과 그 옆에서 사진을 찍고 있는 일본인 기술자들

되고 지주의 권한이 강화되는 방향으로 귀결되었다. 더불어 총독부는 기존의 역둔토를 비롯한 국유지나 관유지 등을 국유화함으로써 지세수입을 확보하는 기초를 마련했다.

토지조사사업 실시 장면

둘째, 토지소유권이 확정됨으로써 그동안 자본으로 활용할 수 없었던 토지가 자본으로 활용되기에 이르렀다. 이는 금융의 체계화과정과 맞물려 있었다. 일제는 대한제국이 중앙은행을 설립하려 했던 시도를 좌절시키고 한국은행을 세워서 조선을 일본의 금융권 속으로 편입시켰다. 특히 산업금융기관으로서 농업과 공업 분야에 자본을 대부하는 농공은행(1906)과 영세민을 위해 자금 대부를 하는 지방금융조합(1907), 토지개발금융이 강조된 동양척식주식회사 금융부(1911)가 설치되었다. 토지조사사업이 마무리되면서 농업에 대한 대규모 토지금융을 담당할 기관으로 조선식산은행(1919)도 설립되었다. 이 기관들은 일본의

조선식산은행 본점

자금을 유입하고 한국의 자금을 유출하도록 순환시키는 역할을 했고, 이 과정에서 한국의 토지는 금융의 지배를 받게 된 동시에 한국의 경제는 일본금융시장과 금융정책에 종속되고 말았다.

셋째, 토지조사사업은 일본으로의 미곡 수출을 활성화하는 물류체계의 구축과 긴밀한 관련을 가지고 있다. 일제는 1899년부터 1945년까지 주요 철도망인 경부, 경의, 호남, 경원, 함경, 도문, 전라, 혜산, 만포, 중앙, 동해 철도 등 남북종관형 철도망을 부설했다. 철도망은 도로와 항만과 연결되었는데, 이 유통망에 따라 한국의 한 마을에서 생산된 미곡이 철도역을 통해 항구도시로 옮겨지고 그것이 일본의 오사카 미곡시장을 거쳐 일본노동자의 식탁에 오르게 된다. 한국의 쌀은 1915~1919년의 경우 전체 생산고의 14%, 1930~1934년은 46%가 철도와 항만을 통해 일본으로 이출되었다. 역으로 일본에서 생산된 공업제품은 한국 각지에 판매되었다. 시골의 마을에서 일본의 경제중심지까지, 때로는 세계 각국까지, 의식했든 그렇지 않았든 간에 철

도와 항구를 매개로 관계의 폭이 넓어졌다. 즉 한국경제는 제국 일본의 일부로서 재편성되었고, 이 관계망을 통해 일본자본주의의 근대적 시설운용원리가 한국 사회 속으로 침투해 들어온 것이다.

2) 일제의 농업증산정책과 지주제의 강화

일제는 일본자본주의의 미곡수요를 충당하고자 농사 개량과 수리시설 개선에 기초한 농업생산성 증대사업을 추진했다. 그 대표적인 정책인 산미증식계획은 1910년대에 구축된 쌀 단작형 농업생산체계를 기반으로 토지 개량과 수리시설 확충을 통해 쌀 생산과 일본 수출물량을 늘리는 데 중점을 두었다.

제1차 산미증식계획은 1920년부터 15년간 899만 5,000석의 증산목표를 세웠으나 재원조달이 제대로 이루어지지 않아 토지 개량 목표의 3/4를 달성하는 데 그쳤다. 1926년부터 1934년까지 진행할 계획이었던 제2차 산미증식계획은 정부가 알선하는 저리자금의 비중을 높여 지주들이 쉽게 참여할 수 있도록 하고, 토지 개량 전담회사인 조선토지개량주식회사와 동척토지개량부를 설립하여 사업을 촉진하는 데 주안점을 두었다. 그렇지만 이 사업은 예상대로 진행되지 못했다. 결과적으로 토지 개량 예정 면적의 47% 정도에서밖에 시행되지 못했고, 1934년에는 자금 부족으로 인해 사업 자체가 중단되었으며 사업을 이끌었던 조선토지개량주식회사마저 해산되었다.

예상보다 실적이 떨어지기는 했지만 일제의 정책은 양적인 면에서 볼 때 농업 생산을 크게 변화시켰다. 산미증식계획기에 정비된 관개설비답이 1926년 말 약 40만 정보에서 1931년 당시 논 면적의 1/3에 해당되는 약 54만 5,000정보로 늘었다. 미곡 생산량은 1920~1922년 사이와 1930년대 후반을 비교하면 약 1,474만석에서 2,125만석으로 증가했다. 이러한 생산 증가와 더불어 고려해보아야 할 부분이 미곡의 수이출이다. 산미증식계획이 본격적으로 추진되던 1927~1936년 사이에는 총생산량의 40~50%가 수이출되었고, 거의 대부분이 일본으로 반출되었다. 생산증대의 효과는 일본제국주의가 의도했던 대로 일본의 식량 문제를 해결하는 데 활용된 것이다. 농업 생산구조 측면에서 보면 재배되는 쌀의 품종이 일본반출에 적합하도록 일본품종으로 급속히 바뀌어갔다. 한두 가지의 단일 품종으로 미곡의 단작화가 진행된 결과 토종 종자가 궤멸되어 농업자립의 기반이 붕괴되고, 잡곡류 생산이 줄어 생물종 다양성이 파괴되어갔다.

동양척식주식회사

미곡 수출의 활성화로 인한 농업 생산의 상품화가 빠르게 진행되자 지주층에게는 부와 사회적 지위를 키워갈 수 있는 토양이 마련되었다. 특히 한말 시기부터 주요 곡창지대에 침투했던 일본인 지주들은 대토지를 매입하고 농장을 경영하면서 이 시기 지주제의 확산과 강화를 주도해갔다. 전체적으로 지주층 중에서 30정보 이상을 가진 지주는 일본인보다 한국인이 많았지만 200정보 이상의 거대지주는 국책회사인 동양척식주식회사를 위시하여 일본인이 압도적으로 많았다. 이러한 환경 속에서 지주

일본으로 가져갈 반출미가
산더미처럼 쌓인 군산항

들은 농촌사회 전반에 영향력을 키워갈 수 있었다. 그들은 지역 내 농업지배기관인 농회나 금융조합의 임원이 되거나 학교와 향교의 직임을 맡으면서 지역유지로서 사회적인 영향력까지 행사했다. 이들 중 일부는 도의회 의원이 되거나 중추원 참의가 되어 적극적으로 일본의 조선 지배에 협력하는 인물이 되었다.

지주의 농업 생산 지배는 토지 관리나 경영에 합리성을 가져오기는 했지만 생산 농민이 자율적으로 일할 수 있는 기반을 빠르게 무너뜨렸다. 이로 인해 농민들이 자발적인 자세로 의욕을 가지고 일할 수 없게 되었을 뿐만 아니라 강화되는 지주제에 따라 자소작농이 몰락하고 소작농이 증가하면서 농가경제의 영세화가 빠른 속도로 진행되었다. 이로써 양극화와 사회적 갈등의 요소는 커져갔다.

3) 농촌진흥운동과 농가경제 안정화 문제의 제기

1920년대까지 확대된 지주제와 농민경제의 영세성 문제는 1920년대 후반 세계대공황을 겪으며 농촌을 위기로 몰아넣었다. 일제는 이를 해결하는 방안으로 농촌진흥운동으로 대변되는 '농가경제 안정화방안'을 추진했다. 지주와 소작인의 관계를 조정하고 자작농을 육성하며 농업조직과 판매소비조직을 개선함으로써 농민안정화를 꾀하겠다는 방침이었다. 이는 한편으로 급격하게 혁명화하는 농민운동을 억제하기 위해서 농촌진흥회를 농촌의 말단까지 포함하여 조직하는 농촌통제책이었고, 한편으로는 금융조합을 매개하여 농민들에게 저리자금을 대부함으로써 최소 수준의 농가갱생을 꾀하는 방법으로 추진되었다.

1933년부터 시작된 농가갱생계획은 개별 농가의 고리채 정리와 농민의 조직적 지도, 자금대부를 통한 자작농지 설정으로 구체화되었다. 특히 자작농지 설정사업은 소작농민을 자작농화한다는 목표를 가지고 입안되었으며, 1940년대 초까지 소작농 6만여 호가 200만 정보의 토지를 소유하게 한다는 것이었다. 이 사업은 주로 농가가 금융조합의 단기대출자금을 빌려 토지를 매입하는 방법으로 행해졌는데, 이 사업의 수혜를 받은 농민들은 금융조합을 매개로 하는 농촌통제체제에 포섭될 수밖에 없었다. 소작농의 자작농화를 목표로 하기는 했지만, 실제 현실은 소작인을 작은 토지라도 지키고자 하는 안정추구 세력으로 만들어서 일제농정에 협력하는 계층을 확산하려는 데 주목적이 있었다.

한편 농촌진흥운동은 주로 농촌생활 개선과 농민의 정신계몽, 즉 노동과 근검절약만이 경제갱생의 비결이라는 이데올로기 공작에 초점을 맞추었다. 이는 1935년부터 시작한 심전개발운동(心田開發運動)과 함께 전쟁동원을 위한 농촌의 재편성과 농민층에 대한 황국신민화작업으로 이용되었다. 일본천황에 대한 신앙심·국가의식·사회공동체의식의 함양을 의미하는 심전개발은 곧 '충량한 황국신민화'를 위한 고도의 이데올로기 정책이었으며, 이것은 1940년 12월 국민총력운동으로 이어졌다.

시기에 따른 농가경영별 농민 구성(단위 :%)

연도	총 호수(명)	지주	자작	자소작	소작
1913	2,573	3.1	22.8	32.4	41.7
1919	2,665	3.4	19.7	39.2	37.6
1925	2,743	3.8	19.9	33.2	42.2
1932	2,931	3.6	16.3	25.3	52.8
1936	3,060	-	17.9	24.1	51.8
1941	3,071	-	17.8	23.5	53.6

자료 : 조선총독부, 『조선총독부통계연보』, 1931·1941년도판.
비고 : 1933년부터 대부분 소작을 주고 일부만 자작하는 지주층은 자작에 포함시키고, 전부 소작을 주는 지주층은 조사대상에서
　　　제외.

4) 농민경제의 구조적 취약성

　지주제가 강화되면서 농민의 80%를 차지했던 소작농민들은 농업 생산에서 자율
성이 줄어들었고 안정적인 생산과 생활기반을 유지할 수 없었다. 토지가 개량되고
일본인 농장과 같이 근대적 경영시스템을 도입한 곳에서는 그 특징이 두드러졌다.
토지 개량이 이루어진 농지의 경우 소작료는 일반적으로 50%에서 최대 70%까지 올
랐고, 안정적 소작계약을 보장한다는 명목으로 도입된 농장의 서면계약제도는 지주
에 대한 농민들의 세력결집과 항의 자체를 봉쇄해버렸다. 자소작농들도 어렵기는
마찬가지였다. 그들은 조선총독부가 추진하는 농사 개량과 토지개량사업의 과정에
서 종자와 비료를 강제로 구매하고 수세를 부담해야 하는 등 비용지출이 늘어나 농
가 경영수지가 악화되었다. 미곡의 상품화도 가족경영 규모에서는 별 도움이 되지
못했다. 이 과정에서 전 시기에 걸쳐 자작농과 자소작농이 줄고 소작농이 늘어났으
며, 나아가 농업노동자가 증가하는 결과를 낳았다. 개별 농가가 농사짓는 경지면적
도 1918년에는 논과 밭을 합해 1.63정보이던 것이 1937년에 이르면 1.45정보로 줄어
들어 농민의 전반적인 영세화가 진전되어갔다.
　계층별 농가의 농업경영상황을 보면, 자작농은 사료비나 비료비, 임금 등 농업경
영비에 분산적으로 비용을 지출하며 현상을 유지하는 수준이었다. 이에 비해 일반

소작농가는 그해 수확한 생산물로 소작료와 비료대금, 춘궁기 때 빌린 고리대금까지 지불하고 나면 1년 동안 가족들이 먹고살 거리를 마련하기도 어려운 현실이었다. 가뭄이나 홍수 또는 병충해가 일어나는 해에는 소작농만이 아니라 자작농과 자소작농 모두 심각한 적자를 입을 수밖에 없었다. 조선농회가 1930~1933년간 조사한 각 지방의 자작농, 자소작농, 소작농에 대한 경영조사자료를 보면 대부분의 농가가 적자경영을 면치 못했고, 늘 고리대 부채를 지고 살 수밖에 없었다. 1932년 전라북도 경찰부가 조사한 자료에 의하면 전라북도의 총 세대 수 28만여 호 중 40% 이상이 세궁민(細窮民)이었고, 그들 중 72% 정도에 해당하는 8만여 호가 부채농가였으며 호당 평균부채액은 34원 60전이었다.

이런 처지에 있던 농민들은 어떻게 대응했을까? 그들은 살기 위해 농촌을 떠나거나 현실의 상황을 개선하기 위해 싸움을 선택했다. 전라북도에서는 1932년 1월부터 4월까지 도내에서 농촌을 떠난 인구가 3만 3,059명이었다. 가난 때문에 살기가 어려워져 떠난 사람이 42.2%, 노동을 할 목적으로 옮겨간 사람이 28.2%, 빚을 갚을 길이 없어 도망간 사람이 20.9%로, 결국 이동인구의 대부분이 가난 때문에 농촌을 떠난 셈이다. 한편 현실을 적극적으로 해결해보고자 했던 이들은 소작쟁의를 벌였다. 1920년대 중반 이후부터 농촌사회에서는 소작쟁의가 당연한 일인 듯 일어났지만 문제는 해결되지 않았다. 결국 농민들의 움직임은 1930년대 전반기에 이르러 체제를 부정하는 혁명적 농민운동으로까지 발전했다.

3 공업화의 진전과 노동자생활

1) 공업정책과 공업화의 추이

1920년대까지 일제는 조선을 식량생산지와 상품판매지로만 여겼기 때문에 적극적인 공업화를 추진하지 않았다. 1910년대는 회사령을 제정하여 한국인들의 상공업회사 설립을 어렵게 했으며, 제1차 세계대전 이후에는 일본재계의 호황에 힘입어 중소공업이 일시적으로 발전하기는 했으나 전쟁 이후 공황이 발생하자 많은 기업들이 도산했다. 그런데 만주사변 이후 상황이 크게 변했다. 일본은 대륙침략을 본격화하기 위해 사회적·경제적 기반을 조성하고자 했고, 그 대표적인 정책으로 농촌진흥운동과 조선공업화를 추진했다. 특히 1937년의 중일전쟁 이후에는 일본 - 만주 - 조선 블록을 기반으로 하는 '대륙전진 병참기지정책'에 따라 조선의 공업화가 본격적으로 진전되었다. 조선공업화정책은 조선의 값싸고 풍부한 노동력과 일본의 신흥자본을 결합하여 지하자원과 전력이 풍부한 북부 지역을 공업지역으로 전환하는 것이었다.

중일전쟁을 전후해서 정책이 변함에 따라 공업 분야의 변화가 산업구조의 변화를 주도했다. 전쟁 전에는 대일수출과 관련된 정미업, 제사업 등과 면방직업, 제당업, 고무공업 등의 소비재공업이 주를 이루었다. 그저 1920년대 말에 진행된 북부지방의 대규모 수력자원을 이용한 장전강과 부전강 등에서의 전력 생산과 이를 기반으로 비료를 만드는 화학공업이 성장하는 정도였다. 그에 비해서 중일전쟁 이후부터는 석탄액화(인조석유), 화약, 경금속, 제철, 기계공업 등의 중화학공업이 발달하기 시작했다. 관련 시설들은 중국과 전쟁을 수행하기 위해서 철광석, 석탄, 수력자원이 풍부한 지방인 함경남도와 함경북도에 집중되었다. 그에 따라 1910년에서 1940년 사이의 총생산에서 농림어업은 71%에서 43%로 비중이 감소했고, 광공업은 8%에서 29%로, 서비스업은 21%에서 28%로 증가했다. 광공업이 급속하게 성장한 것이다.

일제하 공장이나 공장노동자의 수와 생산액의 추이를 살펴보면, 1911년과 1940년 사이에 공장 수는 28배, 종업원 수는 29배, 생산액은 95배가 증가했다. 1920년대 초만 해도 공장 수가 2,000여 개였던 것이 1940년대 중반에 이르면 1만 5,000개가 되었다. 또한 일본인만이 아니라 한국인이 운영하는 공장도 늘어났다. 공장공업이 빠르게 성장했음을 보여주는 지표들이다. 업종별로 보면 모든 업종의 생산액이 늘어났는데 화학공업과 기계공업 부문이 비약적으로 증가했다.

그런데 공업의 발전은 일본의 대기업과 한국의 중소기업이라는 민족적 공업구조를 고착화시켰다. 특히 일본자본의 침투가 늘어난 1930년대 이후 한국인 공업회사

조선 내 공장 현황(단위 : 명/천 원)

연도	공장 수				공장노동자 수	생산액
	한국인	일본인	기타	합계		
1921	1,088	1,273	20	2,384	49,302	166,414
1925	2,005	2,084	78	4,168	80,375	337,249
1931	2,233	2,128	241	4,602	96,333	275,151
1937	3,754	2,545	2	6,301	207,002	959,308
1939	4,185	2,768	-	6,953	270,439	1,498,277
1943	-	-	-	14,856	549,751	2,050,000

자료 : 『조선총독부통계연보』, 1910~1940; 『조선공장명부』, 1930~1939; 조선은행조사부, 『조선경제연보』, 1948(『자료한국근현대사』, 306쪽 재인용).
비고 : 1921년 이전 - 종업원 수 10인 이상 또는 원동력을 갖는 공장
　　　1921~1928년 - 평균 1일 5인 이상 사용 공장 및 1년 생산액 5,000원 이상 공장
　　　1929년 이후 - 5인 이상 직공 및 사용설비 가동 공장

와 일본인 공업회사의 양적·질적 차이는 더 커졌다. 전체 생산액 중에서 한국인 공장이 차지하는 비중은 26.6%였는데, 당시 한국인이 경영하는 공장이 전체 공장 수의 51.7%였던 것을 볼 때 한국인 공장의 영세성을 살펴볼 수 있다. 자본금의 규모도 차이가 났다. 한국에 본점이 있는 공업회사 중 일본인이 소유한 회사가 52.1%, 한국인이 소유한 회사는 47.9%로 비슷했으나, 납입자본금은 일본 측이 87.7%를 차지했다. 그리고 업종 면에서도 한국인 자본은 투자액이 적은 양조, 제약, 정곡, 인쇄업 부분에 집중되어 있었다. 1930년대 중반 이후의 공업화가 화학과 기계 등 중화학공업을 중심으로 확대되었음을 볼 때, 상대적으로 한국인들이 영위하는 공업의 위상이 점차 줄어들면서 공업구조상 종속화되어갔음을 알 수 있다.

'1930~1940년대'는 1990년대 이후 진행된 식민지경제의 성격을 둘러싼 '수탈론'과 '근대화론'의 논쟁에서 주요하게 검토되는 시기이다. 크게 보면 조선 후기, 한말, 일제강점 초기, 1930~1940년대의 각 시기를 어떻게 이해하는가에 따라 일제강점기에 대한 평가가 달라진다. 나아가 이 논의는 해방 후 국가건설방향에 대한 인식과 현재의 한국 사회에 대한 평가까지 이어지는, 한국근현대사에 대한 이해를 좌우하는 핵심적인 논쟁주제이기도 하다.

이 시기를 두고서 두 가지 입장이 있다. 하나는 일제시기 전반을 한국자본주의 성

장사의 입장에서 보아 자본주의 경제구조가 급격히 발전한 시기로 바라보는 시각이다. 공업의 발전, 노동자계급의 성장, 경영기법과 노동자구성의 변화, 자본주의적 경제인식의 확대 등 이 시기에 드러나는 경제성장의 양상들을 적극적으로 해석한 것이다. 또 하나는 파시즘 경제통제가 실시되는 시기로 이해하는 시각이다. 일본자본주의의 국가독점자본주의화와 파시즘화에 따라 한국경제체제가 식민지 파시즘체제로 개편되었다고 본다. 이는 '근대화'와 '자본주의화'를 바라보는 인식의 차이에 기반을 둔다. 전자는 경제성

함경남도 단천에서 일어난 적색농민조합운동을 보도한 기사(≪동아일보≫ 1935년 3월 30일자)

장과 자본주의 근대화 과정 전체를 긍정적인 시각에서 바라보며, 그것이 해방 후 한국자본주의가 성장한 토대라고 인식한다. 후자는 자본주의의 근대화 과정에서 조선사회가 경험한 식민지성과 계급성에 대한 문제를 제기한다.

2) 노동계급의 성장과 노동자 생활

1930년대 초반 농업공황이 심해지자 농촌지역의 빈민은 일자리를 찾아 도시로 향했다. 그렇지만 이들은 변변한 일자리도 찾지 못하고 도시 외곽지역의 빈민이나 실업자로 살아갔다. 많은 한국인이 실업상태에 있었음에도 일제는 1925년 4만 명이 넘는 중국인 노동자의 유입을 방조하고 사업장에서 중국인 노동자를 활용하도록 했다. 그로 인해 전체적인 임금과 노동시간 등의 노동조건은 악화될 수밖에 없었다. 당시 한국인 노동자와 중국인 노동자의 임금은 별 차이가 없었지만, 일본인 노동자와 비교해보면 매우 차별이 심했음을 알 수 있다. 같은 장소에서 같은 종류의 작업을 하는 일본인 숙련노동자와의 차이는 물론 일본인 미숙련노동자와 비교해서도 연령별·성별 등 모든 경우에서 한국인 노동자의 임금이 그 절반에 불과했다. 민족적 차별이 심했을 뿐만 아니라 노동시간도 매우 길었다. 1931년 50명 이상을 고용하는

일본경찰의 감시하에
노동 중인 한인노동자들

공장에서 성인 일본인의 평균노동시간은 8.5시간이었다. 그에 비해 한국인 성년 노동자들은 12시간 이상 노동을 하는 비중이 공장들 가운데에서는 41%, 노동자들 중에서는 47%에 해당했다. 어린이와 여성노동자의 경우는 더욱 가혹했다. 어린이와 여성노동자가 많았던 방직공업의 경우에는 87%의 노동자가 12시간 이상의 노동을 했다.

중일전쟁 이후 본격적인 공업화가 진전되면서 노동자의 수도 늘고 그 구성도 변화했다. 1920년대는 노동자의 대부분이 짐꾼, 하역인부, 토목공사장 인부, 광부였다. 이후 공장노동자는 1919년 4만여 명에서 1920년대 후반 9만여 명으로, 1930년대 후반에는 27만여 명으로 늘었으며, 1929년과 1937년을 비교했을 때 약 2배가량 증가했다. 이 중 화학공업 부문이 가장 많이 늘었고, 그다음은 기계가구, 금속공업 등 중공업 부문의 증가율이 컸다. 이에 비해 초기에 많은 비중을 차지했던 정미소 등 식품공업의 비율은 현저히 감소했다. 1937년 말 현재 공장노동자를 사업별로 보면 화학, 식품, 방직 부문의 노동자가 전체의 73%를 차지했다.

전쟁이 진행됨에 따라 노동력 수요가 늘었으나, 장기적인 안목에서 노동력을 유지하고 길러내기 위한 노동조건은 갖춰지지 못했을 뿐만 아니라 오히려 더욱 나빠졌다. 일본에서는 오래전부터 시행하고 있었던 공장법조차 논의만 부분적으로 되는 듯하다가 시행되지 않았다. 노동자들의 권익을 보호해줄 그 어떤 조치도 없었던 것이다. 그리고 물가인상과 대비해볼 때 임금은 떨어지고 있었다. 1936년에서 1940년을 비교해보면 도매물가지수는 100에서 163.9로 올랐으나, 실질임금은 도매물가를 기준으로 하여 88.9로 떨어졌다. 그럼에도 전쟁물자를 보급하기 위한 생산력 확충이 강조되면서 조기출근, 잔업, 휴일출근 등이 예외 없이 실시되었고, 많은 공장에서 휴식시간이 단축되고 작업기계의 속도가 더 빨라졌다.

이로 인해 전시하에도 한국인 노동자의 저항은 끊임없이 계속될 수밖에 없었다.

1930년대 전반처럼 혁명적 노동운동으로까지 성장했던 것에 비하면 소극적이고 수도 줄어들었지만 노동자들의 저항은 지속되었다. 중일전쟁 발발 직전인 1936년에 8,246명, 1938년에는 6,929명, 1939년 1만 명이 노동쟁의에 참가했다. 이들은 직접적인 파업의 위험성을 피하면서 빈번하게 태업을 일으켰으며, 일상적으로 노동과정에서 열의를 보이지 않음으로써 작업능률을 떨어뜨려 전반적인 노동생산성을 감소시켰다. 이러한 태업과 노동생산성 하락은 일본이 추진하는 전쟁준비에 실질적인 어려움을 불러일으키는 요인이 되었다.

4 전시하 경제통제와 민중생활

1) 전시 총동원체제와 통제체제

일본은 1931년 만주사변을 도발하면서 중국을 침략했고 1937년에 중일전쟁, 나아가 1941년에는 미국·영국·네덜란드를 상대로 한 태평양전쟁을 도발했다. 세계의 경제블록 간 대립이 커지고 일본자본주의의 구조적 취약성이 심화되면서 일제는 군부 주도하에 전면적인 대륙침략전쟁을 감행했다. 이를 위해 전시총동원 군부파시즘체제를 식민지와 점령지를 포괄하는 엔블록 내에서 체계화하여 자원과 물자를 효율적으로 조달할 수 있는 동원체계를 확립하고자 했다.

총동원체제를 구축하기 위해서 일제는 1938년 국가총동원법을 제정했고, 곧바로 한국에도 적용시켰다. 그러고는 일제가 영향력을 미칠 수 있는 일본 국내와 피침략지역인 한국·만주·중국의 생산소비체계를 자급자족계획에 의한 국방체제를 확립하는 방향으로 재편성해갔다. 그 속에서 한국경제 전반이 분야별로 조직되고, 군수물자용 생산을 늘려 일본의 전쟁수행에 복무하는 체제로 재편되어갔다.

자금조달 면으로는 모든 금융기관에서 전쟁자금의 조달을 위해 저축증강정책이 실시되었고, 끌어들인 예금으로 국채나 군수생산업체의 유가증권을 매입하여 군수

'일본정신발양'을 고취하는 선전물이
내걸린 조선총독부 건물

공업의 생산력 확충자금으로 활용하고자 했다. 이를 위해 1937년 말부터 소비절약과 강제저축정책을 실시하고, 긴요하거나 급하지 않은 산업에 대한 대출을 강력히 통제했으며, 한국인이 주로 이용하던 일반 은행을 강제로 통폐합했다. 그리고 전체적인 금융조직은 '조선금융단'으로 일괄화되었고, 이는 일본의 '금융단'의 한 부분으로서 모든 자금의 흐름을 통제당했다.

또한 일제는 수자원을 이용한 전력과 인조석유, 군수물자의 원료가 되는 경금속·철강·석탄 등을 증산하기 위해 일본독점자본의 한국 진출을 적극 지원했다. 일본재벌을 중심으로 한 회사자본 투자는 1930년대 중반 이후 급증했다. 회사자본은 일본유입자본과 한국 내 조달자금을 합해 1931년까지 20억 원 내외이던 것이 1936년에 70억 원, 1945년에는 100억 원 정도로 급증했다. 이들은 전쟁수행과 직간접적으로 연관된 군수산업에 집중 투자되었다.

전쟁을 위한 총동원체제는 후방의 사람들을 조직적으로 통제하여 전쟁수행을 지원하도록 하는 동시에 반발을 강제적으로 무마해야만 유지된다. 일제는 이를 위해 국민정신총동원조선연맹(1938)과 그것이 확대·강화된 조직인 국민총력연맹(1940)을 설립했다. 이는 중앙부터 면리 단위까지 행정체계에 따라 구성되었고 리 단위는 부락연맹으로, 그 아래에 모든 주민들은 10호 단위의 애국반으로 편성되었다. 중앙부터 주민들의 일상공간인 마을까지 총동원체제로 구축된 것이다. 일제는 애국반을 통해서 일장기 걸기, 신사참배, 일본궁성을 향해 절하기, 일본어 상용, 방공방첩, 애국저금 실행 등 황국신민화정책을 실시하고 일상적인 통제를 했다. 그리고 동시에 부락연맹을 경제통제의 말단조직으로 활용하여 공출과 배급 등을 강제했다. 마을이 통제의 기초 단위가 되어 농업 생산과 유통, 금융수급 모두가 이를 통해 이루어졌다. '부락계획'에 따라 3년간 마을의 증산계획을 세우고, 그에 따라 생산과 공출에 대한 마을책임량이 정해졌다. 부족한 노동력 문제를 해결하기 위해 부락 단위의 공동생산이 강제되면서 농촌통제시스템이 강화되었다.

2) 강제동원과 민중수탈

1930년대 중반 이후 일본은 침략전쟁을 중국과 동남아시아 일대로 더욱 확대해갔다. 전쟁지역이 넓어지고 기간이 길어질수록 군수물자의 생산은 늘어갔고, 전쟁을 수행할 인력을 확보하는 일은 점점 어려워졌다. 일제는 1938년에 제정된 국가총동원법을 식민지에도 곧바로 적용하면서 노동력 배치를 전쟁물자의 생산에 집중시켰고, 새로이 광산을 개발하여 물자 생산을 확대했으며, 한국인들을 전쟁에 직접 투입하는 방향으로 정책을 전환해갔다. 그 결과 농민들은 식량을 수탈당해 굶주림에 시달렸고 수많은 사람들이 공장과 탄광 등지에 노동력으로, 전쟁터의 군인으로, 군인들을 위한 위안부로 강제 동원되었다.

일제는 전쟁이 확대되고 재정과 식량상황이 악화되어가자 군량미를 조달하기 위해서 전국적으로 쌀 배급제도와 쌀과 잡곡에 대한 공출제도를 실시했다. 징용이 시작되어 일할 사람이 부족한 상황에서도 농민들은 부락 단위로 할당된 생산량을 감당해야만 했다. 공출은 쌀에서 쌀과 잡곡을 포함한 식량 전반으로 확대되었다. 또한 공출제 때문에 농민들은 식량을 시장가격보다 싸게 팔고 필요한 식량은 배급받아 근근이 생활해야만 했다. 태평양전쟁이 막바지에 이르면서 쌀 배급도 만주에서 들어온 잡곡으로 대체되는 등 농민들의 궁핍은 더욱 심해져갔다.

한국인 가정에서 공출로 거두어들인
놋그릇더미

일제는 농촌노동력을 공장과 탄광으로 보내려는 노동력 동원계획을 세우고 1939년에 국민징용령을 제정했다. 또한 노동력을 동원하는 데에 점차 행정의 개입이 강화되어갔다. 동원 방식은 일반적인 노동자 모집에서 관이 노동자를 공장에 알선하는 방식으로, 그리고 군 관계 노동력에 대한 징용으로, 마지막에는 행정처분에 의해 무차별적으로 모든 노동

일본 각지의 소년병학교로
강제 입교된 징집자들

여자 근로정신대

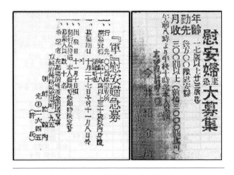
≪매일신보≫와 ≪경성일보≫에 실린
위안부 모집 광고

할 수 있는 인력을 강제로 노동하게 하는 징용과 근로동원으로 바뀌어갔다.

징용은 일반인들을 강제로 공장과 탄광에 배치하는 것이었기 때문에 저항을 우려하여 한국에서는 일본보다 늦은 1944년 9월부터 시작되었다. 이때부터 일제는 행정과 경찰력 등의 공권력을 이용하여 노동력으로 동원할 수 있는 사람들을 강제로 한국의 북부 지역과 일본, 사할린, 동남아시아 등지에 끌고 갔다. 많은 이들이 탄광·금속광산·토건공사장·군수공장에서 일했는데, 가혹한 노동력 착취와 비인간적인 대우 때문에 많은 노동자들이 현장을 이탈했고 작업 거부나 파업, 폭동을 일으키기도 했으며 비밀결사를 조직하여 저항했다. 강제 징용된 한국인들은 공사 후 기밀유지를 이유로 집단학살당하기도 했다. 평양 미림비행장 노동자 800여 명, 지시마 열도 노동자 5,000여 명은 그 대표적인 예이다. 남양군도에서는 후퇴하는 일본군이 남아 있던 노동자들을 학살하기도 했다.

강제 징용과 별도로 근로동원이라는 명목하에 국민학생부터 각급 학생들과 여성 등 노동력을 가진 모든 한국인들이 강제 동원되었다. 한국 내에서는 근로보국대 형식으로 학도근로대, 가정근로보국대, 도청근로보국대 등의 이름하에 조직된 사람들이 비행장 건설 등의 군사시설 공사에 끌려갔다. 특히 일제는 1944년 여자정신대근무령을 발표하여 12세에서 40세까지의 여성 수십만 명을 강제 징집하고 집단으로 수용시켜 군수공장에서 일하게 했다. 정신대 가운데에는 군대의 '위안부'로 끌려가 성노예로 살아야 했던 여성들도 많았다. 일본군은 직접 또는 군 관련 회사를 통해 일본과 한국, 필리핀, 인도네시아 등지에서 은밀하고 체계적으로 미혼여성 십 수만 명을 군 위안부로 끌고 갔다. 그중 80%가 가난한 한국인 미혼여성들이었는데, 이들은 취업사기나 유괴를 당했거나 강제 연행된 경우였다. 일본은 전쟁에서 패하자 이들을 현지에 버리고 퇴각했고, 간신히 고국으로 돌아온 이들도 가족에게 돌아가지 못하고 정신적·육체적·사회적으로 힘겨운 삶을 살 수밖에 없었다.

실제 전쟁에 투입된 병력과 준병력도 상당했다. 일제는 군대를 보충하기 위해서 1938년부터는 지원병 형식으로 병력을 모집했고 1943년에는 학도지원병제도, 1944년에는 징병제도를 실시하여 패전할 때까지 약 20만 명의 청년을 징집했다.

일제가 식민경영과 전쟁수행을 위해 군인이나 군속, 군위안부나 노무자로 국외와 국내에 강제 동원한 인원은 700만 명이 넘을 것으로 추정된다. 하지만 아직도 정확한 인원이나 피해상황이 제대로 규명되지 않았으며, 이에 대한 국가와 일본의 피해보상도 제대로 이루어지지 못하고 있다. ㅣ 이경란

이야깃거리

1. 식민지 경제정책은 누가 결정하는 것일까?

2. 식민지사회에서 생산성이 높아진다면 그것을 무엇을 의미하는가?

3. 1930년대 이후 경제통제는 한국 사회에 어떤 영향을 미쳤을까?

4. 당시 농민과 노동자계급이 희망하는 사회변화는 무엇이었을까?

5. 당시 일본에 협력한 기업가나 지주들은 어떤 경제인식을 가지고 있었을까?

더 읽을거리

공제욱·정근식 엮음. 2006. 『식민지의 일상 지배와 균열』. 문학과학사.

김영희. 2003. 『일제시대 농촌통제정책연구』. 경인문화사.

김용섭. 2000. 『증보판 한국근현대농업사연구』. 지식산업사.

방기중 엮음. 2004. 『일제 파시즘 지배정책과 민중생활』. 혜안.

변은진. 1998. 「일제 전시파시즘기(1937-1945) 조선민중의 현실인식과 저항」. 고려대학교 박사
　　학위논문.

송규진·변은진·김용희·김승은. 2004. 『통계로 본 한국근현대사』. 아연출판부.

안병직 외 엮음. 1996. 『근대조선의 경제구조』. 비봉출판사.

연세대학교 국학연구원 엮음. 2004. 『일제의 식민지배와 일상생활』. 혜안.

이상의. 2006. 『일제하 조선의 노동정책 연구』. 혜안.

정병욱. 2004. 『한국근대금융연구』. 역사비평사.

정혜경. 2003. 『일제말기 조선인 강제연행의 역사』. 경인문화사.

호리 가즈오. 2002. 『한국근대의 공업화』. 전통과 현대.

3

국내 민족운동의 전개

1 **1910년대 민족운동과 3·1운동**

1) 항일비밀결사의 활동

일제의 무단통치로 인해 국내에서는 대규모의 표면적인 민족운동을 전개하기가 어려웠다. 이런 상황에서도 1910년대 중반까지 일제의 '남한대토벌'을 피한 일부 의병들은 항쟁을 계속했고, 곳곳에서 의병운동과 계몽운동을 결합한 비밀결사가 등장했다.

대한독립의군부와 민단조합은 위정척사 계열의 의병 이념을 계승한 항일비밀결사였다. 1912년 9월 최익현의 의병부대에 참여했던 임병찬 등 유림 세력은 국권을 회복하기 위해 대한독립의군부를 조직했다. 이강년, 이인영의 휘하에 있던 이동하(李東下)·이은영(李殷榮) 등은 1915년 민단조합을 결성하여 군자금을 모집하다 발각되었다. 그러나 이들 위정척사 계열의 비밀결사는 독립을 대한제국의 주권 회복을 목적으로 했다는 점에서 시대적 한계를 갖고 있었다.

일제강점기 수많은 독립운동가들이 수감되었던
서대문형무소 전경(1930년대)

공화주의를 표방하며 독립군을 양성하기 위해 군자금 모집과 무기 구입, 친일부호의 습격과 처단 등을 벌인 비밀결사도 있었다. 풍기광복단과 국권회복단을 통합하여 결성된 대한광복단(1915.7)은 1916년 충청도·경기도·강원도·황해도·전라도·평안도로 조직을 확대하고 회원도 200여 명에 달했다. 이 단체는 무관학교를 설립하기 위해서 만주의 독립운동가들과도 연락을 꾀했다. 이들은 상동·직산광산, 경주의 우편차 등을 습격하여 군자금을 모았고, 1917년에는 친일부호 장승원(張承遠)과 도고면장 박용하(朴容夏) 등을 처단했다. 대한광복단은 1918년 일제 경찰에 의해 조직이 드러나 와해되었으나, 체포를 면한 일부 단원들은 만주로 망명하여 암살단·주비단 등을 조직하고 항일운동을 계속했다. 이 외에도 친일인사와 조선총독부 고관의 암살을 기도했던 선명단(1915)과 자진회(1918), 곡물상의 상업조직을 이용하여 독립군을 지원하려 했던 조선국권회복단(1913), 하와이에서 박용만이 만든 대조선국민군단의 국내 지부인 평양의 조선국민회(1915) 등의 비밀결사가 활동했다.

한말 계몽운동의 맥을 이어 교육·계몽운동으로 실력을 양성하기 위해 청년·학생들을 조직한 단체도 등장했다. 1913년 평양 숭의여학교 교사와 학생들이 중심이 되어 조직된 송죽회는 교회를 이용하여 여성계몽운동을 벌였다. 이들은 자금을 모아 해외로 보내거나 국내에 잠입한 회원에게 숙식비, 여비를 지급하는 등의 활동을 통해 독립운동을 후원했다. 1915년 경성고등보통학교 교사와 학생들은 민족의식을 높이고 일제에 빼앗긴 경제권을 되찾으려 경제자립의 취지로 조선산직장려계(朝鮮産織奬勵契)를 결성했다. 대성학교 출신 학생들의 비밀결사인 기성단(1914), 자립단(1915) 등이 결성된 것도 이 무렵이었다.

일제의 농업·농촌지배에 저항하는 농민운동도 일어났다. 토지조사사업으로 소농민의 토지소유권과 경작권 등 농민의 권리가 크게 흔들리자 농민들은 곳곳에서 조사원을 습격하고 측량을 방해했다. 1912년 5월 경남 진해의 농민들은 자신들의 땅이 국유지로 편입된 데 맞서 일본인 지주와 경찰주재소를 습격했다. 토지조사사업 기간에 소유권 분쟁건수는 3만 4,000여 건에 이르렀고, 농민들의 저항은 납세거부투쟁으로 이어졌다.

2) 3·1운동의 전개와 성격

1910년대는 농민층의 몰락, 노동자의 증대, 민족자본가의 성장 억제 등 한국 사회 내부의 계급구조에 변동이 생기면서 일제의 식민통치에 대한 저항이 나타나기 시작한 시기였다. 더욱이 고종이 갑자기 세상을 뜨자 거족적으로 반일기운이 팽배해졌고, 여기에 국제정세의 변화도 작용하여 3·1운동이 일어나게 되었다.

먼저 1917년 러시아에서 세계 최초로 사회주의혁명이 성공했으며, 러시아혁명은 유럽의 혁명운동을 크게 자극했다. 그 결과 1918년 11월 독일에서 혁명이 일어나 제정(帝政)이 무너지고, 독일의 지배하에 있던 체코 등 유럽 소수민족과 아일랜드, 이집트 등 약소민족들은 독립운동을 일으켰다. 또한 미국 대통령 윌슨이 제1차 세계대전의 전후처리를 위해 민족자결주의를 포함한 14개조 원칙을 주장하여 패전국 독일의 지배하에 있던 유럽의 소수민족들은 종전과 함께 독립할 수 있게 되었다. 전쟁 이후 새로운 시대조류로 등장한 민족자결주의는 제국주의의 지배를 받던 식민지 약소민족을 크게 고무하여 이들의 민족운동을 고양시켰다. 제1차 세계대전에서 연합국의 편에 섰던 승전국 일본의 식민지인 조선에는 민족자결주의가 적용될 리 없었지만 조선의 민족운동자들은 이에 고양되었다.

3·1운동은 대체로 세 단계로 발전했다. 첫째는 33인의 민족대표들이 운동을 기획·준비하고 독립을 선언한 운동의 점화단계이다. 민족대표는 종교지도자, 민족자본가와 신지식

2·8독립선언을 주도한 일본유학생들

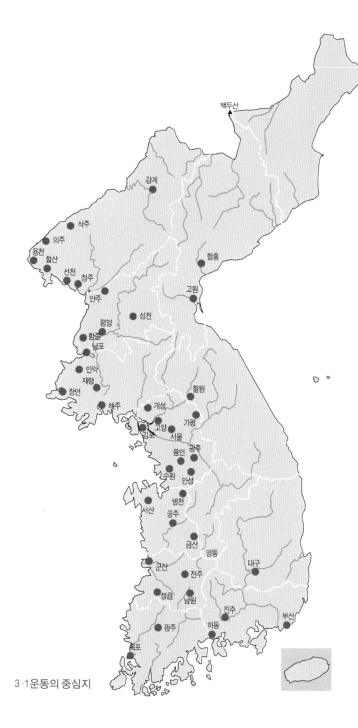

3·1운동의 중심지

층으로 구성되어 있었는데, 중국 상하이의 신한청년당(新韓靑年黨)과 일본 도쿄 유학생들의 2·8독립선언 등 해외의 움직임에 자극받아 개별적으로 운동을 준비하다가 상호 연합하면서 학생들과 연결되었다. 의견 일치를 이루지는 못했지만 대체로 민족대표들이 선호한 독립방안은 파리강화회의에 독립을 청원하는 것과 미국에 대한 독립지원 요청이었다. 국내의 독립선언은 이를 뒷받침하는 성격이라고 생각했다. 3·1운동의 비폭력주의도 이와 같은 배경에서 나온 것으로 이해할 수 있다.

둘째는 3월 초부터 학생과 상인, 노동자들이 참여하여 만세시위가 전국의 주요 도시로 확산된 단계이다. 운동의 확산에는 천도교와 기독교 등 종교조직이 적지 않은 역할을 했다. 이 단계의 만세시위운동을 이끈 것은 학생과 지식층이었고 노동자와 상인들이 적극 호응했다. 상인과 노동자들은 만세시위와 동맹파업, 철시, 전차·광구 파괴 등의 방법으로 투쟁을 벌였다.

셋째는 1919년 3월 중순에서 4월 초의 시기로, 운동이 전국의 농촌에까지 확산되고 주요 도시에서 운동이 재연되는 단계이다. 주목되는 것은 이 시기에도 지식층과 일부 중소지주층이 선도적인 역할을 했으나 농민층 안에서도 운동을 주도하는 이들이 나타나기 시작하고 양상도 격렬해져 곳곳에서 유혈충돌이 빚어졌다는 점이다. 농민들은 농기구나 간단한 무기를 휴대하고 면사무소, 헌병분견소, 경찰관주재소, 토지회사, 친일지주 등을 공격하여 일제의 식민통치질서를 근저부터 위협했다. 특히 격렬한 저항을 보인 것은 농민층이었는데, 이들은 토지조사사업 등 일제의 수탈적 농업정책에 의해 가장 큰 피해를 입었기 때문이다. 농민들은 운동지도부의 타협적인 노선과 비폭력주의와 달리 일제 식민통치의 완전한 종식과 절대독립을 요구했다.

3·1 운동 당시
덕수궁 앞에서의 만세운동

3·1운동 이후 미주에서 미국 국경일에
한인교포들이 벌인 태극기 가두행진

3·1운동은 국내에서만 진행된 것이 아니었다. 중국 간도의 용정과 훈춘, 노령의 연해주 등에서도 2월경부터 움직임을 보이다가 3월 초 국내의 소식이 전해지자 조선의 독립의지를 천명하면서 만세시위운동에 돌입했다.

일본제국주의의 탄압은 잔인했다. 일제는 시위 가담자들을 폭도·폭민으로 규정하고 2개 사단 병력과 비슷한 규모의 헌병과 경찰 등을 동원하여 발포와 살육, 방화를 일삼았다. 일제의 집계만으로도 3월과 4월 두 달 동안 약 200만 명의 시위 가담자 중 7,500명이 피살되었고 1만 6,000명이 부상을 당했다. 49개소의 교회와 학교, 715호의 민가가 불에 탔으며 일제 측 관헌도 8명이 피살되고 158명이 부상을 당했다. 또한 체포된 4만 6,000여 명의 시위 참가자들은 일제의 악랄한 고문과 야만적 태형으로 죽어갔으며 이 가운데 상당수가 이른바 보안법 위반, 소요죄, 내란죄, 살인죄 등으로 재판에 회부되었다.

3·1운동은 민족운동을 크게 고양시키고 민족독립을 쟁취해낼 수 있는 기반을 닦았다는 점에서 한국민족운동사상 큰 의의를 갖는다. 반면에 완전 독립을 향한 전반적인 구상의 부재 등 지도부의 역량이 한계를 드러내기도 한 운동이었다. 3·1운동의 역사적 의의를 정리하면 다음과 같다.

첫째, 3·1운동은 거족적인 항일독립운동이었다. 둘째, 3·1운동은 민족운동의 흐름을 바꾸는 중요한 계기가 되었다. 3·1운동을 거치면서 노동자, 농민 등 민중의 민족의식과 계급의식이 각성되어 이들이 점차 민족운동의 주도 세력으로 등장했다. 셋째, 3·1운동은 일제의 무단통치를 뿌리에서부터 위협함으로써 기만적이나마 일제로부터 '문화정치'라는 양보를 받아내 민족운동의 활동영역을 넓혔다. 넷째, 3·1운동은 공화주의에 입각한 임시정부를 수립시켰고 중국과 러시아에 접한 국경지역에서 벌어지던 항일무장투쟁의 역량을 강화시켰다. 다섯째, 3·1운동은 전 세계 약소민족운동과 대열을 함께했다는 점에서 의의가 있다.

3) 3·1운동기의 정부수립운동

1919년 4월에 접어들면서 3·1운동은 새로운 양상으로 발전했다. 일제의 탄압으로 표면적인 만세운동은 잦아들었지만 운동이 지하화되면서 각종 비밀결사가 태동하고 운동이 조직화되었다. 이 과정에서 독립운동의 영도기관을 세우려는 움직임이 나타났다. 이것은 3·1운동 이후 민족운동의 방향 정립은 물론 독립 후의 신국가건설까지 포괄할 수 있는 중요한 문제였다. 때문에 오로지 '유일한 기관'으로 성립해야 했다.

이런 점에서 '국민대회' 형식을 통해 임시정부를 선포한 세력이 주목된다. 이들은 1919년 4월 23일 서울에서 13도 대표를 소집하여 '국민대회'를 열고 한성정부(漢城政府)의 성립을 대내외에 선포했다. 한성정부 세력은 우여곡절 끝에 공화주의를 수용할 수 있었다. 국민대회에 모였던 기독교, 유림, 청년학생 등 구성원들의 다양성 때문에 동일한 정치적 소리를 낼 수 없었기 때문이다.

3·1운동 당시 정부수립운동이 공화주의 이념만 지향한 것은 아니었다. 조선민족대동단(朝鮮民族大同團)은 대한제국의 회복이라는 복벽주의 정치사상에 입각하여 정부수립운동을 추진했다. 대동단은 국민대회 방식을 통한 정부수립운동 과정에서 한성정부 세력과 대립했고, 상하이에서 대한민국 임시정부가 출범한 뒤에도 독자적인 활동을 계속하다가 상하이로 이전한 뒤 소멸의 길을 걸었다.

중국 상하이와 노령 연해주, 만주 등 국외의 민족운동 세력들도 3·1운동을 전후로 나름 독립운동의 영도기관을 자임하는 '정권기관'을 구성했다. 하지만 이를 선포하지 못한 채 서울에 연락원을 파견하며 3·1운동 주도 세력의 동향을 주시했다. 국내의 운동 세력과 결합해야만 정통성을 획득할 수 있다고 믿었기 때문이다.

당시의 대표적인 임시정부 세력은 노령 연해주의 대한국민의회, 중국 상하이의 대한민국 임시정부, 국내의 한성정부 등이었다. 이 가운데 현실적인 기반을 갖춘 세력은 대한국민의회와 대한민국 임시정부였으므로 양측은 통합작업을 추진했다. 다만 양측 모두 권위와 정통성을 주장하기에는 국내에서 피로 건설된 한성정부에 미칠 수 없었다. 그 결과 국내에서 13도 대표가 창설한 한성정부안을 수용하고 정부의 위치는 상하이에 둔다는 원칙에 합의했다.

2 민족운동의 분화와 신간회운동

1) 민족협동전선론의 대두

3·1운동 이후 민족운동 내부에서는 운동의 방법과 전략을 둘러싸고 다양한 논의가 이루어졌다. 그리고 이와 함께 대외적으로 1917년 러시아혁명의 성공, 제1차 세계대전 후 일본 내 데모크라시운동의 고양, 중국 혁명운동의 진전 등으로 사회주의

6·10만세운동 당시 일본경찰에 제지당한
만세시위 군중들

6·10만세운동 당시 구치
소로 연행되는 여학생들

사상이 수용되었다. 그 결과 1920년대 중반 한국의 민족운동은 민족주의운동과 사회주의운동으로 분화되었다. 이것은 민족 내부의 계급관계를 반영한 결과이기도 했지만 식민통치로부터의 해방이 최우선 목표였기 때문에 민족운동의 통일에 대한 열망도 함께 높아졌다. 이에 중국 관내와 만주의 민족운동 세력들은 민족유일당 결성운동을 일으켰고 국내에서는 1927년 민족단일당을 표방하며 신간회가 출범했다.

신간회의 창립배경을 살필 때 주목해야 하는 것은 반(反)자치론을 전제로 한 민족협동전선론이다. 민족협동전선론은 민족해방을 위해서라면 민족주의진영과 사회주의진영이 서로 다른 이념과 목적을 유보하고 일단 협동해야 한다는 이론이다. 아울러 사회주의자들의 민족협동전선론 형성에는 코민테른의 반제연합전선론이 영향을 주었다.

민족주의좌파가 민족협동전선론에 공감을 표시한 것은 1925년 1월경부터였다. 그로부터 5개월 후 한국에서도 치안유지법이 시행됨에 따라 한국인들 사이에서 위기의식이 증폭되었다. 특히 치안유지법의 직접적인 단속대상이 된 사회주의자들은 더욱 심각했다. 이를 계기로 민족주의와 사회주의 양 진영에 속해 있던 단체들은 합동의 형태로 발전적 해체를 단행했다. 그 결과 1926년 말 350여 개에 달하던 사회주의 계열의 사상단체들은 조선공산당의 표면단체인 정우회(政友會)와 서울청년회의 사상단체인 전진회(前進會)의 양대 세력으로 정립되었다.

조선공산당의 민족협동전선론은 1926년 2월부터 논의되었지만 6·10만세운동과 관련한 검거선풍으로 인해 2차 조선공산당이 붕괴되면서 3차 조선공산당으로 계승되었다. 1926년 여름방학을 이용하여 일본에서 귀국한 일월회의 안광천(安光泉) 등은 정우회와 함께 3차 조공을 장악하는 한편 '정우회선언'을 발표했다. 이는 "종래의 국한되었던 경제적 투쟁에서 계급적·대중적·의식적 정치 형태로 전환해야 한다. 이

과정에서 비타협적 민족주의자와의 일시적인 공동
전선이 필요하다"는 이른바 방향전환론을 제창한 것
이다. 이 선언은 사회주의자들이 신간회에 참여하는
이론적 근거가 되었다. 이에 대해 전진회가 '검토문'
을 발표했지만 이 역시 민족협동전선을 결성한다는
전제 위에서 프롤레타리아의 계급적 독자성과 헤게

신간회 강령과 규약

모니에 대해 문제를 제기한 것에 불과했다. 오히려 서울청년회계는 조선공산당보다
먼저 민족협동전선을 추진했는데, 조선물산장려회의 일부 민족주의자들과 함께 발
기한 조선민흥회(朝鮮民興會)가 그것이다. 민흥회는 신간회에 포함되었다.

2) 신간회의 창립과 활동

신간회 창립에 직접적인 계기를 제공한 것은 반자치론이었다. 민족주의우파는
1923년 자치운동을 추진하기 위해 연정회(硏政會)를 조직하려다 중단한 일이 있었는
데 1926년 후반경 이를 다시 시도했다. 이 계획을 간파한 민족주의좌파들이 신간회
창립을 주도하여 본부를 장악하고 초기 신간회운동을 이끌었다. 이들은 천도교 신
파와 수양동우회, 동아일보 등을 자치파로 간주하여 경계했다. 민족주의좌파는 사
회주의자들에 대한 대응으로 만일의 경우를 대비해서 공산당에 맞설 '신간당(新幹
黨)'이라는 민족당 조직을 구상했다.

사회주의자들은 신간회 본부 진출을 자제하면서 지회를 장악했으나 운동론에 있
어서는 각 파별로 견해를 달리했다. 먼저 조선공산당의 신간회 전술은 민족단일당
론(民族單一黨論)이었다. 그것은 "전 민족이 제국주의적 지배하에 단일한 피압박 계
급이므로 전 민족적인 단일정당을 조직해야 한다"는 것이었다. 이에 대해 전진회는
민족협동전선 결성에는 찬성하면서도 ① 민족협동전선이 결성되면 프롤레타리아의
계급적 독자성과 헤게모니는 어떻게 할 것인가, ② 민족협동전선을 위한 일시적 동
맹은 구체적으로 어느 때까지를 가리키는 것인가, ③ 정우회선언이 주장하는 정치

신간회 오사카 지회에서 '제일조선인'들에게 '조선인대회'에 참석할 것을 독려하는 전단지

적 투쟁이란 어떤 형태인가, ④ 종래의 운동을 좌익소아병으로 일소해버린다면 지금까지 민족협동전선을 위해 기울여온 서울청년회의 노선은 어떻게 평가받아야 할 것인가 등의 문제를 제기하면서 부르주아와 프롤레타리아가 분리하는 때를 대비하여 무산계급정당의 준비기관이 필요하다고 주장했다.

신간회가 창립되자 전국의 청년·사상·노동·농민단체 등이 이를 지지하는 운동을 전개했다. 그 지지 형태는 사상단체의 해체, 파벌의 박멸을 통한 전선 통일, 신간회에 대한 후원 표명 등 다양했다. 지회의 설립은 해당 지역에 설치되어 있던 기존 단체들의 활동 여부에 좌우되었는데 사상단체의 역할이 컸다. 그러나 일제의 감시와 탄압으로 신간회는 창립한 지 1년이 지나도록 구체적인 활동지침을 갖지 못했고, 이러한 사정은 신간회가 해소될 때까지 변함이 없었다. 따라서 지회의 활동 역시 이전에 사회단체들이 해왔던 것과 동일할 수밖에 없었다. 순회강연, 노동야학, 교양강좌 등은 신간회운동에서 비롯된 것이 아니다. 소작분규 조사, 동양척식주식회사의 횡포에 대한 저항, 토지개량회사 폐지운동, 유림에 대한 견제, 한국인 본위의 교육요구, 단결권과 파업권의 요구 등은 신간회 강령이 내세운 투쟁의 형태를 띠었지만 이것을 획득하기 위해 어떻게 투쟁해야 하는가에 대해서는 실질적인 대안을 제시하지 못했다.

3) 사회주의 세력의 전술변화와 신간회 해소

조직 문제에 대한 논의도 동일한 배경에서 나왔다. 신간회는 당적(黨的) 형태로서 개인가입제를 채택했기 때문에 노동·농민·여성·형평·청년단체를 직접 지도할 수 없었다. 때문에 조선공산당은 신간회를 '민족단일당', '민족협동전선당', '민족협동전선의 매개체' 등 단계마다 다르게 규정했으며, 단체가입제를 채택시키려는 등 신간회의 조직 형태를 개편하고자 시도했다. 코민테른도 신간회의 정당적 조직 형태를 부정하고 협의체적 공동전선을 요구하기에 이르렀다. 하지만 이러한 요구도 일제가 1928년 2월로 예정된 정기대회를 불허했기 때문에 수용될 수 없었다. 1929년의 정기대회 또한 마찬가지였다. 다만 1929년 6월 28일과 29일 이틀간 복대표대회라는 약식 대회를 통해 규약을 개정하고 임원진도 새로이 선출한 점은 주목할 만하다. 지회의 요구에 따라 중앙집권적인 회장제가 간사의 권한이 강화된 집행위원장제로 바뀌고 사회주의자들 다수가 본부 임원으로 진출했다. 그러나 이때도 단체가입제는 실현되지 못했다.

한편, 사회주의자들의 신간회 본부 진출에 위기의식을 느낀 허헌(許憲) 등 민족주의좌파는 경성지회와 함께 광주학생운동(1929.11)을 민족·민중적 운동으로 확산시키기 위한 민중대회를 개최하려 했으나 사전에 체포됨으로써 무산되고 말았다. 이들의 행동은 3·1운동 당시 민족주의자들의 '투항적' 행동과는 구별된다. 그러나 민중대회가 민족주의좌파들만으로 비밀리에 추진되어 사회주의자들의 불신을 초래함으로써 신간회 해소론의 한 빌미가 되기도 했다.

신간회 해소(1931.5)는 민중대회 사건 후 성립된 김병로(金炳魯)체제가 온건·합법화 노선을 취하면서 야기되었다. 지회에서 먼저 해소론이 제기된 이유는 첫째 신간회의 조직 형태가 정당적이라는 점, 둘째 강령이 추상적이며 구체적인 투쟁지침이 없어 오히려 노동·농민운동을 말살시킨다는 점, 셋째 객관적 정세가 급변했고 주체적 조건이 이에 조응하게 되었다는 것이었다.

1929년 세계대공황 이후 조선에서 노동자·농민의 투쟁이 격화되었다는 사회주의자들의 판단도 신간회 해소를 제창하는 배경이 되었다. 노동자·농민의 투쟁역량을 새로운 차원의 반제협동전선으로 제고시켜야 한다는 것이었다. 이에 따르면 새로이 결성되어야 할 반제협동전선의 구성은 프롤레타리아트와 농민, 도시소시민 등의 3계급 연합으로, 신간회에 참여했던 민족주의자들은 배제되었다. 조직 형태도 프롤레타리아트의 헤게모니하에서 노동자·농민의 동맹을 주축으로 하고 주위에 도시소시민을 결집시킨 공동투쟁단(共同鬪爭團)의 형태였다. 이것은 아래로부터의 통일전선을 의미하는 것으로서, 이로 인해 신간회를 더 이상 '민족협동전선의 매개체'로 제고시키기가 불가능해졌다.

신간회운동은 비록 4년여 만에 막을 내렸지만 3·1운동 이후 민족운동이 부르주아 민족주의와 사회주의노선으로 분화된 이래 최초로 전개된 민족협동전선운동이었다는 점에서 큰 의의가 있다.

3 광주학생운동의 전개와 성격

1) 독서회 조직과 운동의 태동

3·1운동과 6·10만세운동(1926) 등에서 학생층은 국내 반일민족운동의 주력을 이루었다. 특히 1920년대 후반에서 1930년대 전반에 이르기까지 학생은 노동자·농민과 함께 민족운동과 사회운동의 핵심으로 활약했다. 1929년의 광주학생운동도 3·1운동 이후 축적되어온 학생들의 반일민족운동 역량이 결집되어 표출된 것이다.

전라남도 광주는 학생독서회 조직이 일찍부터 발달했다. 1920년대 중반 광주 지역의 청년단체, 사상단체들은 독서회, 연구회 등을 통해 사회주의사상의 전파에 힘을 기울였다. 학생들은 광주의 사회운동단체가 집결한 흥학관(興學館)을 통해 기성 사상단체 내지 사회운동단체의 인사들과 접촉하면서 사회주의를 비롯한 새로운 사

전남 광주 흥학관에서 개최한
'조선청년동맹 전남도연맹 정기대회' 기념사진(1929.9.10)

상을 습득했다. 1926년 11월 광주고등보통학교와 광주농업학교 학생들을 중심으로 조직된 성진회(醒進會)는 그 결실이었다. 이 단체는 1927년 3월 해산했으나 각종 연구모임은 1929년까지 각 학교별로 계속되었다.

성진회가 해산된 뒤에는 고려공산청년회 광주야체이카 조직원들의 배후 지도가 있었다. 1929년 6월에는 성진회 출신 전남청년연맹 간부인 장재성의 지도

로 광주고등보통학교, 광주농업학교, 전남사범학교 학생들을 중심으로 독서회 중앙부가 조직되었다가 동년 9, 10월경 자진 해산했다. 이와 같이 광주 지역 전 중등학교에 비밀독서회가 결성되었던 경험은 유사시 강한 조직력이 발휘되는 토대가 되었다.

2) 광주학생운동의 전개양상

1929년 10월 30일 오후 광주를 떠난 통학열차가 나주역에 도착했을 때 광주중학교 3학년 후쿠다 슈조 등의 일본인 학생이 광주여자고등보통학교 3학년인 박기옥(朴己玉) 등을 희롱했다. 이를 목격한 박기옥의 사촌동생 박준채(朴準琛) 등이 일본학생들을 제지했으나 그들은 말을 듣지 않았다. 양측 사이에 편싸움이 벌어졌고 싸움은 다음날에도 이어졌다. 급기야 11월 3일에는 오전부터 광주중학교의 일본인 학생과 광주고등보통학교의 한국인 학생 간에 큰 충돌이 일어났다. 이것은 광주고등보통학교, 광주농업학교, 전남사범학교 학생들의 시가행진으로 이어졌다.

11월 3일의 학생시위는 대규모 검거를 불러왔다. 이에 11월 12일 독서회 중앙부를 통해 학생층과 연계하고 있었던 장재성(張載性)과 이전부터 학생조직을 이끌었던 전남청년연맹 간부들은 구속학생의 석방과 식민지교육 철폐를 위한 2차 시위운동을 준비했다. 광주 지역의 각 중등학교에서 결성되었던 독서회 중앙부 소속의 학생들은 11월 12일의 시위에서도 전위대로 활약했다. 이들은 훈련된 조직역량을 바탕으로 다른 학생들을 효율적으로 동원했고 준비과정에서부터 각 중등학교 독서회원을 참여시킴으로써 연합시위운동이 전개될 수 있는 기반을 마련했다.

박기옥과 이광춘, 박준채

이와 함께 전남청년연맹의 장석천(張錫天) 등은 서울의 조선학생과학연구회와 중앙청년동맹에서 현지조사를 위

현재의 나주역

광주고보와 광주중학교의 충돌 사건을
보도한 신문기사(≪동아일보≫ 1929년 11월 6일자)

해 파견한 인사들과 함께 서울 지역 학생들의 동조 시위운동을 추진했다. 또한 신간회에서 파견된 허헌 등과 시위의 확산에 합의함으로써 광주학생운동이 지역을 벗어나 전국적 운동으로 전환되는 기틀을 마련했다. 이러한 맥락에서 11월 14~15일 광주여자고등보통학교 학생들의 교내시위 도중 제창된 독립가(獨立歌)는 광주학생운동이 민족운동으로 전환되는 단초를 보여준다. 광주에서 일어난 한일 학생 간의 충돌에 이은 대규모 검거, 이에 항거하는 시위투쟁은 조선 전역의 학생들에게 '광주 구속학생 석방'이라는 공통적인 투쟁 슬로건을 제시해주었다. 이것은 '식민지교육 철폐', '한국인 본위의 교육 실시' 등 당시 고조되고 있었던 동맹휴학의 조건들과 맞물리면서 일제 식민통치에 대한 전국

적인 항쟁으로 발전하는 원동력이 되었다.

주목되는 점은 광주 지역을 비롯하여 목포상업학교 등 목포 지역 학생들의 시위, 1929년 12월의 서울 지역 1차 시위 등 운동의 초기 점화과정에 사회주의 비밀결사의 배후지도가 있었다는 사실이다. 옛 서울파 조선공산당 재조직준비위원회의 별동조직인 조선학생전위동맹은 광주에서 시위가 일어났다는 소식을 접하고 격문을 살포하는 등 서울 지역 학생들의 동조활동을 결의하면서 실천에 옮겼다. 현지에 조사원을 파견했던 조선청년총동맹은 처음에 운동방법상의 이견으로 구체적인 계획을 추진하지 못하다가 장석천이 상경하여 협의가 진행된 뒤 운동에 참여했다. 그 결과 1929년 12월 5일부터 16일까지 서울 시내 30개 전문학교와 중등학교에서 1만 2,000여 명의 학생들이 시위 또는 동맹휴학투쟁을 일으켰다. 서울의 동조시위는 전국적인 확산의 결정적 계기였다. 또한 '일본제국주의 타도'라는 슬로건이 제기되면서 운동의 지향점을 제시했다.

신간회 본부에서도 '광주학생 사건'의 진상을 알리고 이를 대중적인 시위운동으로 전환하기 위해서 민중대회의 개최를 추진했다. 허헌 등 민족주의좌파 인사들이

중심이 된 이 계획은 사회주의자들과 학생층의 배제, 사전준비 소홀, 일제의 사전검거 등으로 무산되었으나 운동의 전국 확산과정에서 신간회 지회의 참여를 이끌어내는 데 기여했다.

3) 광주학생운동의 국내외 확산

1929년 12월 초 서울의 학생시위를 계기로 광주학생운동 동조시위는 전국으로 확산되었다. 먼저 개성, 평양, 원산, 춘천, 동래, 함흥 등 고등보통학교나 상업학교 같은 중등학교가 있는 도시를 중심으로 운동이 일어났다. 이듬해 1월 초에는 3학기 개학과 함께 도시의 경계를 넘어 전국으로 파급되었다. 특히 서울 지역 여학생들의 대규모 참여는 학생시위의 전국화에 기폭제가 되었다. 1930년 1월의 전국시위과정에서는 '민족독립', '민족해방' 등이 시위구호로서 자리잡았으며, 2월에 들어서면 보통학교 학생들의 시위운동에서도 '민족독립'이라는 구호가 일반화되었다. 광주학생운동에는 국내에서만 250개 학교, 간도 등 해외를 포함하면 280개 학교가 참가했으며, 참가 학생 수는 5만 4,000여 명에 달했다.

시위가 전국으로 확산될 수 있었던 것은 이념이나 배후 세력과 관련된 문제가 아니다. 전국화의 가장 큰 원인은 민족차별, 식민지 노예교육에 대한 반감이었다. 1927~1929년 전국적으로 전개된 동맹휴학은 학교시설의 차별, 민족적 멸시 등 일상화된 학교 문제가 식민지교육에서 기인한다는 자각을 증폭시켰던 것이다.

광주학생운동은 국외 각지의 민족운동 세력에 의해 새로운 운동력으로 전환되었다. 중국 상하이의 유호한국독립운동자동맹(留滬韓國獨立運動者同盟)은 광주학생운동을 사회혁명의 발단으로 간주하고 '타도 일본제국주의'라는 슬로건 아래 세계혁명의 일부로서 중국·인도·타이완·한국 등 동방 피압박 약소민족의 공동투쟁을 전개할 것을 계획했다. 만주 길림의 재만한인반제국주의동맹은 광주학생운동을 계기로 반제공동전선 결성을 주창하며 만주 각지에 지부 결성을 추진했다. 제국주의의 심장부인 일본에서는 1929년 12월 도쿄 유학생학우회가 세 차례에 걸쳐 시위운동을 추진했고, 노령 블라디보스토크의 고려인 공산당 조직도 학생운동의 확대를 도모하고 당원의 국내 파견을 추진했다. 1930년 1월부터 미주 본토의 한인사회에서도 뉴욕한 인공동회의 설립을 계기로 국내 학생 후원운동을 시작했다.

광주학생운동은 1920년대의 민족운동을 결산하는 의미를 지닌다. 학생이 주체가 되어 민족운동의 전면에 나섬으로써 국내 민족운동을 선도해가는 중심적 위치로 도약했다. 한편으로 기성 사회단체 인사들이 격문과 시위에서의 배후지도를 통해 노동, 농민운동과의 결합을 주장함에 따라 학생들도 학생운동을 사회운동으로 인식하게 되었다. 이 과정에서 학생들의 민족·사회현실 참여가 촉진되었다. 요컨대 광주학생운동은 여기에 참여한 학생들이 이후 노동·농민운동에 투신하는 계기로 작용한 것이다. 이것은 광주학생운동이 1930년대 민족운동의 연결고리로 기능하고 있음을 보여준다.

4 조선건국동맹의 통일전선운동

1) 파시즘체제하의 통일전선운동

1930년대 이후 국내의 민족운동은 좌경화되었다. 신간회가 해소된 뒤 민족주의자의 다수가 민족운동전선에서 탈락했고, 조선공산당의 붕괴와 코민테른 6차대회의 계급 대 계급 전술로 인해 사회주의자들의 민족운동방침도 계급적 편향성이 강화되었다. 만주사변(1931)과 중일전쟁(1937)으로 이어지는 일제의 대륙 침략도 이러한 경향을 가속화시켰다. 물론 반제동맹(反帝同盟)에서 보이듯이 이 시기에도 민족운동은 계속되었다.

반제동맹 조직운동은 1929년 세계대공황에 따른 자본주의 국가의 위기, 서구와 아시아에서 개량주의적 흐름의 강화, 제국주의의 반소(反蘇) 전쟁 도발의 위험성 증대라는 배경하에 코민테른 제6차 대회 이후 국제반제동맹이 좌경화하는 가운데 추진되었다. 국내에서는 코민테른의 '조선의 혁명적 노동자·농민에게'(1928.12, 12월 테제)에 따른 조선공산당 재건운동의 영향을 받으면서 신간회 해소 이후 민족통일전선을 결성하려는 과제와, 국제 반제동맹 조선지부 창설의 일환으로 등장했다. 이전의 민족부르주아지와의 협동전선을 배제하고 학생과 도시소부르주아, 진보적 인텔리 등을 결집시켜 반제투쟁을 전개한다는 것이다.

그러나 이른바 계급 대 계급 전술이 전면에 대두되면서 적색노동조합, 적색농민조합, 반제동맹 등은 당 재건을 위해 해당 계급·계층 안에서 보다 좌익적인 부분을 조직하는 데 최우선의 노력을 기울이게 되었다. 그 결과 반제동맹운동은 민족통일전선의 형태로 제기되었음에도 불구하고 실제로는 계급적 원칙의 강화와 프롤레타리아 헤게모니 확립이라는 기준하에서 학생운동 부문의 당 재건운동 요원을 확보하기 위한 좌익 진영의 조직화, 좌익 헤게모니 쟁취를 위한 대중투쟁의 방향으로 전개되고 말았다. ML계 조선공산당 재건 그룹이 조선반제동맹이라는 반제공동전선의 결성과 당 재건의 하부 토대 구축을 위해 조직한 경성제국대학 반제동맹(1931)은 이러한 사례의 전형을 보여준다.

한편, 중일전쟁 이후 토착 민족부르주아지들이 일제의 독점자본으로부터 파산을 강요당하는 등 민족통일전선운동의 객관적 조건이 점차 성숙되고 있었다. 국제적으로도 코민테른 제7차 대회(1935)에서 파시즘에 대항하는 인민전선노선이 채택되었는데, 이것이 아시아 지역에서는 광범위한 민족통일전선 형성을 위한 노력으로 나타나 중국에서 제2차 국공합작(1937)을 실현시켰다. 이에 1930년대 후반 이재유(李載裕)그룹, 원산의 이주하(李舟河)·이강국(李康國) 그룹, 경성콤그룹 등을 중심으로 한국에서도 민족통일전선을 결성하기 위한 노력이 있었으나 성과를 거두지는 못했다. 민족운동 진영 내부에 민족부르주아지들을 다시 끌어들일 수 있는 주체적 역량이 없었기 때문이다.

2) 조선건국동맹의 조직과 활동

그러나 이러한 침묵이 오래가지는 않았다. 태평양전쟁(1941)의 발발을 목도하면서 일제의 패망을 확신한 여운형(呂運亨)은 서울과 도쿄에서 오카와 슈메이(大川周明)·다나카 유키치(田中隆吉)·고노에 후미마로(近衛文麿) 등 일본의 정계, 군부 고관들과 접촉하며 정보를 입수하는 한편, 중국 옌안과 베이징, 만주에 있던 이영선(李永善)·최근우(崔謹愚) 등과 연락하여 국제정세와 제2차 세계대전의 전황을 파악했다. 또한 1940년대 국내에서는 비밀리에 '미국의 소리(Voice of America)' 같은 단파방송을 청취하고 있었는데, 여운형과 송진우를 비롯한 민족주의 좌·우파의 주요 인사들도 이 정보를 접하고 있었다.

여운형은 1943년 8월 조선민족해방연맹을 조직하기로 하고 각지에 연락할 인물을 배치했다. 조선민족해방연맹은 ① 동지 획득, ② 자기완성, ③ 조직준비라는 목표를 내걸고 활동을 개시했다. 이를 위해 중앙에서 조직의 핵심을 확보한 다음 지방과 하부 조직을 결성하기 위해 도 단위의 연락책임자를 선정하는 등 다양한 연락·조직 방법이 사용되었다. 1년 뒤인 1944년 8월 10일 조선민족해방연맹은 조선건국동맹으로 새롭게 조직되었다. 건국동맹은 투쟁과 건설에 초점을 맞추어, 일제 패망을 가속화하고 해방을 준비하기 위해 주체 세력을 조직적으로 준비·편성한다는 목적을 내세웠다.

건국동맹은 1944년 10월 "① 각인 각파가 대동단결하여 거국일치로 일본제국주의 제 세력을 구축하고 조선민족의 자유와 독립을 회복할 일, ② 반추축(反樞軸) 제국(諸國)과 협력하여 대일연합전선을 형성하고 조선의 완전한 독립을 저해하는 일체의 반동 세력을 박멸할 일, ③ 건설 부면에 있어서 일체 시위(施爲)를 민주주의 원칙에 의거하고 특히 노농대중의 해방에 치중할 일"을 강령으로 채택했다. 일제의 침략에 반대하는 민족의 역량을 결집시켜 민족해방투쟁과 자주독립국가의 건설을 완수해야 한다는 건국동맹의 민족통일전선체로서의 성격을 명확히 한 것이다.

건국동맹의 중앙조직은 위원장 여운형, 내무부 조동호(趙東祜)·현우현(玄又玄), 외무부 이걸소(李傑笑)·이석구(李錫玖)·황운(黃雲), 재무부 김진우(金振宇)·이수목(李秀穆) 등으로 구성되었다. 이들은 대부분 1920~1930년대 신간회를 비롯한 항일투쟁의 경험과 투옥경력이 있는 사람들이었다. 다만, 중앙은 여운형의 영향력이 결정적이었고 조직원의 확보도 여운형 개인의 인맥에 크게 의존했다. 지방조직망의 구축에도 노력했다. 건국동맹은 충청남북도 신표성(愼杓晟)·김종우(金鍾宇)·유웅경·장준(張埈), 경상남도 명도석(明道奭)·김명규(金明奎), 경상북도 이상훈(李相勳)·정운해(鄭雲海)·김관제, 강원도 정건화(鄭建和)·정재철(鄭載轍), 전라남북도 황태성(黃泰成), 황해도 여권현(呂權鉉), 평안남도 김유창(金裕昌), 평안북도 이유필(李裕弼), 함경남도 이증림(李增林), 함경북도 최주봉(崔周鳳) 등으로 도 대표 책임위원을 선임했다.

여운형

건국동맹에는 다양한 계급·계층별 조직이 포함되었다. 주목되는 것은 농민동맹으로서 1944년 10월 8일 경기도 양평의 용문산에서 여운형·김용기(金容起) 등 13명으로 조직되었다. 농민동맹은 조선의 해방을 위한 투쟁을 목적으로 삼고 이를 위해 징용·징병의 방해, 민심선동, 징용·징병자 도피 지원, 공출반대운동 등을 전개했다. 농민동맹은 점차 활동범위를 여주·양평·이천·광주·홍천·고양·서울 등지로 넓혀나갔다. 학병·징병·징용 거부자 조직도 결성되었다. 이 가운데 건국동맹과 관계를 맺은 것은 징용 거부자 조직인 보광당(普光黨, 1945.3), 경성제대 의학부 출신 학생을 중심으로 결성된 조선민족해방협동당, 산악대 등이 있는데, 이들은 해방 후 학병거부자동맹·학병동맹·국군준비대·청년총동맹 등 청년운동의 중심이 되었다.

군대편성계획도 주목된다. 1945년 3월 전세가 연합군 측에 유리하게 돌아간다고 판단한 건국동맹은 후방 교란을 위한 노농군 편성을 계획하고 조동호·이석구·이걸소가 조선공산당 출신의 최원택(崔元澤)·정재달(鄭在達)·이승엽(李承燁) 등과 함께 군사위원회를 조직했다. 구체적으로 ① 공산주의자들과 군사위원회를 설치하여 노농군 편성을 계획하는 방안, ② 만주군관학교를 중심으로 한 만군조직을 활용하는 방안, ③ 옌안의 조선의용군, 충칭의 한국광복군과 연합작전을 시도하는 방안 등이 논의되었다.

3) 해외 혁명단체의 통일운동

대규모 민족통일전선을 결성하려는 노력은 해외 혁명단체와 연대관계를 수립하려는 시도에서도 나타난다. 이를 위해 건국동맹은 중국 북만주(최근우), 베이징(이영선·이상백·박승환·엄태섭), 옌안(이영선·이상백·박승환) 등지에 연락원을 파견했다. 주된 대상은 조선독립동맹이었는데, 연대계획에 군대의 편제, 유격대의 국경 침투, 만주군대 지휘계획의 수립, 만군 입국에 대비한 은신처 제공과 식량공급계획 등이 포함되었다. 1944년 말 중국공산당 팔로군 포병단장을 지낸 조선의용군 총사령 무정(武亭)의 연락원이 베이징에서 이영선·이상백과 회견한 것을 시작으로 여러 차례의 접촉이 이루어졌다. 조선독립동맹과의 연대는 항일투쟁의 차원에서 뿐만 아니라 해방 후 민주주의혁명을 완수하기 위한 국가건설 문제로까지 이어졌다는 점에서도 주목할 만하다. 건국동맹은 1945년 4월 충칭의 대한민국 임시정부와도 연락하기 위해 최근우를 베이징에 파견했으나 접촉하지 못했다.

해외 혁명운동 세력과의 연대 추진은 ① 일제의 패망에 대한 정확한 국제정세의 파악, ② 중국 만주·옌안·충칭 등지 항일 세력들과의 연대 모색, ③ 정확한 정세판단과 해외 항일 세력에 대한 인정에 기초하여 건국과제의 준비와 추진을 가능하게 했다. 이러한 국내외 항일 세력의 통일시도는 갑작스러운 해방으로 인해 연락 차원에서 그치고 말았지만, 이는 해방 이후 건국동맹과 독립동맹 계열, 이 노선을 추종한 남한 내의 세력, 임시정부 내부의 좌우합작 세력 등이 좌우합작과 남북협상노선을 걷게 되는 역사적 경험의 토대가 되었다고 볼 수 있다.

조선건국동맹의 의의는 다음과 같다. 첫째, 건국동맹은 식민지하 항일민족운동과 해방 후 국가건설이라는 두 가지의 목표를 설정하고 전국적 차원의 조직화를 시도한 유일한 국내 조직체였다. 항일투쟁의 측면에서 건국동맹은 조직화 단계에서 해방을 맞이하는 바람에 구체적인 성과를 거두지는 못했지만, 준비과정에서 전국적 조직화와 대중적 지지의 확보를 부분적으로 실현함으로써 해방 직후 중앙과 지방 차원의 각종 자치기관 및 위원회 창립과정에서 어느 정도의 산파역을 담당할 수 있는 조직적 기반이 되었다.

둘째, 건국동맹은 항일민족통일전선의 성격을 지녔다. 여러 계급·계층의 인물과 다양한 이념을 가진 사람들이 참여했다. 건국동맹의 구성은 이념적 결합보다는 항일과 애국의 원칙에 기초한 것이었다. 또한 건국동맹은 좌우를 막론하고 항일·민족통일이라는 견지에서 해외 운동 세력들과 연락, 연대를 도모했으며 이는 1919년 3·1운동 이후 면면히 이어온 통일민족국가 건설에 대한 염원과도 일치하는 것이었다.

5 일제하의 민족문화운동

1) 민족문화운동의 논리와 '국수보존론'

1910년 한국을 강점한 뒤 일제는 동화주의 지배정책을 표방하면서 한국인의 일본 국민화를 위한 이데올로기 지배를 실시했다. 이러한 상황에서 강점 이전부터 있었던 국수보존론(國粹保存論)은 두 계열로 분화했다. 하나는 제국주의와의 정치적 대립 의식을 견지하고 민족구성원인 민중과의 결합을 도모하는 저항적 국수보존론이고, 다른 하나는 정치적 독립보다 '문명개화'라는 가치 위에서 근대적 자립에 필요한 역량을 준비하기 위한 국수보존론이었다.

본래 국수주의는 1880~1890년대 일본의 근대화과정에서 제기되었다. 근대화를 추진하되 서양에 동화되는 구화주의(歐化主義)를 반대하고 일본의 역사적·민족적 특수성을 강조하자는 것으로, 세계체제에 편입되는 과정에서 근대화의 진통을 겪고 있던 한국, 중국 등에도 적용될 수 있는 개념이었다. 서구의 선진 나라가 문명화의 정신적 상징으로서 국가정신과 국수를 보존, 선양하듯이 한국도 강력한 문명국가가 되기 위해서는 국수의 형성과 보존이 필요하다고 보았던 것이다. 그리하여 위로부터의 국민통합을 위한 국수적 민족문화인식이 형성되어 국조(國祖)·국사와 국어·국문 중시, 위인 선양의 형태로 나타났다.

직접투쟁을 통해 독립을 쟁취하고자 한 민족주의자들은 사회진화론적이고 근대적 보편성에 기반을 둔 국수사상과 애국주의를 비판하며 민족의 현실에 대한 '도덕'과 '애정'을 강조했다. 이들이 추구한 저항적 민족문화는 국수(國粹)=대한혼(大韓魂)을 지키기 위한 역사연구에 집중되었고, 그 정점에 단군이 자리했다.

이러한 흐름과 달리 자본주의적 근대화·문명개화를 통해 민족의 실력을 키운 후 국권회복을 준비하자는 민족주의사상과 운동도 발전했다. 주로 일본에서 공부한 신지식층과 국내외 실력양성운동 속에서 배태된 것으로, 이들은 생존과 진보를 위한 개인과 집단의 유기체적 관계를 강조하며 지주·자본가 등 기존의 지배 세력을 중심으로 자본주의를 발전시키고 문명적 실력을 추구하는 민족의식을 고양하고자 했다. 이들도 국수의 정점으로 단군을 강조했는데, 단군은 중세적 유교의 극복과 문명화를 위한 정신적 자각과 개혁의 상징이었으며, 진화론적 세계관에 입각하여 생존경쟁에 필요한 실력양성과 일본제국주의의 지배체제 안에서 '민족단합'의 당위적 전제로 강조되었다. 이와 같은 문명적 국수보존론의 입장에서 신문관(新文館)·조선광문회(朝鮮光文會)의 조선문화 보존사업이 전개되었다.

2) 문화주의 민족문화운동의 전개와 분화

1920년대에는 제1차 세계대전 이후 문명(civilization)에 대응하여 문화(culture)의 가치가 대두하고, 일제의 이른바 '문화정치'하에서 '문화주의' 사조가 부상했다. 3·1운동을 겪은 일제는 조선에 대한 '문화적 지배'를 표방하면서 동화주의라는 목적을 달성하기 위해 사회교화정책을 도입했다. 그리하여 관학(官學)과 조선총독부에 의해 일제의 방대한 조선연구작업이 본격적으로 추진되었다.

이러한 상황에서 민족주의자들은 문화주의 민족문화론과 민족문화운동을 전개했다. 이는 1910년대 문명적 국수보존론의 연장에서 문화가치론을 전면에 내세우며 자본주의적 신문화 건설의 일환으로 추진되었다. 과거의 전통에 뿌리를 둔 '문화가치'에 대한 자각도 강조되었다. 인공을 가하여 만든, 인위적 행위의 결과인 문화가치는 오랜 역사를 영위해온 민족의 언어·관습·제도·문화 등으로 드러나며 그것은 곧 '문화민족'의 증거로 간주되었다. 문화가치를 선양·재현하는 것은 '문화민족'임을 증명하는 것이고 그렇지 못하면 '야만민족'으로 전락하는 것이었다. 여기서의 '문화민족'은 독립된 국가의 민족(nation)이 아닌

인류학·민족학적 범주의 민족(ethnic, folk)이며, 이러한 인식에서 탈정치화·비정치화한 문화주의적 조선연구와 국수보존이 강조되었다. 이러한 맥락에서 최남선은 인류학과 인종학, 토속학, 언어학, 생물학 등 서구의 신진 학문방법론을 수용한 '조선학'의 수립을 제창했다.

문화주의 민족문화 인식은 문화창조의 단위로 '민족'의 고유성과 '민족성'을 중시했기 때문에 동화주의에 반대하고 자치론을 주장하는 논거가 되었다. 자치주의자들은 영국의 아일랜드, 독일의 폴란드와 같이 역사와 문화가 있는 민족을 동화하는 것은 불가능했으며, 그런 점에서 일제가 한국에 실시하고 있는 동화주의는 비효율적이고 실패

한 정책이라고 주장했다. 일제하에서 근대적 정당정치운동을 지향했던 자치론자들과 문화주의적 민족문화론에 기울어졌던 지식인들은 조선문화의 선양과 문화계몽을 목적으로 계명구락부를 결성했다. 여기에는 변호사, 실업가, 의사, 은행원, 교육가, 종교가 등 일제하 한국인사회에서 경제적·사회적 주류를 형성했던 한국인 지배엘리트들이 대거 참여했다. 계명구락부는 '계발문명'이라는 의미의 잡지 ≪계명(啓明)≫을 창간하고 언문 연구, 풍속 개량, 지덕 수양, 조선어사전 편찬, 고서 간행 등의 사업을 전개했다.

1910년대에 절대독립을 지향하던 저항적 국수보존론은 이 시기에 와서 좌우합작을 시도하는 비타협적 민족주의자들에 의해 계승되었다. 이들은 침략주의·제국주의에 맞서기 위한 저항적·주체적 민족의식을 기르기 위해 국문, 국학, 국고(國故)의

연구·계승을 강조하고, 민중적 정신을 마비시키는 지배계급 중심의 체제유지적 문화에 대응하여 '민중문화', '평민문화'의 건설을 주장했다. 나아가 이들은 해방과 저항이라는 현실의 과제를 해결하기 위해서 과학적인 조선연구가 필요하다고 판단하고 조선사정조사연구회(朝鮮事情調査研究會)를 결성했다. 연구회 회원의 대부분은 신간회에 가담했는데, 이는 그들이 민족통일전선의 민족의식을 창출하기 위한 조선연구를 목적으로 삼은 것과 관련이 있다.

3) 파시즘기의 조선학운동과 유산

1930년대 대공황기에는 일제가 파시즘체제로 치닫는 상황에서 '관제 조선연구'의 성과를 토대로 파시즘적 문화정책이 시작되고 한국문화에 대한 왜곡이 본격화되었다. 그리고 왜곡된 한국문화를 파시즘적인 이데올로기 확산과 대중동원에 활용했다. 이러한 상황에서 민족주의자들은 합법적 영역의 개량적 문화운동의 틀 내에서 민족 문제 인식의 계급주의적·국제주의적 관점에 대해 비판적 입장을 취하며 '역사와 문화의 주체로서의 민족'의 실체를 전제로 한 민족문화론을 제기했다.

물론 이들의 민족문화에 대한 인식과 문화운동론은 동일하지 않아서 1920년대 문화주의 민족문화론이나 반(反)동화주의 자치론의 연장선상에서 민족문화를 선양하려는 입장과, 저항적·주체적 관점에서 근대민족국가를 지향하는 한국문화의 건설을 추구하는 입장이 병존했다. 전자는 파시즘기 국가주의가 부활하는 것을 부르주아 세력의 힘의 논리로 정당화하고 계급주의·국제주의에 대해 공세적인 입장을 취했다. 부르주아의 이념으로서 민족주의를 더욱 강화시키기 위한 사상개혁으로 '문화혁신'과 이에 기초한 민족문화 선양운동을 주장했다. 그 방법은 위로부터의 국민통합의 상징이었던 이순신 등과 같은 위인의 유적을 보존·선양하는 데에 집중되었다.

반면 후자는 파시즘기 국가주의·국민주의에 대응하여 약소민족국가·후진사회인 한국에서 독자적인 민족주의의 운동성을 견지할 것을 강조하고, 이런 맥락에서 '조선문화운동론'을 제기하여 문화운동을 전개했다. '조선문화운동'은 1920년대의 민족협동전선운동과 같은 비타협적 정치운동이 불가능하다는 정세 판단에서 '최선한 차선책'으로 선택한 개량적인 문화운동이었다. 이들이 재정립하고자 한 것은 부르주아적 민족의식을 고양시키려는 보수주의적·파시즘적 민족주의가 아니라 계급성과 세계성이 병존하는 '제3의 신생적인 민족주의'로 1910년대의 주체적·저항적 국수보존론과 1920년대 좌우합작적인 민족 문제 인식을 계승한 것이었다.

조선문화운동 중에는 학술운동으로서 벌어진 '조선학' 수립운동이 주목할 만하다. 1920년대에 최남선이 추구했던 '조선학' 연구와 달리 1930년대의 조선학운동은 자립적·주체적 근대민족국가의 가능성을 찾기 위한 '전통'의 재현에 집중했다. 특히 자주적 근대국가 수립의 내재적 역량과 국가를 단위로 역사·문화의 주체성을 강조해온 조선 후기 실학에 주목했다. 그리하여 이들의 조선학운동은 실학의 집대성자인 정다산(丁茶山) 기념사업으로 촉발되어 『여유당전서(與猶堂全書)』의 간행과 조선학=실학에 대한 학문적 계통성·정체성을 확립하는 데로 나아갔다. 조선학운동은 1930년대 일제가 파시즘체제를 확립하고 그들의 관학으로 내선일체·황국신민화를 강요하는 상황에서 일제에 침식당한 조선의 주체성을 찾는 사상작업이었다. 이에 따라 배타적·보수적인 전통의 일방적인 선양이 아닌 실용적이고 과학적인 조선연구를 강조하며 이를 위한 민간연구조직으로 '조선문화건설협회'를 구상했다.

물론 파시즘의 세례 속에서 민족주의자들이 주장한 민족문화론은 민족적 유기체를 중시하고 전통에 근거한 민족문화를 통해 민족의식을 고취하고 선전했기 때문에 표현된 언어와 문장만으로 본다면 파시즘의 문화론과 유사한 측면이 있다. 그러나 식민지 피지배 민족의 민족문화가 파시즘성을 독자적으로 관철하고 작동하는 것은 사실상 불가능하므로, 민족·민족문화의 범주와 주체를 어떻게 설정하느냐가 그 핵심이 된다. 한국이라는 독자적인 '민족국가'를 상정하지 않고 문화가치에 근거한 종족적·토속적 의미의 민족·민족문화를 강조하는 것은 오족협화(五族協和)를 강조하는 일본제국주의 국가체제 안의 지역문화로서 한국문화를 편입시키는 것을 용이하게 했다. 반면 민족문화의 주체를 독립된 자민족 국가로 상정할 경우 타민족 국가인 일제의 문화지배에 대해 대립과 저항을 강조하는 반파시즘의 민족문화론이 될 수 있었다.

　이와 같이 1930년대 민족주의 민족문화론은 한편으로는 일제의 파시즘 지배문화론의 일환으로 포섭될 가능성과 다른 한편으로 반파시즘 저항문화론으로서의 지향을 내포하며 분립하여 전개되었다. 이는 20세기 전반기에 발전한 한국근대민족주의와 그것을 반영한 다양한 문화사상의 귀결을 보여주는 것이라 할 수 있다. 한편, 독자적인 민족국가 건설을 추구하며 비타협적인 민족문화를 건설하고자 했던 민족주의 지식인들은 사상적 순수성을 견지하기 위해 현실에서 침잠하여 은거하게 되었다. ǀ 이현주

이야깃거리

1. 3·1운동기 국내에서 전개된 정부수립운동의 사상과 이념은 어떠했을까?

2. 신간회에 참여한 각 세력의 입장에서 서로의 노선을 비판한다면 어떤 논쟁이 벌어질까?

3. 광주학생운동 발발의 원인이 된 식민지 노예교육의 실상은 무엇인가?

4. 1930년대에 국내에서 민족운동이 침체에 빠졌던 이유는 무엇인가?

더 읽을거리

권대웅. 2008. 『1910년대 국내독립운동』. 독립기념관 한국독립운동사연구소.

김성민. 2007. 「광주학생운동연구」. 국민대학교 박사학위논문.

신용하. 2004. 「광복 직전 한국민족 독립운동과 연합전선(1943~1945)」. ≪백범과 민족운동연구≫ 2.

윤병석. 2004. 『증보 3·1운동사』. 국학자료원.

이균영. 1993. 『신간회연구』. 역사비평사.

이지원. 2007. 『한국근대 문화사상사 연구』. 혜안.

이현주. 2003. 『한국사회주의세력의 형성: 1919~1923』. 일조각.

장석흥. 1995. 「6·10만세운동연구」. 국민대학교 박사학위논문.

정병준. 1993. 「조선건국동맹의 조직과 활동」. ≪한국사연구≫ 80.

정세현. 1975. 『항일학생민족운동사연구』. 일지사.

한국근현대사회연구회. 1991. 『일제 말 조선 사회와 민족해방운동』. 일송정.

4

국외 민족운동의 전개

1 민족운동의 논리적인 근거

1) 민족운동의 배경

　20세기 초반 한국은 일본제국주의의 식민지지배를 받게 되었다. 이후 한민족은 1945년 일제가 패망할 때까지 국내외를 막론하고 치열한 항일민족운동을 전개했다. 당시 일제에 대한 저항운동은 독립운동 혹은 민족해방운동 등으로 불렸다. 독립운 동은 정치적으로 국가의 주권회복을, 민족해방운동은 민족과 사회의 해방을 강조한 용어였다. 여기서는 기본적으로 양자를 모두 포괄할 수 있는 민족운동이라는 용어 를 사용한다.

　국외 민족운동은 지역적으로도 만주, 중국, 일본, 러시아, 미주, 유럽 등 세계 각 지에서 걸쳐 매우 활발하게 전개되었다. 세계 각처에서 전개되었다는 특성상 국외 민족운동은 각지의 국가나 민족과 국제연대를 개척, 형성하면서 전개되었다. 임시 정부와 광복군이 중국국민당, 그리고 화북조선독립동맹과 조선의용군이 중국공산당과 연대하고, 동북항일연군의 한국인 부대가 중국공산당이나 소련과 연대했다. 그리고 미주에서 대한인국민회를 중심한 민족운동단체가 미국 정부와의 유대를 추구했던 것도 국제연대의 모색이다. 이들 국가들은 약소민족에 대한 동정, 제2차 세계대전 전후 한반도에 대한 정책 차원에서 나름대로 한국의 민족운동을 지원해주었다.

일제강점기 우리 민족의 궁극적 과제는 일본제국주의를 물리치고 자주적인 통일민족국가를 건설하는 것이었다. 이 과제를 실현하기 위한 한민족의 노력이 가장 집약적으로 표현된 것이 바로 민족운동이었다고 할 수 있다. 그 과정에는 예를 들어 민족주의나 사회주의, 아나키즘 등 다양한 이념들이 출현하여 민족운동을 이끌어갔다. 그리고 이들 이념에 근거하여 나타난 다양한 민족운동 세력의 통합을 위한 민족통일전선운동도 부단히 전개되었다. 이러한 사상적 모색과 통합을 위한 노력은 오늘날 통일 문제를 해결하는 데 중요한 역사적 경험을 제공해주고 있다고 할 것이다. 여기서는 이러한 문제의식에 입각하여 일제강점기 국외의 민족운동을 이념과 민족통일전선운동을 중심으로 하여 서술한다.

2) 민족운동의 이념적 근거

일제강점기 국외에서의 민족운동은 다양한 이념과 방략을 바탕으로 전개되었다. 어떠한 이념이나 노선도 모두 민족의 독립을 쟁취하기 위한 고뇌의 산물로 보아야 할 것이다. 이념이 다양했듯이 방략과 전술도 매우 다양했다.

민족운동의 이념이란 민족운동이 지향하는 궁극적 목표로서, 독립된 새로운 국가의 구체적인 모습에 대한 전망이라고 할 수 있다. 그리고 방략이란 그 목표를 실현하기 위한 구체적인 실천방침 및 전략이라 볼 수 있다. 민족운동의 이념과 방략에 대한 이해는 일제를 타도하기 위한 전략과 전술뿐만 아니라 일제를 왜 타도해야 하는가, 또 어떠한 사회를 건설할 것인가에 대한 사고와 행동을 이해하는 것이기도 하다.

일제에 의한 국권상실 이후부터 3·1운동까지 한국의 민족운동을 이끌었던 지도적 이념은 복벽주의와 공화주의였다. 양자 모두 일제에 대해 치열하게 저항했지만,

일제를 몰아내고 난 다음 어떤 사회를 세울 것인가 하는 문제에 대해서는 크게 달랐다. 복벽주의의 복벽(復辟)이란 말은 회복할 복(復), 임금 벽(辟)이라는 글자의 조합으로 봉건왕조를 부활시키자는 주장이다. 이와 같이 복벽주의는 시대적 흐름을 거스르는 면이 있었기 때문에 3·1운동 이후 민족운동진영에서 점차 도태되어갔다. 공화주의는 근대적인 주권재민주의에 입각한 민주공화국을 수립하자는 이념으로 3·1운동 이후 민족운동의 기본적인 이념으로 자리잡게 되었다. 오늘날의 대한민국도 바로 이 공화주의에 입각하여 세워진 국가라고 하겠다.

공화주의 이념을 정착시킨 3·1운동 이후에는 독립운동상의 분화가 발생했다. 1920년대 중반 이후의 민족운동을 이끌었던 지도적 이념은 다양했지만, 크게 보아 민족주의와 사회주의였다고 할 수 있다. 민족주의와 사회주의는 본질적으로 구별되는 개념이지만, 한국의 경우 두 이념이 일본제국주의에 대한 저항이데올로기 역할을 했다는 공통성이 있다. 따라서 두 이념은 서로 경쟁하면서도 협력하는 관계를 맺게 되었다. 3·1운동 이후 민족주의와 사회주의는 상대방의 사상과 논리를 배척하면서 자기발전을 모색했고, 현실적으로도 대립과 연합을 반복하면서 발전했다.

1930년대 후반 이후에는 민족주의운동과 사회주의운동은 민족해방이라는 대의를 위해 서로 연합하는 현상이 나타났다. 이러한 역사적 경험은 아래에서 보듯이 8·15 해방 이후 좌우익의 통합운동, 통일민족국가 수립운동의 역사적 기초가 되었다. 이밖에 아나키즘도 수용되어 민족운동의 이념과 방략 면에서 뚜렷한 족적을 남겼다. 아나키즘은 일체의 권력적 강제와 지배를 거부하며 사유재산제도도 부정하고 모든 개인이 자유롭게 연합한 무정부 공산사회를 건설하자는 것이다. 그 실행방법으로는 암살, 파괴, 폭동 등의 방법을 제시했다. 아나키즘은 1920년대 중반 이후 민족운동이 민중 중심적 방향으로 나아가게 하는 데 중요한 역할을 했다고 할 수 있다.

2 국외 민족운동과 통일전선운동

일제강점기에 전개된 국외 민족운동의 중요한 특징 가운데 하나는 민족통일전선
운동이었다. 통일전선운동의 사전적 의미는 계급적 이해, 정치적 이념, 세계관 등의
차이점을 가진 여러 세력이 각자의 상이함을 극복하고 공동의 목표를 실현하기 위
해 공동전선을 형성하는 것이다.

위에서 보았듯이, 민족운동의 이념과 방략이 매우 다양했기 때문에 자연히 단체
나 조직도 많을 수밖에 없었다. 게다가 민족운동이 전개된 해외 각지의 지리나 교
통, 통신의 불편함뿐만 아니라 독립운동단체라는 특성으로 인한 비밀엄수와 일제의
이간정책 등으로 민족운동사상 수많은 단체가 생겨나서 활동했다.

그래서 이들 단체를 하나로 묶어주는 통일전선운동이 중요했던 것이다. 물론 통
일전선운동이 직접적인 항일투쟁은 아니었지만 강력한 일제에 대항하기 위해서는
무엇보다도 민족운동의 전선통일이 절실했다. 전선통일을 위한 이러한 노력과 시도
는 해방을 맞는 순간까지 지속적으로 추진되면서 한국 민족운동의 큰 줄기를 이루
었다.

1) 최초의 좌우 통합정부로서의 임시정부 수립

민족운동의 역량을 결집하는 문제는 민족운동의 출발과 더불어 제기되었다.
1917년 상하이에서 활동하고 있던 독립운동가들이 제기한 '대동단결선언'이 그 대표
적인 움직임이었다. 이는 "국내외 독립운동자들이 대동단결하여 유일무이한 민족의
대표기구를 세우자"는 것으로, 대동단결의 당위성과 그 구체적인 방안을 제시했다.

그 후 민족의 대동단결은 3·1운동을 통해 실현되었다. 3·1운동은 전 민족이 참여
한 독립운동으로 이를 통해 민족적 대동단결의 상징이자 구현체로 임시정부가 수립
될 수 있었다. 1919년 3월과 4월에 걸쳐 국내외 각지에서 모두 8개의 임시정부가 수
립되었다. 이 가운데 실제 조직과 기반을 갖고 있던 곳은 노령의 대한국민의회, 상

하이의 임시정부, 국내의 한성정부였다.

경술국치 이후 국외 독립운동의 중심지 가운데 하나였던 노령의 대한국민의회는 1919년 2월 우수리스크에서 노령 및 북간도 대표들이 참석한 회의의 결과로 성립된 독립운동기관이었다. 이는 러시아의 소비에트제도를 도입하여 단순한 의회기능뿐만 아니라 행정, 사법의 기능까지도 갖춘 정부였다. 대한국민의회는 윤해와 고창일을 대표로 파리강화회의에 파견할 것을 결의했으며 상하이 임시정부와의 통합을 위해 원세훈을 파견하여 이 문제를 협의하도록 했다. 그리고 한성정부는 국내의 13도 국민대표자들이 비밀리에 임시정부 수립 작업을 진행하여 탄생한 정부였다.

상하이 프랑스 조계 안에 설립된 대한민국 임시정부 청사

이들 세 정부의 통합을 추진한 결과, 같은 해 9월 상하이와 노령에 각각 설치된 두 정부는 국내의 한성정부를 계승한 새로운 통합 임시정부를 수립하기에 이르렀다. 통합 임시정부는 민족주의세력과 한인사회당을 중심으로 하는 사회주의세력의 통일전선적 성격을 띠게 되었다. 좌우가 통합된 임시정부의 성립이 가지는 의의는 그 후 우리 민족운동진영에서 좌우익 통일전선운동이 계속되는 계기가 되었다는 것이다.

그런데 1920년대에 들어서면서 임시정부가 본연의 임무와 역할을 수행해나가지 못하게 되었고, 임시정부를 매개로 한 민족적 대동단결은 와해되기 시작했다. 이러한 난국을 수습하려는 노력이 국민대표회의로 나타났다. 국내외 독립운동가들이 모여 독립운동의 새로운 활로와 방략을 모색하자는 것이었다. 1921년부터 논의된 국민대표회의는 1923년 1월 100여 개의 단체를 대표하는 130여 명의 대표자가 참가한 가운데 장장 5개월 동안 상하이에서 열렸다. 국민대표회의는 일제강점기 민족운동사상 가장 많은 지도자들이 한 자리에 모여 민족의 앞날을 논의했던 회의였다.

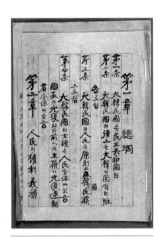
대한민국 임시정부 임시헌장

그러나 회의 벽두부터 두 가지 주장으로 대립했다. 하나는 임시정부를 개조하여 이를 독립운동의 구심점으로 삼자는 '개조파'였고, 다

른 하나는 임시정부를 해체하고 새로운 독립운동기구를 조직하자는 '창조파'였다. 결국 서로의 의견은 좁혀지지 못한 채 회의는 결렬되고 말았다.

국민대표회의가 결렬된 이후 민족운동 세력들은 이념과 노선에 따라 독자적인 세력을 형성하며 분열, 대립하게 되었다. 이러한 상황에서도 좌우 세력들은 모두 민족적 대단결을 이루어야 한다는 당위성과 필요성에 공감했다. 때마침 1924년

상해 대한민국임시정부 요인들(1921.1)

중국의 국민당과 공산당이 국공합작을 실현한 것도 크게 영향을 미쳤다.

이로써 1920년대 중반부터 1945년 8·15해방 때까지 민족운동진영에서는 좌우 세력을 중심으로 통일전선을 이루려는 노력들이 전개되기 시작했다. 1920년대에는 민족유일당운동으로, 1930년대에는 독립운동정당을 중심으로 민족단일당을 결성하려는 것으로, 1940년대에는 임시정부를 중심으로 세력을 통합하려는 시도와 노력이 전개되었다.

2) 1920년대 후반 민족유일당운동의 전개

그러면 먼저 중국 관내 지역을 중심으로 당시 국외에서 전개된 민족통일전선운동을 살펴보기로 하겠다. 1910년대부터 상하이, 베이징, 톈진 등 중국 관내 지역에 많은 지사들이 모여들어 동제사, 신한청년당 등을 조직하여 활동하기 시작했다. 그리고 3·1운동을 계기로 임시정부가 수립되면서 중국 최대의 국제도시이자 혁명가들의 낙원이었던 상하이가 민족운동의 중심지로 부각되고 있었다.

상하이에는 이념과 노선을 달리하는 다양한 세력이 모여들어 활동했다. 크게 보면 임시정부를 옹호하는 세력과 불신임하는 세력, 그리고 임시정부와 고려공산당을

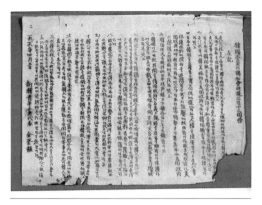

신한청년당 한국위원이 파리강화회의에 제출한
13개조안(1919.4)

중심으로 한 좌우익 진영이 별도의 세력을 형성하며 활동했다. 1920년 중반 이들 사이에 통일전선을 위한 움직임이 일어났고, 그 형태는 민족유일당운동으로 추진되었다. 유일당운동이란 좌우 세력을 중심으로 민족운동전선의 모든 세력과 집단을 통일하여 민족적 대당체로서 유일한 정당체를 조직하고, 이를 중심으로 민족운동을 전개하자는 것이었다.

국민대표회의에서 임시정부 해체론이 대두된 이후 임시정부 중심의 우파세력은 자체적으로 임시정부를 수습해가는 한편, 민족운동의 새로운 활로를 모색했다. 1925년 대통령 이승만을 탄핵하는 등 흐트러진 전열을 재정비하고 임시정부 중심의 우파세력과 베이징 지역의 좌파세력이 통합하여 대독립당을 결성한다는 방안에 합의를 이루었다. 그 방법은 우선 각지에 유일당촉성회를 조직하고 이를 통일하여 민족유일당을 결성한다는 것이었다. 이러한 합의하에 1926년 10월 좌우 세력은 대독립당북경촉성회를 결성했다.

이를 계기로 중국 관내 각 지역에서는 유일당의 전 단계인 촉성회가 조직되기 시작했다. 1927년 4월 상하이에서 임시정부 계열의 우파 인사들과 상해파 고려공산당의 인사들이 참여한 상하이촉성회가 조직되었고, 5월 이후 광둥, 우한, 난징 등 다섯 개 지역에서 좌우익 인사들이 유일당촉성회를 결성했다. 그리고 각 지역의 대표자들은 1927년 11월 상하이에서 한국독립당 관내촉성회연합회를 개최했다. 이는 각 지역 촉성회를 통일하여 대독립당, 즉 민족유일당을 결성하기 위한 목적이었다.

그러나 촉성회연합회의 활동은 순조롭게 진행되지 못했다. 이념 및 노선을 달리하는 세력들이 혼재해 있었고, 유일당운동에 참여한 의도와 목적이 서로 달랐기 때문이었다. 우파세력들은 유일당을 조직하여 이를 기초로 임시정부의 위상을 강화하고자 했고, 좌파세력들은 유일당의 주도권을 장악하여 이를 혁명정당으로 발전시킨다는 의도를 갖고 있었다.

또한 여기에는 외부적인 영향도 작용했다. 1927년 중국의 제1차 국공합작이 무너졌고, 1928년 코민테른이 '12월 테제'를 통하여 좌파세력에게 민족주의세력과의 결별을 요구했던 것이다. 좌파세력이 코민테른의 정책에 맞추어 민족주의세력을 배척하는 방향으로 가면서 1929년 10월 상하이촉성회는 해체를 선언했다. 동시에 좌파세력의 결집체로 유호한국독립운동자동맹이라는 별도의 단체를 결성했다. 이후 우익세력도 임시정부의 옹호, 유지를 목적으로 세력을 결집하여 1930년 1월 한국독립당을 창당했다. 이로써 관내 지역의 각 세력들은 서로 제 갈 길을 가게 되었다.

한편 유일당운동은 만주 지역에서도 전개되었다. 서간도와 북간도를 포함한 만주와 연해주 지역에는 1860년대 이래 형성된 한인사회가 민족운동의 중요한 기반이 되고 있었다. 1910년을 전후했을 때부터 이곳에는 장기적인 민족운동을 위한 근거지가 개척되기 시작했다. 즉 1910년대 이래 신흥무관학교를 비롯한 각종 학교들을 통해 독립군을 양성했고, 수많은 독립군 단체들이 결성되어 활동했다. 특히 1920년 봉오동, 청산리에서 일본군을 대파시켜 항일무장투쟁사상 불후의 전과를 거두기도 했다. 그러나 봉오동 및 청산리 양대 전투와 간도 및 자유시참변을 겪은 만주 지역 민족운동진영은 각 지역을 기반으로 참의부(1923.6), 정의부(1924.11), 신민부(1925.3)가 성립되었다. 사회주의세력도 만주에 조선공산당 만주총국과 고려공산청년회 만주총국을 결성하여 활동하고 있었다.

이와 더불어 일제와 중국 군벌의 독립군 탄압에 맞서기 위해 만주 지역의 민족운동진영도 통일전선의 필요성을 절감하게 되었다. 이 무렵 중국 관내 지역에서는 민족유일당운동이, 국내에서는 민족협동전선론이 일기 시작했다. 따라서 1927년 만주 지역의 좌우 세력은 민족당의 결성에 합의하고 민족유일당조직촉성회를 개최했다. 여기서 좌우 세력 모두 유일당 조직의 당위성과 필요성에 대해서는 의견을 같이했다.

그런데 문제는 유일당을 어떤 방법으로 조직할 것이냐 하는 조직방법에서 이견이 노출되었다. 기존 단체를 본위로 한 연합기관으로 유일당을 조직하자는 단체본위조직론과, 기존의 모든 단체는 해체하고 개인을 본위 혹은 기초로 하여 중앙집권적인 형태의 조직으로 하자는 개인본위조직론으로 의견이 나누어졌다. 이는 각 세력의 이해관계, 즉 주도권 장악과 관련된 문제였다. 논쟁이 계속되었으나 이견은 좁혀지지 않았다. 결국 만주 지역에서도 민족유일당을 결성하려는 시도는 좌절되고 말았다.

이렇게 민족운동진영이 유일당을 결성한다는 당위성에는 동의했지만 구체적으로 유일당을 어떤 방법으로 결성할 것인가에 대해서는 의견이 엇갈렸다. 이는 이후 민족통일전선운동이 난항을 겪게 되는 중요한 이유 가운데 하나이다. 이념이나 대의도 중요했지만 새로 조직될 조직에서 누가 주도권을 장악하느냐 하는 문제도 그에 못지않게 중요했기 때문이다.

3) 1930년대 민족혁명당 중심의 통합운동 전개

1920년대 후반의 유일당운동이 실패로 돌아간 후 민족운동진영에서는 '정당'을 표방한 단체들이 조직되기 시작했다. 만주 지역에서 조선혁명당과 한국독립당이, 중국 관내 지역에서 임시정부를 중심으로 우익진영 인사들이 한국독립당을 조직한 것을 비롯하여 남징에서도 한국혁명당, 신한독립당 등이 연이어 조직되었다. 이들 '독립운동정당'의 출현은 1920년대 중반 이후 유일당운동을 추진했던 각 지역의 세력기반 및 정치이념에 따라 조직된 것이었다.

이 가운데 만주 지역의 조선혁명당과 한국독립당은 9·18사변 이후 괴뢰 만주국의 성립과 날로 격화되는 일본군의 토벌로 인해 활동 근거지를 중국 관내 지역으로 옮기면서 이 지역의 독립운동 세력과 통합운동을 추진했다. 그럼으로써 1930년대 민족운동전선은 독립운동정당을 중심으로 세력의 결집이 이루어졌고, 이를 중심으로 민족운동을 전개해나갔다.

한편 세계적 경제공황과 일제의 만주침략으로 민족운동진영에서 각각 독자적인 기반과 세력을 형성하고 분산적인 활동을 하고 있던 독립운동정당 및 단체들은 새로운 국면을 맞이하게 되었다. 이를 계기로 민족운동 세력의 단결과 통일에 대한 요구가 또다시 일어나게 되었다.

이러한 움직임은 1932년 10월 상하이에서 한국대일전선통일동맹이 결성되며 구체화되기 시작했다. "반일혁명활동의 통일을 위해 전선통일을 이루자"는 취지하에 결성된 통일동맹에는 한국독립당과 의열단 등 5개 단체가 참여했다. 하지만 통일동맹은 각 단체 간의 협의기관에 불과해 효율적이고도 강력한 리더십을 발휘하기에는 무리가 있었다.

때문에 통일동맹은 1934년 3월 난징에서 제2차 대표대회를 개최하고 임시정부를 포함한 기존의 모든 혁명단체를 해체한 후 단일대동맹을 조직할 것을 결정했다. 그리하여 통일동맹은 1935년 6월 난징에서 중국 지역 다섯 개 단체와 미주 지역의 네 개 단체 등 모두 아홉 개의 단체가 참여한 가운데 단일당 결성에 합의하고 나아가 7월 5일 단일당인 민족혁명당의 성립을 공포했다. 민족혁명당의 성립은 국내의 신간회와 더불어 통일전선운동의 대표적 성과로 평가되고 있다.

그럼에도 민족혁명당의 결성에는 김구 등 임시정부 옹호세력들이 참여하지 않아 완전한 통일전선체로서의 의미는 적었다. 또한 민족혁명당의 통일전선은 내부 좌우익 세력 간의 이념 및 주도권 등을 둘러싼 갈등으로 그리 오래 유지되지 못했다. 민족혁명당 창당 직후 조소앙을 비롯한 한국독립당 계열 인사들이 김원봉(金元鳳)의 의열단 계열과의 사상적 차이를 이유로 탈당했으며 1937년 4월 이청천 계열도 이데올로기의 차이에다 당의 주도권 문제로 의열단 계열과 심각하게 대립하다 결국 탈당했다. 그 결과 민족혁명당은 통일전선체로서의 의미를 상실하고 좌파정당으로 전락하고 말았다.

한편 1935년 11월 김구는 민족혁명당에 참여하지 않은 세력들을 규합하여 한국국민당을 창당하고 이를 기반으로 임시정부를 옹호, 유지해갔다. 이로써 1930년대 후반 민족운동진영은 한국국민당과 민족혁명당을 중심으로 재편되어나갔다.

그런데 때마침 1937년 7월 중일전쟁이 발발했다. 일제가 중국 대륙을 침략하자 중국은 전면전에 돌입했다. 이러한 정세변화는 민족운동진영에 조국독립을 쟁취할 수 있는 절호의 기회로 인식되었다. 조국독립을 위해서는 우선 민족운동 세력이 단결해야 할 필요성과 당위성이 제기되었던 것이다.

먼저 김구의 한국국민당은 민족혁명당에서 탈당한 우익세력과 함께 연합을 도모함으로써 임시정부를 확대, 강화시키고자 했다. 아울러 미주 지역의 대한인국민회 등 6개 단체까지 연합하여 1937년 8월 한국광복운동단체연합회를 결성했다. 이에 맞서 1937년 12월 민족혁명당을 중심으로 한 좌익진영에서도 연합을 추진했다. 민족혁명당은 김성숙(金星淑)이 주도하던 공산주의단체인 조선민족해방동맹, 유자명(柳子明)이 이끌던 아나키스트단체인 조선혁명자연맹이 연합하여 조선민족전선연맹을 결성했다.

이로써 관내 지역의 민족운동은 광복진선과 민족진선으로 연합을 이루면서 좌우 양대 진영으로 재편성되었다. 이제 남은 과제는 이 양대 진영이 연합을 하는 것인데, 마침 중국 국민당정부가 이들의 통일을 종용하고 나섰다. 그리고 1939년 5월 김구와 김원봉이 공동명의로 "동지동포제군에게 보내는 공개통신"을 발표함으로써 두 진영의 통일운동이 구체화되었다.

"동지동포제군에게 보내는 공개통신"

…… 어떠한 방식에 의해 민족적 통일기구를 구성한다 해도 그 기구는 현 단계의 전 민족적 이익과 공동적 요구에 의한 정강 아래 어떤 주의, 어떤 당파도 그 산하에 포옹하여 조직하지 않으면 안 된다. 그리고 전국적 무장대오를 1개의 민족적 총 기관으로서 지휘가능한 조직체로 할 것이 요구된다. …… 이와 같은 사명을 이행하기 위하여는 무엇보다도 먼저 관내에 현존하는 각 혁명단체를 일률적으로 해소하고 현 단계의 공동정강 아래 단일조직으로 재편성하지 않으면 안 된다고 믿는다. 그리하여 현존 각 단체의 지방적 분열과 파생적 마찰을 정지하고 단결제일의 목표하에 일체 역량 및 행동을 통일하여 우리의 항쟁을 적극적으로 전개할 수 있다. 각 단체의 표방하는 주의가 같지 않으나 현 단계의 조선혁명에 대한 정치적 강령과 항일전의 상태는 완전히 일치하는 것이다.……이와 같이 각 소단체를 단위로 하는 연맹 방식에 의한 관내운동의 통일을 주장하는 이론도 있으나, 그것은 결코 재래의 무원칙한 파쟁과 상호 마찰을 근본적으로 해소할 수 있는 방법이 아니다. 그 때문에 우리들은 통일운동의 연맹식 방법론이 관내의 현존하는 불통일한 현상을

연장하는 것이며 무원칙한 파쟁의 합리화에 지나지 않는 것이라 생각한다. ……

이어 같은 해 8월 스촨성 충칭 초입의 치장(綦江)에서 양대 진영 7개 단체의 대표가 통일전선을 형성하기 위한 '7당회의'를 개최했다. 각 단체 대표들은 모두 통합의 당위성에 대해서는 이론이 없었다. 그러나 1920년대의 민족유일당운동과 마찬가지로 단일당을 구체적으로 어떤 방식으로 조직하느냐 하는 문제에서 이견을 보였다. 즉 한국국민당이나 민족혁명당과 같이 세력이 강한 단체는 기존의 단체를 완전히 해체하고 신당을 조직하자는 단일당 방식을 주장했다. 그런데 세력이 약했던 군소단체는 원래의 조직을 그대로 유지하면서 단체를 기초로 하는 연맹체를 조직하자는 연맹 방식을 고수했다. 군소단체는 기존 단체를 유지함으로써 자신들의 정체성을 지키려고 했던 것이다. 그에 비해 세력이 큰 단체는 군소단체까지 모두 흡수하여 자파 세력을 확대하고자 했다.

그 외에도 통합을 위한 회의가 결렬된 원인은 독립운동의 최고 기구를 새로이 조직되는 단일당으로 할 것이냐, 임시정부로 할 것이냐에 대한 문제였다. 이는 결국 민족운동의 주도권을 누가 장악하느냐는 문제로, 이를 둘러싸고 두 진영이 팽팽하게 대립하다 결국 통합회의는 결렬되고 말았다.

4) 일제 패망 직전 임시정부를 중심으로 한 통합운동 추진

치장에서의 통합회의가 결렬된 이후 우익진영은 1940년 5월 우익세력을 통합하여 임시정부를 옹호, 유지하는 여당으로서 한국독립당을 창당했다. 또 1940년 9월에는 임시정부의 국군으로 한국광복군을 창설했다. 그리고 10월에는 집단지도체제를 탈피하고 강력한 지도력을 행사할 수 있는 주석 중심의 단일지도체제로 개헌을 단행했다. 당(한국독립당), 정(임시정부), 군(광복군)의 체제로 정비한 것이다. 인적 기반의 확대와 함께 조직과 체제가 정비되면서 민족운동전선에서 임시정부의 위상과 역할은 크게 제고되었다. 반대로 김원봉이 이끌던 좌익진영은 치장 7당통일회의 이

대한민국임시정부 제34회 임시의정원 일동(1942)

한국광복군 청년공작대

후 내부 견해 차이로 세력이 크게 약화되었다.

임시정부를 중심으로 한 우익진영의 세력 결집과 좌익진영의 세력 분열은 1940년대 민족운동진영의 구도를 크게 변화시켰다. 그 변화의 핵심은 당시의 국제정세와 맞물리면서 좌익진영에서 임시정부로의 통일전선을 이루자는 주장이 나오기 시작했던 것이다. 중국 국민당정부도 임시정부 승인 문제를 거론하면서 지원창구를 임시정부로 단일화할 뜻을 천명하고 김원봉의 좌익진영으로 하여금 임시정부로 합류할 것을 종용했다.

임시정부를 중심으로 한 통일전선이 요구될 무렵인 1941년 12월 8일 태평양전쟁이 발발했다. 미일 간의 전쟁이 발발하면서 적극적인 대일항전의 필요성과 함께 좌우익 민족운동 세력의 결집이 절실히 요구되었다. 이러한 내외정세의 변화에 따라 좌익진영을 주도하고 있던 민족혁명당은 종래 임시정부를 무시하던 입장을 철회했다. 그리하여 태평양전쟁 발발 직후 임시정부에의 참여를 결정하고, 나아가 임시정부를 혁명의 최고 기구로 발전시킬 것을 촉구했다. 그리고 민족혁명당 중심의 조선의용대도 임시정부의 광복군에 통합되었다.

민족혁명당의 임시정부 참여에 즈음하여 임시정부는 오늘날 국회에 해당하는 임시의정원 선거규정을 새로이 제정하여 좌익진영 인사들이 의정원에 참여할 수 있는 조처를 마련했다. 좌익진영은 기존의 조직과 세력을 그대로 유지한 채 임시의정원에 참여했다. 이로써 임시의정원에 좌우 세력이 공동으로 참여하여 한국독립당이 여당, 민족혁명당을 비롯한 좌익진영이 야당의 역할을 맡았다.

좌익세력이 광복군과 임시의정원으로 통일을 이룬 후 정부 부서에도 좌익진영의 인사들이 참여하여 연립정부를 형성했다. 1944년 4월 임시정부의 조직과 체제를 확대하면서 신설된 부주석에 민족혁명당의 김규식(金奎植)이 선임된 것을 비롯하여 좌익진영의 인사들이 국무위원과 정부 부서의 책임을 맡게 되었다. 그리하여 임시정부는 명실 공히 좌우 세력이 통일을 이룬 연립내각정부를 구성하게 되었다.

임시정부로의 통일전선형성은 1927년 국내에서 조직된 신간회와 1935년 민족혁명당과 더불어 통일전선운동이 거둔 대표적 성과였다. 물론 임시정부의 통일전선이 국외의 모든 세력을 망라한 완전한 통일전선은 아니었지만 이것이 가지는 의의는 대단히 크다고 하겠다. 우선 정치적 이념과 노선을 달리하는 좌우 세력이 통일단결을 이루었고, 이로 인해 임시정부가 수립 당시와 같은 민족운동의 대표기구이자 최고 기구로서의 위상과 역할을 되찾게 되었다는 점을 들 수 있다. 그리고 임시정부가 양당체제로 운영되면서 의회민주주의의 경험을 축적했다는 것이다. 마지막으로 좌우 세력의 통일전선정부가 1945년 8월 해방 때까지 유지, 발전되어 민족이 통일, 단결된 모습으로 해방을 맞이하게 되었다는 점이다.

중국 관내 지역에서 좌우 세력이 통일전선을 이룬 임시정부는 이제 관내 지역 이외에 산재해 있던 국내외 민족운동 세력과 통일전선을 형성해야 한다는 과제를 떠안게 되었다. 1940년대 전반기까지도 중국국민당 지역의 임시정부 외에도 중국공산당 지역인 옌안에는 조선독립동맹, 그리고 소련의 연해주 지역에는 만주에서 활동하다 철수한 한국인 부대가 있었다. 그리고 국내에는 여운형의 조직한 조선건국동맹이 활동하고 있었다.

1942년 화북지방에는 무정을 비롯한 중국공산당 내 한인들과 국민당 지역에서 북상한 한인 사회주의자와 조선의용대 대원들이 중심이 되어 화북조선독립동맹을 결성하고 산하 무장단체로 조선의용군을 조직했다. 이들은 팔로군과 함께 대일전투에 참여하는 등 적극적인 항일운동을 전개하고 있었다. 그리고 9·18사변 이후 만주에서는 민족주의세력이 일본군의 토벌에 밀려 관내 지역으로 이동한 반면 사회주의세력은 현지의 중국공산당에 가입하여 유격활동을 계속했다. 그중에서도 가장 유명한 것이 1933년 1월 중공당의 지시에 의해 건립된 동북인민혁명군, 1936년 1월 건립된 동북항일연군이었다. 이 부대에는 많은 한인이 지휘관이나 일반 대원으로 참여했다. 이들은 한민족 무장결집체인 조국광복회를 결성했고, 1937년 12월에는 국내 북

중국 한구에서 창립된 조선의용군 기념 사진(1938.10)

부 지역에 조국광복회의 국내지부를 설치하기도 했다. 하지만 이들도 일제의 대대적인 탄압에 더 이상 견디지 못하고 1940년 겨울부터 러시아의 연해주로 이동하여 그곳에서 동북항일연군 교도려(敎導旅)로 편제되어 광복을 기다리고 있었다.

따라서 1940년대 3대 항일운동 세력은 새로운 판도를 형성하면서 각자의 지역적 기반과 세력을 배경으로 활동하며 상호 연계 및 통일전선을 추진했다. 해방이 가까워 올수록 이들 세력은 상호 연계를 위해 서로 연락을 취하기 시작했다. 임시정부와 독립동맹 사이에는 독립동맹의 간부인 김학무(金學武)가 충칭과 옌안을 오가면서 임시정부 주석 김구와 독립동맹 위원장 김두봉(金枓奉)의 서신연락을 담당했다. 1944년 3월 김구가 김두봉에게 서신을 보내 자신이 직접 옌안에 갈 뜻을 밝히기도 했다. 이에 대해 1944년 10월 16일 김구에게 보낸 서신에서 김두봉은 김구의 옌안행을 환영한다고 했다. 그는 편지에서 "지역·파벌을 불문하고 성심단결할 것과 서로 연락을 취하여 압록강에서 (광복군과 의용군이) 만날 수 있다면 제가 나서서 알선해보겠습니다"고 했다. 임시정부의 광복군과 독립동맹의 의용군이 압록강에서 만나 함께 국내로 진입하자는 제안이었다. 그 후 1945년 5월 임시정부는 대표로 국무위원 장건상을 연안에 보냈다.

그리고 임시정부와 러시아 연해주의 한국인 부대 사이에도 해방을 앞둔 상호 연락이 시도되고 있었다. 그 외에도 독립동맹과 국내의 건국동맹 사이에도 서로 연락원을 파견하는 방법으로 관계가 유지되었다. 이를 통하여 서로의 연계 및 공동군사 행동에 관한 문제들이 논의되고 있었다.

그러나 갑작스러운 일제의 패망으로 이들 움직임은 구체적인 결과로 이어지지 못했다. 하지만 국외 민족운동 세력 간에 추진된 통일전선운동은 민족운동사상 큰 역사적 의미를 가지고 있다. 우선 국내외 민족운동 세력들이 각자의 이념 및 노선의 차이를 극복하고 민족적 대단결을 이루려는 노력과 시도를 해방을 맞는 최후의 순

간까지 전개하고 있었다는 것이다. 이처럼 통일전선운동은 한국 민족운동사의 큰 흐름을 형성하고 있었고, 이러한 노력과 시도는 해방 후 좌우합작운동과 남북협상으로 계승되기도 했다. 민족운동 시기에 추진된 이러한 통일전선운동은 향후 남북통일을 추진하는 데에서도 귀중한 역사적 경험이 될 것이다. | 김광재

이야깃거리

1. 국제정세와 민족운동의 관계에 대해 논의해보자.

2. 대한민국 임시정부 성립의 역사적 의의와 한계에 대해 생각해보자.

3. 사회주의운동이 민족운동에 어떠한 역할을 했는지 생각해보자.

4. 민족통일전선운동에서 걸림돌이 되었던 문제는 무엇이었는지 생각해보자.

5. 민족통일전선운동이 갖는 역사적 의의에 대해 생각해보자.

더 읽을거리

강만길. 1999. 『20세기 우리 역사』. 창비.

국사편찬위원회. 2001. 『한국사』 47(일제의 무단통치와 3.1운동).

국사편찬위원회. 2001. 『한국사』 48(임시정부의 수립과 독립전쟁).

국사편찬위원회. 2001. 『한국사』 49(민족운동의 분화와 대중운동).

국사편찬위원회. 2001. 『한국사』 50(전시체제와 민족운동).

국사편찬위원회. 2002. 『한국사』 1(총설).

김구. 1997. 『백범일지』(도진순 주해). 돌베개.

서중석. 2001. 『신흥무관학교와 망명자들』. 역사비평사.

역사비평 편집위원회. 2006. 『역사용어 바로쓰기』. 역사비평사.

조동걸. 2007. 『한국독립운동의 이념과 방략』. 독립기념관.

한국근현대사학회 엮음. 1998. 『한국독립운동사강의』. 한울아카데미.

5

사회주의와 대중운동

1 사회주의의 수용과 공산주의 그룹

1) 사회주의의 수용

1914년 제1차 세계대전과 1917년 러시아혁명을 거치면서 본격적으로 소개되기 시작한 사회주의사상은 단지 마르크스주의뿐만 아니라 아나키즘이나 페비언니즘, 기독교사회주의, 길드사회주의 등과 같은 매우 다양한 조류들을 포괄하고 있는 복잡한 것이었다. 그러나 3·1운동을 거치면서 식민지 한국에서 전개된 사회주의운동의 지도이념은 다양한 사회주의사상 가운데 마르크스주의가 점차 주도적인 위치를 점하기 시작했다. 이는 식민지 피압박 민족에 대한 소비에트 러시아와 코민테른의 지원이라는 현실적인 조건과 '겨울의 시대'를 극복하면서 발전한 일본 사회주의운동과 밀접하게 연관되어 있었다.

식민지 한국에서 초기 사회주의사상의 수용과 그에 기반을 둔 사회주의운동의 전개는 다음의 두 가지를 그 특징으로 한다. 첫째, 사회주의운동이 식민지 한국이 아

이동휘

닌 해외에서 태동했다는 점이다. 그것은 식민지 한국보다 해외가 제국주의 일본의 강압이 약하다는 객관적인 조건과 밀접하게 관련된 문제이다. 둘째, 사회주의운동의 중심이 하나가 아니라 다수라는 점이다. 사회주의사상의 수용과 사회주의운동이 하나의 지역을 중심으로 전개된 것이 아니라 일본과 러시아라는 두 개의 지역을 중심으로 전개되었다. 이는 사회주의사상을 수용한 주체와 사회주의운동을 전개한 주체들이 갖고 있던 운동경험의 상이성이라는 주관적인 조건의 차이와 관련되는 문제이다.

일본과 러시아를 중심으로 서로 다른 주체들에 의해 다양한 방식으로 사회주의운동이 전개되었다. 일본에서는 신사상과 신학문을 수용하기 위해 도일했던 재일유학생들이 그 중심에 있었다면, 러시아의 경우는 한말 이래 계몽운동에 참여했던 혁명적 민족주의자들이 중심이 되었다는 점에서 차이를 보인다. 전자의 경우는 1916년 도쿄에서 조직된 비밀결사인 신아동맹당 내에 있던 김철수(金綴洙)·장덕수(張德秀) 등의 '김철수그룹'이 대표적이며, 후자의 경우는 1918년 5월 하바롭스크에서 이동휘·김립(金立) 등에 의해 조직된 한인사회당이 대표적이다.

신아동맹당은 한국인, 중국인, 타이완인 등 식민지와 반식민지의 약소민족 출신 재일유학생들이 주축이 되어 '반일'이라는 동일한 지향성을 가지고 결합한 반제민족 해방 운동단체였다. 그런데 그 조직 내에 자신들을 '사회주의자'로 규정하는 이들이 존재했는데 바로 그들이 '김철수그룹'이다. 이들은 1920년 본거지를 식민지 한국으로 이동시키면서 국내의 사회주의자들과 결합하여 사회혁명당을 조직했다.

한인사회당은 한말의 계몽운동과 1910년대 만주에서 무장투쟁을 전개했던 민족주의자들 가운데 소비에트 러시아와 관계를 맺을 것을 강조한 혁명적 민족주의자들에 의해 조직되었다. 1919년 8월에는 리더인 이동휘와 김립이 국무총리와 국무원 비서장으로 대한민국 임시정부에 참여하면서 본거지를 상하이로 이전했다.

2) 고려공산당과 국내 공산주의 그룹

1920년 7월 이르쿠츠크에서 이성(李成)·김철훈(金哲勳) 등이 중심이 되어 고려공산단체 중앙간부를 조직했다. 이들은 러시아에 귀화한 한인들을 대표했는데, 1921년 5월에는 상하이에서 활동하던 김만겸(金萬謙)·안병찬(安秉瓚) 등 한인사회당 반대 그룹과 결합하여 고려공산당을 조직했다. 이른바 이르쿠츠크파 고려공산당이 탄생한 것이다. 또한 당시에 이동휘·박진순(朴鎭淳) 등 한인사회당의 지도자들이 김철수·주종건(朱鍾建) 등 식민지 한국의 사회혁명당 등과 연합하여 상하이에서 고려공산당을 조직했다. 식민지 한국과 일본, 중국의 한국인 사회주의자들을 망라한 이른바 상해파 고려공산당이다. 상해파와 이르쿠츠크파는 각각 한국혁명을 민족해방혁명이 선행한 뒤에 그것이 사회주의혁명으로 성장·전화한다는 연속혁명론을 지지하는 이들과 사회주의혁명론을 지지하는 이들을 대표했다.

이후 상해파 고려공산당과 이르쿠츠크파 고려공산당은 코민테른의 배타적 지부가 되기 위한 경쟁을 전개했다. 이들의 대립이 극단적으로 전개되면서 1921년 6월 결국 자유시(스보보드니)참변이라는 유혈사건을 일으켰고, 이후 두 단체의 대립은 돌이킬 수 없는 상황으로 빠져들었다. 자유시참변 이후 코민테른의 지시로 두 당을 통합하기 위해 1922년 10월 베르흐네우친스크에서 고려공산당 연합대회를 개최했으나 실패했다. 이에 코민테른은 1922년 12월 상해파 고려공산당과 이르쿠츠크파 고려공산당의 통합을 위해 코민테른 동양부 산하에 꼬르뷰로(고려중앙국)를 조직했다.

3·1운동의 소용돌이가 점차 가라앉고 제국주의 일본의 이른바 '문화정치'로 인해 제한된 범위에서나마 식민지 한국에도 '열린 공간'이 생겨났다. 이에 대중운동단체들이 속속 모습을 드러냈는데, 그 이면에는 몇 개의 공산주의 그룹들이 비밀결사의 형태로 활동하고 있었다. '서울공산단체', '조선공산당(중립당)', '마르크스주의 크루조크', 사회혁명당이 바로 그것이다.

1919년 10월 조직된 '서울공산단체'는 후일 이르쿠츠크파 고려공산당의 국내 뷰로로 활동한 조직이었고, 1920년 3월 조직된 '조선공산당(중립당)'은 신백우(申伯雨)·

김한(金翰)·김사국(金思國)·이영(李英) 등 후일 화요파와 서울파의 중추를 이루는 인물들이 함께한 조직으로 1925년 조직된 전위당인 조선공산당과 같은 이름이지만 그와 다른 조직이었다. 1920년 5월 김약수(金若水)·정태신(鄭泰信)의 주도로 조직된 '마르크스주의 크루조크'는 1921년 일본으로 본거지를 이동했는데 후일 북풍파의 주류가 되었다. 김철수·장덕수·김명식(金明植)·유진희(兪鎭熙) 등을 중심으로 한 사회혁명당은 전술한 바와 같이 신아동맹당이 1920년 6월 본거지를 경성으로 이동하면서 조직되었는데, 이후 상해파 고려공산당의 국내 지부(국내 상해파)로 기능하면서 1920년대 초반 식민지 한국 사회주의운동의 우이(牛耳)를 잡았다.

이들 공산주의 그룹은 마르크스주의의 선전과 대중운동단체의 조직에 주력했다. 마르크스주의 선전과 관련하여 특히 주목되는 점은 이들이 마르크스가 쓴 『정치경제학비판을 위하여』 서문의 '유물사관요령기'를 여러 차례 번역했다는 점이다. 이들은 역사는 발전하는 것이며, 자본주의가 극복되고 사회주의가 필연적으로 도래한다고 인식했다. 그리고 그 연장선에서 당대 식민지 한국은 제국주의 일본에 의해 지배되는 자본주의사회이며, 따라서 제국주의 일본도 필연적으로 붕괴될 수밖에 없다는 인식을 하고 있었다. 즉 마르크스주의를 식민지 한국에서 제국주의 일본을 구축하는 민족해방과 사회주의 건설을 동시에 실현할 수 있는 강력한 해방의 이데올로기로 인식한 것이다.

2 조선공산당과 대중운동

1) 전위당 조직을 위한 투쟁

1920년대 초반까지 식민지 한국의 사회주의운동은 국내 상해파가 주도적인 위치에 있었다. 이들은 전술한 바와 같이 민족혁명을 수행한 후 사회주의혁명으로 이행한다는 연속혁명론을 견지하고 있었다. 따라서 이 시기의 당면한 혁명을 민족혁명

단계로 설정하고 부르주아 민족주의세력과의 통일전선에 주력했다. 국내 상해파가 1922년 김윤식 사회장에 찬성하고, 1923년 물산장려운동에 적극적으로 참여한 것은 바로 이러한 혁명론에 기반을 둔 것이다.

국내의 다른 공산주의 그룹들은 이러한 국내 상해파의 노선에 반대하면서 적극적인 반대투쟁을 전개했다. 실제로 김윤식 사회장 과정에서는 통일전선에 대한 견해 차이를 둘러싸고 국내 상해파의 내부에서 김명식 등 일군의 사회주의자들이 분리를 감행하여 이성태(李星泰)·정백(鄭栢) 등과 함께 '신생활사그룹'을 조직했다. 또한 물산장려운동에 대해서도 서울파 중심의 고려공산동맹이 주도한 전조선청년당대회에서는 물산장려운동에 대한 박멸이 결의되었고, ≪동아일보≫와 ≪조선일보≫ 등의 합법 출판물을 통해서는 주종건·이성태 등에 의해 물산장려운동 반대론이 주장되었다. 특히 물산장려운동 과정에서 전개된 물산장려논쟁은 혁명론의 이해를 둘러싼, 즉 마르크스주의에 대한 인식 방식의 차이에서 기인하는 것으로 인식의 차이가 현실운동의 차이로 가시화된 것이었다.

이렇듯 종래 부르주아 민족주의자들과 사회주의자들의 대립으로만 정리되던 김윤식 사회장이나 물산장려운동은 사회주의자들 내부의 마르크스주의에 대한 인식의 차이를 둘러싼 격돌도 함께 내포하고 있다. 이러한 대립과정을 통해 그동안 식민지 한국 사회주의운동의 주도권을 잡고 있던 국내 상해파가 몰락하고, 국내 상해파의 운동론에 반대했던 새로운 공산주의 그룹들이 사회주의운동의 주도권을 장악하면서 전위당을 조직하려는 경쟁이 개시되었다. 이들 공산주의 그룹은 합법적인 활동을 전개하기 위해서 사회주의 사상단체를 조직했는데, 신사상연구회의 후신인 화요회와 북성회의 후신인 북풍회, 조선노동당 등이 대표적이다. 이들은 각각 화요파, 북풍파, 조선노동당파로 불리면서 종래의 상해파, 이르쿠츠크파, 서울파 등과 함께 식민지 한국의 사회주의운동을 주도했다.

이러한 공산주의 그룹은 이합집산을 거듭하면서 통일적인 전위당을 조직하려는 시도를 전개했는데, 1924년 3월 식민지 한국의 공산주의 그룹을 대표하여 '13인회의'를 조직한 것이 대표적이다. 이 모임에는 서울파의 김사국·이영, 신생활사그룹의 정백·이혁로(李爀魯), 화요파의 신백우·김재봉(金在鳳), 북풍파의 김약수·김종범(金鍾範), 상해파의 이봉수(李鳳洙), 조선노동당의 김연희(金演羲) 등 각 공산주의 그룹의 대표자들이 참여했다. 이 과정에서 1924년 4월 조선노농총동맹과 조선청년총동맹이 결성되었다. 그러나 이 회합이 결렬되자 공산주의 그룹들은 결국 통일된 전위당이 아닌 독자적인 전위당 건설로 나아갔고, 실제로 강력한 힘을 갖는 두 개의 전위당이 출현했다. 즉 서울파를 중심으로 1923년 2월 조직되었던 고려공산동맹과 1924년 4월 화요파를 중심으로 북풍파와 상해파가 참여한 조선공산당이 바로 그것이다.

2) 두 개의 전위당과 조선공산당

고려공산동맹과 조선공산당은 코민테른의 배타적 지부가 되기 위한 경쟁에 돌입했다. 고려공산동맹과 조선공산당은 각각 조선청년총동맹과 조선노농총동맹의 우위를 바탕으로 하고 있었고, 지역적으로도 각각 우세한 지역을 토대로 전국적인 대립구도를 형성했다. 일례로 전남의 경우 서부 지역은 고려공산동맹과 관련된 조직과 인맥이 절대적인 우위를 보인 반면, 순천을 중심으로 하는 동부 지역은 조선공산당과 관련된 조직과 인맥이 절대적인 우위를 보였다. 어느 일방이 다른 일방을 제어할 수 없을 정도로 힘의 균형이 유지되었다. 이러한 경쟁은 도 단위에 계통을 달리하는 복수의 대중운동단체를 출현시켜 지역의 대중운동역량을 분산시키는 문제를 야기하기도 했지만, 대중운동단체의 양적 팽창을 통해 대중운동의 저변과 토대를 확대했다는 점에서는 긍정적인 면도 있었다.

이러한 경쟁관계 속에서 이들은 코민테른에 독자적인 보고체계를 갖추고 자신들의 활동을 보고하면서 코민테른의 배타적인 지부로 인정받기를 갈망했다. 그러나 제국주의 일본의 탄압이 심했던 식민지 한국에 두 개의 전위당이 존재한다는 것은 여러 가지 문제를 야기했다. 따라서 고려공산동맹과 조선공산당도 1925년 11월부터 1926년 5월까지 네 차례에 걸쳐 통합을 위한 교섭을 전개했다. 양측은 통합이라는 원칙에는 합의했지만 고려공산동맹의 리더인 김사국의 거취 문제와 '당 대 당의 통합'으로 할 것인가 '개인별 입당'으로 할 것인가 하는 통합의 방법을 둘러싸고 대립하면서 결국 통합에는 이르지 못했다.

1926년에 들어서면서 세 가지가 사회주의운동의 진로에 변수로 작용했다. 첫째는 1925년부터 비밀리에 전개되던 사회주의운동을 통일적으로 전개하려던 흐름이 가시화된 것이다. 이 시기 사회주의자들은 통일적 전위당의 조직방침으로 다음과 같은 세 가지의 견해를 가지고 있었다. ① 종래 사회주의운동의 분열을 필연적인 과정으로 평가하고, 기존 공산주의 그룹들의 연합 내지 합동을 통해 통일적 전위당을 조직하자는 것이다. 이 견해는 조선공산당과 고려공산동맹 지도부의 입장으로 전술한 바와 같이 이를 위해 통합교섭을 벌였지만 실패했다. ② 조선공산당과 고려공산동맹 모두를 파벌적 조직으로 규정하고 그로부터 자유로운 이들을 모아 새로운 전위당을 조직하자는 제3당론이다. 그러나 이 견해는 두 조직이 현실적인 힘을 갖고 있는 상황에서 말 그대로 하나의 경향성일 수밖에 없는 것이었다. ③ 두 조직의 내부에서 '파벌적 개념과 파벌적 전통 내지 파벌세력으로부터 조직적·정치적 분리'를 하여 통일적 전위당을 조직하자는 견해이다. 이를 주도한 것이 1925년 후반부터 파벌박멸과 사회주의운동의 통일을 주장하던 레닌주의동맹이었다.

둘째는 1926년 3월 코민테른이 '조선 문제에 대한 결정'을 통해 조선공산당을 코민테른의 배타적인 지부로 승인한 것이다. 조선공산당에 정통성을 부여한 이 결정은 종래 힘의 우열을 가리기 힘들었던 조선공산당과 고려공산동맹의 팽팽한 대립관계를 균열시켰다. 힘의 축은 조선공산당으로 급속하게 기울었고, 고려공산동맹의 구성원들은 조선공산당과 사회주의운동의 통일을 위해 적극적으로 결합해야 한다는 견해를 가진 서울신파와 이에 소극적인 서울구파로 분열되었다. 그러나 조선공산당의 승인과정에서 조선공산당과 투쟁하지 않는다는 조건 아래 고려공산동맹과 다른 공산주의 그룹을 인정한다는 코민테른의 애매한 결정으로 인해 이러한 대립구도는 일정하게 지속될 수밖에 없었다.

셋째는 6·10만세운동을 주도한 조선공산당이 제국주의 일본의 탄압으로 인해 궤멸적인 상태에 빠진 것이다. 조선공산당 중앙위원 가운데 유일하게 검거를 면한 김철수는 중앙위원회를 새롭게 구성하기 위해 다양한 공산주의 그룹들과 연계를 모색했다. 그 과정에서 김철수가 결합한 이들이 바로 레닌주의동맹과 일월회 등 이른바 ML파 관련자들이었다. 이들은 김철수와의 결합을 통해 조선공산당과 고려공산청년회를 장악해갔다. 실제로 1926년 8월 조선공산당의 공청조직인 고려공산청년회와 고려공산동맹의 공청조직인 고려공산청년동맹을 합동시켜 사회주의운동을 통일하기 위한 흐름을 주도했다.

3) 통일조선공산당

1926년 12월 제2차 당대회를 통해 이른바 '통일'조선공산당이 조직되었는데, 통일 조선공산당을 주도한 이들은 이른바 ML파였다. ML파는 북경혁명사의 리더인 양명(梁明)과 서울신파의 리더인 이인수(李仁秀)·한명찬(韓明燦)·이정윤(李廷允) 등, 그리고 만주공청파의 리더인 한빈(韓斌)·김월성(金越星) 등과 모스크바공산대학 출신의 고광수(高光洙) 등으로 구성된 레닌주의동맹 조직원과 일월회의 리더인 안광천과 하필원(河弼源)이 결합한 조직이었다. 통일조선공산당은 형식적으로 국내외의 모든 사회주의운동을 하나의 깃발 아래 통합시켰다. 조선공산당과의 통합에 부정적이었던 서울구파의 지도자들도 1927년 개별 입당을 통해 통일조선공산당에 집결하면서 이러한 모양새는 더더욱 갖춰졌다.

통일조선공산당은 1926년 11월 '정우회선언'을 통해 민족협동전선의 조직, 경제투쟁에서 정치투쟁으로의 전환, 이론투쟁의 강조, 분파투쟁청산을 내용으로 하는 '방향전환론'을 주창했다. 또한 조선노농총동맹을 운동의 발전에 조응하여 조선노동총동맹과 조선농민총동맹으로 분리시켰고, '민족적 단일협동선선당의 매개 형태'로 통일전선체인 신간회를 결성했다.

1927년 코민테른의 '27테제'를 통해 일본공산당의 후쿠모토 가즈오(福本和夫)가 실각하고, 조선공산당을 주도하던 안광천이 개인적인 문제로 탄핵된 상황 속에서 조선공산당은 다시 분열되었다. 종래 조선공산당과의 통합에 미온적이었던 이영·박형병(朴衡秉) 등 서울구파와 김철수 등 상해파의 활동가들은 ML파의 독단적인 조선공산당 운영을 비판하면서 1927년 12월 춘경원에서 비밀리에 자신들만의 제3차 당대회를 개최했다. 이른바 서상파의 출현이었다. 이러한 분열과 제국주의 일본에 의해 계속되는 탄압사건 속에서도 조선공산당은 1928년 2월 제3차 당대회를 개최하고 노동자 출신의 차금봉(車今奉)을 책임비서로 선출했다. 또 다시 두 개의 당대회에 기반을 둔 두 개의 전위당이 출현했고, 이들은 코민테른에 가서 서로 자신들의 당대회가 갖는 정통성을 주장하며 파쟁을 전개했다.

이러한 한국 사회주의자들의 운동 형태에 대한 코민테른의 입장은 1928년 12월 '조선의 농민 및 노동자의 임무에 관한 테제'라는 이른바 '12월 테제'로 가시화되었다. 코민테른 집행위원회 산하 조선문제위원회의 구추백·사노 마나부·미프·월터넨 등에 의해 집필된 12월 테제는 종래 한국 사회주의운동의 문제를 파벌투쟁과 지식인에 기반을 둔 것으로 규정하고, 기본 대중에 기반을 두고 파벌에서 자유로운 전위당을 새롭게 조직할 것을 천명했다. 코민테른의 12월 테제는 한국의 사회주의운동이 이전까지와는 다른, 즉 새로운 성격의 조선공산당을 재건하기 위한 운동으로 전변해야함을 알리는 것이었다.

4) 대중운동의 성장

3.1운동 이후 식민지 한국에 '열린 공간'이 허락되면서 대중운동단체들이 전국적으로 광범위하게 우후죽순처럼 출현했다. 그 가운데 가장 많은 수를 차지한 것이 청년운동단체였다. 수양과 계몽을 목적으로 하는 청년운동단체의 전국적인 출현은 이 시기를 상징하는 것이라 할 수 있을 만큼 많은 가히 폭발적이었다. 이러한 초기 청년운동단체들은 대체로 지방유지와 종교계의 활동가들이 주도하는 개량적인 성격의 단체가 다수였다. 1920년 12월 조직된 조선청년회연합회는 청년운동단체의 전국단위 연합체였다.

청년운동단체는 사회주의사상을 수용한 청년들의 영향으로 점차 성격을 변모시

암태도 소작쟁의(1923.8)

켜갔다. 1922년경부터는 전국적으로 혁신총회가 개최되면서 개량성을 벗어난 청년운동단체가 출현했다. 면을 단위로 하는 단체들은 군을 단위로 조직을 확대했고, 이러한 움직임 속에 전국을 단위로 하는 조직의 결성이 시도되었다. 1924년 4월 서울청년회와 신흥청년동맹을 중심으로 전국의 250여 개 단체를 포괄하는 전국 단위의 조직으로 조선청년총동맹이 결성된 것은 이러한 움직임이 현실화된 것이었다. 조선청년총동맹은 '대중 본위의 신사회건설'과 '민족해방운동의 선구자'임을 강령을 통해 천명했다. 조선청년총동맹의 조직은 1924년 3월 조직된 '13인회의'의 조직과 밀접한 연관이 있다. 이들 공산주의 그룹이 지도하던 청년운동단체의 통합이 바로 조선청년총동맹의 조직으로 가시화된 것인데, 조선청년총동맹의 중앙집행부는 서울파의 영향력이 상대적으로 강했다.

1920년대에 들어서면서 파업투쟁과 소작쟁의가 빈번하게 발생했다. 1921년 9월 열악한 노동조건의 개선을 요구하며 5,000여 명이 참가한 부산부두노동자파업과 소작료와 소작권 이동의 개선을 요구하며 1923년 8월 전남 무안군 암태도에서 발생한 암태도 소작쟁의는 대표적인 사례이다. 이러한 움직임과 연동되어 노동자와 농민들의 이해를 대변하는 노농운동단체가 전국적으로 출현했다. 1920년 4월 조직된 조선노동공제회는 전국적인 최초의 노농운동단체로 전국에 지회를 조직하고 ≪공제≫라는 기관지를 발행하는 등 활발한 활동을 전개했다. 이후 조선노동연맹회나 남선노농동맹 등의 단체를 기반으로 하여 1924년 4월 전국 260여 개 단체를 포괄하는 조선노농총동맹이 조직되었다. 조선노농총동맹 역시 조선청년총동맹과 같이 '13인회의'의 조직과 밀접한 관계가 있었는데, 조선노농총동맹의 중앙집행부는 상대적으로 화요파와 북풍파의 영향력이 강했다.

이러한 전국적 대중운동단체의 조직과 그 지회의 조직과정은 전위당 조직의 토대를 마련하기 위한 사회주의자들의 노력이자 지역의 운동역량을 조직화하여 지역민의 이해를 대변할 수 있는 조직을 건설해서 제국주의 일본의 지방통치에 대항하고자 한 노력의 일환이었다. 이러한 조직과정을 통해 대중운동은 면 단위나 군 단위를 넘어 도 단위나 전국 단위의 차원에서 전개되었다.

노농운동에서 1920년대 중반 시기에 가장 주목할 만한 특징은 노동운동과 농민운동의 분리라 할 수 있다. 1926년 12월 조선노농총동맹은 '조선노농운동에 대한 신정책'을 발표했다. 신정책의 주요 내용은 조선노농총동맹을 조선노동총동맹과 조선농민총동맹으로 분리한 후, 두 동맹의 협의기관을 구성하는 것과 정치운동을 승인하는 것이었다. 이미 1925년 11월 조선공산당에 의해 조선노농총동맹의 분리가 결의되었지만, 실제 조선노농총동맹이 조선노동총동맹과 조선농민총동맹으로 분리된 것은 통일조선공산당이 존재했던 1927년 9월이었다. 이 시기부터 노동운동은 직업별 노동조합 조직과 군 단위의 지역별 노동연맹에 기반을 둔 도 연맹의 조직이 병행되었다.

청년운동은 조선공산당과 고려공산청년회의 청년운동 조직방침인 '부(府)·군(郡) 청년연맹 → 도 연맹 → 조선청년총동맹'의 구도에 따라 1926년까지 60여 개의 부·군에 청년연맹이 조직되었고, 경기도와 전남·함남 등지에는 도 연맹이 결성되었다. 조선청년총동맹은 1927년 8월 '리(里) 반 → 면(面) 지부 → 부·군 청년동맹 → 도 연맹 → 조선청년총동맹'이라는 조직방침과 전민족적 협동전선의 결성을 내용으로 하는 청년운동에 대한 '신운동방침'을 발표했다. 이를 통해 1929년까지 전국의 75%에 가까운 군에 군 청년동맹을 조직했다.

1) 조선공산당 재건운동

12월 테제 이후 국내외에서 전개된 조선공산당 재건운동은 동일한 지도 아래에서 전개되지 못했다. 조선공산당 재건운동은 이전의 운동경험에 따라 통일조선공산당을 주도하던 ML파와 춘경원당으로 결합했던 서상파, 그리고 두 차례에 걸친 조선공산당 탄압 사건으로 복역한 후 출옥했던 화요파 등 각 공산주의 그룹을 중심으로 전개되었다. 1929년 5월 ML파가 조직한 '조선공산당 재조직 중앙간부회'나 1929년 3월 서상파가 조직한 '조선공산당 재건설준비위원회', 1929년 11월 화요파가 조직한 '조선공산당 조직준비위원회'는 각 공산주의 그룹이 주도한 대표적인 조직이었다. 이 시기 조선공산당 재건운동의 노선은 기본적으로 전국 단위의 조선공산당 재건준비 조직을 중앙에 먼저 조직한 후, 산업 중심지나 농촌에 이의 지도를 받는 세포조직을 조직하는 이른바 하향식 조직노선이었다.

1930년 9월 혁명적 노동조합과 혁명적 농민조합에 기반을 둔 투쟁을 촉구한 프로핀테른의 9월 테제 이후 1931년을 기점으로 조선공산당 재건운동의 노선은 도시와 농촌에 혁명적 노동조합과 혁명적 농민조합을 먼저 조직한 후, 이에 기반을 두고 지역이나 산업별 협의회를 조직하고 이어 전국적 대중조직을 결성하는 것으로 변경되었다. 그리고 그 과정에서 지역 단위의 공산주의 그룹을 조직하고 이들의 대표가 모여 조선공산당을 재건한다는 상향식 조직노선으로의 전환이었다. 1931년 여름 조직된 ML파의 '조선공산주의자협의회'나 1931년 3월 조직된 서상파의 '조선좌익노동조합 전국평의회 조직준비위원회', 1931년 중국공산당 조선국내공작위원회의 한전종(韓典鍾)에 의해 조직된 '한전종그룹' 등이 대표적이다.

조선공산당 재건운동과 관련된 여러 공산주의 그룹 가운데서 1933년부터 1936년까지 서울 지역을 중심으로 활동을 전개한 '이재유그룹'은 매우 독특한 위상을 갖는 조직이다. 1933년 7월 '경성트로이카', 1934년 12월 '경성재건그룹', 1936년 6월 '조선공산당 재건경성준비그룹' 등으로 자신의 위상을 변경시켜갔던 '이재유그룹'은 종래 조선공산당 재건운동에 참여하던 다른 공산주의 그룹들과는 달리 파벌극복을 위해 종래 계파적 틀을 넘어 다양한 공산주의 그룹 출신의 활동가들을 흡수했다는 점에서나, 식민지 한국의 상황을 운동의 토대로 삼고자 했다는 점에서 이채롭다. 코민테른의 지도를 거부하는 자는 공산주의자일 수 없는 상황에서 이재유그룹도 코민테른의 테제나 지도를 부정하지는 않았다. 그러나 코민테른의 지도가 식민지 한국의 상황에 맞지 않을 경우 지도에 상황을 맞춘 것이 아니라 상황에 맞게 지도의 원칙을 관철시키려 했다는 점에서 주목되는 것이다. 또한 몇 차례에 걸친 탄압에도 500여 명의 조직원으로 상징되는 조직의 방대함과 경성제국대학 미야케 교수와의 연계로 상징되는 활동을 통해 조선공산당 재건운동의 차원을 한 단계 끌어 올렸다.

이재유

파시즘의 발흥에 대항하기 위해 코민테른은 1935년 7월 제7차 대회를 통해 종래의 '계급 대 계급'노선을 '반파시즘 인민전선'노선으로 변경했다. 이에 식민지 한국에서도 반제민족통일전선의 움직임이 일어났다. 반제민족통일전선의 수용 정도에는 차이가 있지만 1937년부터 함남 원산을 중심으로 혁명적 노동조합운동을 전개했던 이주하가 지도한 '원산그룹'이나 박헌영(朴憲永)이 지도한 경성콤그룹 등이 대표적이다.

박헌영

식민지 한국의 사회주의운동에서 경성콤그룹은 여러 면에서 매우 이채를 띠는 공산주의 그룹이다. 이관술(李觀述)과 김삼룡(金三龍) 등 '이재유그룹'에 관련되었던 사회주의자들을 중심으로 경성제국대학 출신의 사회주의자들과 이전 시기 조선공산당 재건운동과 혁명적 농·노조운동에 관계했던 사회주의자들을 망라하는 가운데 박헌영을 지도자로 해서 출범한 것이 경성콤그룹이었다. 즉 1920년대부터 활동하던 지도자와 1930년대 당재건운동 과정에서 성장한 신진활동가들이 결합한 조직이었다. 1940년 3월 조직된 경성콤그룹은 서울과 경상도, 함경도에 지역조직을 건설했고, 노조부와 출판부, 가두부 이외에도 인민전선부를 별도로 조직했다. 경성콤그룹은 1940년 12월부터 세 차례에 걸친 제국주의 일본의 탄압으로 와해되었다. 그러나 지도자인 박헌영과 그 조직원들은 해방 후 조선공산당을 재건하고 남한 사회주의운동의 주류로 활동을 전개했다.

경성콤그룹의 와해가 식민지 한국에서 전개된 공산주의 그룹들의 활동 마감을 의미하지는 않았다. 작은 규모의 공산주의 그룹들이 해방 전까지 지속적으로 활동을 전개했다. 1943년 이승엽 등이 함경도에서 조직한 '자유와 독립그룹'이나 1944년 11월 서중석의 지도로 조직된 경성의 공산주의자협의회 등이 바로 그것이다.

2) 혁명적 농·노조운동

1929년 세계대공황이 발생하고 식민지 한국에서 원산총파업이 발발하자, 사회주의자들은 식민지 한국에 혁명적 정세가 도래했다고 판단했다. 그럼에도 식민지 한국의 노동운동을 지도해야 할 조선노동총동맹의 지도부는 개량화되어 대중투쟁의 역량을 조직화하지 못했다. 이에 사회주의자들은 1930년 9월 프로핀테른(혁명적노동조합인터내셔널) 집행위원회가 발표한 '조선의 혁명적 노동조합운동의 임무에 관한 결의'(일명 '9월 테제')와 1931년 10월 범태평양노동조합 비서부에서 발표한 '조선에서의 범태평양노동조합 비서부 지지자에 대한 동 비서부의 서신'(일명 '10월 서신')이 천명한 새로운 방침에 입각하여 혁명적 노동조합운동을 전개했다.

혁명적 노동조합운동은 도시의 공장지대와 제국주의 일본의 병참기지화 정책으로 인해 새롭게 개발되던 함경도의 공업도시를 중심으로 전개되었다. 1931년부터 1935년까지 혁명적 노동조합운동과 관련된 사건이 70건이 발생했고, 여기에는 1,759명이 관련되었다. 이들은 공장 안에 반이나 공장그룹을 조직하고 이를 기반으로 공장분회를 만든 후에 그 상위 조직으로 공장위원회를 조직하고자 했다. 그리고 이러한 조직을 지역 단위의 산업별 노동조합과 전국 단위의 산업별 노동조합까지 확대하려는 것이었다. 혁명적 노동조합운동은 1930년대 전반 김호반 등이 주도한 범태평양노동조합 계열의 활동과 1930년대 후반 이주하 등이 중심이 된 '혁명적노동조합 원산좌익위원회'의 활동이 대표적이었다.

혁명적 농민조합운동은 혁명적 노동조합운동보다
더 광범위한 지역에서 전개되었다. 전국 220개 군 가
운데 80여 곳에서 혁명적 농민조합운동이 전개되었
는데, 지역적으로는 함남(80%)과 함북(약 50%)에서 특
히 활발하게 전개되었다. 1931년부터 1935년까지 혁
명적 농민조합운동과 관련된 사건이 103건 발생했는
데, 여기에는 4,121명이 연루되었다. 1930년대 중반
계속되는 탄압 속에서도 지속적인 활동을 전개한 함
북 명천농민조합의 투쟁이 대표적이었다.

원산총파업(1929)

혁명적 농민조합은 리 단위에 반을 조직한 후, 그것을 기반으로 면 단위에 지부를
조직하고 군 단위에 농민조합을 조직하는 방식으로 추진되었다. 이들은 토지혁명과
노농소비에트 건설을 표방했는데, 처음에는 빈농과 농업노동자의 조직화에 힘썼지
만 점차 대중적 기반을 확대하기 위해 중농과 부농까지 포괄하고자 노력했다.

혁명적 노동조합운동과 혁명적 농민조합운동은 조선공산당 재건운동의 일환으
로 그 토대를 조직하는 운동이었다는 점에서 기본적으로 조선공산당 재건운동과 밀
접한 관계가 있었다. 또한 식민지 한국에서 혁명적 노동조합운동과 혁명적 농민조
합운동이 전개되었던 지역과 해방 후 인민위원회가 설치된 지역이 상당수 겹친다는
점에서 지역의 운동역량을 조직화했고, 그 토대가 되는 노동자와 농민 등을 육성했
다는 점에서 역사적인 의미가 있다고 하겠다. | 박종린

이야깃거리

1. 사회주의사상의 수용 배경은 무엇인가?

2. 사회주의운동은 파벌투쟁인가 생각해보자.

3. 민족해방운동에서 사회주의운동이 차지하는 위상은 어떠한가?

4. 노동운동과 농민운동의 시기별 양상과 대표적인 단체는 무엇인가?

5. 노동운동 및 농민운동과 사회주의운동의 관계에 대해 논의해보자.

더 읽을거리

김경일. 1992. 『일제하 노동운동사』. 창작과비평사.

박종린. 2007. 「日帝下 社會主義思想의 受容에 關한 硏究」. 연세대학교 박사학위논문.

박철하. 2003. 「1920年代 社會主義 思想團體 硏究」. 숭실대학교 박사학위논문.

이준식. 1994. 『농촌사회변동과 농민운동: 일제침략기 함경남도의 경우』. 민영사.

이현주. 2003. 『한국사회주의세력의 형성: 1919~1923』. 일조각.

임경석. 2003. 『한국사회주의의 기원』. 역사비평사.

전명혁. 2006. 『1920년대 한국사회주의운동연구』. 선인.

전상숙. 2004. 『일제시기 한국사회주의 지식인 연구』. 지식산업사.

지수걸. 1993. 『일제하 농민조합운동연구』. 역사비평사.

한국근현대사회연구회 엮음. 1991. 『일제 말 조선 사회와 민족해방운동』. 일송정.

한국역사연구회 1930년대 연구반. 1991. 『일제하 사회주의운동사』. 한길사.

6 식민지 근대의 일상과 대중문화

1 식민지 인프라의 구축과 일상의 근대적 재편

1) 철도 교통망의 정비와 일상의 재편

  문화사적 측면에서 일제 식민지 시기는 1926년 조선총독부가 경복궁 홍례문 구역에 신축한 청사로 이전한 것을 기점으로 크게 두 시기로 나누어 살펴볼 수 있다. 조선총독부의 신청사 입주는 일제가 식민지 지배를 위해 그동안 추진한 제반 기초 작업이 일단락되었음을 알리는 상징적 사건이었다. 식민지 지배의 메커니즘이 정치·군사적 차원에서 뿐만 아니라 경제문화적 방면에서 본격적으로 작동하여 사람들의 일상을 재조직하고, 자본주의적 소비풍조와 대중문화가 도시를 중심으로 꽃을 피우는 가운데 '문화', '개조' 등의 계몽담론을 '모던'이나 '취미'가 대신하기 시작한 것도 이 무렵부터였다.

  서구 자본주의 근대문명이 한국 사회에 처음 들어온 것은 개항 무렵부터였다. 그러나 그것이 사람들의 일상에 폭넓게 영향을 미치기 시작한 것은 일제 식민지 시기

경복궁 신청사로 이전하기 전까지 사용한
남산의 조선총독부 청사

서대문역에서 열린 경부선 개통식 장면(1905.5)

를 거치면서였는데, 이때 일제가 식민지 지배를 위해
가장 역점을 두고 이식한 근대문명의 이기가 바로 교통·
통신시설이었다. 교통·통신시설은 식민지 지배의 대동
맥을 구성하며, 한편으로 일상에서 근대적 생활양식을
주조해내는 거푸집 역할을 했다. 그리하여 식민지성과
근대성이 뒤얽힌 식민지 근대성이 나타나기에 이르렀
는데, 그 같은 과정의 실타래를 풀어보면 다음과 같다.

먼저 일제의 철도망 구축은 1899년 일본자본으로 제
물포와 노량진을 잇는 경인선을 개통하면서 시작되어,
러일전쟁 이후 경부선·경의선의 부설로 이어지며 남북
종단형·항만집중형으로 특징 지워지는 기본 틀을 확립
했다. 그 뒤 경부선과 경의선을 국유화하여 간선철도
망을 일원적으로 장악한 일제는 1911년 압록강철교를
가설하여 국내 철도를 만주와 직결시키고, 부산에서
출발하는 관부연락선을 통해 일본과 연결함으로써 일
본 - 조선 - 만주를 잇는 식민지 침략의 기본 동선을 만
들었다. 그리고 경원선·호남선과 함경선을 부설하고,
1933년 두만강변에 도문철교를 가설하여 동북 만주와
연결시키면서 X자형의 철도체계를 완성했다.

나아가 일제는 여기에 도로와 항만을 연결시켜 거미줄 같은 식민지 지배망을 구
축했다. '신작로'라 불린 포장도로는 1908년 전주 - 군산 간 도로의 개통을 시작으로
1910년대 중반까지 진남포 - 평양, 목포 - 광주, 대구 - 경주 간 4대 도로가 건설되면
서 퍼져나갔는데, 주로 기간교통망인 철도를 받쳐주는 지선 구실을 했다. 이렇게 성
립한 교통체계는 물자와 사람 그리고 군대와 경찰을 실어 나르며 식민지 지배에 중
추적 역할을 담당했다. 그리고 공간적 거리를 단축시켜 균질화함으로써 시·분 단위
의 기계적 시간표에 따라 움직이는 사람들의 일상을 만들어냈다.

2) 전기통신망의 확충과 식민지 근대성의 주조

전기통신정보망은 철도교통망과 더불어 식민지와 제국을 묶는 중추적인 권력의 그물망이었다. 전기통신은 1884년 일본이 부산 - 나가사키 간 해저 전신케이블을 설치한 것을 시작으로, 1885년 중국이 인천과 서울 - 평양 - 의주를 잇는 서로전선을 가설하면서 본격적으로 도입되었다. 조선 정부는 1888년 서울 - 부산을 잇는 남로전선을 가설하고 조선전보총국을 개설한 데 이어, 서울 - 원산 - 함흥을 거쳐 국경에서 러시아선과 연결되는 북로전선을 계획하면서 통신주권을 확보하는 데 노력했다. 그러나 전기통신시설은 한반도의 지배권을 확보하려는 일본·중국·러시아간 국제 경쟁의 초점이 되었고, 결국 청일전쟁과 러일전쟁에서 승리한 일본의 손에 넘어가고 말았다.

일제는 기존 전신망을 정비, 확장하는 한편으로 장거리 경비전화망을 구축하여 식민지 침략에 활용했다. 1898년 서울 - 인천 간 관용전화가 개통되면서 시작된 전화사업은 1902년 서울 - 인천 사이에 있는 각 전보사 지사에 공중전화소를 부설하고 시외통화 업무를 개시하면서 민간에 개방되었다. 한반도 전역에 걸쳐 전화망이 갖추어진 것은 통감부 시기에 이르러서였다. 일제는 1908년 경비전화건설부를 설치하여 기존 우체국 전신망에 전화선을 추가하고 회선을 신설하여 1910년 말까지 전국의 경찰서·병영·우체국·행정관청을 잇는 경비전화망을 구축했다. 이 같은 경비전화망은 의병 탄압과 주민 통제 같은 정치·군사적 목적에 주로 활용되었다. 1919년 3·1 운동 이후 3년 동안 이전에 비해 40%가 증가한, 거의 2,000km에 이르는 신규 전화회선이 가설된 것도 그러한 이유에서였다.

이후 1924년 만주까지 전화서비스가 시작되고 1933년 일본과 직통전화가 개통되면서 전화는 식민지 통제수단으로서 뿐만 아니라 경제적인 측면에서도 주목을 받기 시작했다. 자동교환 다이얼 전화가 도입되고 통신능력이 크게 향상되면서 1915년 1만 명 수준이던 전화가입자 수가 1935년 4만 명 수준으로 네 배나 늘어났고, 전신전화의 보급과 함께 급성장한 주식·미두시장 등을 무대로 시간과 정보를 돈줄로 삼는

일제 시기 대중문화 시대의 도래를 알린 경성방송국

새로운 삶의 양식이 나타났다.

한편 1920년대 중반에 들어서면서 무선통신과 라디오가 식민지 정보통제시스템의 또 다른 하나의 축으로 떠올랐다. 1924년 시험방송을 통해 라디오에 대한 대중의 관심을 확인한 조선총독부 체신국은 1925년 3월부터 정기 시험방송을 실시했는데, 그것은 1927년 2월 JODK라는 호출부호를 가진 사단법인 경성방송국의 개국으로 이어졌다. 일본어·조선어를 혼합 편성한 단일 채널로 시작된 경성방송국은 1933년 일본어 제1방송과 조선어 제2방송의 '이중 방송' 시스템을 갖추면서 라디오 대중화의 길을 열었다.

일제는 고출력 방송소 설치와 전국적 방송망 확충, 수신기 성능 개량 등을 통해 청취자의 수를 늘리면서 라디오 방송을 식민지 정보통제와 동화·선전의 도구로 활용했다. 그러나 한국인 청취자들은 그 같은 보도·교양 프로그램보다 음악이나 드라마 같은 연예오락 프로그램에 더 많은 관심을 보였다. 그 결과 라디오는 대중문화를 생산·유통하는 매체로서 한국 사회의 문화적 근대성 형성에 기여할 수 있었다. 그런데 알아듣기 쉬운 우리말 구사를 위해 방송국 내에서 벌인 조선어 규범화·순화운동이 중일전쟁 이후 일본어를 모르는 한국인들을 대상으로 전시총동원 선전을 강화하려는 총독부의 의도와 맞물려 있었던 데서 살필 수 있듯이, 그것은 어디까지나 식민주의의 규정을 받는 근대성일 뿐이었다. 아무튼 당초 식민지 지배의 인프라 구축이라는 정치·군사적 목적에서 추진된 교통·통신망의 정비는 자연적 시공간을 기계적으로 재편하면서 1920년대 후반 이후 경제·문화적인 방면에서 사람들의 일상을 하나씩 재조직해나갔다.

3) 학교·병원의 증가와 식민지 규율의 일상화

학교와 병원은 개항 당시부터 문명개화의 지표로 각광받았던 근대문명의 재생산

기반이었다. 그런데 그것이 규율권력장치로 본격 작동하며 사람들의 일상을 재조직하기 시작한 것은 식민지 시기에 들어온 뒤였다. 한국을 강제로 병합한 일제 총독부 권력은 앞서 기독교 선교사들이 선교를 위한 문명화의 일환으로 야심차게 추진한 학교와 병원 등의 사업을 한 켠으로 밀어내고, 이들 사업을 통해 자신들이 원하는 식민지 근대의 주체를 만들어내는 작업에 착수했다.

일제의 식민지 공교육은 보통학교를 중심으로 이루어졌는데, 초기에는 민중의 외면을 받다가 1920년대에 들어 한국인 사이에 교육열이 크게 일어나면서 점차 자리를 잡아나갔다. 그리하여 3면 1교제가 정착한 1923년 당시 보통학교의 학생 수가 서당의 학생 수를 앞지르게 되었고, 취학률도 1910년대 5%를 밑돌던 데서 1924년 14.7%로 세 배가 늘어났다. 보통학교 취학률은 이후 1면 1교제 계획이 실시된 1929~1936년을 거치며 급증하여 1938년 33.2%와 1942년 47.7%를 기록했다.

보통학교 입학시험장 광경

이 같은 보통교육의 급속한 팽창은 일차적으로 식민지 공업화에 필요한 양질의 순종적 노동력을 훈련, 육성하려는 일제의 의도와 맞물려 있었다. 또한 1942년 한 해에 1944년 징병제와 1946년 의무교육제 실시 방침이 연이어 발표된 데서 살필 수 있듯이 침략전쟁에 필요한 전투력을 확보하는 데에도 초점이 맞추어져 있었다.

학교와 더불어 문명개화의 지표로 각광받았던 병원 또한 1910년대를 거치며 식민지 관변의료기관이 선교의료기관을 양적·질적으로 압도하기 시작했다. 1916년 최대 32개소에 이르렀던 기독교 계통의 병원은 1919년 시설요건을 강화한 사립병원 취체규칙이 공포되면서 감소하여 1922년 병원 24개소, 의사 36명 수준에서 정체현상을 보였다. 그러나 중앙의 조선총독부의원과 전국 13도에 설치된 자혜의원으로 대표되는 관변의료기관은 1910년 14개소에서 1922년 27개소, 1937년 41개소로 큰 폭의 증가를 보였다.

식민지 시기에 나타난 학교와 병원의 증가는 분명 문명화의 진전이었다. 그러나 그로 인해 사람들은 근대적 규율권력의 감시망에 노출되었고, 점차 그 지배 아래로 들어갔다. 더욱이 그러한 미시권력장치들을 통해 만들어내려 한 근대의 주체가 민주시민이 아닌 근대적 규율을 내면화한 노동자형 인간, 병사형 인간으로서의 황국신민이었다는 데에 일제 식민지 근대 기획의 심각성이 있었다.

2 식민지 도시화와 대중문화

1) 식민지 도시화와 경관의 변모

1920년대에 들어 한국 사회에 식민지 지배를 위한 제반 인프라가 갖추어지고 이식자본주의가 뿌리를 내리면서 자본주의적 소비풍조와 대중문화로 대표되는 '모던'한 문화현상 또한 근대문명의 터전인 도시를 중심으로 모습을 드러냈는데, 그 같은 양상을 서울의 경우를 통해 살펴보면 다음과 같다.

식민지하에서 도시화가 빠르게 진행된 사실은 1937년 당시 조선의 총인구 2,300만 명 가운데 도회지 인구가 약 1/5에 이르렀다는 데서도 확인된다. 그런데 식민지시기의 도시화는 일차적으로 식민통치의 새로운 거점을 마련하는 과정이었다. 1914년 4월 부제(府制) 실시 당시 부로 지정된 12곳 가운데 서울·평양·대구를 제외한 대부분이 개항장으로 출발한 신흥항구도시였던 데서 살필 수 있듯이, 일제는 항만과 철도교통의 요지에 신흥도시를 건설하여 전통도시를 제압하려 했다. 또 기존 도시의 외곽에 새로 일본인 거주지를 조성하여 한국인 거주지를 통제하려 했는데, 청계천을 경계로 이북의 한국인 구역과 이남의 일본인 구역으로 확연히 나뉜 서울 도시공간의 이중구조가 이를 잘 말해준다.

일제는 서울을 식민통치의 본거지로 재편하면서 1912년 황토현 광장(현재의 광화문 사거리) - 대한문 - 숭례문을 잇는 태평로를 건설하여 광화문에서 경성역에 이르는 남북의 직선가로를 조성한 뒤, 여기에 조선총독부 신청사와 경성부청, 조선신궁, 경성역 같은 식민통치의 상징적 건물들을 차례로 배치했다. 또 1913년부터 추진한 시구개수사업을 통해 도로망을 직선격자형으로 정비하고, 남대문로(현재의 종로 보신각 - 남대문)의 도로 폭을 확장하여 그 주변에 조선은행, 식산은행, 동양척식회사 등의 식민지 금융기관을 배치했다. 그뿐만 아니라 철도교통의 결절점인 용산역 주변에는 철도 관련 시설과 군사시설을, 경부선과 경인선의 분기점인 영등포역 일대에는 신흥공업지대를 각각 조성했다. 이 과정에서 남촌의 일본인 거주지 혼마치(本町, 현재의 충무로) 일대는 일약 근대문명의 중심지로 떠오른 반면, 서울의 전통적 중심가이자 한국인 거주지인 종로 북촌 일대는 도시정책의 우선순위에서 밀려나 주변화되었다.

전차 등장 직전의 서울 종로 거리(1895)

전차가 다니기 시작한 서울 종로 거리(1900)

이렇게 도시공간에 식민지성을 각인시키는 도시화가 진행되면서 서울의 경관은 급격히 변모했다. 직선격자형으로 정비된 길을 따라 새로운 건물이 들어서고, 전차와 자동차·자전거·인력거 같은 탈것들이 오고갔다. 서울에 전차가 처음 등장한 것은 1899년 5월 서대문 - 청량리 간 노선이 개통되면서였다. 그러나 당시의 전차는 실용적인 교통수단이라기보다 호기심의 대상이었다. 전차가 대중교통 수단으로서 역할을 하기 시작한 것은 1910년대 이후였다. 간선도로공사와 함께 궤도연장과 복선화, 차량의 개량과 증가가 이루어지면서 1910년 하루 평균 1만 명을 밑돌던 승차인원이 1915년 4만 명 수준으로 늘어났고, 1925년에는 9만여 명에 이르게 되었다.

자동차는 1911년 조선총독부에서 관용승용차 두 대를 들여오면서 첫선을 보였는데, 초기에는 관용 또는 일부 부유층의 자가용으로 주로 이용되었고 영업용 택시는

일제강점기 황금정으로 불렸던
을지로 입구

창경원 벚꽃놀이

가격이 비싸 수요가 많지 않았다. 그러나 1920년대에 들어 서울의 자동차 수가 트럭을 포함해 200대를 넘어서고, 1928년부터 버스가 운행되어 대중교통수단으로 각광을 받기 시작하면서 자동차는 거리의 풍경을 구성하는 중요한 요소로 자리를 잡았다. 1929년 당시 서울 시내를 주행하는 전차와 버스는 각각 120대와 40대 정도였고, 하루 평균 승객은 전차가 11만여 명, 버스가 1만여 명에 달했다. 사람들은 이제 시간을 절약하기 위해서 전차나 버스를 이용했고 남녀노소, 반상의 구별 없이 같은 칸을 쓰며 교통수단의 시간표에 자신들의 생활을 맞춰나갔다. 그뿐만 아니라 봄철의 창경원 벚꽃놀이, 여름철의 한강 뱃놀이 같은 근대적 여가문화가 전차와 버스의 대중화에 힘입어 꽃을 피우기 시작했다.

도로와 교통수단의 진화에 발맞춰 건축물 또한 빠르게 변화해갔다. 새롭게 조성한 태평로와 남대문로, 황금정길(현재의 을지로)을 따라 조선총독부, 조선은행과 같은 르네상스 양식 또는 절충주의 양식의 권위적인 관청건물이 들어섰고, 1920년대 후반부터는 미쓰코시(三越) 백화점처럼 기능성과 효용성을 강조하는 근대적 상업건축물이 모습을 드러냈다. 한양(韓洋)절충식 2층 건물이 주종을 이룬 종로거리에도 1930년대 들어 식민지 당국이 간선대로변에 2층 이하의 건물을 짓지 못하게 하면서 화신백화점을 비롯한 대형 상업건축물이 하나둘씩 들어섰다. 이들 건물은 형형색색의 네온사인을 밝히며 사람들에게 근대에 대한 강렬한 매혹을 불러 일으켰다.

1887년 경복궁 건청궁에 처음 가설된 전등이 민간에 보급되기 시작한 것은 1901년 남촌 진고개 일본인 상가에 영업용 전등이 밝혀지면서부터였다. 다른 공적 소비재와 마찬가지로 전등 또한 남촌의 일본인 구역을 중심으로 빛을 발했다. 특히 1920년대 후반 남대문로 일대의 차도와 인도가 나뉘어 아스팔트와 보도블록으로 포장되고 경계에 가로수와 가로등이 세워지면서 고층 건물이 촘촘히 들어선 남촌의 야경은 장안의 명물로 떠올랐다. 그래서 1930년대 한국인들 사이에는 저녁나절 뚜렷한 목적 없이 남촌 혼마치 일대의 상가를 배회하는 풍속도가 생겨났다. 반면 종로에는 1935년이 되어서야 가로등이 설치되기 시작했다.

2) 자본주의 소비문화의 확산

도시경관의 변화와 함께 1920년대 후반의 서울은 근대적 소비도시로 탈바꿈해갔다. 생산기반은 취약했지만 이식된 자본주의 소비문화가 일상을 재조직하기 시작하면서 대량 생산·대량 소비의 상징인 백화점이 대중의 소비욕구를 자극했고 '모던 보이'·'모던 걸'로 불리는 '모던' 세대의 등장과 함께 양식당·카페·다방·극장과 같이 의자 위에서 영위되는 도시적 생활양식이 보급되었다. 1915년 조선총독부 시정 5년을 기념하는 조선물산공진회에 100만 명이 넘는 관람객을 유치하며 싹을 틔운 상품의 시대, 감각과 소비의 시대가 바야흐로 막을 올린 것이다.

일제강점기 서울의 일본인 거리
혼마치(현재의 충무로) 입구

자본주의 소비문화의 꽃이라 할 백화점이 서울 남촌의 일본인 상권을 대표하며 본격적으로 등장한 것은 1920년대에 들어서였다. 조지야(丁字屋), 미나카이(三中井), 히로다(平田) 등으로 이어진 남촌의 백화점 설립은 일본 독점자본의 조선 진출을 선도한 미쓰이 재벌의 직영점 미쓰코시백화점이 1930년 한국 최대 규모의 매장을 신축하면서 절정에 달했다. 이들 남촌의 백화점은 매장뿐만 아니라 식당까지 갖추고 쇼핑과 외식을 즐기려는 한국 사람들을 대거 손님으로 끌어들였다. 종로 북촌에도 1932년 동아백화점을 인수한 화신백화점이 1937년 7층의 대형 매장을 신축하고 종로상권의 마지막 자존심을 세웠지만,

한국인 상권의 랜드마크
종로의 화신백화점

남촌의 일본인 상권과 맞서기에는 역부족이었다.

백화점으로 촉발된 '모던'한 소비풍조는 카페나 다방 같은 접객업소의 출현으로 이어졌다. 서울 남촌에서 유행하기 시작한 카페와 다방이 종로 한국인 구역으로 영역을 넓혀나간 것은 1930년을 전후해서였다. 축음기에서 울려 나오는 요란한 재즈음악에 양장 또는 일본 옷을 입은 웨이트리스의 술시중이 곁들여지며 에로틱한 분위기를 연출하던 카페는 이내 모던 청년과 신사들을 끌어들이는 데 성공하며 요리집과 기생의 영역을 잠식해갔다. 차와 음악에 마담의 재담이 곁들여진 다방 또한 인텔리와 모던 남녀의 휴게실 노릇을 하며 세를 확장했다.

3) 매스미디어의 보급과 대중문화의 등장

1920년대 후반 들어 식민지의 억압과 차별의 현실에 소비문화의 매혹이 뒤얽힌 근대생활의 파노라마가 도시 일각에서 펼쳐지는 가운데 신문·잡지·영화·음반·라디오 등 미디어의 발달과 맞물리며 등장한 대중문화가 꽃을 피우기 시작했다. 식민지시기 대중문화의 서막을 장식한 것은 일본으로부터 이식된 대표적 식민지 문화유산의 하나인 신파극이었다. 신파극은 초기에 이수일과 심순애의 비극적 사랑을 다룬 〈장한몽〉(1913)처럼 일본 작품을 번안, 각색한 '이식신파'가 주종을 이루다가 1929년 후기 토월회의 〈아리랑고개〉 상연을 계기로 창작극 중심의 '개량신파'로 발전했다. 그리고 1935년 동양극장 설립 이후 '홍도야 우지마라'라는 주제가로 더 유명해진 〈사랑에 속고 돈에 울고〉(1936) 같은 상업적인 통속성을 한층 강화한 '고등신파'계 작품들이 등장하며 전성기를 구가했다. 신파극 사이에 활동사진을 끼워넣은 이른바 '연쇄극'에서 우리 영화가 시작되고 신파극의 주제가가 대중가요로 널리 유행된 데서 살필 수 있듯이, 신파극은 초창기 우리 대중문화의 텃밭 노릇을 했다. 더불어 식민지의 설움을 눈물로 해소시키는 신파의 비극성은 당시 대중문화의 기본 정서로 자리를 잡았다.

다음으로 1890년대 말 '활동사진'으로 처음 소개된 영화가 대중문화의 한 장르로 자리매김한 것은 1920년대에 들어와서였다. 1919년 단성사에서 상연된 활동사진 연쇄극 〈의리적 구토(義理的 仇討)〉에서 태동하여, 1923년 본격적인 극영화 〈국경〉과 〈월하의 맹세〉를 통해 발전의 전기를 마련한 한국영화는 나운규의 〈아리랑〉(1926)에 이르러 대중적 흥행성과 민족주의적 작품성을 접목시키며 민족영화의 이정표를 마련했다. 그러나 〈춘향전〉(1935)을 비롯한 유성영화가 등장한 뒤에도 국산영화는 연평균 4~5편 정도 제작되는 데 그쳤다. 그 빈자리를 채운 것

〈아리랑〉의 한 장면

이 서부 활극류와 할리우드의 정극 명화들이었는데, 특히 1924년 무렵부터 대거 수입된 할리우드의 극영화는 폭넓은 관객층을 유치하며 영화시장을 석권해나갔다. 중앙일간지에 영화란이 만들어질 정도로 대중적 인기를 끈 영화는 1934년 650만 명이던 연간 관객 수가 1939년 1,700만 명을 넘어서며 대중문화계에서 확고한 위치를 차지했다.

대중가요 또한 1920년대 중반 신파극 주제가 같은 유행창가들이 하나씩 음반화되면서 대중문화의 한 장르로 성장했다. 대중가요의 유행은 1926년 소프라노 가수 윤심덕이 노래한 〈사의 찬미〉 음반이 공전의 히트를 치면서 가속화되었다. 이후 외국 유명 음반회사의 일본 자회사들이 한국시장에 눈길을 돌리는 가운데, 대중가요는 음반과 라디오 방송을 통해 대량 생산·유통되어나갔다. 전통 민요와 판소리가 인기를 끌며 중흥의 발판을 마련할 수 있었던 것도 이들 매체에 힘입은 바가 컸다. 한편 1930년대 중반에 이르러서는 '뽕짝'으로 대표되는 일본식 유행가풍의 대중가요가 전형을 확립하는데, 기생 출신 가수의 등장과 뽕짝과 결합된 신민요가 나타나 뽕짝의 토착화가 이루어진 것도 이때였다. 대중가요는 음반뿐만 아니라 신파극의 막간공연이나 악극 등을 통해서도 널리 보급되며 신파성으로 대표되는 식민지 대중문화의 한 축을 이루었다.

끝으로 출판분야에서는 3·1운동 이후 학교교육의 확대와 문맹률의 감소에 힘입어 출판시장이 전에 없는 활기를 띠는 가운데 1926년에 '취미와 상식'을 앞세운 대중

'대호평', '대인기'라고 선전하는 ≪별건곤≫의 목차

잡지 ≪별건곤(別乾坤)≫이 창간되면서 출판문화의 새로운 장을 열었다. ≪별건곤≫은 '5전 잡지'라는 비아냥을 들었지만 수기·실화·야담·사화·르포·인터뷰·설문 등의 기사를 통해 대중의 호기심과 감수성을 자극하며 앞서의 계몽적 잡지들과 구별되는 대중적 취미의 영역을 개척했다. 이후 대중 취향의 다양한 읽을거리들이 신문, 잡지와 출판물의 지면을 장식했고 신문소설 또한 부인과 학생층 사이에 꾸준한 인기를 누렸다.

이와 같이 1920년대 후반 이후 식민지성이 각인된 도시화가 진전되고 모던한 소비풍조가 도시 일각에 자리를 잡아가는 가운데 신파극·영화·대중가요·대중잡지 등으로 대표되는 대중문화가 꽃피기 시작했다. 그런데 일본풍의 근대에 식민지성이 버무려진 식민지 근대의 대중문화는 출발부터 잡종적일 수밖에 없었다. 그러한 면에서 근대성의 매혹에 탐닉하면서도 차별과 소외의 현실에 눈물짓는 이율배반적 신파성이야말로 식민지 근대의 문화현상을 대변하는 화두라 할 수 있었다.

3 일상 생활양식의 변화

1) 의식주 생활의 근대적 변용

식민지 시기를 통해 이식자본주의가 뿌리를 내리고 근대적 문화현상이 도회지를 중심으로 확산됨에 따라 의식주를 비롯한 일상생활 양식에도 변화가 나타났다.

먼저 의생활에서 나타난 두드러진 변화는 양복의 보급이었다. 1920년대 후반 무렵부터 도시의 거리에는 펑퍼짐한 모자, 두툼한 각테안경에 폭넓은 넥타이를 매고 줄 세운 양복에 코 높은 구두를 신은 '모던 보이'와 단발에 화장을 하고 무릎까지 오는 양장 스커트에 스타킹과 뾰족구두를 신은 '모던 걸'들이 넘쳐나기 시작했다. 물론 대다수 사람들의 복식은 여전히 한복이었지만 그 또한 예전 그 대로의 모습은 아니었다. 남자들의 외투인 도포가 폐지되어 소매가 좁은 두루마기로 바뀐 것은 갑오개혁 때로 거슬러 올라가는데, 1920년대에 들어서는 여기에 양복의 실용성을 살려 호주머니 달린 양복조끼를 개량해 받쳐 입거나 옷고름 대신 단추를 다는 개량 한복이 등장했다. 그뿐만 아니라 상투를 틀고 수염을 기르는 대신 단발하고 면도한 남자들이 늘어났고, 갓과 버선을 대신해 모자와 양말을 착용하는 경우도 흔해졌다. 종래 신분에 따라 갓신·미투리·짚신·나막신 등을 신던 신발도 구두와 고무신이 널리 보급되면서 바뀌기 시작했다. 그리하여 메리야스 셔츠와 양말, 고무신을 한복과 함께 착용하는 절충형 패션이 나타나기도 했다.

동아일보 기획기사 「춘일가상소견」에 소개된 모던 보이, 모던 걸에 관한 글 (《동아일보》 1927년 4월 19일자)

여자 한복의 경우는 외출복인 장옷과 쓰개치마가 없어지고 저고리 길이가 길어진 대신 치마 길이는 짧아지는 변화가 있었다. 머리 스타일은 여전히 댕기나 쪽을 지는 것이 일반적이었지만, 도회지를 중심으로 점차 단발머리가 보급되었다. 남녀의 복식은 1930년대 말 전시체제로 접어들며 한 차례 커다란 변화를 겪었다. 일제 식민지 당국이 효율적인 전시동원을 위해 남자들에게 머리를 빡빡 깎고 국방색 국민복에 전투모를 쓰도록 종용하고, 여자들에게도 치마 대신 일본여성의 노동복인 '몸빼' 바지를 입도록 강요했기 때문이었다.

다음으로 식생활에서 나타난 두드러진 변화는 외식업의 대중화였다. 도시화와 산업화의 진전에 따라 집과 일터가 분리되면서 나타난 외식업은 이내 근대적 생활양식의 한 부분을 이루었다. 물론 전통사회에서도 장터 주막이나 노천음식점에서 길손과 장꾼들에게 장국밥, 비빔밥, 국수 같은 음식을 팔았다. 그러나 그것이 사람들의 일상을 구성하는 일부로 자리잡은 것은 근대에 들어와서였다. 중국음식, 일본음식, 서양음식이 들어와 우리의 음식문화를 한층 다양하게 한 것도 이때부터였다.

특히 1920년대에 들어서는 요리점과 청요리집, 양식당 등의 외식업소가 도시 여가생활의 일부분으로 자리잡아갔다. 서울의 경우 명월관으로 대표되는 요리점은 기생의 술 시중과 가무가 곁들여진 파티 때문에 장안의 명물로 떠올랐고, 아서원이나 열빈루 같은 청요리집은 직장인과 인텔리의 회식장소로 각광을 받았다. 또한 경성역 그릴 등의 양식당은 유한계층이 모던한 정취를 즐기는 장소로 애용되었다. 한편 피마골로 불린 종로의 뒷골목에는 탕반집, 설렁탕집, 냉면집, 떡국집 같은 대중음식점과 선술집이 즐비하게 늘어서 서민 대중은 물론 하이칼라 청년층의 인기를 독차지했다. 연계탕이나 갈비구이 같은 음식을 유행시킨 곳도 이 골목이었다. 이밖에 일본 어묵·우동집과 중국 호떡집 등도 대중음식점의 한 자리를 차지하며 식생활의 다양화를 선도했다. 그리고 도시락의 일반화 또한 이 시기 집과 일터가 분리되면서 나타난 근대적 식생활의 한 단면을 보여주는 사례였다. 기호식품도 종래의 떡·꿀·강정 외에 캐러멜·비스킷·건빵·사이다·우유·빙과·커피·맥주·정종 등이 들어와 한층 다양해졌다.

주생활 면에서 서양식과 일본식을 가미해 본격적인 주택 개량이 시도된 것은 1920년대 후반에 들어서였다. 한국 사회에 외래 건축양식이 도입된 것은 1884년 인천에 최초의 벽돌양옥으로 세창양행 사택이 건립되고, 일본인 거류지를 중심으로 일본식 또는 일본식과 서양식을 절충한 주택이 등장한 개항기로 거슬러 올라간다. 이를 계기로 벽돌·유리·함석·시멘트·철근 등 새로운 건축자재가 보급되었고, 갑오개혁으로 신분별 가사(家舍) 규제가 폐지되면서 한옥에 양식건축의 요소를 가미한 한양절충식 건축이 나타났다. 1900년대 중반부터 등장한 서울 종로·남대문로 일대의 2층 상점 건물들과 현관을 만들고 변소를 집안으로 끌어들인 개량 한옥이 그러한 예였다. 그러나 본격적인 주택 개량은 1920년대 생활개선운동의 일환으로 주택설비와 위생 개량에 관한 논의가 활발하게 전개되어 도시를 중심으로 문화주택·도시형 한옥·영단주택 같은 다양한 형태의 주택들이 보급되면서 시작되었다.

이 가운데 문화주택은 1920년대 후반부터 등장했는데, 내부에 식당·욕실·변소 등을 갖춘 상류층 주택이었다. 양식 면에서는 서구식 구조와 일본의 화양절충식 평면 구성에 전통적인 실내환경과 온돌을 갖춘 한·양·일 절충식이 주종을 이루었다.

1930년대에 들어서는 도시인구가 급증하면서는 소위 '집장수집'으로 불린 도시형 한옥이 널리 보급되었다. 중류층 사람들이 주로 입주한 도시형 한옥은 서구식 거실과 유리창을 도입한 개량 한옥으로 ㄷ자형 평면이 주종을 이루었다. 이후 주택난이 더욱 심각해지자 식민지 당국은 1941년 조선주택영단을 설립하여 주택보급에 나섰다. 영단주택은 평형에 따라 형태를 달리했는데, 대부분이 일본식 평면구성에 온돌을 가미한 서민주택이었다. 이렇게 전통 한옥에 서양식과 일본식을 가미한 다양한 주택 개량이 시도되었지만, 온돌 난방을 기본으로 하는 전통 주거의 본질은 크게 바뀌지 않았다. 우리의 기후 풍토와 관습의 보수성 때문이라고 할 수 있는데, 농촌지역에서는 초가집이 여전히 주종을 이루었고 도시 공터에 움집이나 움막을 짓고 사는 토막민들도 적지 않았다.

2) 생활개선운동과 식민지 권력의 일상 통제

식민지 시기 의식주에 걸친 일상생활의 변화는 자본주의적 생활양식이 점차 확산되는 가운데 한국의 전통에 일본풍 또는 서구풍의 근대가 뒤섞여 절충된 형태로 진행되었다. 이 과정에서 한국인 엘리트들은 일상생활에서 전통의 근대적 변용을 통해 한민족의 문화적 주체성을 찾으려 했는데, 계명구락부의 생활개선운동은 그 대표적인 사례였다. 1918년 서울에서 박승빈을 비롯한 지식인들에 의해 발기된 계명구락부는 관혼상제 의례의 간소화, 색의 권장, 두루마기에 단추 달기, 우리말과 글의 연구, 호칭 및 경어규칙 제정, 양력 사용 등을 권장하며 일상생활의 개선을 도모했다. 평양에서 물산장려운동을 이끈 조만식 또한 자본주의 소비문화의 무분별한 확산을 경계하며 전통적 생활양식을 합리화하여 개인생활의 수지를 맞추고 민족의 살 길을 찾을 것을 주장했다.

그런데 생활개선은 식민지 당국에서도 주장하던 바였다. 조선총독부는 1924년 일본의 생활개선운동을 차용하여 시간 지키기, 관혼상제의 간소화, 절주절연, 의복 개량, 저축장려, 선전일 제정 등을 실천항목으로 하는 '생활개선에 관한 선언'을 발

전시총동원체제가 만들어낸
국민복 패션

粗食·節酒·節煙

毎月一日愛國日에

조식·절주·절연을
권장하는 신문 기사

표했다. 그리고 한국인의 관습과 일상생활에 관한 민속조사를 실시하여 그 기초 자료로 삼았다. 그러나 식민지 당국의 생활개선캠페인은 조선의 전통을 탈색·변질시켜 식민지 근대규율을 확립하는 데 활용하려 한 것으로, 한국인 엘리트들의 운동과는 그 지향점이 달랐다.

　단발과 색의 착용을 강요하여 노동규율을 제고하려 한 것이 그 대표적인 예인데, 이밖에도 조선총독부 당국은 각종 법령을 통해 민중의 일상생활을 간섭하고 규제했다. 먼저 장묘 풍습과 관련하여 보면, 1912년 취체규칙을 공포하여 사망자를 공동묘지에 묻거나 화장하도록 의무화하고, 사적인 묘지를 쓸 때는 경찰서장의 허가를 얻도록 했다. 1919년 총독부는 가족 당 하나의 묘지터를 허용하는 것으로 규칙을 개정했는데, 이때도 추가적인 묘지터는 도지사의 허가를 받게끔 했다. 가축 도살과 관련해서도 총독부는 위생 증진을 위한다며 도살장 이외의 장소에서 동물을 죽이는 것을 불법화했다. 판매용 담배 경작의 경우는 총독부의 면허를 얻어야 했고, 그 생산물에 세금이 부과되었다. 이후 총독부는 1921년 조선연초전매령을 공포하여 과세에 의한 통제를 국가전매로 바꾸고, 1927년부터는 자가소비용 경작까지 금지했다. 양조 또한 최소한과 최대한의 생산량을 정해 면허를 주는 방식으로 통제하고, 1934년부터는 자가소비를 위한 양조를 일체 금지했다.

　일제 식민지 권력은 이와 같이 일상생활의 거의 모든 영역에 걸친 세밀한 감시와 통제를 문명화와 근대화라는 이름으로 추진했다. 그런데 그들이 추구한 근대성은 권력과 지배의 합리화·정밀화에 국한된 것으로, 비판적 이성에 기초한 인간의 해방과는 거리가 멀었다. 그런 맥락에서 한국의 식민지 근대는 차별과 억압이라는 폭력성을 수반하며 그 어두운 그늘을 드리웠는데, 이 시기 생활세계의 재편 또한 일차적으로 그러한 규정을 받고 있었다. ㅣ 장규식

이야깃거리

1. 식민지 시기 문화사에서 1926년이 차지하는 위치는?

2. 식민지 시기에 형성된 대중문화의 양상과 성격은?

3. 식민지 시기에 진행된 일상의 재편이 해방 후 한국인의 생활에 미친 영향은?

4. 근대성이 갖는 두 얼굴에 비추어볼 때 한국의 식민지 근대성은 어떻게 평가할 수 있을까?

더 읽을거리

고석규. 2004. 『근대도시 목포의 역사 공간 문화』. 서울대학교 출판부.

공제욱·정근식 엮음. 2006. 『식민지의 일상, 지배와 균열』. 문화과학사.

김영근. 1999. 「일제하 일상생활의 변화와 그 성격에 관한 연구: 경성의 도시공간을 중심으로」.
    연세대학교 박사학위논문.

김진균·정근식 편저. 1997. 『근대주체와 식민지 규율권력』. 문화과학사.

신기욱·마이클 로빈슨 엮음. 2006. 『한국의 식민지 근대성: 내재적 발전론과 식민지 근대화론을
    넘어서』. 도면회 옮김. 삼인.

역사문제연구소 엮음. 2001. 『전통과 서구의 충돌』. 역사비평사.

연세대학교 국학연구원 엮음. 2004. 『일제의 식민지배와 일상생활』. 혜안.

윤해동 외. 2006. 『근대를 다시 읽는다』 1·2. 역사비평사.

장규식. 2004. 『서울, 공간으로 본 역사』. 혜안.

정재정. 1999. 『일제침략과 한국철도』. 서울대학교 출판부.

한국역사연구회. 1999. 『우리는 지난 100년 동안 어떻게 살았을까』 1·2·3.

한국인의 정치참여와 친일파

흔히 친일을 개인의 도덕 문제로 보는 경향이 있다. 물론 친일파 개개인은 도덕적으로 비난받아 마땅한 인물들이다. 그러나 친일이 일신의 영달을 위한 것이었다고만 보는 시각은 잘못이다. 일제의 강요 때문이었다고 보는 것도 마찬가지이다. 친일에도 나름의 논리가 있었다. 민중으로부터 온갖 비난을 받으면서도 친일을 하기 위해서는 자신의 행위를 합리화할 수 있는 논리가 필요했다. 실제로 친일파는 자기신념에 따라 적극적으로 친일행위를 한 사람들이다. 친일파 스스로 하나의 정치 세력으로 정치에 참여하려고 했다는 사실이 이를 잘 보여준다.

친일이라는 말의 뜻은 원래 일본과 친하다는 것이다. 말 자체만 놓고 보면 별 문제가 되지 않는다. 그런데 한국근대사에서 친일에는 특별한 의미가 덧붙여진다. 우리가 말하는 친일은 일제에 나라를 팔아먹고 민족을 배반한 행위, 일제의 식민통치와 침략전쟁에 적극 협력한 행위를 가리킨다. 따라서 친일파도 '매국노·반민족행위자·부일협력자'를 가리키는 개념이라 할 수 있다.

1. 친일파의 매국행위

1876년 개항 이후 특정한 외세에 친화성을 갖는 정치 세력이 출현했다. 그 가운데는 근대화의 모범과 방법을 일본에서 찾는 세력도 있었다. 그렇지만 이것만으로 우리가 말하는 친일파에 해당된다고 볼 수는 없다. 예를 들어 갑신정변(1884)은 친일 성향의 인물들에 의해 주도되었다. 정변이 실패로 돌아간 뒤 김옥균을 비롯한 일본 망명자 가운데 1910년 이전에 사망한 세 명을 제외한 다섯 명이 나중에 거물급 친일파가 되었다. 후작 작위를 받고 귀족원 의원이 된 박영효, 중추원 참의가 된 유혁로·신응희(申應熙)·정난교(鄭蘭敎), 도지사와 동양척식주식회사 고문을 지낸 이규완(李奎完)이 바로 그들이다. 따라서 갑신정변은 분명히 친일파의 뿌리를 형성한 사건이었다. 그렇지만 갑신정변의 주역들이 당시만 해도 모두 매국노·반민족행위자는 아니었다.

친일파가 정치 세력으로 조직화되고 매국행위를 벌이기 시작한 것은 러일전쟁(1904)을 전후한 시기였다. 러일전쟁은 친일파가 정부의 주류가 되는 데 결정적인 분기점이 되었다. 친일파는 이제 대한제국이 스스로 근대화할 수 없다고 보아 대한제국을 부정하고 아예 일본에 빌붙음으로써 자신들의 정치적 입지를 강화하려고 했다. 러일전쟁 발발 직후 한일의정서가 조인되었다. 한일의정서에 의해 일제가 한반도를 강점하는 길이 열렸다. 이후 친일파는 일제가 대한제국의 국권을 침해하는 조약을 체결할 때마다 적극 협력함으로써 매국의 길을 걷게 되었다. 을사늑약(1905)에 찬성한 을사 5적(이지용, 이근택, 박제순, 이완용, 권중현), 한일신협약(1907)을 지지한 정미칠적(이완용, 송병준, 이병무, 고영희, 조중응, 이재곤, 임선준), 한일합병조약(1910)에 앞장선 경술국적(이완용, 고영희, 박제순, 민병석, 윤덕영, 이병무, 조민희, 조중응) 등이 여기에 해당되는 대표적인 친일파이다.

정부 안에만 친일파가 있던 것은 아니었다. 민간에서 활동하던 친일세력도 있었는데 대표적인 것이 일진회였다. 일진회는 송병준, 이용구, 윤시병(尹始炳) 등이 친일을 표방하면서 조직한 정치단체였다. 일진회의 주도 세력은 정권에서 소외된 인물들이었다. 따라서 일진회는 정부에 적대적이었고 자신들이 직접 정권을 담당해야 한다고 주장했다. 실제로 박제순내각을 무너뜨린 뒤 이완용내각이 출범하자 송병준이 농상공대신으로 입각하고 윤길병(尹吉炳) 등이 지방관찰사가 되기도 했다.

일진회는 한 걸음 더 나아가 합방론을 제기했다. 궁극적으로 대한제국을 해소하고 일본의 일부가 되는 것이 최선의 방법이라 보고 이를 합방청원운동으로 실현하려 한 것이다. 그 배경에는 일본의 우익인사인 다루이 토키치(樽井藤吉)의 대동합방론이 있었다. 다루이는 동양이 서양의 침략에 맞서기 위해서는 연방국가를 건설해야 하는데 대한제국과 일본의 합방이 그 첫 단계가 될 것이라고 주장했다. 대동합방론을 가장 철저하게 따른 사람이 바로 이용구였다. 일진회는 새 연방국가에서 집권세력이 될 수 있다고 생각했다. 송병준이 총리를 맡고, 이용구 등이 각부 대신을 맡는 것으로 합방 후의 새 내각을 구상하기도 했다. 물론 일진회의 움직임 뒤에는 일제가 있었다. 일제는 정세의 변화에 따라 일진회 활동의 완급을 조정하면서 결국에는 합방청원운동을 벌이도록 유도했다.

일진회가 1909년 12월 4일 '정합방(政合邦) 상소문'을 발표하자 같은 친일세력이면서도 정국의 주도권을 놓고 일진회와 대립하던 이완용 계열은 일진회의 합방청원운동을 무력화하기 위해 다음날 바로 국민연설회를 여는 등 독자적으로 합방을 추진했다. 결국 이완용 내각이 일제의 '병합'요구를 받아들임으로써 1910년 8월 29일 대한제국은 '합방'이라는 이름 아래 일제에 '병합'되었다.

2. 중추원과 친일파의 정치참여

일제는 외지인 조선의 참정권을 인정하지 않았다. 참정권은 국민이 국가기구에 참가하는 권리 또는 참가하는 자를 결정하는 권리이다. 대표적인 것이 선거권과 피선거권이다. 참정권은 근대사회를 전근대사회와 구분하는 중요한 요소이다. 그런데 일제는 참정권이 부여되는 범위를 내지, 곧 일본에 한정했다.

그러면서도 일제는 식민통치의 기본 원칙으로 동화주의·내지연장주의를 내세웠다. 일본과 같은 방식으로 조선을 통치하겠다는 것이었다. 당시 영국 등 유럽의 여러 나라들이 식민지에서의 자치를 확대한 것과는 달리 일제는 조선의 자치를 인정하지 않았다. 내지연장주의에 따르면 당연히 외지인에게도 국민으로서의 권리가 부여되어야 했지만 참정권은 주어지지 않았다.

1910년대의 식민통치는 무단통치였다. 의회와 정당은 물론이고 친일파가 정치단체를 만드는 것도 허용되지 않았다. 따라서 이때만 해도 친일파의 정치참여 움직임은 별로 두드러지지 않았다. 한국인에게 열린, 그나마 정치라고 할 수 있는 통로는 총독의 자문기구인 중추원의 부의장·고문·찬의·부찬으로 임명되거나, 관료(도지사·군수·검사·판사 등)로 진출해 식민통치에 협력하는 길뿐이었다. 물론 이들은 모두 친일파였다.

'병합' 이후 쓸모가 없어진 친일파가 어떻게 되었는지를 보여주는 대표적인 예로 이용구를 들 수 있다. 합방청원운동을 주도한 이용구였지만 귀족작위도 받지 못하고, 일진회가 해산당하면서 정권을 잡거나 만주로 진출하겠다는 꿈도 좌절되었다. 귀족의 경우 매국의 대가로 작위와 은사금을 받았지만 중추원 부의장이나 고문에 임명된 소수(고영희, 권중현, 박제순, 민상호, 민영기, 송병준, 이근상, 이근택, 이완용, 이재곤, 이지용, 이하영, 임선준, 조중응, 장석주, 한창수 등)를 제외하고는 대부분 통치기구에서 배제되었다.

일제는 친일파와도 권력을 분점할 생각을 갖고 있지 않았다. 그러면서도 한국인의 의사를 통치에 반영한다는 모양새 차원에서 중추원을 두었다. 을사오적, 정미칠적, 경술국적이 부의장과 고문을 맡은 데서도 알 수 있듯이 중추원은 외형상 한국인이 참여할 수 있는 최고의 통치기구였지만, 총독에 대한 주청권만 있었고 임명권은 내각에 있었다. 부의장은 친임관대우였고 고문과 찬의는 칙임관대우였다. 조선총독부에서 친임관은 총독과 정무총감뿐이었고 칙임관은 국장이나 도지사급에 해당했다. 따라서 중추원에 들어갔다는 것은 한국인으로서는 최고의 자리를 차지했음을 의미했다. 찬의와 부찬의는 '병합'에 기여한 대한제국의 고위관료들이 차지했다. 중추원에 들어가진 못한 나머지 친일파는 관료로 식민통치에 흡수되었다. 그렇지만 기존의 정치적 기득권이 소멸됨에 따라 친일파의 정치적 위상은 현저하게 약화되었다. 친일의 대가로 주어진 자리도 예우에 그쳤을 뿐 실권은 없었다. 그렇지만 친일파는 그 자리라도 차지하기 위해 경쟁했다.

3·1운동으로 무단통치가 실패했다는 것이 입증되었다. 이에 일제는 한국인의 민

족적 저항을 잠재우기 위해 식민통치의 새로운 방법을 모색할 수밖에 없었다. 사이토 총독이 새로 부임하면서 구체화된 중추원관제의 개정도 그 가운데 하나였다. 이는 이미 매국노라는 비판을 받고 있던 기존의 친일파가 아니라 새로운 친일파를 육성하기 위해 취해진 조치였다.

일제는 1921년 중추원관제를 바꾸었다. 찬의와 부찬의를 통합해 참의로 일원화하고 사실상 종신제였던 것을 임기제로 고쳤다. 그리고 어느 정도 의사(議事)를 심의하는 기능이 있는 것처럼 보이도록 규정도 손질했다. 고문의 수를 줄이고 참의의 수를 늘리는 조취도 취했다. 수가 줄어든 고문의 지위는 친임관대우로 올렸다.

그러나 이러한 외형상의 변화보다 더 중요한 것은 중추원에 들어가는 친일파의 성격이 바뀌었다는 사실이다. 이전의 고문·찬의·부찬의 가운데 새로 고문과 참의로 임명된 친일파는 얼마 되지 않았다. 10년 동안의 식민통치를 통해 일제에 대한 충성이 검증된 새로운 인물이 대거 발탁되었다. 1921년 이후의 참의 가운데에는 조선총독부의 고위관료 출신, 귀족의 후예(습작자), 3·1운동 이후 등장한 친일단체의 간부, 친일 지주·자산가가 많았다.

여기에 도지사의 추천에 의해 참의가 되는 길이 새로 열렸다. 이런 참의를 지방참의라고 불렀다. 이는 지방의 친일유력자를 포섭하기 위한 조치였다. 지방참의는 모두 재력이 있거나 이미 상당한 정도의 친일경력(도평의회·도회, 부협회의·부회, 관료 등)을 쌓은 인물들이었다. 1921년만 해도 충남의 김갑순(金甲淳), 경남의 김기태(金琪邰) 등이 도지사의 추천으로 참의가 되었는데, 시간이 지날수록 지방참의가 차지하는 비중이 점차 높아져서 경기의 김사연(金思演), 조병상(曺秉相), 전남의 현준호(玄俊鎬), 경북의 장직상(張稷相), 평남의 이기찬(李基燦) 등이 중추원으로 진출하는 데 성공했다.

중추원에 대한 세간의 평가는 부정적이었다. 폐지해야 한다고 보는 사람들이 많았다. 유명무실하다는 것이었다. 중추원은 친일파의 명예욕을 충족시키는 도구에 지나지 않는 것으로 간주되었다. 그런데도 참의가 되기 위한 경쟁은 치열했다. 지방참의의 경우에도 도지사가 추천하는 명단에 들어가기 위해 유력자들이 로비를 벌이는 경우가 많았다. 거액의 돈이 오고가는 것이 사회 문제가 될 정도였다.

중추원은 자문기구에 지나지 않았다. 그런데도 친일파는 중추원을 일종의 준(準)의회로 생각하고 중앙정치에 진출할 수 있는 유일한 통로로 여겼다. 1년에 한 차례 열리는 회의였지만 총독·정무총감을 비롯해 조선총독부의 고위관료들과 만나고 여러 가지 현안에 대해 발언하는 기회를 가질 수 있었다는 점에서 친일파에게는 정치적 욕구를 실현할 수 있는 공간이었던 것이다.

실제로 아무런 정치적 권리가 인정되지 않는 상황에서 친일파의 정치적 욕구를 충족시키는 데 중추원만큼 좋은 제도는 없었다. 더욱이 관직의 경험이 없는 친일파로서는 참의가 되는 순간 고등관의 지위를 누리게 된다는 것도 매력적이었다. 일제가 '최고의 민의창달기관' 또는 '조선인에게 최고의 영예'라고 선전한 것도 친일파가 중추원을 선호하는 데 영향을 미쳤다. 그리하여 참의는 허울 좋은 귀족을 제치고 일제강점 말기까지 친일파가 얻을 수 있는 최고의 지위가 되었다.

3. 친일파의 '지방자치' 참여

3·1운동 직후 부임한 사이토 총독은 지방제도개정을 추진했다. 지방민중의 불만이 통치를 위협하는 상황에서 이를 효율적으로 통제하기 위해서는 지방유력자를 체제 안으로 포섭할 필요가 있었기 때문이다. 1920년 말에 이루어진 1차 지방제도개정의 핵심은 자문기구를 확대하고 부분적으로 선거제를 도입함으로써 친일유력자에게 지방정치에 참여하는 기회를 부여하는 것이었다.

원래 지방자문기구는 일본인이 많이 거주하는 부에만 부협의회라는 이름으로 설치되어 있었다. 그것도 임명제였다. 그런데 1920년에는 새로 도평의회·면협의회가 설치되었고 부협의회에는 선거제가 실시되었다. 일본인과 부유한 한국인이 많이 거주하던 24개 지정면의 면협의회에도 선거제가 실시되었다. 그러나 도평의회의 경우 정원의 2/3은 부·면협의회원이 2배수의 후보를 선출한 뒤 그 가운데서 도지사가 임명하고 나머지 1/3은 도지사가 자유롭게 임명하도록 했다. 약 2,500개 보통면의 면협의회는 아예 완전한 임명제였다. 도지사나 군수에 의해 임명된 한국인이 친일파였음은 말할 나위가 없었다.

한국인의 선거참여는 처음부터 극단적으로 제한되었다. 선거권과 피선거권이 5원 이상의 납세자에 국한되었기 때문이다. 이 조건에 해당하는 한국인은 지주나 자산가뿐이었다. 일본에서는 1919년에 이미 자격요건이 국세 3원으로 바뀌었는데도 조선에는 훨씬 더 강화된 요건을 적용한 것이다. 한국 민중이 지방정치에 참여하는 것은 아예 막아버리겠다는 뜻이었다.

선거결과 지방자문기구에 진출한 한국인은 일제가 파악한 바에 따르면 '사상이 온건하고 행정을 이해할 줄 아는 인물들', 곧 친일파였다. 지방유력자들이 일제와 연계를 맺기 위해 출마한 데 따른 당연한 결과였다. 지방유력자로서는 출마와 당선을 통해 어느 정도 정치적 욕구를 만족시킬 수 있었다. 실권도 없는 자리였지만 친일파에게는 출세의 등용문이라고 여겨진 것이다.

일제는 지방유력자 가운데 일부를 지방참의라는 이름으로 중추원에 등용시킴으로써 명예욕과 권력욕을 충족시키는 기회를 부여했다. 지방자문기구에서 중추원으로 상승 이동하기 위해서라도 더 친일을 해야 하는 구조를 만든 것이다. 실제로 상당수의 거물급 친일파가 지방에서의 경력이 바탕이 되어 참의로 임명될 수 있었다. 나중에 도평의회에서 이름이 바뀐 도회까지 포함해 도 단위에서 활동하던 1,400여 명 가운데 참의가 된 사람은 130명 이상이었다. 거의 10명에 1명꼴로 도를 대표하는 친일파에서 전국을 대표하는 친일파로 지위가 올라간 셈이었다.

1920년대 말과 1930년대 초에는 민족운동이 다시 고조되었다. 식민통치에 다시 한 번 위기가 닥친 것이다. 이에 일제는 두 번째의 지방제도개정을 추진했다. 1930년 말에 확정된 새로운 방침의 핵심은 기존의 도평의회·부협의회, 그리고 읍으로 승격된 지정면의 면협의회를 의결기구인 '의회'(도회·부회·읍회)로 바꾸고 선거제의 대상지역도 보통면까지 확대한다는 것이었다. 다만 도회의원은 정원의 2/3을 부회·읍회의원의 간접선거로 선출하고 나머지 1/3은 도지사가 임명하도록 했다. 그리고 면협의회는 여전히 자문기구로 규정되었다.

자문기구가 의결기구로 바뀐 것은 도회·부회·읍회가 일종의 지방의회로서 기능하게 되었다는 것을 의미했다. 외형상으로는 권한이 다소 확대된 것이다. 이러한 변화는 결국 지방유력자들을 식민통치의 한 축으로 더 강력하게 포섭하겠다는 의도를 반영한 것이고 이것이 친일파에게는 더 달콤한 미끼가 되었다.

1930년대 내외정세의 변화와 맞물리면서 친일경향은 가속화되었다. 만주사변 이후 일제가 침략전쟁에서 승리한데다가 강점 이후 20여 년이 지나면서 친일 외에는 다른 방법이 없다고 생각하는 사람들이 더 늘어났다. 2차 지방제도 개정 이후 지방선거의 양상은 더 가열되었다. 식민통치에 동화되는 층이 더 두터워진 것이다. 그리고 이때부터 점차 지방의회에서 한국인이 차지하는 비율도 높아졌다. 선거당선자가 늘어났을 뿐만 아니라 득표율도 높아졌다. 1935년 경성부회의 선거에서는 조병상이 최고 득표를 기록할 정도였다.

지방의 친일유력자들은 지방의회를 통해 간간히 정치적 발언권을 행사하기도 했다. 겉으로는 민족차별에 반대하는 발언까지 했다. 그러나 이들이 생각한 민족차별의 해결책은 독립이 아니라 일본인과의 동등한 대우였다. 한국인에게도 일본인과 같은 국민으로서의 권리를 달라는 것이었다. 식민통치 자체에는 반대하지 않았다.

선거권을 갖게 된 일부 한국인은 선거권 하나만으로도 위세를 과시할 수 있었다. 하물며 지방의회의원으로 당선된다면 자신이 특권층이 되었다고 생각할 만도 했다. 친일유력자들은 지방의회 진출을 통해 일정한 정치적 지위를 획득하고 더 나아가서는 관과의 친밀도를 높여 각종 이권에 개입할 수도 있었다. 지방선거의 기권율이 10% 미만에 불과할 정도로 지방선거에 대한 관심은 높았다.

4. 참정권청원운동과 자치론

일제는 한국인의 독립의지를 약화시키기 위해 친일파의 정치활동을 조정했다. 미끼는 자치권과 참정권이었다. 조선총독부는 수시로 한국인에게 자치권이나 참정권을 줄 것처럼 선전했다. 친일파는 일제의 기만술에 현혹되어 3·1운동 이후 공공연하게 정치 세력화를 도모하고 본격적인 친일정치활동을 벌였다. 거기에는 크게 보면 두 가지 흐름이 있었다. 하나는 참정권청원운동이었고 다른 하나는 자치론이었다.

참정권청원운동은 한국인도 일본의회에 진출해야 한다는 것을 목표로 내걸었다. 참정권을 달라는 주장은 내지연장주의를 내건 일본 정부의 입장과 일치하는 것이었다. 따라서 일본 정부는 참정권청원에 대해 당위성은 인정하는 자세를 보였다. 참정권청원운동은 대개 일부 친일파가 일본중의원에 청원을 하면 중의원에서는 이를 채택하되 일본 정부가 민도(民度)의 차이에 따른 시기상조론을 내세워 수용하지 않는 방식으로 진행되었다.

참정권을 주장한 친일정치단체의 대표적인 보기로 1920년 1월에 출범한 국민협회를 들 수 있다. 국민협회의 주도 세력은 이완용 계열이던 민원식(閔元植)을 비롯하여 한말에 이미 친일정치활동을 벌인 인물들이었다. 한말의 친일파가 3·1운동 이후 정세변화에 따라 다시 모여 친일정치단체를 만든 것이다. 회원 가운데 상당수는 한말 관료 출신이었고 조선총독부 관료 출신도 많았다. 여기에 지방조직에는 김갑순 등의 대지주도 참여했다.

국민협회는 조선총독부의 적극적인 지원을 받았다. 특히 1920년대 초에는 민원식을 비롯하여 모두 8명이 중추원 참의로 등용되었다. 이는 관제개정과 함께 새로 임명된 참의 27명 가운데 거의 1/3을 차지하는 숫자였다. 이후에도 국민협회 회원들은 꾸준히 중추원 참의로 지명되었다. 이들은 중추원 회의석상에서 참정권을 달라고 주장했다. 물론 참정권청원운동의 최종 대상은 일본이었다. 일본 의회와 일본 정부를 향한 청원운동은 전시체제까지 지속되었다. 국민협회의 참정권청원서에 서명한 친일파 가운데는 중추원 참의만 해도 임창수(林昌洙)·서병조(徐丙朝)·김경진(金慶鎭)·전덕룡(田德龍)·김하섭(金夏涉)·한준석(韓準錫)·조병상·신희련(申熙璉)·김사연·민영은(閔泳殷)·김신석(金信錫)·차남진(車南鎭)·원병희(元炳喜)·김동준(金東準)·이기찬·강이황(姜利璜)·유태설(劉泰卨)·김정석(金定錫) 등이 포함되어 있었다.

참정권청원운동의 또 다른 주역은 한국인 최초로 중의원 의원이 된 박춘금(朴春琴)이었다. 일본에서 친일활동을 벌이던 박춘금은 내지의 한국인에게 참정권을 부여하는 중의원 선거법의 규정을 이용하여 1932년 중의원 의원에 당선된 뒤 중의원에서 외지의 한국인에게 참정권을 부여할 것을 계속 주장했다. 국민협회의 참정권 청원운동과 안팎으로 호응하는 관계에 놓여 있었던 것이다.

자치론은 조선의회의 설립을 목표로 하고 있었다. 1919년 4월 대표적인 자치청원 단체인 유민회(維民會)가 출범했다. 핵심은 일진회 출신인 고희준을 비롯하여 역시 한말에 친일활동을 벌이던 인물들이었다. 유민회가 주장한 자치의 주체는 조선총독이 인정하는 세력, 곧 자신들과 같은 친일파였다. 이때 자치란 한마디로 친일파의 정치참여 욕구를 실현하기 위한 수단에 지나지 않는 것이었다.

조선총독부가 내지연장주의를 바탕으로 한 문화정치를 표방하자 자치론은 곧 침체상태에 빠졌다. 그렇지만 자치론 자체는 결코 소멸한 것이 아니었다. 일제는 자치론을 민족운동을 분열시키고 타협적 민족주의세력을 포섭하는 전략으로 활용했다. 1919년 말에는 상하이에 있던 여운형을 도쿄로 불러 독립을 포기하면 자치권을 주겠다고 유혹했다. 언론에도 공개된 여운형 공작은 실패로 끝났지만 좀 더 은밀한 공작에는 넘어간 인물들이 적지 않았다. 최린(崔麟)·이광수(李光洙) 등이 대표적이다. 그 결과 1920년대 중반부터는 타협적 민족주의 안에서 자치를 주장하는 세력이 나타났다.

1924년 1월 동아일보 계열과 천도교신파가 연정회(研政會)를 만들어 자치운동을 벌이려고 했다. 다른 민족운동 세력의 비판으로 이 계획은 실패로 끝났지만 1926년에 다시 연정회를 부활하려는 움직임이 일어났다. 그 계기는 경성일보 사장이던 소에지마 미치마사(副島道正)가 1925년 조선총독 아래에 조선의회를 설치하자고 주장한 것이었다. 소에지마의 자치론은 우연히 나온 것이 아니었다. 그 뒤에는 사이토 총독의 측근인 아베 미쓰이에(阿部充家)가 있었다. 소에지마의 자치론은 조선총독부가 벌인 공작의 일환이었다. 그런데 타협적 민족주의세력은 이를 계기로 자치운동을 다시 벌이려고 했다. 그렇지만 두 번째 자치운동 시도도 실패로 돌아갔다.

1920년대에 자치운동을 주도하던 최린은 1934년 중추원 참의가 되었다. 이는 자치운동이 완전히 친일화되었음을 의미하는 것이었다. 같은 해 8월 최린은 천도교신파를 중심으로 거물급 친일파를 규합하여 '내선융합'의 구호를 내걸고 시중회(時中會)를 결성했다. 시중회 회원 가운데는 특히 중추원 참의가 많았다. 확인되는 인물만 해도 장직상·김사연·박영철(朴榮喆)·방태영(方台榮)·박석윤(朴錫胤)·박중양(朴重陽)·하준석(河駿錫)·어담(魚潭)·조성근(趙性根) 등 30여 명에 이르렀다. 여기에 유림의 정만조(鄭萬朝), 기독교의 박희도(朴熙道), 관계의 김대우(金大羽) 등도 가세했다. 시중회는 자치나 참정권 문제에 대해 분명한 입장을 밝히지 않았지만 김사연 등 극소수를 제외하고는 국민협회의 참정권청원서에 서명한 회원이 거의 없었다는 점을 놓고 볼 때 사실상 자치론의 경향을 강하게 띠고 있었다. 그리고 몇 년 뒤 시중회는 내선일체론으로 합류했다. 그것이 자치운동의 귀결이었다.

5. 내선일체와 친일파

1936년 미나미가 총독으로 부임했다. 그리고 다음해에 일제는 중일전쟁을 일으켰다. 전시체제 아래에서 모든 친일정치논리는 내선일체론으로 귀결되었다.

겉으로는 민족운동을 내세우고 있던 단체들도 1930년대 중반 본격적으로 친일의 길을 걷기 시작했다. 예를 들어 시중회는 1938년 5월 '완전한 내선일체'를 실현하기 위해 관·군·민이 삼위일체가 되는 단일조직이 필요하다고 제안했다. 일제가 구상하고 있던 총동원체제에 전면적으로 협조하겠다는 의미였다. 그리고 1938년 말에는 국민정신총동원연맹에 합류하기 위해 해체를 선언했다.

시중회의 경우에서 알 수 있듯이 1930년대 말이 되면 친일파는 내선일체론을 전면적으로 받아들였다. 자치론과 참정권청원운동의 구분도 이제 의미가 없어졌다. 1936년 11월 징병제 실시를 요구하는 모임이 열렸다. 이 자리에는 대표적인 자치론자인 최린과 역시 대표적인 참정권론자인 김명준(金明濬)이 함께 참가했다. 이 모임에서는 내선일체의 구체적인 방법으로 병역의 의무를 수행하는 것이 필요하며 그 일환으로 우선 지원병제 실시를 위한 대대적인 운동을 벌이자는 것이 논의되었다. 여기에는 병역의 반대급부로 정치적 권리를 얻겠다는 생각이 깔려 있었다.

이는 기본적으로 의무와 권리를 교환하자는 것으로 1920년대부터 친일파들이 내세우던 논리이기도 했다. 일제가 동원을 위해 내세운 내선일체를 친일파는 자신들의 정치적 욕구를 충족시키는 기회로 받아들인 것이다. 그런데 일제는 애초부터 친일파의 이러한 요구에 귀를 기울이지 않았다. 그보다는 모든 친일정치활동이 내선일체운동으로 합류하도록 유도했다. 먼저 병역과 납세의 의무를 다함으로써 완전한 국민의 자격을 갖추는 것이 선행되어야 한다는 것이었다. 일제로서는 권리보다는 의무가 중요했다. 이에 내선일체론자들은 국민으로서의 의무를 일본인과 똑같이 수행한 뒤 그에 상응하는 국민의 권리를 얻어내자는 주장을 폈다. 내선일체론자들이 한결같이 군대에 들어가 총칼을 들고 일본제국과 천황을 위해 피를 흘리자고 주장한 데는 조선 민중의 피를 발판으로 자신들의 정치적 욕구를 실현하겠다는 생각이 깔려 있었다. 더 나아가 친일파는 아직 일제가 참정권 등의 가시적인 조치를 취하지도 않은 상황에서 제국주의의 주체가 될 수 있다는 환상을 갖고 있었다. 일본제국은 물론이고 세계를 통치하는 한국인이라는 미래를 꿈꾼 것이다.

일제는 중일전쟁 발발 이후 한국인들을 동원하기 위해서는 정신적 측면에서 완전히 일본인으로 만드는 것이 필요하다고 보았다. 그래서 내선일체를 내세웠다. 그러나 일제는 엄연한 민도의 차이, 황민화 정도의 차이가 있어 한국인이 일본인으로 완전히 동화될 수도 없고 차별은 불가피하다고 믿었다. 그런데도 친일파들은 황민화 정도의 차이만 극복한다면 한국인도 완전히 일본인이 될 수 있다고 생각했다.

중일전쟁에서 태평양전쟁으로 전쟁이 확대되고 전황이 점차 악화됨에 따라 한국 민중을 전쟁에 동원할 필요성이 점차 높아지자 일제도 동원을 위한 미끼로 한국인의 권리를 인정하려는 자세를 취하기 시작했다. 애초에는 사실상 권리도 아닌 창씨개명, 징병제를 국민의 권리인 것처럼 선전했다. 그러나 그것이 권리가 아님은 한국인의 저항에서 확인되었다. 이에 일제는 한국인에게 실질적인 권리를 부여하는 방법을 강구할 수밖에 없었다. 그 핵심이 친일파가 줄곧 주장해오던 참정권의 실현이었다.

1945년 1월 중의원 선거법이 개정되었는데 그 핵심은 한국에서도 각 도 대표로

23명의 중의원을 선출한다는 것이었다. 그런데 일본에서 시행되고 있던 보통선거가 아니라 제한선거가 적용되었다. 상당한 정도의 재산을 소유한 남자에 한해 선거권과 피선거권을 부여하겠다는 것이었다. 그것도 당장이 아니라 언제가 될지 모르는 장래에 시행하겠다는 것이었다. 중의원 선거법 개정과 아울러 귀족원의 한국인 의원 정수도 늘어났다. 최초의 한국인 귀족원 의원으로 박영효가 지명된 것은 1932년이었다. 박영효 이후에는 윤덕영(尹德榮), 이진호(李軫鎬)가 차례로 귀족원 의원이 되었다. 그런데 1945년 3월에는 박중양·한상룡(韓相龍)·윤치호·박상준(朴相駿)·김명준·송종헌(宋鍾憲)·이기용(李埼鎔)이 한꺼번에 귀족원 의원으로 선임되었다. 친일파가 수십 년 동안 친일의 대가로 요구한 정치참여는 23명의 중의원 의원 배정과 7명의 귀족원 의원 지명으로 귀결된 것이다. | 이준식

제3부
격동의 분단시대,
통일을 향해 나아가다

한국현대사를 어떻게 볼 것인가

1 '분단시대'로서의 한국현대사

한국현대사는 통상적으로 1945년 이후의 역사를 가리킨다. 한국현대사를 어떻게 볼 것인가. 이 문제와 관련하여 가장 먼저 고려해야 할 것은 한반도 전체를 시야에 넣어야 한다는 점이다. 즉 남한뿐만 아니라 북한까지 포함해서 현대사를 바라보아야 한다는 것이다. 한반도 전체를 두고 현대사를 보아야 하는 가장 중요한 이유는 한국현대사를 규정해온 제일 커다란 힘이 바로 '남북한의 분단'이라는 사실이기 때문이다. 역사학계에서는 한국의 현대사를 '분단시대사'라고 부른다. 즉 역사 속에서 '삼국시대', '후삼국시대' 등으로 부르는 것과 마찬가지로 이 시대를 '남북 분단시대'라고 칭하는 것이다.

남북 분단은 1945년 제2차 세계대전이 끝난 후 일본군의 무장해제를 위해 등장한 임시적인 조치였다. 하지만 1947년부터 본격화된 미소 간의 냉전으로 인하여 분단은 고착화되고 말았다. 그리고 1950년의 6·25전쟁은 소련과 미국 간의 '냉전 속의 열전'으로 전개되어 한반도 주민들의 엄청난 희생을 불러왔다. 전쟁 이후 남북한은 적대적인 관계를 유지했다. 남북한의 권력자들은 이러한 상황을 최대한 이용했다. 이승만, 박정희(朴正熙), 전두환(全斗煥)으로 이어진 남한의 민간독재와 군부독재는 분단 상황을 구실로 국가보안법과 반공법, 긴급조치 등을 만들어 국민들의 민주화 요구와 인권을 억압했다. 북한에서도 김일성(金日成), 김정일(金正日), 김정은(金正恩)이 미국과 남한의 위협을 앞세워 병영국가체제를 만들어 6·25전쟁 이후 지금까지 이어오고 있다.

남한과 북한 간에는 1972년 7·4남북공동성명, 1991년 남북기본합의서, 2000년 제1차 남북정상회담과 6·15공동선언, 2007년 제2차 남북정상회담과 10·4공동선언 등 남북대화가 이어졌다. 이러한 과정을 통해 2000년 이후부터는 남북 간 교류가 활발하게 진행되면서 남북관계는 상당히 호전되었다. 하지만 한반도의 정세는 여전히 불안하기만 하다. 특히 1990년을 전후한 사회주의권의 붕괴 이후 고립된 북한이 홍수 등으로 인해 경제적으로 더욱 곤경에 빠진 와중에, 체제 위기에서 벗어나기 위해 핵개발을 시작하면서 미국과 북한의 관계는 일촉즉발의 상황을 거듭했다. 다행히 6자회담의 자리가 마련되고 미국과 북한이 한때 상호 타협적인 자세를 보였지만, 북한의 핵실험과 남북한 간의 긴장 고조 등으로 인하여 회담은 중단되고 말았다. 이렇게 불안한 한반도 정세가 남북한 사회의 내부를 규정하는 가장 큰 변수라는 점은 아직도 변함이 없다.

우리는 역사 속에서 남북한의 분단을 과연 막을 수 없었을까 하는 점을 생각해보지 않을 수 없다. 최근 일각에서는 소련이 해방 직후부터 북한에 분단정권을 세울 계획을 갖고 있었기 때문에 분단은 불가피한 일이었다고 주장한다. 하지만 이는 아직 입증된 사실이.아니다. 또 설사 소련이 그러한 생각을 갖고 있었다 하더라도 이를 막을 수 있는 기회가 정말 없었는지 더 따져보아야 한다. 미국과 소련의 냉전이 본격화된 것은 1947년 초였다. 따라서 1946년까지는 통일된 민족국가를 세울 수 있는 기회가 있었다. 그리고 그 유일한 기회는 미소공동위원회였다. 하지만 한국인 가운데 그것이 단 한 번의 기회가 되리라고 생각한 이는 드물었다. 그 때문에 신탁통치 찬반 문제로 분열을 거듭했고, 미소공위에 대한 협조도 소극적이었다. 오히려 미국과 소련의 결별을 예상한 남북한의 일부 정치인들은 이를 자신들이 권력을 장악할 기회로 파악했다. 미국과 소련의 대립, 그리고 이에 부응한 세력들에 의해 만들어진 남북한 분단체제는 오늘날 미국과 소련의 냉전이 끝난 뒤에도 여전히 이어지고 있다. 앞으로 시간이 가면 갈수록 분단체제는 더욱 공고해질 가능성이 높다. 그리고 한반도 주민들은 분단체제에 의해 규정된 삶을 살아야 할지도 모른다.

하지만 분단체제가 한반도 주민의 모든 삶을 규정하는 것은 아니다. 분단체제하에서도 남북한의 주민들은 지난 60여 년 동안 엄청난 변화를 만들어왔다. 이 시기는 아마도 훗날 한반도 수천 년의 역사 속에서 가장 큰 변화가 있었던 시기로 기록될 것이다. 그 변화는 북한보다 특히 남한의 정치, 경제, 사회, 문화 부문에서 일어났다.

2 정치적 변화 = 민주주의의 성취

먼저 남한의 정치사를 살펴보자. 1948년 대한민국 정부가 수립된 이후 남한의 정치사는 민주주의의 제도적 정착을 둘러싼 갈등의 역사였다고 해도 과언이 아니다. 비록 헌법에서는 "대한민국은 민주공화국이다"라고 규정했지만 집권자들은 아직 국민들이 민주주의에 낯선 상황을 이용하여 민주주의제도를 끊임없이 위협했다. 이승만과 박정희는 헌법 개정을 통해 집권기간을 연장했고, 끝내는 종신 대통령이 되고자 했다. 하지만 국민들의 거센 저항에 부딪쳐 두 사람 모두 비극적인 종말을 맞이하고 말았다. 또 박정희와 전두환은 군부를 동원한 쿠데타를 통해 헌정을 유린하고 불법적으로 정권을 장악했다. 국민들은 초기에는 민주주의라는 제도에 익숙하지 않았으나 점차 교육수준이 높아지면서 민주주의의 가치에 대해 알게 되었고, 결국 독재자들에 의해 유린되고 있던 민주주의를 되찾고자 하는 움직임을 보이게 된다. 1960년의 4·19혁명, 1980년의 5·18항쟁, 그리고 1987년의 6월 항쟁은 바로 민주주의를 되찾고자 하는 국민들의 의지에서 나온 것이었다. 4·19혁명과 5·18항쟁 시기 국민들의 희생은 민주주의라는 것이 결코 거저 얻어지는 것이 아님을 증명했다.

이러한 희생 위에서 1987년의 6월 항쟁은 한국의 민주주의가 제도적으로 확립되는 결정적 계기를 마련했다. 이제는 어느 누구도 대통령을 국민의 손으로 직접 뽑는 제도를 유린하기 어렵게 되었다. 그리고 이후 김영삼(金泳三) - 김대중(金大中) - 노무현(盧武鉉) 정부에서 진행된 민주화는 한국을 아시아에서 가장 민주화된 나라로 만들어놓았다. 한국인들은 이제 더 이상 헌정유린, 독재, 권위주의적 통치를 용납하지 않는 국민이 된 것이다.

하지만 민주화는 이와 같은 제도적 측면에서의 민주주의에 의해서만 확립되는 것이 아니다. 민주화는 또 다른 측면에서 공화주의에 의해 서로 뒷받침되어야 했다. 공화주의란 시민들이 공화국의 정치에 책임성, 공공성을 갖고 직접 참여하려는 태도를 말한다. 하지만 한국의 시민층은 아직 이와 같은 책임성, 공공성이 크게 부족하다. 1987년 이후 투표율은 계속 저하되었으며, 지역분열적인 투표행태는 더욱 심화되었다.

한국 민주주의의 미성숙은 특히 정당의 이합집산과 지방자치의 미숙함에서 잘 드러난다. 각 정당들은 아직도 이념·정책이나 사회계층에 근거를 두고 있기보다는 지역주의에 의지하고 있다. 그 때문에 정당들은 정책보다 인맥과 파벌에 더 관심을 두고 있는 실정이다. 지방자치 또한 지역주의로 인해 특정 정당과 연결된 지역 토호들이 자치단체장과 의회를 주도하다시피 하는 상황이어서 아직도 풀뿌리 민주주의의 토착화와는 거리가 먼 실정이다.

다행스러운 것은 1990년대 이후 수많은 시민단체가 결성되어 한국 사회가 바야흐로 시민사회단계로 접어들고 있다는 점이다. 1980년대까지의 경제성장은 한국 사회에 시민층을 형성했고, 이들이 시민단체 활동에 뛰어들기 시작한 것이다. 시민단체들은 정치, 경제, 사회, 문화, 환경 등 다양한 방면에서 활동을 전개하고 있다. 그리고 시민단체는 정부와 의회, 재벌과 언론을 견제하는 새로운 세력으로 떠올랐다.

다음은 경제적 측면에서의 변화를 살펴보자. 남한에서는 1950년의 농지개혁으로 오랜 세월 이어졌던 소작제도가 청산되는 전기를 마련했다. 이는 또 농촌사회의 신분의식도 사라지게 한 중요한 계기가 되었다. 그러나 1950년대의 한국 경제는 전쟁으로 인해 커다란 어려움을 겪었다. 일제가 남기고 간 귀속재산이 있었지만 큰 도움은 되지 못했다. 이 시기 한국 경제는 사실상 미국의 원조에 의해 지탱되었다. 그리고 1950년대 말 미국의 원조가 줄어들면서 한국 경제는 위기를 맞았다. 4·19혁명 이후 집권한 장면 정권은 수입대체산업의 육성에 중점을 둔 경제개발계획을 세웠으나 실행에 옮기지 못했다. 5·16군사정변 이후 박정희가 이끈 군사정권도 처음에는 역시 수입대체산업을 육성하는 것에 목표를 둔 경제개발계획을 세웠다. 하지만 미국의 반대와 국내자본동원의 어려움으로 계획의 수정이 불가피했다. 결국 박정희 정권은 수출 중심과 외자 중심의 경제개발계획으로 방향을 전환하여 이를 적극 추진했다. 그 결과 제1차 경제개발계획 기간에 8.5%, 제2차 경제개발계획 기간에 9.6%라는 고도의 경제성장을 이룰 수 있었다. 하지만 당시 한국 경제는 섬유, 가발, 완구 등 노동집약형의 산업과 단순가공무역에 의존하고 있었다. 따라서 자본재와 투입재의 수입이 크게 증가하여 경상수지는 항상 적자상태에 놓여 있었다. 결국 1970년대 초 부채로 인한 부실기업 문제가 심각해졌고, 정부는 파산위기에 처한 기업들을 구하기 위해 사채를 동결하고 금융조세상의 특혜를 주는 조치를 취하기도 했다.

1970년대에 들어서면서 박정희 정권은 경공업의 발전만으로는 한계가 있다고 보고, 중화학공업을 육성하는 쪽으로 방향을 전환하기 시작했다. 1972년 이후 시작된 제3차 경제개발계획에서는 철강, 화학, 비철금속, 기계, 조선, 전자 등이 전략업종으로 선택되고, 영남 일대에 공업단지가 만들어졌다. 울산과 포항 등지에 대규모의 석유화학단지, 제철소, 조선소가 들어섰다. 전자, 선박, 철강, 자동차 등의 수출을 목표로 한 특화산업을 육성하고자 한 것이다. 그 결과 1977년에는 제조업에서 중화학공업 생산이 차지하는 비중이 50%를 넘어섰으며, 중화학공업의 육성과정에서 강력한 재벌들이 등장했다. 이 시기 중화학공업에 대한 기업의 투자는 과잉투자를 불렀다. 1970년대 말 중복과잉투자는 심각한 국제수지 적자와 중화학공업의 전반적인 부실화를 초래했다. 정부는 뒤늦게 중화학공업의 중복투자 조정에 착수했으나, 박정희의 사망으로 일단 중지되었다.

1980년대의 전두환 정권은 우선 중화학공업의 중복투자를 조정하는 일에 손을 대어 부실기업을 통폐합했다. 그러나 부실기업의 정리는 주로 재벌에 의한 인수로 이어졌으며, 이로 인해 재벌로의 경제력 집중이 더욱 가속화되었다. 그리고 1980년대 이후 미국은 한국에 상품시장의 개방을 강력히 요구하여 외국 상품의 수입자유화가 본격적으로 이루어졌고, 자본시장도 개방되었다. 또 1980년대 말 노태우(盧泰愚) 정권은 제조업 부문과 서비스 부문의 자본시장을 개방하여 한국 경제는 새로운 도전에 직면하게 되었다. 그런 가운데 반도체, 자동차 산업이 서서히 한국 경제의 견인차로 떠오르기 시작했다.

1993년 김영삼 정권은 우루과이라운드 협상 타결에 따라 농산물의 수입자유화 조치를 취했고 국내 농산물 생산은 큰 타격을 받게 되었다. 1994년에는 외환시장 자유화가 이루어졌고, 1996년에는 주식시장 등 금융시장의 개방이 급속히 이루어졌다. 한편 한국은 1996년 경제협력개발기구(Organization for Economic Co-operation and Development: OECD)에 가입했는데, 이때부터 한국 경제는 심각한 위기를 맞았다. 국내의 종합금융회사들은 달러 단기자금을 차입하여 단기외채 비중이 지나치게 높아졌다. 여기에 경상수지 적자가 이어졌으며, 재벌기업들은 적자를 면치 못했다. 결국 1997년 일부 재벌기업들의 연쇄 부도가 시작되었고, 기업 도산은 금융기관의 부실화를 가속화했으며, 이로 인해 1997년 말 한국의 금융체계는 유동성 위기를 맞아 하루아침에 붕괴했다. 국제통화기금(IMF)은 한국에 달러를 지원하는 대가로 한국 경제의 구조조정을 요구했다. 국제통화기금은 특히 부실금융기관의 퇴출, 고금리정책, 재정긴축정책, 금융기관의 높은 자기자본비율 등을 요구했다. 이로써 한국 경제는 심각한 과잉침체상태에 들어갔고, 기업들은 연이어 도산했으며 실업자는 넘쳐났다. 1960년대 이후 한국 경제는 최대의 위기를 맞이한 것이다.

1998년 이후 김대중 정권은 금융기관과 재벌기업의 구조조정을 단행하면서, 특히 재벌기업의 업종 전문화를 유도했다. 당시 대재벌들은 보통 40~50개의 기업들을 소유하고 있었다. 금융기관과 재벌기업의 구조조정과 함께 한국 경제는 서서히 위기를 벗어나기 시작했다. 그리고 김대중 정권은 새로운 성장동력으로 정보통신산업과 생명공학 등 첨단산업을 육성하기 시작했다. 특히 IT산업을 적극 육성하고 정보화 인프라를 구축하여 세계에서 가장 앞서 정보화사회에 진입하게 되었다. 하지만 1992년 중국과의 수교 이후 저임금 노동력을 필요로 하는 중소기업들이 앞을 다투어 중국으로 공장을 이전함으로써 한국의 제조업 구조에 커다란 변화가 일어났다. 섬유·봉재·신발 등의 공장은 대부분 중국 등지로 이전했다. 이에 따라 한국의 제조업은 전자, 자동차, 조선, 석유화학, 반도체 등의 고기술산업 중심으로 탈바꿈했다. 하지만 재벌 대기업이 주도하는 이들 첨단산업은 고용 창출에 한계가 있어 경제는 성장하지만 고용은 늘어나지 않는 문제점을 드러내기 시작했다.

이처럼 제조공업 분야가 변화를 거듭하면서 그 비중을 크게 늘려가는 가운데 농업, 어업 등 1차 산업 분야의 비중은 크게 줄어들었다. 농업은 1970년대 중반 자급적인 쌀생산을 이루었지만 계속되는 저곡가정책으로 인해 부진을 면치 못했다. 1980년대 이후에는 상업적 농업이 발전하기 시작했으나 외국 농산물이 수입되면서 그마저도 벽에 부닥쳤다. 이로 인해 농가부채는 크게 늘어났고, 농업의 활로는 보이지 않았다.

4 사회적 변화 = 도시화, 고령화, 고학력화

경제의 변화는 사회구조에도 커다란 변화를 가져왔다. 우선 1950년대 6·25전쟁의 종전과 농지개혁 등은 베이비붐을 일으켜 폭발적인 인구 증가를 가져왔다. 인구의 급증은 1960년대 말까지 이어져 정부는 산아제한정책을 펴기 시작했으며, 이는 1980년대 이후 성과를 내기 시작하여 1990년대 이후 급격한 출산율 감소로 이어졌다. 2000년 현재 한국의 출산율은 세계에서 가장 낮은 몇 나라에 포함되어 있으며, 조만간 절대인구 자체가 감소하는 상황으로 접어들 전망이다. 한편 평균수명은 70대 후반까지로 크게 늘어났다. 낮은 출산율과 고령화사회의 도래는 앞으로 한국 경제에 커다란 부담이 될 것으로 예측되고 있다.

한편 1960년대 후반 이후 경제개발과 이에 따른 도시화가 진행되면서 대규모의 농촌인구가 도시로 이동하기 시작했다. 이미 2000년경부터 한국의 도시화율, 즉 도시에 사는 인구의 비율이 80%를 넘어 세계에서 가장 높은 몇 나라 안에 들어가 있다. 특히 1980년대와 1990년대에 대규모의 이농이 진행되어 농촌인구가 크게 감소했으며, 농촌에서는 이제 젊은 농부를 찾아보기 힘들게 되었다. 도시로의 지나친 인구집중은 주택 문제, 교통 문제, 환경 문제 등 각종 사회 문제를 낳고 있다. 특히 수도권과 영남권으로의 지나친 인구집중은 지역개발 문제를 둘러싼 지역갈등으로 이어지고 있다.

출산율의 저하와 농촌인구의 감소는 노동력 부족과 농촌 신부의 부족 문제를 낳아 외국인 노동자와 농촌 신부의 수입으로 이어지고 있다. 한국에 거주하는 외국인은 2012년에 140만 명을 넘어섰으며, 이로 인해 한국은 이미 다민족 사회로 접어들었다는 주장이 나오고 있다. 한국 사회는 이제 다민족 사회, 다문화 사회에 대응해야 하는 새로운 과제를 안게 되었다.

또한 1997년 외환위기 이후 정리해고 등이 도입되면서 평생직장 개념은 사라지고 고용불안이 만성화되었으며, 정규직 임용보다 비정규직 임용이 크게 늘어나 비정규직은 2012년 전체 고용노동자의 34.2%에 달했다. 또 1980년대에 좁혀졌던 소득불평등은 1990년대부터 서서히 격차가 커지기 시작하더니 외환위기 이후 급속히 악화되었다. 1997년 외환위기 이후 한국 사회는 질적으로 커다란 변화를 겪으며 점차 계층이 양극화되는 가운데 이중사회(dual society)로 전락하지 않을까 하는 위기감마저 느끼고 있다.

해방 이후 한국 사회의 커다란 변화, 특히 경제성장을 가져온 근본적인 동인으로 흔히 교육의 힘을 꼽는다. 해방 당시 초등학교 진학률은 50%선에 지나지 않았고, 문맹률은 70%를 넘었다. 한국인의 교육열은 이미 한말부터 폭발하고 있었으나, 일제는 중등교육 이상은 물론이고 초등교육조차 제대로 실시하지 않았다. 해방 이후 교육열이 다시 폭발하여 각급 학교가 우후죽순처럼 문을 열었고, 초중등학교 졸업자들은 1960년대 중반 이후 노동자로서 경제성장의 주역이 되었다. 또 고등교육을 위한 대학들도 본격적으로 설립되었다. 1950년대 말부터 대학졸업자의 수가 크게 늘어나기 시작했고, 이들 역시 경제개발과정에서 큰 역할을 했다. 그뿐 아니라 이들은 4·19혁명, 6·3운동, 유신반대운동, 5·18항쟁, 6월 항쟁으로 이어지는 한국의 민주화 운동에서 중심적인 역할을 수행했다. 아직 시민층이 본격적으로 형성되기 전이었기 때문에 학생층은 한국의 민주화를 이끈 주역이 되었던 것이다.

1980년대 이후 대학졸업자 수는 다시 한 번 급증했으며, 1990년대 후반 이후 고등학교 졸업생의 80% 정도가 대학에 진학하는 상황이 되었다. 이는 첨단산업 등에 필요한 고급 인력을 공급하는 역할도 했지만, 고학력 실업자를 양산하는 부정적인 결과도 가져왔다. 고학력 졸업자의 양산은 이른바 3D업종을 비롯한 제조업 노동자의 공급을 어렵게 만들었고, 결과적으로 많은 공장이 해외로 이전하거나 외국인 노동자를 수입하는 계기가 되었다.

5 일상생활의 변화

해방 이후 일상생활상의 변화는 가히 혁명적인 것이었다. 의생활, 식생활, 주생활에서는 천지개벽과도 같은 변화가 일어났다. 해방 직후까지만 해도 한복이 주를 이루고 있던 의생활은 오늘날 거의 완전히 서양식으로 바뀌었다. 1960년대까지만 해도 보릿고개를 걱정하면서 정부는 혼분식을 장려해야 했으나, 1970년대 중반 쌀 자급이 이루어진 이후 식생활이 급격히 서구화되어 이제는 한편으로 남아도는 쌀의 처분을 걱정하면서, 다른 한편으로 부식의 대부분을 외국에서 들여오는 현실을 우려하는 상황에 이르렀다. 또 1970년대 초까지만 해도 영양부족과 영양실조를 걱정하던 데에서 이제는 영양과잉으로 인한 과체중을 고민하는 이들이 더 많은 상황으로 바뀌었다.

주생활의 변화도 혁명적이었다. 농촌은 말할 것도 없고 도시에서도 주로 초가집이나 기와집에서 살던 주생활은 1970년대 이후 도시에 아파트, 연립주택, 다가구주택 등이 등장하면서 집합주택 중심으로 크게 바뀌었다. 특히 아파트는 생활의 편리함뿐만 아니라 좋은 투자대상으로도 인식되어 도시민의 주된 주거대상으로 바뀌었고, 1990년대 이후에는 농촌의 읍내에도 아파트가 들어서기 시작했다. 이로 인해 한국인의 반 수 이상이 아파트에 거주하게 되었다.

1970년대 이후 교통, 통신 인프라 구축이 본격화되면서 지금은 전국이 반나절 생활권으로 좁아졌으며, 대부분의 사람들이 휴대전화를 가질 정도가 되었다. 1990년대 후반 이후 지식정보사회로의 전환이 급속히 이루어져 일상생활에서 인터넷은 필수불가결한 것이 되었다.

여가생활에도 커다란 변화가 나타났다. 1990년대 이후 문화생활에 대한 욕구가 폭발하고 자동차 소유가 크게 늘어나면서 여가생활로 여행을 즐기는 이들이 크게 증가했다. 특히 해외여행의 자유화가 이루어지면서 국외로 여가를 즐기러 떠나는 사람들이 크게 늘어났다. 대중의 문화생활에 대한 욕구의 분출은 영화, 연극, 음악, 미술, 뮤지컬, 가요산업 등의 비약적인 성장도 가져왔다.

6 북한의 현대사

역사의 격랑은 북한 사회에서도 마찬가지로 일었다. 물론 상대적으로 북한의 경우 남한보다는 변화가 덜하지만 북한 사회 역시 크게 달라졌다. 정치적 측면에서 북한현대사는 1974년을 분기점으로 그 이전은 신국가건설과 6·25전쟁, 전쟁 복구, 사회주의 기초 건설의 시기로 볼 수 있고, 그 이후는 김정일의 등장과 온 사회의 주체사상화, 사회주의의 고수, 고난의 행군과 선군정치시대 등으로 나누어볼 수 있을 것이다.

북한은 1950년대 중반까지 마르크스-레닌주의를 통치이념으로 삼고 있었으나, 과도기를 거쳐 1970년대 들어서면서 주체사상을 새로운 통치이념으로 천명했다. 1970년대 이후 북한의 통치체제는 '수령 - 당 - 대중'의 통일체를 하나의 유기체로 하는 '수령제'를 그 특징으로 한다. 수령은 절대적 충성의 대상이 되었고, 이에 따라 북한 사회는 외형적으로 강한 집체적 결속력을 보였다. 하지만 이는 결과적으로 권력의 독재화를 가져왔으며, 개인의 창의성은 제약받게 되었고 사회발전을 더디게 만들었다

또 북한 사회는 전쟁을 치른 이후 안보위기의 상존을 내세워 이른바 '유격대국가'라고 칭해지는 병영국가체제를 유지해왔고, 1990년대 중반 이후에는 핵개발 문제로 빚어진 위기를 벗어나기 위해 군부의 힘을 강화하는 이른바 '선군정치'를 내세우고 있다.

북한의 경제는 1960년대까지 노동력의 집중, 소련과 중국의 경제지원 등으로 상당한 발전을 이루었다. 하지만 1970년대 중반을 기점으로 하여 경제성장이 둔화하기 시작했다. 그리고 1990년대에 들어서서는 마이너스성장으로 돌아섰다. 특히 1990년대 중반 연속적인 자연재해를 당하여 식량난, 에너지난, 원자재난 등 심각한 경제난을 겪기 시작했다. 이러한 경제위기를 타개하기 위해 북한은 서서히 시장경제를 도입하기 시작했고, 남한과 합작하여 개성공단을 만들기도 했다.

북한 주민들은 모두 수십 세대로 편제된 '인민반'에 편성되어 있다. 인민반은 북한 주민들을 의식화, 조직화하는 역할을 맡고 있다. 북한 주민들은 권력에 의해 철저하게 통제된 사회에서 살고 있는 것이다. 하지만 북한 사회에서도 변화가 일고 있다. 새로이 도입되기 시작한 시장경제는 개인의 노력에 따라 소득수준이 달라지는 경험을 갖게 하고 있다. 이는 앞으로 북한 사회에 커다란 변화를 가져올 것으로 보인다. 북한이 앞으로 핵문제를 해결하고 미국과 수교하게 된다면 한반도의 정세는 다시 한 번 크게 변할 것이다. 물론 북한 사회도 커다란 변화과정에 접어들게 될 것임은 두말할 필요도 없다. │ 박찬승

1 해방과 분단, 그리고 6·25전쟁

1 해방과 분단

1) 해방과 건국준비위원회

1945년 8월 15일, 일제의 패망으로 35년간의 식민지 지배가 끝나고 꿈에 그리던 해방을 맞이했다. 사람들은 숨겨놓았던 태극기를 꺼내 집 앞에 높이 내걸고 거리로 뛰어나와 해방의 기쁨을 맘껏 누렸다. 전국 곳곳에서 해방을 축하하는 집회가 열리고, 형무소에서 정치범이 석방되었다. 거리에는 해방의 감격이 넘쳐흘렀으며, 사람들은 이제 살 만한 세상이 되었다고 느꼈다.

해방과 동시에 건국 준비 활동이 시작되었다. 일제시기에 조선건국동맹을 조직하여 활동해온 여운형은 조선총독부에 정치범의 즉시 석방, 식량 확보, 치안 유지와 건설사업을 방해하지 말 것 등 다섯 가지를 요구했다. 일본 천황의 항복선언 직후 여운형은 건국동맹에서 함께 활동했던 사람을 중심으로 건국준비위원회(이하 건준)를 결성했다. 여운형과 안재홍(安在鴻)이 각각 위원장과 부위원장을 맡았으며, 이념

해방이 되자 '축 해방', '민주정권수립', '조선독립만세' 등의
플래카드를 들고 나온 시민들

에 관계없이 좌우 세력이 골고루 참여했다. 지방에서도 도·군·면 단위의 건준 지부가 조직되었으며, 친일파를 제외한 모든 사람이 참여했다.

건준은 진정한 민주주의적 정권으로 새 국가건설의 준비 기관임을 선언했다. 건준은 "① 우리는 완전한 독립국가의 건설을 기함, ② 우리는 전 민족의 정치적·경제적·사회적 기본 요구를 실현할 수 있는 민주주의적 정권의 수립을 기함, ③ 우리는 일시적 과도기에 있어서 국내 질서를 자주적으로 유지하여 대중생활의 확보를 기함"을 강령으로 발표했다. 건준은 해방 직후 시급한 문제에 대처해나가고 국가건설의 토대를 마련하기 위한 활동을 펼쳤다. 먼저 권력의 공백상태에서 발생할 수 있는 혼란을 방지하고 치안을 유지하는 데 힘을 쏟았다. 귀환하는 동포들에게 의식주를 제공하고 물자를 수송하는 등의 구호 활동을 전개했다. 나아가 경제적 부흥을 위해 각 사업장을 조사하고 생산현황 등을 파악했다. 지방에서는 식민 잔재를 청산하고 역사와 교육이념을 확립하기 위해 교원 재교육도 실시했다.

미군이 남한을 점령할 것이라는 소식이 알려지면서 건준에 참여했던 안재홍을 포함한 우파 세력이 대거 이탈했다. 건준은 9월 6일 전국에서 선출된 대표들이 참석한

해방 직후 휘문중학교에서
연설하는 건준의 여운형

가운데 전국인민대표자회의를 열어 조선인민공화국(이하 인공)으로 확대 개편되었다. 인공은 이승만을 주석, 여운형을 부주석으로 지명하고 임시정부 요인과 사회주의자를 포함한 좌우 세력의 주요 인물을 중앙인민위원으로 발표했다. 인공은 ① 정치적·경제적 자유독립국가건설, ② 식민지적·봉건적 잔재 세력 일소, ③ 노동자·농민 등 대중생활의 급진적 향상, ④ 세계 평화의 확보 등을 정강으로 내세웠다. 그리고 일제 법률제도의 즉시 파기, 일제와 민족반역자의 토지를 몰수하여 농민에게 무상분배 하기 등 27개 항목의 시정방침도 발표했다.

건준 중앙이 인공으로 전환되자 지방의 건준 지부도 인민위원회로 바뀌었다. 도시지역의 인민위원회는 좌파 세력이 주도하는 경우가 많았지만, 농촌지역의 인민위원회는 좌우 세력이 균형을 이루거나 우파 세력이 주도하는 곳도 있었다. 미국의 한 연구자는 38선 이남의 조사대상 138개 군 가운데 128개 군에 인민위원회가 조직되었다고 파악했다. 특히 지방의 인민위원회는 자치기관의 성격이 강했으며, 농촌지역으로 갈수록 더욱 그러했다.

인공은 수립과정부터 많은 한계를 가지고 있었다. 전국인민대표자회의를 열었지만 인민대표가 전부 참석하지는 않았으며, 더욱이 우파 세력이 참여하지 않은 채 인공이 수립되었다. 무엇보다 인공의 주석으로 내정된 이승만을 포함한 주요 인물의 수락을 받지 않은 채 일방적으로 공포되었다. 인공 수립을 주도한 좌파 세력도 이 문제를 알고 있었지만 당시 급변하는 정세를 먼저 고려하여 결정했다. 즉 남한을 점령할 미군에 중앙정권기관의 존재를 인식시키는 것과 동시에 우파 세력의 활동을 견제하고 좌파 세력의 주도권을 확립하려는 의도가 강했다. 이 같은 한계는 인공의 지위와 활동에 큰 타격을 주었다.

2) 미군정의 실시와 국내 정치 세력의 동향

꿈결 같은 해방의 기쁨은 오래가지 않았다. 새로운 외세가 한반도를 점령했기 때문이었다. 우리가 맞이한 해방은 일제시기 내내 벌였던 민족해방운동의 결과가 아니라 제2차 세계대전에서 연합국이 거둔 승리의 부산물에 지나지 않았다. 해방의 성격은 미군이 진주하기 전에 태평양 미육군총사령부가 발표한 포고 제1호에 잘 나타나 있다. 포고령은 미군이 남한을 점령하여 군정을 실시하며 점령군의 명령에 복종하지 않을 경우 엄벌에 처할 것이라는 점을 분명하게 밝혔다.

9월 8일 미군은 인천에 상륙하여 다음날 서울로 진주했다. 미군은 군정을 선포하면서 일제시기의 지배기구와 일본인 관리를 그대로 존속시키는 현상유지정책을 실시했다. 이에 대한 비판여론이 높아지자 일본인 관리를 해임시키고 일제시기에 일했던 한국인 관리로 대체했다. 그리고 유학 경력이 있는 일부 부유층과 영어가 가능한 기독교도를 군정관리로 기용했다. 특히 친일파의 대명사로 비판받던 친일 경찰을 그대로 기용하고 승진시켜 사람들의 불만이 커졌다. 또한 미군정은 10월 10일 인공을 부인, 비난하는 성명을 발표했다. 이 때문에 인공은 큰 타격을 입어 활동이 약해졌다. 미군정은 공식적으로 좌우 세력에

열차 편으로 서울역에 도착하여 시내로 행군하는 미군

대한 중립적인 입장을 표방했지만 실제로는 우파 세력을 지원하여 대중의 지지를 받을 수 있도록 노력했다.

해방 직후 좌파 세력이 정국의 주도권을 행사하던 양상은 미군이 남한을 점령하면서 변화했다. 해방 직후 약세를 면치 못하고 있던 우파 세력은 미군이 남한을 점령할 것이라는 소식을 접하면서 세력 확대에 나섰다. 우파 세력은 군소 정당과 정치 단체를 통합하여 한국민주당(이하 한민당)을 결성했다. 한민당은 지주·자본가가 주요 구성원이었고, 이들의 대다수가 친일 행위를 한

미군의 방문을 환영하는 건준

경교장에서 찍은 임시정부 요인 귀국기념 사진(1945.12.3)
앞줄 왼쪽부터 조완구, 이시영, 김구, 김규식, 조소앙, 신익희.

이력 때문에 친일파 정당으로 인식되어 대중의 지지는 높지 않았다. 하지만 한민당의 인물이 군정의 요직에 기용되면서 사실상 '미군정의 여당'으로 활동했다.

10월 16일 그동안 미국에서 활동하던 이승만이 귀국했다. 인공은 이승만의 귀국을 환영하는 담화를 발표했으며, 이승만도 좌익 세력에 대한 호의적인 입장을 밝혀 정치 세력의 통합을 위한 교섭이 이루어졌다. 그 결과 '독립촉성중앙협의회'가 결성되었다. 하지만 통합을 위해서는 최소한 친일파가 배제되어야 한다는 조선공산당의 요구를 이승만이 거부하여 정치 세력의 통합은 좌절되었다. 이승만은 한민당과 친일파를 주요한 정치적 기반으로 삼고 미군정의 지원을 받으면서 활동해나갔다.

11월 23일에는 김구를 포함한 임시정부(이하 임정) 요인이 귀국했다. 인공은 임정 요인의 귀국을 환영하는 담화를 발표했다. 임정 요인은 연합국의 요구로 개인 자격으로 귀국했지만, 과도정권이 수립되기 전 국내외 문제는 임정이 책임지고 유지할 것이라고 밝혀 정부로서 활동하겠다는 입장을 갖고 있었다. 조선공산당은 친일파·민족반역자·국수주의자 등을 제외하고 좌우 세력이 절반씩 참여하는 임정과 인공의 통일원칙을 제시했다. 그러나 임정은 이를 거부하고 임정의 법통을 인정할 것과 임정의 부서와 그 요직을 그대로 승인하고 따로 몇 개의 부서를 늘려 좌익 세력이 참여할 것을 제시했다. 조선공산당은 자신들의 조직력과 대중적 지지도가 높다고 판단하고 이를 받아들이지 않아 정치 세력의 통합은 또다시 무산되었다.

좌파 세력의 정당으로는 조선인민당과 조선공산당이 결성되어 활동했다. 여운형은 미군정이 인공을 부정하는 입장을 발표하자 자신이 이끌던 건국동맹의 구성원을 중심으로 조선인민당을 결성했다. 인민당은 좌우 대립을 해소하고 민족통일전선을 결성하여 좌우연합정부를 수립하고자 했다. 여운형은 무거운 친일 행위가 있는 인물만을 당과 건국사업에서 배제하겠다는 입장을 밝혔다. 인민당에는 지주·자본가부터 사회주의자까지 다양한 계급계층의 인물이 참여했다. 인민당은 대중에게 지명도가 높던 여운형이 주도하고 유연한 노선과 입장을 가지고 있었지만, 정국이 요동치는 상황에서 뚜렷한 지지기반을 확보하지 못한 한계를 가지고 있었다.

'인민대표자회의'에 참석한
백남운, 허헌, 박헌영, 홍명희(1948.8)

해방 정국 초기에 가장 강력했던 정당은 박헌영이 주도하던 조선공산당(이하 조공)이었다. 조공은 민족해방운동과 일제에 대한 비타협성, 무엇보다 토지개혁과 친일파 처벌을 비롯한 선명한 주장으로 대중의 지지를 받았다. 이를 바탕으로 조선노동조합전국평의회, 전국농민조합총연맹, 조선청년총동맹, 조선부녀총동맹 등 각 계급계층을 기반으로 하는 대중 단체를 결성하여 정국의 주도권을 장악했다.

이렇듯 해방 정국 초기에 좌우 정치 세력은 때로는 연합을 모색하고 때로는 갈등을 일으키며 국가건설운동을 펼쳐나갔다.

3) 신탁통치 논쟁과 좌우 세력의 갈등

해방 정국 초기에 다양한 정치 세력이 국가건설을 위해 통일과 연합을 모색했지만 오히려 분열과 갈등만 깊어갈 뿐이었다. 이러던 차에 불거진 신탁통치 문제는 좌우 세력 사이에 되돌리기 어려울 정도의 대립과 갈등을 불러일으켰다.

1945년 12월 모스크바에서 미국·영국·소련 3개국의 외상회의가 열렸다. 이 회의는 제2차 세계대전이 끝난 후 전후처리를 마무리하기 위해 열렸으며, 의제에 한국 문제도 포함되어 있었다. 먼저 한국에 독립국가를 건설하기 위하여 민주주의 임시정부를 수립하기로 결정했다. 임시정부의 수립을 지원할 목적으로 미군과 소련군의 대표가 참여하는 미소공동위원회를 설치하고, 위원회가 임시정부와 협의하여 최고 5년을 기한으로 미국·영국·중국·소련의 4개국이 참여하는 신탁통치를 실시하는 내용도 들어 있었다. 모스크바 3상회의 결정안은 미국과 소련의 주장을 절충한 것이기 때문에 두 나라는 서로 자국에 유리하게 해석했다. 미국은 최종 단계인 4개국의 협의과정에서 미국의 이해를 관철할 수 있다고 보았고, 소련은 한국 내 정치 세력의 역학관계로 보아 친소 성향의 임시정부가 구성될 것이라고 예상했다.

　모스크바 3상회의 결정안의 핵심은 민주주의 임시정부를 수립한다는 내용이었다. 하지만 그 내용은 완전히 왜곡된 채 국내에 알려졌다. 그해 12월 27일 ≪동아일보≫는 "소련은 신탁통치 주장, 소련의 구실은 38선 분할 점령, 미국은 즉시 독립 주장"이라는 기사를 보도했다. 민주주의 임시정부를 수립한다는 내용은 빠지고 한국이 38선으로 분할되며 신탁통치를 실시한다는 것이 전면에 부각되었다. 또한 결정안이 마련되는 과정에서 미국이 신탁통치를 주장하고 소련이 즉시 독립을 주장했지만, 그러한 사실은 완전히 뒤바뀐 채 보도되었다.

　한국에 신탁통치를 실시한다는 내용이 보도되자, 임정을 중심으로 한 우파 세력은 즉각적인 반탁운동을 전개했다. 임정은 비상대책회의를 열어 국무원 산하에 신탁통치를 반대하는 정당과 사회단체를 중심으로 한 '신탁통치반대국민총동원위원회'를 설치했다. 그리고 반탁운동과 함께 소련이 신탁통치를 주장했다며 반소·반공운동으로 이어나갔다. 임정은 전국의 경찰 및 미군정 행정기구에 소속된 한국인은 임시정부의 지휘를 받으라는 일종의 포고령인 '국자 1, 2호'를 공포했다. 이에 따라 전국 대다수의 한국인 군정관리들은 파업에 돌입했으며, 친일 경찰 간부들은 임정의 지휘를 받겠다는 결정을 전달했다. 노동자도 파업에 돌입하고 상가는 철시했다. 미군정은 반탁운동이 반소·반공 운동으로 이어지는 것은 방관했지만, 군정을 부인하는 쿠데타는 강력하게 제지했다.

　조공을 비롯한 좌파 세력은 모스크바 3상회의 결정안에 대해 즉각적인 입장을 표명하지는 않았

"소련은 신탁통치 주장" 보도 기사를 실은
1945년 12월 27일자 ≪동아일보≫ 1면 기사

다. 소련이 신탁통치 실시를 주장했다는 내용을 의식했기 때문이다. 좌파 세력의 일부 인물은 개인적으로 신탁통치를 반대한다는 입장을 밝혔지만 조직의 공식적인 입장은 유보되었다. 좌파 세력은 1946년 1월 2일에 모스크바 3상회의의 결정안을 총체적으로 지지한다는 입장을 밝혔다. 이는 박헌영이 평양을 방문하여 결정안의 본질이 신탁통치가 아니라 민주주의 임시정부의 수립이라고 파악한 후 내린 결정이었다. 좌파 세력 내부에서도 민족자주성을 저버렸다는 비판의 목소리가 나왔다. 더구나 찬탁아니면 반탁이라는 극단적인 정국 구도가 형성된

미소공동위원회를 지지하는
좌익 세력

상황에서 대중에게 그 의미는 제대로 전달될 수 없었다. 우파 세력은 반탁=애국=민족, 찬탁=매국=반민족의 등식으로 반탁운동을 굳어졌다.

신탁통치 논쟁은 좌우 세력의 대립과 갈등을 불러일으키는 결정적인 계기가 되었다. 좌우 대립은 테러와 암살이 수반된 극단적인 양상으로 치달았다. 좌우 세력의 정치적 기반에도 큰 영향을 주었다. 이 무렵까지 조직과 지지기반에서 상대적인 우위에 있던 좌파 세력은 타격을 받았다. 반면에 그동안 열세를 면치 못하던 우파 세력은 조직을 만회하며 좌파 세력에 적극적인 공세를 펼쳤다.

반탁운동으로 가장 큰 이익을 본 쪽은 친일 세력이었다. 그들은 해방 직후부터 고조된 친일파 처단의 분위기로 위축되어 있었으나 임정이 반탁운동의 성격을 '제2의 민족해방운동이요 독립운동'이라고 규정하자 가장 열성적으로 반탁운동을 펼쳤다. 좌파 세력을 민족반역자이자 매국노라고 몰아붙였으며, 자신들은 애국자이자 민족주의자라고 강변했다.

좌우 세력은 신탁통치 논쟁을 계기로 명확하게 분리, 정립되었다. 임정은 반탁운동을 펼치는 과정에서 과도정부를 수립하기 위해 비상정치회의를 소집했다. 비상정치회의는 이승만이 주도하던 독립촉성중앙협의회와 함께 비상국민회의를 개최했으

신탁통치 반대시위

며, 여기서 과도정부의 내각의 성격을 띤 최고정무위원회의 설치를 결정했다. 최고정무위원회는 미군정의 의도가 작용하여 1946년 2월 중순에 미군사령관의 자문기관 성격을 띤 남조선대한국민대표민주의원으로 전환되었다. 2월 15일 좌파 세력은 조공, 인민당, 조선신민당(독립동맹)과 전평, 전농, 청총 등의 사회단체, 그리고 임정에서 탈퇴한 김원봉·장건상·김성숙 등 민족주의 좌파 세력이 참여한 민주주의민족전선을 결성했다. 이로써 좌우 세력은 완전히 분립하게 되었다. 우파 세력은 여전히 반탁운동을 펼쳤으며, 좌파 세력은 미소공동위원회의 개최를 앞두고 미소공위 지지와 함께 민주주의 임시정부 수립운동을 전개했다.

1946년 3월 모스크바 3상회의의 결정에 따라 미소공동위원회가 열렸다. 처음부터 결정안에 대한 인식이 달랐던 미국과 소련의 대표들은 임시정부의 수립을 위한 미소공동위원회의 협의 대상의 범위에 대한 이견으로 팽팽히 대립했다. 미국은 반탁을 주장하는 세력을 참여시키고자 했고, 소련은 신탁통치를 지지하는 자로 한정시킬 것을 주장했다. 양국의 합의로 모스크바 3상회의의 결정을 지지하는 단체를 참여시키겠다는 5호 성명이 나와 가시적인 성과를 거둘 수 있을 것이라는 기대가 생겼다. 하지만 우파 세력은 미소공동위원회에 참여는 하겠지만 반탁은 포기하지 않는다는 입장을 계속 고수했다. 결국 소련이 반탁 입장을 가진 세력의 배제를 계속 주장하여 미소공동위원회는 무기한 휴회에 들어갔다.

미소공동위원회가 아무런 성과 없이 결렬되자 좌우 세력의 대립은 더욱 날카로워졌고, 미군정은 좌파 세력을 억압하기 시작했다. 미군정은 1946년 5월 조공의 기관지를 발행하던 조선정판사가 위조지폐를 발행했다는, 이른바 조선정판사 위조지폐 사건을 계기로 본격적인 탄압을 벌였다. 이어 좌파 성향의 신문을 정간시키고, 박헌영을 포함한 주요 인물에 대해 체포령을 내렸다.

조공은 미군정의 탄압에 맞서 이전의 타협적인 자세에서 벗어나 군정의 실정을 비판하는 공세적인 자세로 전환했다. 조공은 이러한 '신전술'의 일환으로 9월 총파업을 일으켰다. 대구에서는 경찰의 발포로 노동자가 사망하면서 '10월 항쟁'이 발발했다. 대구에서 시작된 항쟁은 12월 중순까지 제주도를 제외한 남한의 전역으로 확산되었다. '10월 항쟁'은 미군정이 친일 경찰을 비롯한 친일파·민족 반역자를 군정의 요직에 기용하고, 경제정책의 실패로 굶어 죽는 사람이 속출하고, 무엇보다 자주적인 통일국가 수립에 대한 가능성이 점점 사라지고 있는 현실에 대한 불만이 원인이 되었다.

미소공동위원회

미소공동위원회의 절차를 토의하고 있는
미소 양국 대표

'10월 항쟁'의 발발 원인과 성격은 '한미공동회담'에 참여한 인물들이 작성한 보고서에서 확인할 수 있다. 1946년 10월 말에 이 사건이 일어난 원인을 규명하고 대책을 마련하기 위해 미국 대표와 중도 좌우 세력이 참여한 '한미공동회담'이 열렸다. 회담의 참석자들은 '10월 항쟁'이 일어난 원인으로 경찰에 대한 민중의 적대감, 군정 내부의 친일파 존재, 일부 한국인 관리의 부패, 남한의 최대 복리를 방해하는 선동 등을 지적하고, 그 대책으로 군정 내부의 친일파 처단 등을 미군정에 권고했다. 한편 '10월 항쟁'의 과정에서 우파 인물이 희생되자 좌파 세력에 대해 보복하는 양상이 나타나 좌우 세력의 대립과 갈등은 더욱 날카로워졌다.

4) 좌우합작운동과 남북협상

한반도 문제의 해결책으로 많은 사람들이 기대를 걸었던 미소공동위원회가 성과 없이 휴회되자 여운형, 김규식을 비롯한 중도 세력은 좌우합작운동을 전개했다. 중도 세력은 자주적인 통일국가 수립에 대한 희망이 점점 멀어지는 원인을 미국과 소련의 입장 차이와 좌우 세력의 극단적인 대립과 갈등으로 인식했다. 이들은 미소공동위원회가 재개되어 임시정부를 수립하기 위해서는 좌우 세력의 합작 또는 연합이 절실하다고 느꼈다. 좌우합작운동은 미소공동위원회를 통한 임시정부 수립이라는 구체적인 목표를 설정하고, 먼저 남한 내 좌우합작을 완성한 뒤 남과 북의 연대와 연합을 염두에 두었다.

중도 세력이 좌우합작운동을 전개하자 미군정은 처음부터 이를 적극적으로 지원했다. 하지만 중도 세력과 미군정이 의도하는 목표는 서로 달랐다. 미군정은 좌파 세력을 약화시키고 자신의 지지기반을 넓히기 위해 중도 좌파 세력을 좌파 진영에서 분리한 후, 나아가 중도 세력을 포함한 보다 넓은 지지기반을 확보한 후 중도 세력과 한국인 관리가 참여하는 연립 형태의 '과도정부'를 수립하여 행정권을 이양한다는 구상이었다. 그리고 이를 바탕으로 앞으로 재개될 미소공동위원회에서 소련보다 우위를 차지하겠다는 의도였다.

1946년 7월 중도 우파 세력의 대표 김규식·원세훈(元世勳)·안재홍·최동오(崔東旿)·김붕준(金朋濬) 등과 중도 좌파 세력의 대표 여운형·성주식(成周寔)·정노식(鄭魯湜)·이강국 등이 좌우합작위원회를 구성했다. 좌파 세력은 미군정과 연관된 좌우합작운동을 경계하면서 민주주의민족전선의 명의로 좌우합작 7원칙을 제시했다. 그 내용은 모스크바 3상회의 결정안의 지지와 미소공동위원회 속개에 의한 임시정부 수립, 무상몰수 무상분배에 의한 토지개혁, 친일파·민족반역자의 처벌, 군정자문기관 혹은 입법기관 창설 반대 등이었다. 민주주의민족전선이 제시한 좌우합작의 원칙은 기존 좌파 세력의 입장을 재확인하는 것이어서 우파 세력으로서는 받아들이기 어려운 내용이었다.

우파 세력은 민주주의민족전선의 합작 원칙에 대응하여 좌우합작 8원칙을 제시했다. 그 내용은 남북을 아우르는 좌우합작으로 민주주의 임시정부 수립에 노력할 것, 미소공동위원회의 재개를 요청하는 공동성명을 발표할 것, 친일파·민족반역자를 다스리되 임시정부 수립 후 특별법정을 구성하여 처리할 것, 정치·경제·교육의 모든 제도·법령은 균등사회의 건설을 목표로 하여 국민대표회의에서 의정할 것 등이었다. 우파 세력의 합작 원칙도 기존의 입장을 재확인한 것으로 좌파 세력이 수용하기 쉽지 않았다.

좌우 세력이 제시한 합작 원칙에서 쟁점이 된 내용은 신탁통치 문제, 토지 문제, 친일파 처리의 문제 등이었다. 이는 어느 한 세력이 양보하지 않는 한 합의되기 어려웠다. 합작운동은 서로의 입장 차이로 더 이상 회의가 열리지 못해 진전이 없었다. 이어 조선공산당·조선인민당·조선신민당 3당의 합당 문제, 미군정의 좌파 세력 지도부 체포령, 9월 총파업과 10월 항쟁의 영향으로 좌우합작운동은 더욱 큰 어려움에 빠졌다.

좌우합작운동이 난관에 부딪히자 여운형의 주도로 좌우합작위원회는 좌우 세력의 합작 원칙을 절충한 '좌우합작 7원칙'을 제시했다. 그 내용을 살펴보면 신탁통치 문제는 남북을 아우르는 좌우합작으로 민주주의 임시정부를 수립한 후에 결정할 것, 중요 산업은 국유화할 것, 토지개혁은 체감매상으로 지주의 이익을 일정 정도 보장하고, 농민에게는 무상으로 토지를 분배할 것, 친일파 처벌은 입법기구를 통해 처리할 것 등이었다. 이에 대해 김구가 주도하던 한

좌우합작운동 시사만평. 극좌 세력과 극우 세력의 합작 방해 풍자. 악수하는 왼쪽 인물 여운형, 오른쪽 김규식(1946.10)

국독립당은 찬성했으나, 이승만과 한민당은 토지개혁 문제 등을 이유로 반대했다. 좌파 세력도 모스크바 3상회의 결정을 지지하지 않고 있다는 점, 지주의 이익을 보장하는 토지개혁이라는 점, 인민위원회에 정권을 넘기는 조항이 없다는 점 등을 들어 반대했다.

1946년 12월 미군정은 중도 세력의 집권기반을 굳히고 미군정의 지지기반을 넓히기 위해 좌파 세력의 반대를 물리치고 김규식을 의장으로 하는 남조선과도입법의원을 구성했다. 입법의원의 절반은 간접선거를 통해 선출된 민선의원이었다. 그러나 민선의원은 복잡한 절차를 통해 선출되어 대다수가 친일 행적이 있거나 극우 보

수 성향을 가진 인물이었다. 나머지 절반은 좌우합작위원회가 추천하고 미군정이 지명한 관선의원이었다. 1947년 2월 미군정의 구상대로 안재홍을 장관으로 하는 '남조선과도정부'가 발족되었다. 이 무렵 여운형은 정계 은퇴를 이유로 좌우합작위원회를 탈퇴했고 좌파 세력과 한민당도 불참하여 좌우합작위원회는 중도 우파 세력의 정치 단체로 전락했다.

좌우합작운동은 미군정의 의도, 좌우 세력의 극심한 입장 차이, 중도 세력 중심의 활동에서 비롯된 운동주도 세력의 한계 등으로 끝내 실패하고 말았다. 그러나 좌우합작운동은 미국과 소련이 합의한, 한반도 문제 해결의 유일한 방안인 미소공동위원회 재개의 필요성을 인지하고 점점 굳어져가는 분단 현실을 인식하여 남북을 하나로 통일하고자 했던 분단 극복의 움직임이었다.

1947년 미국이 소련에 대한 타협적인 자세에서 봉쇄로 대외정책을 전환하면서 한국 문제의 해결은 더욱 어려워졌다. 유럽에서 소련이 팽창정책을 펴고 있다고 판단한 미국 트루먼 대통령은 3월에 그리스와 터키를 위해 원조를 비롯한 경제적 지원을 하겠다는 '트루먼 독트린'을 발표했다. '트루먼 독트린'은 유럽 자본주의 국가의 경제 부흥을 지원하는 '마셜 플랜'으로 구체화되었다.

그해 5월에는 제2차 미소공동위원회가 열렸다. 서울과 평양에서 남북 각 정당·사회단체와의 합동회의가 개최되는 등 한때 진전을 보이는 듯했지만 협의대상의 명부 작성 문제로 또다시 결렬되었다. 9월에 미국은 소련과의 협의를 포기하고 이 문제를 절대적인 영향력을 행사하던 국제연합(UN)으로 이관했다. 소련은 모스크바 3상회의 결정안이 한국 문제를 해결하는 방안이며, 패전국의 식민지인 한국의 처리는 유엔이 개입할 문제가 아니라며 반대했다. 소련은 한국인 스스로 장래 문제를 해결하는 것이 최선의 해결책이므로 미군과 소련군이 한국에서 동시에 철수하자고 제안했다. 미국은 소련의 제안을 받아들이지 않았다.

제2차 미소공동위원회에 참석한
여운형과 김규식(오른쪽부터)(1947.5)

11월 유엔 총회에서 '유엔 감시하의 인구비례에 의한 남북한 총선거'가 결정되었다. 이에 따라 8개국 대표로 구성된 유엔한국임시위원단(UNTCOK)이 1948년 1월에 남한의 정치지도자들과 협의했다. 하지만 소련과 북한이 유엔한국임시위원단의 입북을 반대하여 협의를 성사하지 못했다. 결국 2월 유엔 소총회는 미국이 제안한 '가능한 지역', 즉 남한만의 총선거 실시를 결정했으며, 미군정은 남한 단독선거의 실시를 발표했다.

유엔한국임시위원단의 활동을 전후로 하여 좌우 세력은 단독정부 수립을 주장하는 세력과 단독정부 수립 반대와 통일정부 수립을 주장하는 세력으로 나뉘어졌다. 이승만과 한민당은 먼저 선거가 가능한 지역에서 선거를 실시하고 독립정부를 수립한 후에 통일을 하자고 주장했다. 반면 남로당이 주도하는 좌파 세력은 1948년 '2·7 구국투쟁'을 시작으로 단독선거 반대와 단독정부 수립 반대운동을 전개했다.

중도 세력은 민족의 분열과 국토의 분단을 막고 통일정부를 수립하기 위해 적극적으로 활동했다. 좌우합작을 추진했던 김규식은 홍명희(洪命憙)·안재홍 등을 비롯한 중도 세력을 총망라하여 민족자주연맹을 결성했다. 민족자주연맹은 남북통일정부를 수립하기 위해 남북정치단체대표자회의의 개최를 주장했다. 김구는 이승만과 한민당이 단독정부 수립을 추진하자 이들과 결별하고 민족자주연맹 노선을 지지하며 함께 활동했다.

1948년 2월에 김구와 김규식은 북한의 김일성과 김두봉에게 남북지도자회담을 열자는 서신을 보냈다. 북쪽의 김일성과 김두봉은 남북한 정당사회단체대표자 연석회의를 개최하자고 역제안했다. 김구와 김규식의 제안은 정치 지도자들만의 회의였지만, 북한의 제안은 정당의 지도자뿐만 아니라 사회단체 대표자들도 참석대상에 포함시킨 것이 차이였다. 미군정과 우파 세력은 연석회의를 반대하는 입장인 반면 중도 세력과 많은 사회단체들은 이를 지지했다. 김구가 먼저 평양으로 떠났고, 북쪽의 제안에 신중한 입장을 취하던 김규식도 통일정부 수립이라는 대의에 따라 연석회의에 참가했다.

4월 19일부터 4일 동안 평양에서 열린 연석회의에 참가한 남북한 47개 단체 대표

평양에서 열린 연석회의에 참석한
김구가 축사하는 장면(1948.4)

들은 미군과 소련군의 즉시 철수와 단독정부 수립을 반대하는 결정서를 채택했다. 김구와 김규식은 김일성의 의도대로 일방적으로 진행되는 연석회의에 비판적인 태도를 보였다. 연석회의가 끝난 후 두 사람의 요청으로 김일성과 김두봉이 참석한 4자 회담과 정당사회단체 지도자협의회의 15인이 참석한 회의가 열렸다. 이 회의에서는 외국군의 즉시 철수, 외국군 철수 후 내전의 발생 방지, 전조선정치회의를 소집하여 남북한 총선거 실시와 통일정부 수립, 남한 단독선거 반대 등 4개 항을 결의했다. 그러나 이 결정은 미국과 소련이 반대하여 실현되지 못했다. 북쪽도 표면적으로는 단독정부 수립을 비판하고 통일국가 수립을 주장했지만 유엔의 결정으로 남한만의 단독정부 수립이 표면화되자 독자적인 정부 수립을 준비하여 더 이상 성과를 거두기 어려웠다. 남북협상은 남북한 지도자들이 함께 모인 통일국가 수립운동이었으며, 비록 분단을 막지 못했으나 통일국가의 수립방안을 마련했다는 점에서 역사적 의의가 있었다.

2 분단체제의 형성과 6·25전쟁

1) 분단정부의 수립과 반공체제의 강화

1948년 유엔 소총회의 결정에 따라 5월 10일 남한만의 단독선거가 실시되었다. 좌파 세력은 민족분열을 영구화하는 것이라고 비판하며 선거를 무산시키기 위해 '제주 4·3항쟁'을 비롯하여 단독선거와 단독정부 수립을 반대하는 투쟁을 펼쳤다. 중도 세력도 단독선거로 인한 분단은 전쟁을 피할 수 없게 만든다고 주장하며 선거 참여를 거부하고 남북협상을 추진했다. 반면에 우파 세력은 단독선거를 적극 환영하고 세력을 결집하여 선거를 준비했으며, 일부 중도 세력도 현실을 받아들이고 참여 속 개혁을 내세우며 선거에 동참했다.

당시 선거는 좌파 세력과 중도 세력이 불참하여 우파 세력의 독무대가 되었을 뿐만 아니라, 유일하게 지방까지 조직을 갖추고 있던 한민당의 후보들이 대거 당선될 것이라고 예상되었다. 하지만 선거결과는 이러한 예측을 완전히 빗나갔다. 한민당의 주요 인물들이 낙선하는 바람에 200개 의석 중 29명만이 당선되었다. 반면에 무소속과 소장파 후보가 절반이 넘게 당선되었다. 선거결과는 단정·반공노선을 추구하여 자주적인 통일국가의 수립을 좌절시킨 세력에 대한 심판의 성격이 강하게 드러났다.

5·10선거(1948)

5월 31일 개원한 제헌국회는 먼저 헌법을 제정했다. 헌법은 삼권분립과 대통령 중심제, 국회의 간접선거를 통한 대통령 선출, 주요 자원과 기간산업의 국유와 국영, 친일파 처벌 법률 제정 등을 규정한 점이 특징이었다. 국회는 이승만과 이시영을 대통령과 부통령으로 선출했으며, 이범석(李範奭)을 국무총리로 인준했다. 이승만 대통

제헌국회 개원(1948.5.31)

령은 자신이 권력을 장악하는 데 일등 공신이었던 한민당의 인물을 철저히 배제한 내각을 구성했으며, 8월 15일에 정부가 수립되었다.

한편 북쪽에서도 유엔의 결정과 남한의 움직임을 고려하면서 정부 수립에 착수했다. 남한에서 5·10선거가 실시되자 6월에 남북의 정당과 사회단체의 대표들이 '남북 제정당사회단체지도자협의회'를 열어 5·10선거를 부정했다. 이 회의에는 남한의 민족주의자를 포함한 중도 세력이 불참한 가운데 북쪽을 지지하는 정당과 사회단체의 대표자만이 참가했다. 여기에서는 4월에 열렸던 15인 회의에서 결정한 내용을 재확인했으며, 전국 총선거에 의해 통일국가를 수립한다는 결정에 따라 남북 총선거를 통해 최고인민회의 대의원을 선출하기로 결정했다.

남한에 있던 좌파 세력은 비밀지하선거로 대의원을 뽑아 대표자를 선출하고, 그

대한민국 정부 수립
국민축하식 장면(1948.8.15.)

대표자들이 해주에서 모여 '인민대표자회의'를 개최한 후 남측 대의원을 선출했다. 9월에는 남측 대의원과 북측에서 선출된 대의원으로 최고인민회의를 구성하여 헌법을 제정하고 김일성을 초대 수상, 박헌영을 부수상으로 선출했다. 9월 9일에는 북한도 내각을 구성하고 정부 수립을 선포했다. 이로써 남과 북에는 이념과 체제를 달리하는 대한민국과 조선민주주의인민공화국이 수립되어 분단체제가 형성되었다.

남과 북의 정부는 서로 다른 경제적 기반과 정치적 상황에서 출발했다. 북한은 일제가 패망하면서 남겨놓은 경제적 기반과 상대적으로 안정된 정치적 상황에서 출발했지만, 남한은 그렇지 못했다. 남한은 열악한 경제적 기반으로 인한 재정적자와 인플레이션으로 어려움을 겪었으며, 미국의 원조로 간신히 지탱해나갈 수 있었다. 정치적으로도 이승만 정권은 여러 가지 도전에 직면했다. 제헌국회의 소장파 의원들은 국회 개원 직후부터 자주적 평화통일을 지향하고, 제반 개혁입법의 제정을 주장하며 이승만 정권과 충돌했다. 소장파 의원들은 친일파를 처벌하기 위한 '반민족행위처벌법'을 제정하고 주한 미군의 철수와 토지개혁을 주장했다. 국회 개원 직후부터 국회 프락치 사건이 발생하기 전까지 '소장파의 전성시대'라고 불릴 만큼, 그들은 이승만의 전횡을 견제하는 주요 세력으로 활동했다.

좌파 세력의 활동은 이승만 정권을 더욱 불안하게 만들었다. 지리산을 비롯한 험준한 산악을 중심으로 무장유격대의 활동이 계속되었으며, 38선 곳곳에서 국군과 북한군의 군사적 충돌이 끊임없이 일어났다. 1948년 4월 제주에서 단독선거와 단독정부 수립을 반대하며 일어난 '제주 4·3항쟁'은 경찰과 국군, 그리고 우익 청년단체의 무자비한 대응으로 상황을 더욱 악화시켰다. 10월에는 이를 진압하기 위해 파병되기로 했던 제14연대가 여수와 순천에서 반란을 일으켜 이승만 정권의 위기감은 더욱 커졌다. 이승만 정권은 반공이데올로기를 강화시킴으로써 사회를 안정시키고자 했다. '여수·순천군인반란 사건'을 계기로 국가보안법을 제정했으며, 좌파 성향의 군인을 숙청시키는 숙군사업을 대대적으로 벌였다.

이승만 정권의 반공체제 강화과정에서 큰 걸림돌 중 하나가 반민족행위특별조사위원회(이하 반민특위)의 활동이었다. 친일파를 처벌하기 위해 설치된 반민특위는 1949년 1월 초부터 친일 자본가 박흥식의 체포를 시작으로 본격적인 활동에 들어갔다. 뒤이어 이광수·최남선 등 거물 친일파들도 체포되었다. 이승만 정권과 친일파는 반민특위의 활동을 무산시키기 위해 반민족행위처벌법 제정을 적극 방해했다. 경찰과 친일파가 합심하여 반민특위의 핵심 인사를 암살하고자 시도하기도 했다. 결국 6월 6일 이승만 대통령의 비호하에 친일 경찰이 반민특위 사무실을 습격하여 반민특위의 활동은 사실상 마비되었고, 친일파 처벌은 좌절되었다.

더욱이 반민특위와 제헌국회를 주도하던 소장파 의원을 남로당 프락치로 몰아 구속시키는 한편, 이승만 대통령의 최대 정적이던 김구가 암살되었다. 이에 앞서 해방 후 좌파 활동 경력이 있는 사람을 가입대상으로 한 '국민보도연맹'이 결성되는 등 이승만 정권의 반공 공세가 절정에 이르렀다. 6월 말로 예정되어 있던 주한 미군 철수를 앞두고 정치적 위기에 몰린 이승만 정권이 반공체제를 강화하고 미국으로부터 더 많은 지원을 받아내려 했던 의도가 크게 작용했다. 이 승만 정권은 북진통일을 주장하면서 정치적 위기를 극복하고 미국의 원조를 늘리고자 했으나 대한군사원조법안이 미국 의회에서 부결되면서 성과를 거두지는 못했다.

반민특위의 투서함에 투서하는 모습

1950년 5월 30일 실시된 제2대 국회의원 선거에서 이승만 대통령을 지지한 정당은 참패를 거뒀다. 이 선거에는 5·10선거에 참여하지 않았던 중도 세력이 참여하여 돌풍을 일으켰다. 그 결과 서울을 비롯한 주요 도시에서 중도 세력이 당선되었으며, 전체적으로 무소속 후보가 절반이 넘게 당선되었다. 이 때문에 이승만 정권의 기반은 더욱 불안해졌다.

반민특위 재판 공판 모습(1949)

2) 6·25전쟁의 발발과 영향

남한의 불안정한 정치적·경제적 상황과는 달리 북한은 순조로운 출발을 보이고 있었다. 북한은 정부 수립 이전부터 토지개혁을 비롯한 '민주개혁'을 실시하면서 대중의 지지를 얻어 남한에 비해 상대적으로 정치적인 안정을 유지할 수 있었다. 북한의 만주계, 소련계, 연안계의 정치 세력과 정부 수립 후 남한에서 활동하던 남로당 등 다양한 정치 세력이 존재했지만, 권력을 둘러싼 갈등은 표면화되지 않았다. 경제 상황도 남한에 비해 좋았다. 일제가 침략전쟁을 수행하기 위해 조성한 군수산업이 북한에 집중되어 있었는데 이러한 공업화를 위한 토대 위에서 경제발전을 이룰 수 있었다.

김일성은 정부 수립 당시부터 북한의 정통성을 주장하며 '국토 완정'을 선포하고 통일의지를 내비쳤다. 1949년 3월 김일성과 박헌영은 모스크바에서 스탈린을 만나

서울 시내를 질주하는 북한군 탱크

파괴된 서울 시내

경제, 문화, 군사 부문의 지원을 요청하고 비밀회담에서 무력통일방안을 내비쳤다. 스탈린은 경제적·군사적 지원을 약속했지만 국제정세의 불리함, 미국과의 충돌, 군사력의 열세 등을 지적하며 전쟁에는 반대했다.

북한은 전쟁을 통한 무력통일방안과 함께 남한 정부가 스스로 붕괴되도록 공작했는데, 그 방안으로 남한에서 활동하고 있던 좌익 무장유격대(빨치산) 세력을 적극 지원했다. 1949년 6월에는 미군 철수와 통일을 위한 역량의 결집을 목적으로 '북조선민주주의민족통일전선'과 '남조선민주주의민족전선'을 통합하여 '조국통일민주주의전선'을 결성했다. 이 단체는 남로당·조선노동조합전국평의회(전평) 등이 중심이 되었지만 실제로는 북한이 남한 내 좌익 세력의 반정부 활동을 지원하기 위한 성격이 강했다. 조국통일민주주의전선은 두 차례에 걸쳐 '평화통일방안'을 제안하는

등 평화통일 공세를 취했다.

　1949년의 대외 정세는 점점 북한에 유리한 방향으로 전개되었다. 제2차 세계대전이 끝난 후 다시 시작된 중국 공산당과 국민당의 내전에서 1949년 초 무렵 중국 공산당의 승리가 확실해졌다. 중국 내전에 참여했던 조선의용군을 비롯한 한국인이 귀국하여 북한군의 주력 부대로 편성되면서 전력도 상승했다. 또한 6월 말 미군의 철수로 한반도 내 남북한의 군사력 균형은 무너지기 시작했으며, 유럽을 비롯한 세계 곳곳에서 사회주의 세력이 팽창하고 영향력이 강화되어갔다.

6·25전쟁 당시 파괴된 대동강 철교를 건너 남한으로 피난하는 북한 주민들

　대외 정세가 사회주의체제에 유리하게 전개되자, 1950년 1월 스탈린은 김일성에게 전쟁 문제를 논의할 준비가 되어 있으며 전쟁을 지원할 용의가 있다는 긍정적인 반응을 내비쳤다. 스탈린의 입장 변화에는 중국 혁명의 성공으로 인한 아시아에서의 힘의 우위, 자국의 원자폭탄 개발, 중소우호동맹조약의 체결 등이 작용했다. 이 같은 요인으로 미국이 개입하지 않을 것으로 판단했기 때문이었다.

　소련은 북한군이 전력을 증강할 수 있는 조치들을 취했다. 새로운 사단을 창설하기 위한 무기의 공급과 전쟁계획을 돕기 위해 북한에 군사고문단 요원을 파견했다. 1950년 3월 김일성과 박헌영은 비밀리에 모스크바를 방문하여 스탈린과 전쟁 문제를 협의하고, 5월에는 베이징에서 중국 지도자들과 전쟁 문제를 협의한 끝에 마오쩌둥의 동의를 얻어냈다. 북한은 남침계획을 준비하면서 겉으로 남한에 평화통일방안을 논의하자고 제안하는 등 평화공세를 펼쳤다.

　1950년 6월 25일 6·25전쟁이 일어났다. 북한군은 파죽지세로 남하했으며, 국군은 8월에서야 낙동강을 경계로 하는 부산교두보의 방어선을 구축했다. 미군이 전쟁 초기부터 개입한 데 이어 9월에 유엔군이 인천상륙작전을 성공시킴으로써 전쟁은 국제전으로 확전되었다. 이때 국군과 유엔군은 방어에서 공세로 전환하며 전세 역전의 계기를 마련했다. 국군과 유엔군의 협공으로 북한군의 주력은 거의 궤멸되었으

6·25전쟁 정전협정 서명(1953.7.27)

국민보도연맹 맹원증.

며, 유엔군은 10월에 평양까지 진격했다.

유엔군이 압록강까지 진격하자 중국은 자국 체제의 위기감과 사회주의체제에 대한 의무감, 북한과의 혈맹관계를 고려하여 전쟁에 참가했다. 이로써 6·25전쟁은 제3차 세계대전 발발의 일보 직전까지 갔다. 미국과 소련은 서로 원자폭탄 투하를 언급하며 핵전쟁의 가능성도 높였다. 1951년 1월 중공군과 북한군이 다시 서울을 점령하고, 국군과 유엔군이 또다시 수복하는 등 일진일퇴의 공방전이 계속되었다. 하지만 이후 양측은 38선을 경계로 대공세를 피하여 전쟁은 전선의 이동이 없는 교착상태에 빠졌다.

소모적인 전쟁이 지속되는 가운데 미국은 유럽에 대한 소련의 침공을 우려하여 전쟁 종결을 희망했으며, 북한과 중국도 더 이상 전쟁을 수행해도 얻을 것이 없었고 판단했다. 양측은 1951년 7월부터 휴전회담을 진행했다. 그러나 포로교환 문제로 결렬 직전에 이르렀으며, 장기간 회담이 중단되었다. 그러다 1953년에 미국의 아이젠하워가 대통령이 되고 소련에서는 스탈린의 사망으로 새로운 분위기가 조성되어 회담이 재개되었고, 포로교환 문제도 합의에 도달함으로써 7월 27일 양측은 휴전조약에 서명했다.

6·25전쟁은 종전이 아닌 휴전으로 끝났다. 3년 1개월간 지속된 전쟁은 막대한 인적, 물적 피해를 낳았다. 전쟁 초기 국민보도연맹원이라는 이유로 수십만 명의 민간인이 국가공권력에 의해 학살되었으며, 북한군의 동조를 막는다는 이유로 국민방위군으로 끌려간 수만 명이 이승만 정권의 부정부패로 말미암아 동사하거나 굶어 죽었다. 점령지역에서 반복된 좌우익의 갈등과 보복으로 광기의 순간에 이성을 상실한 군인들은 수많은 사람들을 희생시켰다. 전쟁 동안 남북에서 민간인을 포함하여 약 350만 명이 사망했고 산업시설과 주택이 대부분 파괴되었으며, 모든 사람들의 삶을 송두리째 바꾸어놓았다.

하지만 남북한의 권력자들은 전쟁을 자신의 권력기반을 공고히 다지는 기회로 활

용했다. 이승만 정권은 전쟁의 와중에도 정적을 탄압하기 위해 계엄령을 선포하는 등 갖은 편법과 불법을 동원했으며, 전쟁 후에는 강력한 반공독재체제를 구축했다. 북한의 김일성 역시 전쟁 전후에 박헌영을 비롯한 정적을 제거하여 단일지도체제를 구축했다. 이후 남한은 경제적으로 세계 자본주의체제에 편입되어 종속적 경제발전을 추구했으며, 북한은 사회주의적 개조를 본격화했다. 이로써 남북한의 분단체제는 더욱 고착화되었다. | 허종

이야깃거리

1. 1945년 12월 모스크바 3상회의에서 미국과 소련이 조선에 신탁통치를 결정한 배경과 원인은 무엇인가?

2. 1948년 '제주 4·3항쟁'이 일어나고 확대된 원인은 무엇이며, 국가공권력은 어떻게 행사되어야 하는가?

3. 자주적인 통일국가의 수립이 좌절되고 분단체제가 형성된 원인은 무엇이며, 통일정부를 수립할 수 있었다면 그 방안은 무엇이었을까?

4. 반민특위의 활동이 좌절된 원인과 친일파 청산의 좌절이 이후 우리 사회에 미친 영향은 무엇인가?

5. 6·25전쟁이 일어난 원인은 무엇이며, 남북한에 미친 영향은 무엇인가?

더 읽을거리

김광운. 2003. 『북한정치사 연구 I』. 선인.

김득중. 2009. 『'빨갱이'의 탄생』. 선인.

박명림. 1996. 『한국전쟁의 발발과 기원』 I·II. 나남.

박태균. 2005. 『한국전쟁』. 책과함께.

브루스 커밍스. 1986. 『한국전쟁의 기원』 상·하. 김주환 옮김. 청사.

서동만. 2005. 『북조선 사회주의체제 성립사』. 선인.

서중석. 1991·1996. 『한국현대민족운동연구』 1·2. 역사비평사.

정병준. 2006. 『한국전쟁』. 돌베개.

정용욱. 2003. 『해방 전후 미국의 대한정책』. 서울대학교 출판부.

정해구. 1988. 『10월인민항쟁연구』. 열음사.

허종. 2003. 『반민특위의 조직과 활동』. 선인.

2

현대 정치사와 민주화운동

1 한국 민주화운동의 역사적 이해

사전적 정의에 따르면 민주주의는 "국가의 주권이 국민에게 있고 국민을 위하여 정치를 행하는 제도, 또는 그러한 정치를 지향하는 사상"을 의미한다. 하지만 명쾌한 사전적인 정의와 상관없이 민주주의제도가 '대중권력'의 실현에 어느 정도 부합하는가, 또한 민주주의가 지향할 궁극적인 목표는 무엇인가에 대해서는 시대와 장소를 불문하고 항상 논쟁의 대상이 되어왔다. 한국현대사에서도 민주주의 앞에 여러 수식어가 붙고 민족주의만큼이나 논쟁이 끊이지 않았던 이유는 보통선거와 정당정치제도의 형식적인 도입만으로는 민주화가 달성되지 않았기 때문이다. 민주주의의 내용은 역사적 조건과 시대적 과제를 토대로 설정되고 실천을 통해 채워져왔다.

한국현대사에서 민주화 도정은 근대민족운동을 통해 마련된 인민주권과 자주독립에의 지향을 기반으로 삼아 냉전분단체제를 극복하기 위한 민주주의의 내용을 모색하는 과정이었다. 일제 식민지하 민족해방운동은 이념대립을 극복하고 민주공화국의 내용과 실현방안을 같이 마련해가는 방향으로 진전되었다. 그 결과 민족운동의 지향은 민족주의와 사회주의의 내용이 결합된 '민족적 사회주의' 또는 '사회주의적 민족주의'로 수렴되었으며, 좌우를 뛰어넘은 민족통일전선 결성이 국가건설의 시발점으로 파악되었다.

따라서 일제 패망 직후 모색된 민주주의는 특정 이념과 결부되지 않았다. 이 시기에 모색된 민주주의의 핵심은 '반제·반일'이라는 식민지 민족운동 과제의 완결을 통한 민주공화국의 수립과 직결되어 있었다. 하지만 미소 분할점령 기간에 영토적 분단과 이념적 대립을 극복하며 민족국가의 수립을 추진한 세력은 배제되었고, 민주주의의 이해도 수렴이 아닌 극단적인 대립으로 치달았다. 이북에서 민주주의는 곧 '사회주의 개혁'을 의미하기 시작했고, 이남에서 민주주의는 곧 '반공'을 의미하기 시작했다.

'6·25전쟁'의 체험은 북진멸공 만큼이나 평화통일방안을 찾는 데 관심을 기울이도록 했고, 전쟁을 거치며 크게 강화된 미국의 개입은 '동맹'에 대한 기대만큼이나 '자주적 한국인' 상의 정립을 외치게 만들었다. 이승만 정부는 원조경제와 반공주의를 장기집권의 수단으로 활용하기에만 급급했으며 전후 1950년대 한국 사회의 현실과 고민을 해결할 전망적인 대안을 제시하지 못했다. 냉전분단체제가 낳은 사회적 모순을 극복하기 위한 민주주의의 내용과 제도를 마련하기 위해, 그리고 선거제도조차 왜곡되는 사태를 바로잡기 위해 민중은 투쟁을 벌였다. 민중이 동원의 대상이 아닌 냉전분단체제의 극복을 위한 민주화의 주체임을 천명했다는 점에서 '4월 혁명'은 미완의 혁명이지만 한국현대사의 분수령임에 분명하다. '4월 혁명'은 5·16군사쿠데타와 뒤이은 3선개헌, 유신체제 구축, 신군부의 집권으로 말미암아 '6월 항쟁'까지 이어지는 '장기 혁명'이 되었다.

2 이승만 정부의 독재와 한국 민주주의의 방향 모색

전쟁 직전인 1950년 5월 30일 실시된 제2대 국회의원 선거 결과 단선·단정에 반대하며 남북협상에 참여했던 주요 인사들이 당선된 반면, 이승만의 직계로 분류된 의원들 다수가 낙선했다. 전쟁의 와중에 남북협상에 참여한 주요 정치인사들이 납북되었으나 이승만 대통령의 정치적 위치는 여전히 불안했다. 국회는 부역자 처벌, 민간인학살 처리 등의 사안을 놓고 이승만 정부와 첨예하게 대립했다.

이승만은 신당 창당과 대통령 선거 방식 개편을 통해 취약해진 정치기반을 강화하고 대통령직 연임을 이루고자 했다. 그러나 1952년 5월 정부가 발의한 대통령 직선제 안은 국회의 강력한 반발에 직면했다. 이에 이승만 정부는 내각책임제를 추진하는 국회의원들을 협박하고, 국제공산당 관련자로 몰아 검거했다. 이른바 '부산정치파동'이다. 1952년 7월 4일 대통령직선제 도입을 위한 발췌개헌안이 강압적으로 통과되고, 다음달 5일 직선제 방식의 대통령 선거가 실시되었다.

1952년 4월과 5월에 실시된 지방의회선거로 뽑힌 지방의회 의원들은 부산정치파동 때 국회를 압박하기 위한 관제데모에 동원되었다. 집권 연장을 위해 민주주의제도를 도입한 이승만 정부가 이를 민주화의 증진을 위해 활용할 리 없었다. 대통령 직선제 역시 대중동원과 선동정치의 심화를 가져왔을 뿐이다. 이승만은 선거에서 승리하기 위해 정치폭력배를 동원하고 자신이 총재로 있는 단체를 끌어와 관제데모를 벌였다. 1954년 이승만 정부는 초대 대통령에 한해 중임제한을 폐지한다는 개헌안을 제출했고, 자유당은 국회에서 부결된 안을 '사사오입'이라는 억지 논리를 펴 통과시켰다. 1956년에는 이승만의 대통령 선거 재출마를 전 국민의 열망으로 포장하기 위해 대대적인 관제데모를 벌였다.

각 도 의원들의 내각책임제 개헌 반대 진정서
낭독을 듣고 있는 이승만 대통령

전후 1950년대의 한국정치는 자유당과 민주당이 정권교체를 놓고 경쟁하는 양상을 보였다. 외형상으로 양당정치가 정립된 듯했던 전후의 정치지형은 평화통일과 사회민주주의적 개혁을 추구하는 정치 세력의 확대를 용납하지 않았다. 조봉암(曺奉岩)에 대한 보수 정치 세력들의 대응은 전후 1950년

국회 해산을 요구하는 지방의원들의
철야 농성 장면

대 정치공간의 협애함을 잘 보여준다. 이승만 정부가 1954년 '사사오입'을 통해 3선개헌안을 통과시키자 이에 반발한 제 정치 세력들은 통합 신당 결성을 모색했다. 그러나 보수 정치인들은 조봉암을 중심으로 한 혁신계 세력과의 연대를 끝내 거부하고 독자적으로 '민주당'을 결성했다. 1956년 제3대 대통령 선거에 출마한 조봉암은 '책임정치'와 '수탈 없는 경제체제', '평화적 통일' 등을 정책목표로 제시했다. 조봉암은 정권교체를 위해 대통령 후보를 사퇴할 뜻을 비치고 민주당의 대선후보였던 신익희(申翼熙)와 논의를 진전시켰으나 신익희가 급서하는 바람에 논의는 중단되었다. 보수반공논리를 앞세운 민주당 내 인사들은 조봉암의 제의를 끝내 받아들이지 않았다.

1956년 대선에서 폭력과 선거부정이 난무하고 민주당이 지지를 거부했음에도 불구하고 조봉암은 전체 유효득표수의 30% 이상을 획득했다. 이는 그만큼 사회개혁과 평화통일에 대한 대중의 기대가 높았음을 시사한다. 이승만 정권은 대통령 선거를 통해 강력한 경쟁자로 부상한 조봉암과 진보당을 체제위협 세력으로 규정했다. 이승만 정부는 조봉암을 간첩으로 몰아 구속한 뒤 1960년 대통령 선거를 앞둔 1959년 7월에 처형했다. 정치적 의도에 의해 자행된 '법살(法殺)'이었다.

한편 1950년대의 정당정치는 민의나 대중의 이익이 제대로 대변되는 정당정치와는 거리가 멀었다. 특히 자유당은 정책정당이 아닌 이승만 개인을 구심점으로 한 '인물 정당'이었고, 대중의 이해를 수렴할 당내 대중조직도 갖추지 않았다. 그 대신 대한노동조합총연맹, 대한농민조합총연맹, 대한부인회 등과 같은 사회단체들을 산하단체로 삼아 민의 수렴보다 대중동원의 수단으로 삼았다. 민주적인 정당조직 절차를 거치지 않고 수립된 자유당은 당권 장악, 정권연장방안을 놓고 내부 반목과 분열을 거듭했다.

전후 1950년대는 조봉암의 사례가 단적으로 보여주듯이 멸공통일을 명분 삼아 국가가 무소불위의 권력을 휘두르던 시대였다. 그러나 국가폭력에 짓눌리고 정체된 암울했던 시기였던 것만은 아니다. 1960년대에 이루어진 역동적인 변화의 토대가 전후 1950년대 속에서 만들어졌기 때문이다. 1950년대 후반 대중은 선거, 교육, 언론매체 등 다양한 경로를 통해 정치의식을 키웠다. 도시는 원조경제에 의존한 소비문화가 범람하는 곳이었지만 농촌과 비교할 때 여러 언론매체를 통해 더 많은 정보를 접할 수 있었다.

진보당 사건 고등법원 언도. 조봉암, 양명산에게 사형. 기타 전 피고에게 유죄가 확정되었다

미국의 전면적인 지원을 통해 재건을 이룩한 전후 한국 사회에서 미국의 개입과 영향에 대한 비판적인 논의가 제기되기 시작했다. 1950년대 후반 연이어 일어난 주한미군의 반인륜적 행위는 예속적 상태를 벗어나 주권국가로서 실질적인 내용을 확보할 필요가 있다는 인식을 갖게 했다. 또한 적지 않은 지식인들이 전후 한국 사회가 서구, 특히 미국 문화를 주체적으로 소화하지 못하여 '정신적 공황 상태'에 빠져 있다고 보았다. 1958년 8월 장준하(張俊河)는 미국식 첨단 제도의 무절제한 모방과 일제 통치 방식의 잔존으로 인해 '민족문화'는 찾을 길이 없다고 개탄했다. 1950년대 후반 지식인들을 지배한 화두는 외래 사조를 주체적으로 소화하고, "한국인의, 한국인으로부터, 한국인을 위한 민주주의"를 만드는 것이었다. 전후 한국 사회의 지식인들

법정에 앉아 있는 피고 조봉암

은 소련 공산주의뿐만 아니라 미국식 민주주의도 비판적으로 바라보며 대안을 찾았던 것이다. 이는 혁신정치 세력이 공산주의와 자본주의의 폐해를 극복하는 제3의 대안을 모색하고 서구의 민주사회주의를 수용한 것과 같은 맥락이었다.

1950년대 후반 이승만 정부에 대한 대중의 지지는 계속 하락했다. 1956년 5월의

민주당 의원들과 자유당 당원들이
격렬한 몸싸움을 하고 있다.

대통령 선거에서는 부통령으로 야당 장면이 당선되었고, 같은 해 8월에 실시된 시·읍·면 의회 의원 선거에서는 시의원의 경우 자유당보다 무소속과 민주당에서 더 많은 당선자를 내었다. 1958년 제4대 국회의원 선거에서 자유당은 의석수에서는 앞섰으나 개헌에 필요한 의석수를 확보하지 못했다. 자유당은 4대 총선에서 개헌 의석수를 확보하여 내각제나 정·부통령 동일정당제를 도입함으로써 야당이 집권할 가능성을 원천적으로 배제할 의양이었다. 이러한 상황에서 전체 실득표수에서도 자유당은 민주당과 차이를 보이지 못했다.

위기의식이 고조된 자유당은 1958년 12월 24일 국가보안법 개정안과 지방자치법 개정안을 날치기로 통과시키는 정치파동을 일으켰다. 국가보안법 개정은 독재를 비판해온 언론을 억압하기 위한 방책이었고, 지방자치법 개정은 지방행정을 장악하기 위한 것이었다. 광주, 대구 등 주요 도시의 단체장이 직선제 결과 민주당 인사들로 채워지자 지방자치법을 개정해 지방자치단체장 선출 방식을 직선제에서 임명제로 바꾸어버린 것이다.

3 '4월 혁명'과 주체적 민주화·통일 추구

이승만 정부와 자유당은 1960년 대선에서 승리하기 위해 부정선거를 치밀하게 준비했다. 그들은 부정선거를 충실히 이행할 인물을 선정하여 경찰서장, 사찰과장 등 각급 관·서장에 임명했다. 더불어 재무부 장관과 산업은행 총재를 끌어들여 막대한 정치자금을 조성했다.

선거가 임박할수록 곳곳에서 위협, 구타, 납치 사건 등이 발생했고, 심지어 민주당 선거운동원이 타살되기까지 했다. 각 지역의 학생들이 부정선거운동에 반대하며 공명선거 실시를 요구했다. 1960년 2월 28일 대구의 고등학생들이 "학원을 정치도구화 말라"라고 외치며 가두시위를 전개했다. 광주, 대전, 부산, 충주, 수원 지역 고등학생들도 학원의 정치도구화 배격과 공명선거 시행을 요구하는 시위를 전개했다.

4.19혁명 당시 고교생들이 이승만 대통령의 하야를 외치며 시위하는 장면(1960.4)

마산은 항쟁의 진앙지가 되었다. 3월 15일 저녁 부정선거를 규탄하는 마산 시민들에게 경찰이 발포하여 7명이 사망했다. 부정선거 규탄시위는 다음 날 광주, 부산, 서울 등으로 확산되었다. 이후 일시 소강상태에 있던 부정선거 규탄시위는 4월 11일, 1차 마산시위에서 행방불명되었던 김주열(金朱烈)의 시신이 발견되며 다시 폭발했다. 4월 18일 고려대학교 학생들의 시위는 시위의 중심을 서울로 옮기는 계기가 되었다. 또한 정치깡패들의 고대생 습격은 공분을 불러일으키며 대규모 시위를 촉발했다. 4월 19일, 서울 시내 대학생들이 일제히 거리로 나섰고, 중·고등학생들도 동참했다. 전국 주요 도시에서도 분노한 시민들이 들고 일어났다.

창과 출입문이 파손되고 그을린 자유당사 출입구

이승만 정부와 자유당은 이승만의 자유당 총재직 사퇴와 이기붕의 공직 사퇴로써 상황을 수습하고자 했다. 그러나 4월 25일 각 대학에서 모인 교수단이 이승만의 대통령 퇴진을 요구하는 시국선언문을 발표하고 시위를 벌였다. 다음날에는 어린이들까지 참여한 시위대가 남대문, 세종로, 경무대의 대로를 가득 메우며 이승만의 퇴진을 요구했다. 4월 26일 이승만은 시민대표로부터 사임을 요구받고 뒤이어 주한 미국대사 및 미군사령관의 방문을 받은 뒤 '하야성명'을 발표했다. 4월 25일 이후 시위가 다시 폭발적으로 전개될 조짐을 보이자 미국 정부가 이승만 사임에 직접 개입한 것이다.

3월 15일 부정선거 당일부터 4월 26일 이승만의 퇴진까지 전개된 민주항쟁 기간에 186명이 목숨을 잃었고 6,000여 명이 넘는 이들이 부상을 당했다.

이승만의 퇴진 후 외무부 장관 허정이 이끄는 과도정부가 수립되었다. 허정 과도정부는 부정선거와 학살원흉에 대한 처벌 문제는 뒤로 미룬 채, 자유당 의원을 참가시킨 가운데 개헌을 추진했다. 개헌안에 민주반역자나 부정부패자에 대한 처벌 내용이 포함될 리 없었다. 1960년 7월 29일 실시된 총선거에서 민주당이 압승을 거두고 내각제에 기반을 둔 장면 정부가 수립되었다. 하지만 민주당은 1950년대 말부터 표출된 구파, 신파 간의 갈등을 해소하지 못하고 총선 직후 민주당과 신민당으로 분당되었다. 분당과 정쟁은 대중적 지지기반의 약화를 초래했다.

민주항쟁의 결과로 성립된 장면 정부는 신속히 반민주행위자를 처벌해야 했다. 그러나 허정 과도정부 이래 특별입법 제정과 법적 처리 준비는 지지부진했고, 이는 1960년 10월 8일 열린 최초 재판에서 대부분의 피고자에게 무죄 또는 경량의 처벌이 선고되는 결과를 낳았다. 정부, 국회, 검찰 등의 태만에 시민들은 분노했다. 뒤늦게 장면 정부는 부정선거와 부정축재자 처벌 관련 특별법을 제정했다. 1961년 1월부터 특별재판부와 특별검찰부가 활동을 개시했으나 별다른 성과를 거두지 못한 채 5·16 군사쿠데타를 맞았다.

장면 정부는 대중적 요구가 분출하고 통일논의가 확산되자 이를 통제하기 위해 '집회 및 시위에 관한 법률안'과 '반공관계 특별입법'을 추진했다. 데모규제법에 대한 장면 정부의 언급은 4·19항쟁에서 부상당한 학생들이 10월 8일 재판에 분개하며 국회의사당 단상을 점거한 다음날 나왔다. 장면 정부는 시위의 원인을 제공하고 이에 대한 규제를 강화하는 모순적인 모습을 보였다. 한편 장면 정권의 반공관계 법안을 접한 언론은 법안 내용이 사상과 양심, 학문의 자유를 무제한적으로 침해할 수 있다고 비판했다. 각 대학 학생들도 데모규제법 및 반공 법안을 이른바 '2대 악법'으로 규정하고 반대시위를 전개했다. '2대 악법' 반대시위는 4월까지 이어졌다. 민주주의의 확장을 요구하는 사회적 분위기 속에서 이를 규제하는 양 법안의 입법 시도는 강한 반발만 초래했다.

이승만 정권하에서 그간 억눌려왔던 기본권을 회복하고 국가의 인권침해 등을 고발하는 목소리도 터져나왔다. 4·19항쟁 이후 그동안 침체되었던 노동운동이 크게 활기를 띠었다. 특히 교원노조에는 전체 교원 수의 22%가 넘는 인원이 참여했다. 교원노조는 학원을 민주주의의 교두보로 만드는 것을 목표로 삼고, 합법적 지위를 획득하기 위해 힘을 쏟았다. 전쟁 기간 중 경상남도와 전라남도 지역에서 자행된 민간인학살도 폭로되었다. 각 지역에서 피해자 유가족들의 주도로 '피학살자 유족회'가 결성되었다.

제2공화국 출범 경축식.
왼쪽이 윤보선 대통령 내외, 오른쪽이 장면 국무총리 내외

대학생들은 학원민주화뿐만 아니라 사회 부정부패의 일소를 주창했다. 전후 많은 이들이 매우 곤궁한 현실을 견디며 생계와 학업을 이어갔기에 정치권과 사회에서 일어나는 부정부패는 지탄의 대상이 되었다. 그런데 대학생들의 의제는 여기서 그치지 않았다. 그들은 한국의 현실에 요청되는 민주주의와 민족 문제의 해결방안을 모색했다. 대학생들은 '4월 혁명'을 해방 직후 미군정에 의해 수입된 '사생아적 민주주의'를 종식하고 '진정한 한국민주사'를 여는 전환점으로 생각했다. 이렇게 1950년대 민주주의를 미국에 의해 '이식된 민주주의'로 비판했다는 사실은 민주주의를 그저 보통선거제나 의회민주주의 제도를 실시하기만 하면 된다고 여기지 않았음을 보여준다. 미국이 한국 사회에 전면적인 개입을 하는 상황에서 원조경제의 폐단과 이승만 정부의 부패는 미국과 분리될 수 없었다. 나아가 미국은 소련과 함께 '민족생존'을 언제든지 위협할 수 있는 존재로 여겨졌다.

1960년 9월 17일 고려대에서 통일방안을 모색하기 위한 '전국대학생 시국토론대회'가 개최되었다. 이 자리에 참석한 학생들은 '북진멸공통일'에서 벗어난 의견들을 제출했다. 1960년 11월 서울대학교 학생들의 민족통일연맹 결성을 시작으로 각 대학에 민족통일연맹이 만들어지며 통일운동은 본격적으로 고조되었다. 혁신계 정치 세력 중 일부가 1961년 2월 25일 '민족자주통일중앙협의회'를 결성하여 남북협상론을 제기했다. 이와 견해를 달리 한 혁신 세력들은 '중립화조국통일총연맹'을 결성했다.

장면 정부는 유엔 감시하 선거를 통한 평화통일방안을 제기하며 북진멸공통일론과 차이를 보였으나 '반공통일'이라는 원칙을 견지하며 '남북협상론', '중립화통일론'을 주장하는 학생 및 혁신세력들을 불온시했다.

한편 미국 정부는 대중이 또다시 정치에 직접 영향력을 행사하는 것을 막고, 한국 사회가 분출하는 민족적 열망과 지향들을 규제할 필요가 있다고 보았다. 한미관계를 근본적으로 손상시키지 않는 민족주의적 열망, 즉 근대화의 열망들은 적극 조장되어야 하나 동아시아와 한국에서 미국의 위치를 위협할 수 있는 요구는 배제의 대상이었다. 미국 정부는 한국의 통일과정이 "자유세계의 이익을 옹호하는 범위"를 벗어나서는 안 된다고 보았다. 달리 말하면 한국 사회의 통일논의는 미국의 이해를 침범하지 않는 범위에서 분명히 제한되어야 했다.

4 박정희 정부의 사회병영화와 반유신투쟁

전쟁을 치르며 70만 대군으로 성장한 국군은 정치적 향배를 좌우할 수 있는 집단이 되었다. 이승만 정부는 인사권과 수사권을 이용하여 군대를 분할통제하고 개인에 대한 충성을 요구했다. 이승만 정부의 군 통제 방식은 군내 파벌 경쟁을 조장하며 군 지휘부의 부패와 독직을 불러일으켰다. 이승만 정부 시기 부패정치와 연루된 장성들은 이후 정군대상으로 지목되었다.

정전 이후 진급 적체와 경제적 처지에 불만을 가진 영관급 장교들은 고위 장성들의 부정부패를 매우 비판적으로 바라보았다. 이들은 군의 현실정치 개입을 추구한 박정희 등의 장성들과 결합했다. 5·16군사쿠데타 세력들은 '4월 혁명'의 전개로 계획했던 쿠데타를 단행할 수 없게 되자 군내 개혁을 요구하는 정군운동을 벌이며 새로운 쿠데타를 모의했다. 반면 장면 정부는 과감한 군 개혁을 단행하지 못했다. 경제발전을 최우선 과제로 삼은 장면 정부는 감군과 군 쇄신을 추구했으나 미군부의 반대에 직면했다. 특히 군부 인사를 놓고 미군부와 장면 정부는 갈등했고 이는 장면 정부가 군부를 장악하지 못한 주요 원인이 되었다. 유엔군사령관 매그루더(Magruder)는 정군의 대상으로 지목된 고위 장성들의 퇴진이 전력약화로 이어질 수 있다는 이유를 들며 친미적인 장성의 퇴진을 막고자 했다.

5·16군사쿠데타를 일으킨 박정희

5·16군사쿠데타가 일어날 무렵 장면 정부는 미국 정부로부터 전적인 신뢰를 얻지 못하고 있었다. 케네디 정부는 장면 정부에 대한 지원과 새로운 정권의 등장을 동시에 고려하고 있었다. 결국 케네디 정부는 사태의 추이를 관망하다 쿠데타 세력을 용인하는 입장을 취했다. 1963년 미 국무부는 장면 정부를 친미적인 정권임에도 불구하고 대중의 열망에 부흥하는 지도력을 발휘하는 데 실패했고 '공산주의자들의 통일논의'에 대해서도 대처능력이 부재

박정희가 주재한
국가재건최고회의 상임위원회 회의 광경

했다고 평가했다. 사후적인 평가이나 쿠데타 발발 직후 미국 정부가 사태를 관망했던 이유를 짐작하게 한다.

군사정부는 '4월 혁명'으로 확장된 사회적 공론장을 일거에 폐쇄해버렸다. 정치인사 및 사회단체의 활동을 규제하기 위한 법안이 연이어 공포되었으며, 남북통일, 학살규명 등을 주장한 이들을 '특수범죄 처벌에 관한 특별법'에 의거해 대거 검거했다. 또한 '중앙정보부법'이 1961년 6월 10일 공포되었다. 5·16군사정부 시기의 중앙정보부는 군부의 재집권을 추진한 핵심기구였다. 중앙정보부는 급속히 조직을 확대해갔고, 민정이양 이후에는 '정보폭압정치'의 대명사가 되었다.

쿠데타 주도 세력들은 '4월 혁명'의 계승을 표방했으나 이들의 지향점은 확연히

농촌에 배포된 '국민운동 7대 요강'

달랐다. 쿠데타 세력들은 지도이념으로 '행정적 민주주의'를 내걸었다. 이는 인민의 권리보다 행정적 효율을 우선시하는 것이었다. 또한 주체성을 강조하며 민족주의적 지향을 표출했으나 이는 국가주의적 지향과 맞물려 있었다. 이들은 개인의 이해가 국가의 이해보다 결코 앞설 수 없다고 보았다. 쿠데타 세력은 정권을 장악하자마자 '재건국민운동'을 대대적으로 전개했다. 이 운동의 목적은 명칭에서 알 수 있듯이 쿠데타 세력이 생각한 '국민'을 만드는 데에 있었다. 재건국민운동본부는 다양한 사업을 통해 '승공통일'과 '국가지상'에 복무하는 '국민'의 의식과 생활 자세를 주지시켰다.

제5대 대통령 선거(1963.10.15)에서 박정희는 윤보선(尹潽善)을 15만 표차로 힘들게 따돌리며 재집권했다. 쿠데타 성공 이후 계속된 세력 갈등, '4대 의혹 사건'과 같은 부정부패 의혹, 일제 말 동원체제와 유사한 관제운동의 실시, 그리고 경제개발정책의 실패 등으로 쿠데타 세력은 대중의 지지를 받지 못했다. 더구나 박정희와 쿠데타 세력은 군정연장을 시도하다 사회적 압력에 떠밀려 민정이양을 결정했다.

제3공화국 수립 후 박정희 정부는 미국의 동북아 재편전략에 순응하며 경제발전정책을 외자에 의존한 수출주도 산업화로 정책방향을 선회했다. 박정희 정부는 외자 조달을 위해 한일협정 체결을 밀어붙였다. 1964~1965년의 한일협정 체결과 비준 과정에서는 한일 문제가 정략적·경제적 측면에서 처리되는 것에 반대하며 제대로 된 역사청산을 하라는 사회적 요구가 강력하게 제기되었다. '6·3항쟁'을 이끈 대학생들은 박정희 정부가 '반외세, 반매판, 반봉건의 실천을 통한 민족자립의 확립'이라는 방향에 역행하고 있다고 비판했다. 박정희 정부는 '굴욕적 한일회담 및 한일협정 체결 반대투쟁'이 거세지자 계엄을 선포하며 시위를 진압했다.

한편 1965년 8월 전투병력의 남베트남 파병 안건이 국회를 통과했다. 한국의 본격적인 베트남전 개입은 1964년 말 이래 동맹국의 지원이 필요했던 미국 정부의 이

해와 경제침체 및 미군 감군의 압력에서 벗어
나기 위한 방안을 모색하던 박정희 정부의 이
해가 맞아떨어진 결과였다. 따라서 박정희 정
부는 베트남전 개입을 단지 군사적 개입으로만
바라보지 않았다. 박정희와 파병을 지지한 지
식인들은 베트남전 참전을 세계로 진출하기 위
한 도약대로 여겼다. 베트남 지역이 국가발전
을 위한 수단으로 배치되니 베트남인에 대한
이해가 올바르게 이루질 리 없었다. 월남을 시
찰한 지식인들은 우월의식을 갖고 과거 동남아

한일협정 수교 장면(1965)

를 침략했던 일제와 마찬가지로 베트남인들을 열등한 인종으로 묘사했다.

이 시기 한국 사회는 한일협정 체결과 파병에 적극 개입한 미국을 보며 대미인식
을 바꾸기 시작했다. 대학생들은 미국의 한일회담 개입을 비판했다. 1964년 3월 실
시한 여론조사에 따르면 조사대상의 80%가 넘는 학생들이 미국의 한일회담 개입을
반대했다. 장준하는 박정희 정부의 한일협정 체결과 베트남 파병을 지지하는 미국
을 보며 민주주의 확대를 지지하는 국가인지 의문스럽다고 언급했다.

박정희 정부와 비판적 지식인들은 민주주의와 민족주의의 내용과 관계에 대한 이
해가 크게 달랐다. 박정희는 1963년 대통령 선거에 '민족적 민주주의'라는 통치이념
을 들고 나왔다. 서구 민주주의와 대비되는 이 용어는 박정희가 민족주체성의 확보
를 추구하는 인물임을 드러내기 위해 쓰였다. 그런데 박정희는 민족의 자주독립을
달성하기 위해서는 강력한 지도력이 필요하다고 보았다. '민족적 민주주의'는 대중
권력의 실현이라는 측면에서 민주주의의 약화를 초래할 요소를 내장하고 있었다.
'민족적 민주주의'는 민족주체성의 확보라는 측면에서도 근본적인 한계를 안고 있었
다. 박정희 정부는 한일협정 체결을 추진하는 궁극적인 이유가 민족주체성 확보에
있다고 주장했으나 체결과정에서 대미의존적인 모습을 보였다. 박정희 정부가 주창
한 민족자립, 민족주체성 확보의 의미는 미국이 주도하는 자유진영 안에서 경제발

전을 성취한다는 범위를 벗어나지 않았다.

반면 박정희 정부가 제시한 '민족적 민주주의'를 비판한 이들은 민주주의에 무게를 두며 '민주적 민족주의'를 강조했다. 이들은 냉엄한 국제질서 속에서 주권국가가 예속적 상황에 빠지는 것을 극복하기 위한 민족주의가 필요하다고 보았다. 단, 이 민족주의는 민주주의에 기반을 두어야 했다. 민주주의를 강조한 지식인들은 민족문제의 해결을 위해서는 주체들의 강화가 필요하고 이는 민주주의가 충분히 발양될 때 가능하다고 보았다.

한일협정 체결 이후 일본으로부터의 경제협력자금 유입과 베트남전쟁 개입에 따른 경기특수에 힘입어 한국 경제는 고도성장을 이루었다. 경제성장의 성취는 1967년 5월 대통령 선거에서 박정희가 압승을 할 수 있었던 배경이 되었다. 박정희 정부는 6월 8일 실시된 국회의원 총선거에서도 압승하기 위해 모든 수단을 동원했다. 대통령, 국무총리, 장관 등이 합법적으로 선거운동에 참여할 수 있도록 관련 시행령을 고쳤으며 관권, 금권이 남발하는 선거판을 만들었다. 야당인 신민당은 선거무효화 투쟁을 벌였다. 대통령이 유감을 표명하고 공화당이 '6·8선거 부정조사특별위원회법'의 제정을 합의한 후에야 국회가 정상화 될 수 있었다.

박정희 정부가 6월 총선을 부정선거로 만든 이유는 개헌에 필요한 의석수를 확보하고자 했기 때문이다. 1968년 개헌에 반대하는 공화당 내 세력을 제거한 박정희는 1969년 1월부터 개헌을 공론화하며 3선개헌을 추진했다. 박정희 정부와 공화당은 6월부터 9월까지 3선개헌 반대투쟁이 전개되었음에도 불구하고 이를 무시하며 9월 14일 새벽 개헌안을 기습적으로 통과시켰다. 장기집권을 위해 민주헌정질서를 무너뜨리는 일이 다시 반복된 것이다.

1969년 7월 닉슨 미 대통령의 탈베트남 정책선언 이후 국제정세가 역동적으로 맞물리며 베트남전 이후 시대가 만들어지기 시작했다. 닉슨 정부는 미중관계의 개선을 적극적으로 추진했다. 미국의 베트남전 개입정책에 편승하여 경제발전과 안보문제의 해결을 도모해왔던 박정희 정부는 변화하는 정세에 대처할 방안을 시급히 강구해야 했다.

3선개헌 결사반대시위(왼쪽)와
3선개헌 국회 표결 당시 사진(오른쪽)

　급변하는 동북아 국제정세 속에서 박정희 정부가 선택한 대응책은 안보체제의 강화였다. 박정희 정부는 주한미군 감군을 추진하는 미국 정부로부터 군 현대화 지원계획을 끌어내고자 협의하는 한편 대내적으로는 1968년 1·21사태 이후 추진해온 총력안보체제 구축에 더욱 박차를 가하며 교련교육 강화를 통한 학원의 병영화를 이루고자 했다.

　그러나 이러한 대응책들은 순조롭게 진척되지 못했다. 한미 정부 간의 군현대화 지원에 대한 공식 합의는 1년이나 끌다가 1972년 2월에 이르러 합의가 이루어졌다. 박정희 정부는 미국 지원 하 군의 현대화계획이 한국군의 요구를 충족시킬 수 없다는 판단 아래 독자적인 무기개발을 추진했다. 한편 학원병영화 정책은 대학생들의 강한 반발에 직면했다. 1971년 상반기 각 대학에서는 교련강화 반대투쟁이 대대적으로 전개되었다. 학생들은 이미 70만의 군대와 200만 명의 예비군이 조직되어 있는 상황에서 박정희 정부가 학생군사훈련을 강화하는 의도는 4월 대선을 앞두고 민주화 운동을 주도하는 학생운동을 억누르려는 데 있다고 보았다. 또한 학생들은 전 사회의 병영화 추진은 국제적인 데탕트 흐름과도 역행하고 평화적 통일에 대해 무능력함을 드러내는 것에 불과하다고 비판했다.

교련철폐를 외치며 행진하는 학생들

이렇듯 민주화운동 세력과 박정희 정부는 현실인식과 대처방안을 완전히 달리했다. 전자는 데탕트 국면에서 남북한이 평화통일로 나아갈 수 있는 발판들을 마련해야 한다고 보았다. 학생들과 비판적 지식인들은 남북교류가 진행되는 상황에서 현실적합성을 상실한 반공법과 국가보안법을 개정할 필요가 있다고 보았으며, 민중생존권을 보장하는 것이 공산주의의 침투를 막는 실질적인 방안이라고 보았다. 반면 박정희 정부는 남북교류를 진행시키면서도 '힘의 대결', '안보위기'라는 관점을 견지했다. 박정희 정부가 추진한 남북교류는 남북대화와 긴장완화를 요구하는 대내외적 요구에 대한 대응책 차원을 벗어나지 않았다.

1970년대로 접어들면서 박정희 정부의 성장제일주의에 입각한 국가개발전략과 이를 위한 통치 방식을 비판하며 근본적인 방향전환을 요구하는 목소리가 사회 각 계각층에서 터져나왔다. 1970년 11월 전태일의 분신은 고도의 경제성장과정에서 생존권도 보장받지 못하고 희생만을 강요당한 노동자들의 현실을 주목하게 만들었다. 전태일 분신 이후, 민주화운동 세력은 불평등한 부의 분배 극복과 생존권 보장을 위한 사회정의 실현을 당면 과제로 삼았다.

1971년 4월 언론인들의 '언론자유 수호투쟁', 같은 해 8월 국공립대학 교수들의 '대학자주 수호투쟁' 등은 그간 '조국근대화'라는 구호 아래에서 사회에 대한 통제가 한층 심화되고 있었음을 드러내주었다. 심지어 국가권력의 근간인 사법부마저 민주화를 요구하고 나섰다. 1971년 7월 서울을 포함한 각 지방법원의 판사 100여 명이 사법권 독립을 요구하며 사표를 제출하는 사건이 발생했다.

이러한 사회적 요구가 분출하는 상황에서 1971년 4월 27일 실시된 제8대 대통령 선거는 1967년의 대선과 같을 수 없었다. 박정희는 김대중을 94만여 표 차이로 누르고 승리했지만, 투표 직전 '마지막 대통령 출마'라고 공표할 정도로 힘든 선거를 치렀다. 뒤이어 실시된 국회의원 총선거(1971.5.25)의 결과도 박정희 정부의 기대에 못 미쳤다. 89명의 야당 의원이 선출되었는데 이는 박정희 정권의 독단적인 법안 개정을 저지할 수 있는 숫자였다.

박정희 정부는 1971년 10월 위수령을 선포하여 대학생들의 민주화운동을 강력히 탄압했고, 12월 6일에는 '국가비상사태'를 선포했다. 박정희는 국가비상사태를 선포한 이유로 북한의 노골적인 남침책동 강화, 중국의 유엔안보리 진출(1972.10)에 따른 국제정세 악화 등을 들었다. 그러나 이러한 주장은 현실성이 떨어졌다. 당시 미국 정부는 북한의 남침위협 주장은 현실성이 없으며 오히려 남북대화의 분위기를 해치는 결과를 가져올 뿐이라고 보았다. 미국과 화해를 도모하는 중국이 한반도에 위기 상황을 초래할 가능성도 없었다.

12월 27일 새벽 공화당은 대통령에게 막강한 통제권을 부여하는 '국가보위에 관한 특별조치법'을 전격 통과시켰다. 이 법은 위기상황에 능동적으로 대처한다는 명분하에 대통령의 권한을 대폭 강화하는 반면 국민의 기본권을 심각하게 제약하는 내용을 담았다.

마침 1972년 동북아 국제정세는 박정희의 안보위기론 강조에 명분을 제공하는 양상으로 전개되었다. 1972년 2월 닉슨이 중국을 방문하여 타이완에 대한 군사적 지원을 포기한다는 '상하이 성명'을 발표했다. 또한 9월에는 일본 수상 다나카도 중국을 방문하여 중일관계의 정상화를 끌어냈다.

1972년 2월부터 총력안보의 생활화를 주창하던 박정희 정부는 10월 국가안전보장에 위험을 주는 주변 정세에 능동적으로 대처하기 위한 체제정비가 필요하다는 특별선언을 발표하고, 비상계엄하에서 반민주적인 '유신체제'를 구축했다. 그러나 당시 안보상황이 계엄을 선포하여 국민의 기본권을 철저히 억압하는 체제를 구축해야만 하는 위기국면이었는지는 매우 의문스럽다. 미국 정부조차 안보를 이유로 계엄을 선포하는 것은 전혀 근거가 없다고 보았기 때문이다. 박정희는 입법, 사법, 행정의 3권을 완전히 장악하는 존재가 되었다. 대통령 선거도 통일주체국민회의를 통한 간접선거제로 바꾸어 영구집권을 위한 제도를 마련했다. 유신체제 수립 이후 박

비상계엄하 서울 시내 광화문 앞에 출동한 탱크

"헌법 비방·개폐선전금지"를 보도하는
긴급조치 9호 관련 신문 기사(1975.5)

정희 정권은 연이어 긴급조치를 선포하며 민주주의를 완전히 말살해버렸다. 1974년의 인혁당 사건 조작과 관련자에 대한 사형은 민주주의가 말살된 사회체제의 폭력성을 그대로 드러냈다.

박정희 정부는 1975년 남베트남의 패망을 호재 삼아 안보정국을 만들며 '긴급조치 9호'를 선포했다. 긴급조치 9호는 유신헌법에 대해 어떠한 이견도 허용하지 않았고, 위반자는 영장 없이 체포, 구금할 수 있도록 했다. 더불어 사상범, 공안사범으로 분류된 이들을 사회로부터 격리시키기 위해 사회안전법도 제정했다.

그러나 그토록 강고하게 보이던 유신체제도 학생들과 재야 민주화 인사, 언론인 그리고 종교계의 헌신적인 민주화투쟁과 노동자들의 생존권투쟁 앞에서 결국 붕괴되기 시작했다. 1977년부터 대학생들의 반유신투쟁이 되살아나기 시작했다. 지식인들도 박정희 정권의 국가주의를 비판하고 분단 극복과 민주화를 위한 교육을 실시해야 함을 천명했다. 1978년 12월 12일에 치러진 국회의원 선거에서 야당인 신민당이 여당인 공화당의 득표율을 앞질렀다. 비록 1%라는 근소한 차이였지만 엄혹한 유신체제하에서 나온 결과여서 박정희 정부에 상당한 충격을 가했다.

1979년 3월 1일에는 민주화운동 세력들이 연합하여 '민주주의와 민족통일을 위한 국민연합'(민주통일국민연합)을 결성했다. 이 단체는 "민중의 힘을 바탕으로 유신체제의 철폐와 1인 영구집권의 종식, 민주정부의 수립"을 당면과제로 설정하고 평화적인 민족통일을 지상목표로 삼았다.

1979년 8월 11일 경찰 1,000여 명이 신민당 당사에서 9일부터 농성 중이었던 YH

사의 여성 노동자 200여 명을 강제해산시키는 과정에서 여공 김경숙(金景淑)이 추락사를 당했다. 공안당국은 생존권투쟁을 벌인 여공들을 용공주의자로 몰며 책임을 회피했다. 재야 민주인사, 종교계는 민중생존권을 보장하고 책임자를 처벌할 것을 강력히 요구했다.

YH 사건 이후 정부와 야당의 대립은 급격히 고조되어 갔다. 정부는 김영삼 신민당 총재가 카터 미대통령에게 박정희에 대한 지지를 철회할 것을 요구했다는 이유로 여당 의원만으로 본회의를 열어 김영삼의 의원직을 박탈했다. 의정사상 초유의 사건이었다. 박정희 정권은 민심을 거스르는 극단적인 조치를 취하며 몰락의 길을 자초했다. 부산에 정치적 연고를 둔 야당총재의 의원직 박탈은 부산 지역 시민들을 격앙시켰다. 10월 16일과 18일, 부산과 마산에서 민주항쟁이 대대적으로 전개되었다. 박정희 정권은 비상계엄을 선포하고 공수부대를 투입하여 시위를 진압했으나

10·26 사건 당시 상황을 재현하는 김재규

부마항쟁의 폭발은 권력의 핵심부까지 균열을 일으킬 정도로 유신정부에 커다란 충격을 주었다. 10월 26일 통수권자 박정희는 부마민주항쟁 이후 강경대책에 이견을 가진 중앙정보부장 김재규(金載圭)로부터 총격을 받고 삶을 마감했다.

5 유신 세력의 재집권과 반독재 민주항쟁

박정희의 죽음은 유신체제의 종식으로 이어지지 못했다. 1979년 10·26 사건 이후 최종적으로 국가권력을 장악한 세력은 박정희의 적자라 할 수 있는 '신군부'였다. 시민들은 개헌을 통해 사법권 독립, 지방자치제 실시, 기본권 보장이 이루어지는 국가로 거듭나기를 원했다. 정치권도 유신체제의 상징인 통일주체국민회의를 통한 대통령 간접선출 방식을 폐지하고 직선제를 실시하는 데 합의했다. 그러나 1980년 초까

국가보위비상대책위원회(국보위)
출범(1980.6.5)

지 정권교체를 낙관했던 김영삼, 김대중은 서로 갈등하며 통합을 이루지 못했다. 반면 보안사령관 전두환을 중심으로 한 신군부는 12·12 군사쿠데타를 일으켜 군권을 장악하고 이후 권력을 완전히 장악하기 위한 계획을 치밀하게 추진해나갔다. 1980년 4월 14일에는 전두환이 중앙정보부장 서리로 취임하여 국무회의에 공식 참석했다. 대학생들은 신군부가 집권계획을 본격적으로 추진하자 학원민주화투쟁에서 사회투쟁으로 방향을 돌리고 '계엄 즉각 해제'와 '유신 잔당 전두환의 퇴진'을 요구하고 나섰다.

1980년 5월 14일과 15일, 전국의 대학생들은 계엄철폐, 전두환 퇴진을 외치는 대규모 시위를 벌였다. 15일 서울역에서는 7만여 명이 넘는 학생들이 모여 집회를 열었다. 각계 인사와 정치권 모두 계엄철폐를 요구했다. 5월 17일 신군부는 전군지휘관회의를 열어 비상계엄의 전국 확대를 결의하고, 정치인사와 민주화운동 세력을 대거 연행했다. 5월 초에 신군부는 이미 '계엄 전국 확대', '국가보위비상대책위원회 설치' 등 권력장악 시나리오를 입안해놓고 있었다.

5월 18일 전남대학교에 배치된 공수부대가 '계엄해제', '전두환 물러가라'를 외치는 전남대생을 무자비하게 진압하며 광주민주항쟁이 시작되었다. 광주 시민들은 27일 새벽, 도청에 있던 결사대가 진압될 때까지 10일 동안 정권과 언론에 의해 철저히 고립된 채 항쟁을 벌였다. 학살을 자행한 전두환 정부는 집권기간 내내 도덕적, 합법적 정당성을 지닌 통치권력으로서 전혀 인정받지 못했다.

군사작전지휘권을 가진 미국은 광주민중항쟁 당시 신군부의 병력 이동을 묵인했다. 1980년 5월 31일 카터 미 대통령은 "북한 공산주의자들의 전복과 침략으로부터 국가를 지키고 이를 통해 소련의 영향력을 차단하는 것"이 가장 중요한 사안임을 분명히 했다. 미국 정부는 1970년대 말부터 소련과의 협상을 거부한 채 힘의 우위를 천명하고 제3세계 민족주의운동을 강력히 억압하는 정책을 추진하고 있었다. 카터의 언급은 신군부의 권력장악을 공식적으로 인정하는 메시지였다. 카터에 뒤이어 미국 대통령이 된 레이건은 전두환을 미국으로 초청하여 신군부의 집권에 정당성을 부여했다. 미국 정부의 이러한 일련의 조치는 한국 사회에서 반미시위를 급격히 고조시켰다.

전남대 정문에서 경찰과 대치 중인
학생 시위대(1980.5.5)

1983~1984년에 걸쳐 전두환 정권은 정치활동규제자 해금, 해직교수 복직, 제적생 복교 허용 등을 내용으로 하는 '유화조치'를 취했다. 1983년까지의 민주화운동 세력에 대한 통제를 통해 얻은 자신감을 바탕으로 '제한적인 자유화조치'를 단행한 것이다. 민주화 운동 세력은 새롭게 조성된 유화국면을 적극적으로 활용했다. 민주화운동 단체들이 연이어 결성되었으며 1984년에 복교한 제적학생들은 학내운동에 새로운 힘을 불어넣어주었다. 각 대학에서 총학생회가 부활했고 이는 전국적인 학생조직의 결성으로 이어졌다. 1985년 2월 실시된 국회의원 총선거에서는 신민당이 주요 도시에서 압승을 거두었다.

1986년 초반 민주화운동 세력들은 투쟁방향을 직선제 개헌으로 잡았다. 종교계, 민주화운동 단체, 야당이 함께 전개한 개헌서명운동은 국민들에게 민주화운동에 참여할 수 있는 공간을 열어주었다. 3월과 4월에 서울, 부산, 광주, 대구 등지에서 개최된 개헌집회에서 대중은 '군사정권 타도'를 같이 외쳤다. 대중이 주체적으로 반독재 민주화운동에 동참하기 시작한 것이다.

1987년 1월 14일 서울대 학생 박종철(朴鍾哲)이 남영동 대공분실에서 경찰의 물고문으로 사망했다. 부천 성고문 사건(1986.6)에 이은 박종철의 고문사는 도덕성과 인권의식이 부재한 독재정권의 폭력성을 그대로 드러냈다. 고문을 자행한 공안당국의 희대의 거짓말은 시민들을 분노케 했다. 박종철의 죽음은 '6월 항쟁'의 도화선이 되었다. 전두환의 '4·13호헌조치' 발표는 그간 개헌요구로 표출된 민주화 열망을 완전히 무시하는 조치였다. 각계각층의 반대성명 발표가 줄을 이었다.

박종철 고문사에 살인정권 타도 플래카드를 들고 나온 시위대(1987.2)와 6월 항쟁 당시 사진

1987년 5월 18일 천주교 정의구현사제단이 박종철 고문치사 사건에 대한 은폐조작 사실을 폭로하자 재야 민주인사들의 주도로 '박종철 고문살인 은폐조작 규탄 범국민대회 준비위원회'가 발족되었다. 민주통일민중운동연합(민통련)을 비롯한 재야 단체, 부문 운동, 종교계 그리고 통일민주당이 연합하여 '민주헌법쟁취 국민운동본부'를 결성했다(1987.5.27). 이 와중에 6월 9일 연세대학교 학생 이한열(李韓烈)이 시위 도중 최루탄에 맞아 사망했다.

1987년 6월 10일에는 전국적으로 '호헌철폐', '독재타도'를 외치는 국민대회가 개최되었다. 같은 날 민주정의당은 직선제 쟁취를 외치는 전 국민적 요구를 무시하며 간선제 대통령 후보로 노태우를 지명했다. '6월 민주항쟁'의 서막이 오른 것이다. 시위는 전국에서 끊임없이 전개되었고, 6월 26일 정점에 올라 전국적으로 140여만 명이 시위에 동참했다. 결국 전두환 정부는 대통령직선제를 수용하는 '6·29선언'을 발표했다. 6월 항쟁은 국가억압의 이완을 가져왔고 이는 민중의 생존권, 기본권확보투쟁을 가능케 했다. 6·29선언 이후 노동자들의 대투쟁이 전국적으로 전개되면서 전 산업분야에서 노조결성투쟁이 벌어졌다.

'6월 항쟁'은 직선제를 쟁취함으로써 민주주의가 확장될 수 있는 커다란 전기를 마련했으나, '6·29선언'은 독재정권을 무너뜨리고 얻은 결과는 아니었다. 따라서 힘들게 쟁취한 직선제를 통해 민주정부를 수립하는 데 온 힘을 모아야 했다. 그러나 대권을 앞에 두고 야당 정치 세력은 또다시 분열했고 이는 재야민주화운동 세력, 학생운동 세력의 분열이라는 연쇄작용을 일으켰다. 신군부는 양 김의 갈등과 민주화운동 세력의 분열에 힘입어 재집권에 성공했다.

노태우 정부 이후 김영삼은 3당 합당을 통해 신군부 세력과 거대 여당을 만드는

'변형적인 방식'을 통해 집권했다. 이후 대통령 선거에서도 진보를 표방하는 정치 세력이 정권창출을 위해 보수 세력과 연대하는 모습이 반복되었다. '보수적 민주화'는 밑으로부터 분출되는 계급, 계층들의 민주적 열망들을 수용하는 데 한계를 가질 수밖에 없었다.

6 한국 민주화운동의 의의와 과제

'6월 항쟁'이 민주정부의 수립으로 바로 연결되지는 못했지만 '4월 혁명'과 마찬가지로 정치제도 측면에서 뿐만 아니라 사회 각 분야에서 그간 억눌렸던 민주화 열망이 분출할 수 있게끔 했다. '전국교직원노동조합'(1989), '전국노동조합협의회'(1990), '전국농민회총연맹'(1990) 등의 결성은 이를 보여주는 사례들이라 할 것이다.

1987년 '6월 항쟁' 이전의 민주화운동은 냉전·분단체제라는 시대적 조건에 의해 규정되었다. 이 시기의 민주화운동은 냉전분단체제에 편승하여 헌정질서를 유린하며 영구집권을 추구했던 권위주의정권을 부정하고 민주주의 이념을 구현할 수 있는 정치체제를 수립하는 데 모든 힘을 쏟았다.

'6월 항쟁' 이후 한국 사회의 민주화는 새로운 조건 속에서 전개되고 있다. 냉전체제의 해체와 세계화, 남북관계의 변화와 진전, IMF와 신자유주의, 정보매체와 소통방식의 급변, 진보정치 세력의 제도권 진입 그리고 이 모든 변화를 흡수하며 성장한 신세대의 부상 등은 기존 민주주의의 내용과 민주정치의 작동 방식에 직접, 간접으로 심대한 영향을 미치며 새로운 내용과 틀을 만들고 있다.

하지만 민주정치가 더 큰 진전을 하기 위해서는 냉전분단체제의 유지에 기여한 반민주적 요소들을 철저히 해체하는 것이 필요하다. 냉전 이념의 흑백논리, 경제성장 제일주의, 지역주의 등은 여전히 민주주의의 진전과 한반도의 평화정착에 장애물들로 자리잡고 있다. 이러한 유제의 청산은 1987년 이후 등장한 다양한 이해집단과 노동자·농민과 같은 기층 민중들을 위한 민주주의, 그리고 민족 문제의 평화적 해결을 위한 민주주의의 내용을 만들어갈 때 달성될 수 있을 것이다.

한국현대사에서 민주화운동은 사회적 모순을 해결하고 새로운 시대를 여는 추동력으로서 역할을 했다. 민주화운동의 이러한 성격은 경제성장의 수치나 정당정치제도의 완성으로 대치되지 않는다. 민주화운동을 통해 우리 사회는 당대 지배권력의 부정부패를 비판하고 동시에 대내외적 변화에 대응해왔다. 그리고 이 과정에서 민주주의의 내용이 확장되고 새로운 의제가 제기되었다. 역사적 측면에서 보자면 이는 일제식민지배가 침략전쟁을 벌이며 남긴 물적·인적 유제를 극복하는 과정이자 냉전분단체제가 초래한 질곡을 극복하는 과정이었다.

20세기를 거치며 우리는 식민지하 제국주의 지배에 예속된 민중의 해방에서 다양한 계급, 계층 그리고 억압받는 소수자의 해방까지 '대중권력'의 외연을 확장해왔고, 공간적으로는 동아시아로 민주주의 연대의 폭을 넓혀왔다. 이를 기반 삼아 현재의 민주화운동은 세계화와 신자유주의가 초래한 제반 문제와 탈냉전 이후에도 여전히 온존하고 있는 분단 문제의 평화적 해결에 기여할 새로운 민주주의를 만들어가고 있다. ❘ 허은

이야깃거리

1. 4·19혁명의 역사적 배경, 항쟁의 전개과정 그리고 역사적 의의를 생각해보자.

2. 5·16군사쿠데타가 한국현대사와 민주화에 미친 영향을 생각해보자.

3. 한국에 대한 미국의 이해 추구와 민주화에 대한 태도를 생각해보자.

4. 유신체제의 수립 배경과 그것이 붕괴한 까닭을 논의해보자.

5. 1987년 '6월 항쟁'까지의 민주화운동과 지금 민주화운동의 특성을 비교하고 그 차이가 무엇이며 왜 생겼는지 생각해보자.

더 읽을거리

6월민주항쟁계승사업회. 2007. 『6월 항쟁을 기록하다』 1-4. 민주화운동기념사업회.

김행선. 2005. 『4·19와 민주당』. 선인.

도진순·노영기. 2004. 「군부엘리트의 등장과 지배양식의 변화」. 『1960년대 한국의 근대화와 지식인』. 선인.

서중석. 2008. 『대한민국 선거이야기』. 역사비평사.

심지연. 2004. 『한국정당정치사』. 백산서당.

안병욱 외. 2005. 『유신과 반유신』. 민주화운동기념사업회.

정해구 외. 2007. 『한국정치와 비제도적 운동정치』. 한울아카데미.

최장집. 2006. 『민주주의의 민주화』. 후마니타스.

허은. 2010. 「박정희정권하 사회개발 전략과 쟁점」. ≪한국사학보≫ 38.

홍석률. 2005. 「1960년대 한미관계와 박정희 군사정권」. ≪역사와 현실≫ 56.

3

해방 후 한국의 경제와 사회

1 해방 직후 경제 현실과 한국 자본주의의 재편

1) 해방 직후의 경제 현실

해방 직후 한국 경제는 엔블록의 유기적 구성체였던 국내 공업의 일본 및 만주 경제권과의 단절, 남북한의 경제적 단절, 일본의 기술에 절대적으로 의존하고 있던 상황을 무시한 일본인 기술자들의 송환, 노동자 자주관리운동에 대한 미군정의 일방적 부정으로 촉발된 노동쟁의, 귀속재산 처리의 지연, 모리상인(謀利商人)의 물자은닉 등에 의해 생산이 심각하게 위축되었다.

한편 일본 측에 의해 조선은행권이 과도하게 발행된 상황에서 미군정의 재정 적자와 주한 미군의 주둔비를 조선은행권의 발행을 통해 충당하고자 했던 미군정의 정책으로 통화팽창이 계속되었다. 그 속에서 미군정은 현실을 고려하지 않은 채 통제경제체제를 해체하고 자유주의적 시장경제체제로의 전환을 선언하여, 모리상인이 더욱 발호하고 물가는 더욱 앙등했다.

미군정은 현상유지적인 정책기조 위에서 점령지 긴급구
호자금(Government Appropriation for Relief in Occupied Area:
GARIOA)을 재원으로 원조물자를 도입하는 한편 생필품의
가격과 배급을 통제함으로써 물자의 수급을 조절하고자 했
다. 1947년부터 식량·의료품·비료·석유·석탄 등 막대한 양
의 필수적인 원조물자가 국내에 도착했다. 하지만 물자가
적정하게 공급되지 못하여 남한 주민들은 여전히 필수 물자
의 부족을 호소했고, 원조물자 도입의 효과도 반감되었다.

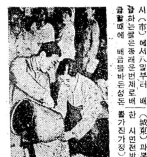

쌀을 배급받는 장면
(≪동아일보≫ 1946년 4월 9일자 기사)

미군정은 '자유시장 설치에 관한 건'(1945.10.20)을 발포한
지 불과 두 달도 안 돼서 미곡의 최고 소매가격을 발표함으
로써 미곡에 대한 가격통제정책으로 회귀했다. 이어 이듬해
1월에는 '미곡수집령'을 통해 식량 공출을 재개했다. 하지만
공출미의 가격을 생산비에도 미치지 못하는 수준으로 책정
하여 1946년의 식량 공출은 실효를 거두지 못했다.

한편 공출미와 원조를 통해 도입한 식량을 도시민에게 적
정한 가격으로 배급하고자 했지만, 미군정기 내내 실제 배급
량은 평균적인 식량 수요량의 절반 정도 밖에 되지 않았다.
따라서 도시민들은 배급가보다 평균 5.4배나 비싼 가격으로
암시장에서 식량을 구입해야만 했다.

북한 주민들이 38선을 넘어 남하한
내용을 게재한 신문기사
(≪동아일보≫ 1946년 6월 3일자)

인구 증가는 당시의 경제 현실을 더욱 악화시켰다. 1944
년 1,588만 명이던 인구가 1949년 2,017만 명으로 급증했다.
이는 인구의 자연 증가와 더불어 해외동포의 귀환, 월남민들의 급증 때문이었다. 해
방과 더불어 만주에서 75만여 명이, 일본으로부터 140만 명이 귀환했다. 또 1946년
2월부터 북한에서 '민주개혁'이 시작되자 이를 반대하여 20만여 명이 남한으로 넘어
왔다.

이들 해외 귀환자와 월남자들이 주로 서울과 부산 등 대도시지역에 정착함으로써

여러 문제가 야기되었다. 대도시에서는 주거지의 계층적 분화가 가속화되었고, 산업 생산이 마비된 상황에서 빈곤, 실업, 물가고, 식량 부족 등 다양한 도시 문제들이 불거졌다.

2) 귀속재산의 처리와 자본주의적 경제질서의 확립

귀속재산이란 1945년 일본이 패망하자 일본인들이 한반도에 남기고 간 재산을 말한다. 해방 직후 노동자들은 자신들의 생존수단인 공장과 기계 그리고 생산물을 지키기 위해 일본인과 친일파의 재산을 접수·관리하는 노동자 자주관리운동을 전개했다. 사유재산의 보호를 외치며 일본인 사유재산의 매매를 허용(1945.9)했던 미군정은 1945년 11월부터 자주관리운동을 부정하고 법령 33호를 통해 일체의 귀속재산을 미군정에 귀속시키고(1945.12) 관리인을 파견하여 대규모 사업장을 접수·관리하게 했다. 이는 노동자와 경영자의 기능적 구분을 뚜렷이 하려는 것으로 자본주의적 질서로의 진전을 명확히 한 것이었다.

원조 물자는 귀속기업체에 우선 배당되었지만 부적합한 관리인이 임명되면서 경영 부실이 초래되었다. 규모가 큰 귀속사업체일수록 생산성이 낮았다. 결국 경영 합리화라는 미명하에 수많은 노동자들이 해고되었고 그들에 의해 해고반대투쟁이 촉발되었다.

노동자 자주관리운동을 무력화시킨 미군정은 사적 소유와 자본주의 경제질서를 명확히 하고자 1947년 7월부터 귀속농지를 제외한 여타 귀속사업체를 불하하기 시작했다. 미군정이 종료될 때까지 약 1,300건, 25억 원에 달하는 귀속사업체가 불하되었다. 그것은 1962년까지 이루어진 총 귀속기업체 가치의 0.5%에 해당하는 제한된 것이었으나 정부 수립 이후 진행된 귀속재산 불하의 모델을 제공했다는 점에서 중요한 의미를 갖는다.

귀속농지의 불하도 5·10선거를 앞두고 농민들을 체제내화하기 위한 정치적 포석하에 전격적으로 단행되었다(1948.3). 군정이 종료될 때까지 남한 전체 농지의

12.3%, 귀속농지의 약 85%인 19만 9,029정보에 해당하는 농지가 약 50만여 호의 소작 농가에 불하되었다. 귀속농지의 불하로 농지개혁이 기정사실화되었고, 지주들의 토지방매가 이어졌다.

2 농지개혁, 재벌의 형성, 그리고 수입대체산업화

1) 농지개혁과 저곡가 정책, 농촌의 피폐

대한민국 정부 수립 후 한국인 지주가 소유한 농지에 대해서도 개혁이 이루어졌다. 1949년 6월 농지개혁법(1949.6)이, 이듬해 3월 농지개혁법 개정 법률이 공포되었다. 귀속농지의 불하 과정에서 예고되었듯이 농지개혁의 방식은 '유상몰수, 유상분배'였다. 농가 호당 3정보 이상인 농지는 몰수대상이 되었고, 농지를 몰수당한 지주는 지가증권을 발급받았다.

농지개혁법 공포(1949.6)

정부에 의해 분배된 농지는 귀속농지 26만 7,000여 정보를 포함해서 58만 5,000여 정보에 달했다. 농지개혁이 단행되기 전에 지주들의 사전방매나 위장등록으로 전체 농지의 55%가 지주에 의해 임의로 처분되었다. 하지만 농지개혁을 통해 1945년에 35%였던 자작지 면적이 1951년에 92~96%로 증가했다. 이는 농지개혁을 통해 전통적인 지주·소작제가 붕괴되고 자본주의적인 토지소유 구조가 발전할 수 있게 되었음을 의미한다.

한편 농지개혁과정에서 정부의 지가보상정책은 지주의 몰락을 재촉했다. 지가증권에는 매도한 농지의 1년 소출량의 15할이 보상 석수로 기재되어 있었고, 보상 석수를 각 연도의 공정 미가로 환산한 현금을 5년 동안 나누어 지급받는

농지개혁법에 따라
정부가 당시에 발급한 지가증권

것이었다. 그런데 보상 석수가 시중 쌀값의 30~40%에 불과한 공정 쌀값으로 환산되었고, 보상도 기한 내에 이루어지지 않았다. 지가보상완료 시한인 1955년 5월 말까지의 정부의 지가보상액은 전체의 28%에 불과했다. 게다가 정부는 지주에 대한 월 보상액을 30만 원으로 한정하고, 귀속기업체 운영자금 외에는 은행 융자의 담보로 지가증권을 사용할 수 없게 했다. 결국 지주들은 전시 인플레이션 속에서 생활 유지를 위해서 지가증권을 액면가의 25~70%에 해당하는 헐값으로 내다 팔았다. 그것을 사들인 사람들은 지가증권을 불하받은 귀속재산의 납부 대금으로 활용했다.

농지개혁을 통해 농민들을 체제내화하고 비정치화시킨 정부는 전시 인플레의 타개와 저임금 구조의 유지를 위해 농민들에게 일방적인 희생을 강요했다. 토지를 불하받은 농민들은 자작농이 되었으나 농지 대금을 지불해야 했다. 또 정부가 전시 인플레이션과 군량미 조달 문제를 해결하기 위해 실시한 임시 토지 수득법(1951.9)하에서 토지세를 쌀로 납부해야 했다. 공정 가격과 시중 가격 간의 차이로 정부는 10배나 되는 세율 인상 효과를 거두었다.

농민들은 양곡관리법(1950.2)에 따라 1951년부터 미곡생산량의 3분의 1을 정부에 판매해야 했다. 그런데 정부의 수매 가격은 1949년부터 1961년까지 평균 생산비의 74%에 불과했다. 저곡가는 원조 양곡의 도입과 더불어 최저 생계비 이하의 저임금 구조를 유지시키기 위해 필수불가결한 것이었다. 1950년대 후반 정부의 미국 원조 농산물 도입이 한국의 식량 부족량을 초과하면서 밀 농사와 면화 농사를 크게 위축시켰다. 또한 곡가를 하락시켜 농가 경제를 더욱 압박했다.

이 외에도 농민은 농·공산물 간의 부등가 교환 등 가격 기구를 통해서도 수탈당했다. 정부의 저곡가정책으로 1953~1954년간 다른 소비재의 가격이 72%나 상승했음에도 오히려 곡가는 35%나 떨어졌고, 1955~1959년간에도 다른 상품의 가격이 64%나 상승한 데 비해 곡가의 상승률은 20%에 그쳤다. 결국 농민들은

미국 원조식량 입하 환영식(1957)

고리대 자본에 의존하는 부채농으로 전락하면서 농지를 팔고 다시 소작농화하거나 도시로 가서 잠재적 과잉노동력을 구성했다.

2) 귀속기업체의 불하와 재벌의 출현

대한민국 정부가 수립되자 불하되지 않은 3,000억 원 상당의 귀속재산이 한국 정부로 이관되었다. 귀속재산처리법(1949)이 제정되었고, 이듬해 3월부터 귀속재산이 불하되기 시작했다. 전쟁 동안에는 총 매각 건수의 43~53%가 불하되었으나 전쟁이 끝난 1955년부터 2년간 대규모 귀속기업체의 불하가 본격적으로 이루어졌다. 시중 은행도 1954년부터 1957년 사이에 주식공매를 통해 소수 재벌에게 불하되었다.

불하는 연고주의에 의해 특정인에게 우선권을 주거나 경쟁입찰에 의한 매각 방식으로 이루어졌다. 특히 전자의 방식을 통한 불하가 73%로 압도적으로 많았다. 우선권 1순위인 임차인 및 관리인은 대부분 일제시기에 해당 기업체에서 일하던 사무직 이상의 직원, 소액 주주, 일제시기나 미군정기의 관리 등이었다. 불하 가격은 정부 사정 가격의 50~60%로 설정되었다. 급격한 인플레이션하에서 장기분할납부가 허용됨으로써 귀속기업체를 불하받는 것 자체가 큰 특혜가 되었다.

귀속재산의 불하를 통해 자본가로 거듭난 이들이 1950년대 정부의 수입대체공업화 과정에서 원조물자의 독점적 배정과 금융·조세 특혜를 통해 재벌로 성장했다. 가족 혹은 동일 혈족이 지배하는 거대 기업 집단을 일컫는 재벌이 형성되는 과정에서 권력과의 밀착이 주요한 자본 형성의 계기가 되었고, 이로써 정경유착의 원형이 만들어졌다.

3) 원조에 기반을 둔 소비재 중심의 수입대체공업화

정부는 자립적인 경제구조 수립과 이를 위한 산업경제 부흥을 슬로건으로 내걸었다. '농공 균형 입국'으로 표현되듯 경쟁력을 갖춘 농업을 기본으로 생산을 극대화하

한미원조 조인식(1955)

여 공업화를 추구하는 1차 산업 주도형 성장전략이 채택되었다.

인플레가 악화되는 속에서 주요 재원인 원조물자와 원조물자의 판매 대금인 대충자금을 장악하고 있던 미국은 통화량 억제 중심의 경제안정화정책을 적극 추진했다. 그 결과 1949년부터 생산력이 회복되고 '경제 안정 15원칙'(1950.3)의 실시로 인플레가 억제되는 등 부흥계획이 현실화될 수 있는 조건이 마련되어갔다. 하지만 6·25전쟁이 발발함으로써 이러한 계획은 좌초될 수밖에 없었다.

6·25전쟁을 거치면서 원조의 중심이 경제원조에서 군사원조로 전환되었다. 미군정기와 정부 수립 직후에 도입된 GARIOA 원조와 경제협조처(Economic Cooperation Administration: ECA) 및 SEC 원조, 6.25전쟁기의 긴급 전시원조를 제외하면 본격적인 원조는 1953년 8월의 휴전부터 1961년까지 공여된 상호안전보장법(Mutual Security Act: MSA) 원조였다. MSA 원조 중 가장 큰 비중을 차지하는 것이 군사원조였고, 그 다음이 자국의 경제능력 이상으로 방위 임무를 수행하는 국가에 지원되는 방위지원원조였다. 방위지원원조는 방대한 군사력을 유지하는 데 필요한 경제기반을 확충하기 위해 쓸 수 있었다.

전후 한국 정부는 전전의 1차 산업 주도형 성장전략과는 달리 국가 주도로 기간산업 시설과 중공업까지 포함한 넓은 범주의 수입대체공업화를 표방했다. 그것의 주요 재원 역시 원조였다. 하지만 원조물자와 그 판매 대금인 대충자금을 장악하고 있던 미국은 대한 경제원조의 목표를 6·25전쟁 이전 수준으로 국민경제를 회복시키는 것으로 한정했다. 미국은 '경제 재건과 재정 안정 계획에 관한 합동경제위원회 협약'(1953.12)을 통해 군사력 유지를 위한 경제안정, 국가가 주도하는 통제관리경제의 자유시장 경제 메커니즘으로의 전환이라는 자국의 의도를 관철시켰다.

원조물자 중 생산재의 비율을 늘리려 했던 한국 정부의 노력에도 불구하고 1953

년부터 1961년까지 도입된 원조물자의 70%가 소비재였다. 1954년부터 1960년까지 대충자금의 35%가 국방비로 전용되었고, 62% 정도가 경제부흥사업에 충당되었다. 가용한 달러의 양을 증대시키고, 수입자본재와 중간재의 비용을 낮추어 투자와 생산을 유인하고자 했던 한국 정부는 환화의 과대평가를 주장했으나 환율의 현실화를 요구하는 원조 당국의 요구로 1951년 11월 1달러당 60환하던 환율이 1953년 12월 1달러당 180환으로, 1955년 8월에는 1달러당 500환으로 평가절하되었다. 원조물자의 판매 방식도 미국은 일반공매제를 주장했으나 한국 정부는 일반 상인의 참여를 배제하고 생산시설을 보유한 실수요자에게만 판매하는 실수요자제를 주장했다. 결국 주요 공업용 원료인 면화, 소맥, 원당 등 몇 개 품목에 대해서만 실수요자제를 실시하는 것으로 귀결되었다.

부흥계획을 위한 주요 재원인 원조물자의 70%가 소비재인 상황에서 한국 정부의 부흥전략은 소비재 중심의 수입대체공업화로 귀결되었다. 특히 실수요자제에 의해 원조물자로 도입된 원료를 거의 독점적으로 공급받은 면방직, 소모방직, 제분, 제당, 주정 등 다섯 개 업종이 수입대체공업화의 주력으로 육성되었다.

금융기관의 융자도 이들 기업에 집중되었다. 일반 은행의 일반대출금리가 인플레이션 상승률에 밑도는 최고 18.25%인 상황에서 한국산업은행을 비롯한 특수 금융기관의 대출금리는 일반 은행의 대출금리보다 훨씬 낮았고, 융자를 받는 것 자체가 특혜였다. 이런 상황에서 정치권력과 사적 자본 간의 정경유착이 횡행했다.

정부는 이들 소비재 공업을 육성하기 위해 원료에 대한 수입 관세, 사용 외환에 대한 임시 외환 특별세, 제품에 대한 물품세 등을 감면시키거나 면제해주었다. 또한 해당 제품의 수입 금지 조치나 독과점적 판매행위에 대한 정책적 방임으로 판매독점을 유지할 수 있게 했다. 소비재 공업 위주의 수입대체공업화 과정에서 열 개 이상의 재벌이 형성되었다. 이들 재벌은 정상적인 기업활동보다는 권력과 밀착하여 외자와 국내 특별 금융을 특혜로서 배분받는 데 치중했다. 소비재 중심의 수입대체공업화에도 1955~1963년 동안의 수출 확대는 9.2%에 불과했고, 수입대체효과는 15.9%로 낮았다. 1957년을 정점으로 원조가 줄어들면서 불황이 시작되었다. 관련

산업의 국내적 분업체제가 결여된 채 축적을 도모하던 소비재 중심의 수입대체공업은 국내외 시장의 부족과 생산성 정체로 축적의 위기에 직면했다.

4) 실업의 증가와 '쟁위행위금지법'

1952년 126만 명이었던 실업자 수가 1961년 약 450만 명으로 증가했다. 이는 총 노동인구의 45%에 달했다. 실업의 위기 속에서 노동자들은 장시간 노동과 저임금에 시달리면서 낮은 생산력을 보완해나갔다.

1952년에 인천 부두 노동자들의 노임 분규, 부산의 조선방직 파업, 광산 노동자들의 쟁의가 발생하자 정부는 그 이듬해 노동 관계의 기본법인 노동조합법·노동쟁의조정법·노동위원회법·근로기준법을 각각 제정·시행했다. 노동 관계 기본법의 제정으로 노동운동의 형식적 가능성이 부여되었으나 이들 제 법률은 '쟁의행위금지법'이라 불리었다. 쟁의를 파업이 아닌 조정을 통해 해결하고자 했기 때문이다.

4·19혁명으로 이승만 정권이 붕괴하자 노동운동이 활성화되었다. 1960년에는 노동조합의 수가 203개 증가하여 총 914개가 되었고 조합원 수도 전년 대비 4만여 명이 증가하여 32만 1,000여 명을 기록했다. 노동쟁의도 증가하여 1959년의 95건에서 227건으로 증가했다.

3 1960~1970년대의 급속한 산업화와 도시화

1) 경제개발계획과 수출 주도형 공업화

1950년대 말 미국은 국제수지 악화를 개선하기 위해 무상원조를 유상의 차관 베이스로 전환하고, 유럽이나 일본 등 다른 선진국과 공동으로 분담하는 방안을 강구했다. 그 결과 미국의 대한 원조액은 1957년 3억 8,000만 달러를 정점으로 계속해서 감소했고, 1959년부터는 개발차관기금에 의한 차관이 들어오기 시작했다.

미국의 대한 원조가 감소하는 추세 속에서 미국 원조 당국자의 종용과 대미 원조 교섭을 위한 한국 정부의 필요가 맞물려 경제개발 3개년 계획안(1960~1962)이 발표되었다(1960.4). 이 계획은 자립적 균형성장과 5.7%의 경제성장률을 목표로 했으나 4·19혁명의 발발로 실현되지 못했다. 그 뒤 경제 제일주의를 표방했던 장면 정부도 요소공격식 불균형 성장론에 근거한 5개년 경제개발계획안(1961.4)을 발표했다. 그러나 이 계획도 재정적 뒷받침의 부재와 준비 부족으로 지연되다가 5·16군사쿠데타의 발발로 실현되지 못했다.

5·16군사정부는 군사정권의 정통성을 높이고 미국의 원조를 효율적으로 관리하여 자주적인 경제체제를 구축하고자 정부 주도의 경제개발계획을 강력히 추진했다. 먼저 정치 및 관료기구를 개편하여 행정부 우위의 체제를 만들고, 한국은행과 산업은행뿐만 아니라 일반 시중 은행도 실질적으로 국유화시켜 국내 경제에 대한 통제권을 확보하여 이들 은행을 경제개발계획을 달성하기 위한 개발금융기관으로 만들어나갔다.

1962년 1월 국가재건 최고회의안을 기반으로 작성된 제1차 경제개발 5개년 계획(1962~1966)이 발표되었다. 투자재원의 72.2%를 내자에서, 27.8%를 외자에서 조달하고, 농업의 육성과 1차 산업 제품·광산품·보세가공제품의 수출을 촉진하며, 정유·철강·화학 등 중화학 공장을 육성하여 이를 중심으로 수입대체산업화를 추진하는 자립적 공업화를 지향했다.

그러나 미국은 경제개발계획이 원조의 효용극대화와 재정안정화를 최우선 목표로 해야 한다고 하면서 계획의 수정을 요구했다. 게다가 당초 계획했던 1차 산품·광산품·보세가공품의 수출 부진, 1962년의 낮은 경제성장률 등 계획 추진이 차질을 빚어 제1차 경제개발 5개년 계획은 수정이

제1차 경제개발 5개년 계획
모형전시장

국제개발처 원조자금 500만 달러
조인식 장면(1964.12.14)

불가피했다. 국제개발처(AID)와의 협의를 거쳐 민정 이양 직후 수정안이 발표되었다(1964.2). 그 결과 연평균 경제성장률이 7.1%에서 5%로 하향 조정되었고, 경제개발비용의 외자 의존도가 높아졌으며, 수출 중점 품목으로 공산품이 설정되는 등의 전환이 이루어졌다.

또한 1963년 3월 말을 정점으로 외환보유고가 계속 감소하자 정부는 1961년부터 시행된 수출장려보조금 지급제도 외에 1963년 1월부터 수출업자에게 수출대금 전액을 수입에 사용토록 하는 권리를 부여하는 수출입 링크제를 실시했다. 그 결과 1965년에 1억 7,000만 달러의 수출을 달성했다. 그런데 이러한 수출지원정책은 1차 산품 이외의 수출에 대해서는 어떠한 형태의 보조금을 지급할 수 없다는 관세무역일반협정(General Agreement on Tariffs and Trade: GATT)의 제16조 제4항을 위반한 것이었다. 이에 정부는 수출장려보조금 제도나 수출입 링크제와 같은 직접적 수출진흥책을 지양하고 수출업자에게 가격 인센티브를 부여하여 수출을 촉진하는 간접적 수출진흥정책으로 전환했다. 환율에 기초한 반(反) 수출요인을 제거하기 위해 환율을 현실화시켜(1964.5) 단일한 공정환율체제가 성립되었다. 또한 각종 조세 감면 및 수출금융의 지원, 수출품 생산에 사용되는 투입재 수입에 대한 관세면제 등의 정책을 추진했다.

1960년대 중반 이후 수출지원정책의 강화와 외자의 적극적인 도입으로 1964년과 1965년에는 수출이 급증했다. 그 결과 1차 경제개발 5개년 계획 기간 동안 8.5%라는 유례없는 고도의 경제성장을 달성했다.

정부는 제2차 경제개발 5개년 계획(1967~1971)을 통해 수출주도형 외향적 공업화 전략을 보다 강력하게 추진했다. 투자재원의 40%를 외자를 통해 조달해야 하는 상황에서 외자 유치를 위해 외자도입법(1966)을 제정하고 외국 차관에 대한 정부의 지

불 보증, 차관 및 기술 도입과 외국인 직접 투자에 대한 각
종 조세 감면을 시행했다. 그 결과 1960년대 중반 이후 공
공차관과 상업차관이 본격적으로 도입되었다. 또한 1965
년 한일 국교정상화 이후 청구권 자금과 함께 일본자본의
유입도 크게 증가하여 외자 도입이 계획을 초과했다.

경제적 지대가 금융 부문의 통제에서 주로 발생하는 상
황에서 정부는 자금을 우선적인 지원 분야, 즉 수출산업에
집중적으로 배분했다. 이에 섬유산업의 성장이 두드러져
1971년 4억 9,800만 달러의 수출을 기록했다. 그리고 2차
경제개발 5개년 계획 기간 동안 수출이 연평균 33.7% 증가
했고, 9.6%의 고도경제성장을 기록했다. 또한 경제성장의
동력이라 할 수 있는 경부고속도로가 1968년 2월 1일 착공
되어 1970년 7월 7일 개통되었고, 전국토가 일일 생활권
안에 들게 되었다.

경부고속도로 개통(1970.7)

그러나 투자재원의 40%를 외자에 의존한 상황에서 차
관 도입 규모가 총 22억 4,600만 달러에 달해, 1971년에 이
르자 원리금 상환 압박이 심화되었다. 수출이 증가했음에도 단순 가공 무역형 공업
화 과정에서 자본재나 투입재의 수입도 함께 증가하여 경상수지 적자가 1966년 3억
달러에서 1971년 10억 달러로 급증했다. 섬유 수출의 대미 편중성이 두드러졌고, 시
설 과잉현상이 나타났다. 부실경영이 악화되면서 1969년 당시 차관을 받은 기업의
45%가 부실기업으로 판명되었다. 철강공업은 여전히 제대로 발전하지 못하여 국내
소비량의 41%를 수입에 의존했다. 식량의 자급자족을 표방했으나 농업생산력은 오
히려 감소했으며, 농업 부분의 성장은 목표인 5%의 절반도 안 되는 2.3%에 그쳤다.

1960년대 말부터 부실기업 문제가 현재화하면서 이는 은행의 부실로 연결되었
다. 정부의 자금 지원이 적극적으로 이루어졌던 제조업의 부채비율이 급격히 상승
하여 자기자본비율이 1971년에는 20%까지 하락했다. 정부는 사채를 동결하고 파산

포항종합제철소 1기 설비 준공식(1973)과
울산현대조선소 유조선 진수식(1975)

위기에 처한 재벌기업을 구제하기 위해 금융 조세상의 특혜를 제공하는 8·3조치를 단행했다(1972). 그 결과 이후 금융 부문에 대한 정부의 통제가 오히려 강화되었다.

한편 미·일·서독을 중심으로 하는 선진 자본주의 국가가 기간산업이었던 중공업의 일부를 새롭게 대두한 고이윤 고부가가치 산업으로 대체하고, 대규모 설비가 필요한 노동집약적 중화학공업 부문을 사양화시키기 시작했다. 1960년대 후반부터 중화학 공업 제품의 수입대체화전략을 추구해온 정부는 1972년부터 시작된 제3차 경제개발 5개년 계획(1972~1976)에서 산업 구조의 고도화를 위한 중화학 공업화 정책을 본격적으로 추진했다. 전략 업종으로 철강·화학·비철금속·기계·조선·전자 등 6대 부문이 선정되었다. 정부는 적극적으로 외자를 도입하여 포항·창원·여천·온산·울산·옥포 등지에 대규모 중화학 공업단지를 조성하고 기업을 유치하기 위해 참여 기업에 재정·금융 지원을 했다. 1974년부터 1981년까지 2조 9,800억 원의 투자계획이 수립되었고, 산업은행의 중화학 공업에 대한 대출이 전체의 80%를 차지했다. 14개 주요 중화학 공업 부문은 처음 3년간은 100%, 다음 2년간은 50%의 세금을 면제받았고, 설비재 수입 시에는 관세와 법인세를 감면받았다. 반면에 국민의 조세 부담은 가중되어 1973년의 12.5%에서 1981년 19.3%로 늘어났다.

1972년 울산 석유화학 콤비나트가 완성되었고, 1973년에 포항종합제철 제1기 공사가, 1974년에는 현대조선소의 제1기 공사가 각각 완료되었다. 이러한 대규모 생산 시설의 건설로 석유화학·철강·조선 등의 부문에서 생산량이 비약적으로 증가했다.

정부는 중화학 공업 제품의 수입대체와 더불어 전자·선박·철강·자동차 등 중화학

공업 제품을 수출특화산업으로 육성하고자 했다. 그 결과 1977년 제조업에서 중화학공업 생산이 차지하는 비중이 50%를 넘어섰고, 제조업 수출에서 중화학 공업 제품이 차지하는 비율 역시 42.7%에 달했다. 제3차 경제개발 5개년 계획의 결과 경제성장률은 9.2%에 달했고, 수출은 연평균 48.5%, 수입은 29.7% 증가했다.

1977년부터 시작된 제4차 경제개발 5개년 계획을 통해 대외지향적 공업화 정책이 1980년대까지 지속되었다. 1970년대 중반 이래 중화학 공업의 설비투자효율이 급격히 높아져 경공업에 근접했다. 후반부터 중동 건설이 본격화되면서 기업들의 재무구조가 개선되자 그동안 중화학 공업에 대한 투자를 주저하던 대기업들이 일제히 중화학 공업에 중복 진입했다.

1977년 12월에 중화학 공업화의 목표였던 수출 100억 달러가 달성되었다. 이어 1인당 GNP도 1978년 1,330달러가 되어 1981년 목표를 앞당겨 이룩했다. 제4차 경제개발 5개년 계획을 통해 전자·조선 부문이 현저히 성장했다. 특히 조선은 13배라는 엄청난 성장을 보였고, 시멘트는 2.3배, 비료는 1.4배, 정유 시설은 1.6배의 성장을 기록했다.

그러나 경쟁력 있는 중화학 공업은 주로 노동집약적 산업으로서 선진국의 해외 이전 대상 업종인 석탄·석유 제품·최종 화학제품·가정용 전기 전자 제품·자동차·선박 등이었다. 중화학 공업의 기초 공업인 일반기계공업은 오히려 후퇴했다. 또한 중

수출 100억 달러 달성 수출의 날 기념식에
참석한 근로자들

화학 공업화 시장이 선진국의 독점자본을 비롯하여 외국에 긴박된 상태에서 정부 주도에 의한 중복과잉투자로 인해 1970년대 말 심각한 국제수지 적자와 중화학 공업 기업의 전반적인 부실화가 초래되었다. 제조업의 자기자본비율은 1979년에 21%, 1980년에는 17%로 저하되었다. 부채율도 377%에서 487%로 증가했다. 또 고정자본 증가율이 1979년에 8.6%이던 것이 1980년에는 -10.9%가 되었고, 차관원리금 상환

액도 1978년에 23억 9,000만 달러에서 1980년에는 42억 3,000만 달러로 급증했다.

경제안정론이 대세로 부상하면서 경제기획원은 경제안정화시책, 중화학 공업 투자 조정을 제시했다(1979.4). 설비의 중복·과잉 문제를 안고 있었던 발전설비 부문을 시작으로 1980년 3차 조정까지 자동차·디젤 엔진·중기기기·전자 교환기·동 제련 등 각 분야에 진출해 있던 기업에 생산제품의 중복을 피하고 전문적인 생산체제를 갖추게 하는 한편 일부 업종의 경우는 강제로 흡수 통합되었다.

2) 농촌 근대화와 새마을운동

정부의 공업화정책은 농촌의 희생을 전제한 것이었다. 1950년 후반부터 농촌의 빈곤과 부채가 사회문제화되었고, 자유당은 정·부통령 선거를 앞두고 고리채 정리사업(1960.1)에 착수했다. 민주당 역시 고리채 정리를 선거공약으로 내세웠다. 5·16 군사정부는 농업협동조합중앙회 설치, 농어촌 고리채정리법(1961.6.10)을 통해 농민들의 사채의존도를 약화시키고자 했다. 하지만 이들 정책은 오히려 사채시장을 확대시키는 역효과를 초래했다. 또한 농업구조 개선과 협업화(1962) 정책도 후속 조치가 없는 상태에서 성과를 거두지 못했다. 농기계 보급이 1960년대 비약적으로 늘어났다고는 하나 농기계의 종류는 아직도 초보적인 수준이었다.

1960년대 이래 공업 위주의 고도성장정책 아래에서 한국 농촌의 구조적 문제들은 오히려 심화되었다. 농업의 지위와 역할의 저하, 농업생산력의 정체와 불균형, 지주·소작관계의 확대와 겸업화 진전, 농가부채의 누증, 이농의 격화, 농산물 가격의 급감 등 농업의 위기가 계속되었다. 그 주요 원인은 저미가 정책이었다. 1969년부터 식량자급화를 위해 도입된 '상대적 고미가 정책'으로 수매가 상승했다. 하지만 1970년대 중반 이래 미가가 다시 현저하게 상승했고, 1980년대에 들어서면서 수매가의 형식적 인상 및 동결로 저미가 정책이 지속되었다. 그것은 한국 경제의 주요 경쟁력이었던 저임금 구조를 유지시키기 위해 필수불가결한 것이었고 저임금 구조가 지속되는 한 계속될 수밖에 없었다. 농민들의 실질소득은 1960년대 전반기는 어

한국노총 주최 '새마을운동 실천 선언식' 장면(왼쪽)과
농촌 지붕개량 작업(오른쪽)

느 정도 상승했으나 중반부터 감소했다. '상대적 고미가 정책'으로 실질소득이 1960
년 수준을 약간 상회하는 데 머물렀다. 반면에 호당 농가부채는 1962년 4,751원에서
1980년 33만 9,000원으로 무려 71배나 증가했다.

이러한 농업의 전반적인 위기 속에서 1965년에 주식원인 쌀의 자급화(100.7%)가
달성되었다. 이는 쌀의 단작화와, 다수확 신품종인 통일벼의 보급, 화학비료·농약·
제초제 등 화학적 생산수단의 급속한 사용 증대와 농업기계화의 결과였다. 그러나
1970년대부터 쌀의 자급률은 다시 90%대로 감소했다.

1971년 "잘살아보자"라는 구호를 내걸고 농촌의 근대화와 생활향상을 추구하는
새마을운동이 시작되었다. 근면·자조·협동이 강조되었고, 이를 통해 농민들의 자발
적이고 적극적인 노동의욕을 고취하고자 했다. 1960년대 말부터 시작된 건설업의
불황과 맞물려 진행된 초기의 환경개선사업은 농촌의 모습을 크게 바꾸어놓았다.
하지만 그 비용의 일부만을 정부가 지원했고 나머지는 농민들에게 전가되었다. 해
가 지나면서 범위도 넓어지고 내용도 풍부해져 새마을운동은 도시로, 공장으로 확
대되었다. 하지만 권위주의적·관료적 사업추진 방식이 강화됨에 따라 1980년 이후
제5공화국에서는 농민과 일반 국민의 자발적 호응을 받지 못하게 되었다.

3) 사회불평등 구조의 심화와 도시 문제

1960년대 이후 고도경제성장으로 인한 고용기회의 증가로 절대빈곤율이 1965년 41%에서 1970년 23%로 급감했고, 1978년에는 12%까지 떨어져 절대빈곤에 의한 사회구조의 긴장과 갈등이 상당 부분 해소되었다. 절량농가, 보릿고개라는 말도 사라졌다. 빈곤으로부터의 탈출뿐만 아니라 산업구조가 고도화되고, 근대적 생활양식이 보급되었다. 아파트 거주 가구 수의 비율이 1970년에는 0.7%였던 데 비해, 1980년에 4.9%가 되어, 불과 10년 사이에 2.3배가 증가했다.

하지만 고도경제성장을 위한 정부의 선성장·후분배 정책, 농촌의 희생을 대가로 한 도시의 발전은 상대적 빈곤을 더욱 심화시켰다. 전체 평균 소득의 절반보다 적게 버는 사람이 전체 인구에서 차지하는 비율인 상대적 빈곤인구가 1965년 12%에서 1970년 5%로 줄어들었다가 1978년 14%로 다시 급증했다. 이는 경공업화가 추진되었던 1960년대에 비해 중화학공업화가 추진되었던 1970년대 들어와 소득불평등이 더욱 심화되었음을 의미한다. 소득불평등의 심화는 국민들의 상대적 박탈감을 증대시켰고, 그 과정에서 농촌 문제, 노동 문제, 도시빈민 문제 등 각종 사회 문제를 양산해냈다.

노동계급은 양적으로 급속히 성장했다. 1963~1970년 사이에 전체 취업 인구가 790만 명에서 970만 명으로 증가했고, 산업노동자가 290만 명에서 480만 명으로 급증했다. 그러나 자본의 농촌 지배로 인한 농민층의 몰락과 노동집약적 수출 산업을 중심으로 한 급격한 공업화에 따른 노동력 수요의 급증으로 농촌의 잠재적 과잉인구가 대대적으로 이농하여 도시의 빈민가를 형성했다. 이들이 도시빈민들과 함께 저임금 구조를 지탱하는 광범한 상대적 과잉인구를 창출했다.

급속한 경제성장의 결과 1963~1979년간 제조업 부분의 실질임금은 연평균 10% 정도 상승했으나 월평균 임금은 여전히 최저생계비에 미달했다. 설상가상으로 1970년대 후반에 들어오면서부터는 임금체불이 늘어났다. 주당 노동시간도 1965년에 57시간이었으나 1970년대 초반 단축되다가 후반에 다시 증가하여 1980년 53시간으로,

다른 신흥 공업국과 비교할 때 장시간이었다. 산업재해 발생 횟수는 1970년대 내내 점차 감소했으나 사고가 대형화했다.

그러나 정부는 저임금구조를 유지시키기 위해 임금인상요구를 규제하고 노동운동을 억압했다. 5·16군사정부는 곧바로 파업을 금지하고 노동조합을 해산했다. 노동조합조직에 직접 개입하여 소위 산업별 조합체제인 한국노동조합총연맹 체제를 만들고 1963년에는 제1차 경제개발계획의 시행에 맞춰 집단적 노동관계법을 개정했다.

노동자들은 노동법에 근거한 기본권과 노동조합 결성을 요구하며 기업주와 대립하기 시작했다. 1960년대 말에는 몇몇 대규모 노동쟁의가 고용주들을 위협하는 수준에 이르렀다. 외자 유치라는 미명으로 마산 수출자유지역 설치법(1969), 외국인 투자기업의 노동조합 및 노동쟁의 조정에 관한 임시 특례법(1970), 국가보위 특별조치법(1971) 등을 제정하여 노동조합의 활동을 전면 부정, 통제했다.

이런 가운데 "근로기준법을 준수하라"고 외치면서 분신한 전태일(全泰壹)의 죽음(1970.11.13)은 노동 문제를 사회 문제로 부각시키는 계기가 되었고 노동자투쟁을 촉발했다. 1971년에는 전년도에 비해 노동쟁의가 10배 이상 증가했고, 정부의 법적·제도적·이데올로기적 통제에도 노동자들의 투쟁은 멈추지 않았다. 특히 1978~1979년에는 임금체불, 퇴직금 미지급 등으로 노사분규가 급증하여 연간 100건을 상회했다.

한편 대규모의 이농향도(離農向都)로 전체 인구에서 농촌인구가 차지하는 비중이 1960년 72%에서 1970년 58.9%, 1975년 51.6%로 줄어들었다. 반면 주요 27개 도시에 거주하는 인구의 비율이 1960년에 전체 인구의 28%였는데, 1975년에는 35개 도시에 거주하는 도시 인구의 비율이 48.4%로 증가했다. 급격한 도시화는 서울과 그 주변지역인 인천과 경기도의 성장을 가져왔다. 서울의 인구는 1960년 260만 명으로 전국의 9.8%에 불과했으나 1970년에는 17.6%, 1980년

청계천변에 세워진
전태일 열사 동상

서울시 상도동 일대 판자촌

서울 반포아파트 전경(1973.2)

에는 22.3%, 1990년에는 24.4%로 정점을 이루었다. 1970년대부터는 수도권 신도시 개발 등으로 인천과 경기도의 인구가 급격히 늘어나 1970년 전체 인구의 10.7%였던 것이 1980년 13.2%, 1995년 22.3%로 늘어났다.

급격한 대도시화와 인구이동은 각종 사회 문제를 불러 일으켰다. 특히 무허가 판자촌으로 상징되는 도시빈민 문제가 심각했다. 최대 인구밀집지역인 서울의 경우 1966년 6월 말의 조사결과, 서울 인구 중 약 3분의 1이 무허가 건물에 살고 있을 정도였다. 1967년 총선거를 맞아 무허가 판잣집 철거사업이 가속화되었다. 강제철거와 무단점거라는 악순환의 고리를 끊기 위해 시민아파트를 건립했으나 그것조차도 도시빈민에게는 그림의 떡이었다.

재원 부족으로 시민아파트 건립을 계속할 수 없는 상황에서 정부가 선택한 것이 신도시 개발이었다. 정부는 서울의 판자촌을 강제로 철거하고 거기에 거주하던 도시빈민을 서울 부근인 광주(현재의 성남시)로 이주, 정착시킨다는 계획을 수립했다. 광주 대단지를 자급자족도시로 키우겠다는 정부의 정책만 믿고 영세민 15만 명이 몰려들었다. 그러나 생계대책도 마련되지 않은 상태에서 서울시가 높은 토지불하대금을 요구하자 이에 분노한 5만 명의 주민들이 파출소를 습격하는 등 폭동을 일으켰다(1971.8.10). 이 사건을 계기로 도시 문제가 심각한 사회 문제로 부각되었다.

4 1980년 이후 경제의 구조조정과 개방화, 그리고 IMF 위기

1) 중화학공업의 조정과 경제자유화

30년 이상의 정부주도형 압축적 경제성장 과정에서 누적된 재벌로의 경제력 집중, 경제구조의 부실과 사회 각 부문에 걸친 심각한 도덕적 해이 현상 등이 이후 한국 경제의 병목으로 작용하여 한국 경제의 불확실성을 확대시켰다. 1970년대 후반부터 시작된 중화학 공업에 대한 투자조정은 제5공화국 정부에서도 계속되었다. 정부는 이후 조세 감면 규제법을 제정하여 비료 공업·중기계 공업·발전 설비 공업·중전기품 제조업·해운업·LPG 수입 사업·해외 건설 사업·석탄업·조선 산업을 대상으로 산업합리화조치를 단행했다. 그 내용은 설비 감축, 보유 부동산 매각, 부실기업의 통폐합 등이었다. 이와 함께 정부는 1986~1988년 사이 78개의 부실기업을 정리했다. 또한 공업발전법에 의해 자동차·건설중장비·디젤 엔진·중전기기·합금철·직물·염색 가공·비료 산업·신발 산업을 합리화 대상 업종으로 지정하고, 합리화 기간 동안 이들 산업에 대해서는 신규 사업자 진입을 제한하고 기존 업체가 설비를 교체하는 경우 금융지원을 제공했다.

산업합리화 과정에서 정부는 합리화 대상 기업에 대해 조세 및 금융 지원을 제공했다. 또한 부실기업의 처리 과정에서 재벌에 의한 제3자 인수 방식을 채택함으로써 재벌에 대한 경제력 집중이 더욱 가속화되었고, 진입과 투자에 대한 지나친 규제에 따른 독과점적 시장구조를 심화시키는 부작용을 낳았다.

한편 1980년대 들어 민영화, 탈규제, 작은 정부, 사회복지 축소 등 신자유주의적 경제정책을 채택한 미국은 1983년 11월 레이건의 방한을 계기로 상품시장의 개방을 집요하게 요구했다. 국내 재벌들도 개발도상국과 체제이행국에 대한 투자를 확대하고 값싼 외국 자본을 얻기 위해 금융자율화와 개방을 요구했다. 이로써 1981~1983년에 걸쳐 시중 은행이 민영화되었고, 금융규제도 완화되었다. 1984년부터 외국 상품의 수입자유화도 본격적으로 추진되었고, 자본시장도 개방되었다. 1980년대 말에는 제조업 부문의 개방이 거의 완료되었고, 1989년 이후에는 서비스 부문을 중심으로 외국인의 투자 업종에 대한 자유화가 추진되었다.

2) 개방농정의 그늘

제5공화국 정부는 저곡가정책을 지속적으로 추진했다. 이로써 농가소득이 정체되었고, 이를 해결하기 위한 복합영농시책으로 상업적 농업이 크게 진전했다. 그러나 상업적 농업은 미곡 농업을 근간으로 한 영세 규모의 부업적 형태였고, 생산조절은 물론 가격보장과 유통체제의 정비가 뒷받침되지 못한 상황에서 일부 작목에만 편중되는 바람에 과잉생산을 유발시켰다.

게다가 '개방농정'이라고 표현되듯 신자유주의적 경제개방정책에 따라 농산물 시장이 개방되었고, 국내의 가격상승을 막기 위해 부족한 곡물류뿐만 아니라 축산물·고추·양파·마늘·참깨 등 거의 모든 농산물이 빈번히 수입되었다. 그 결과 거의 모든 상업적 농산물의 가격이 절대적으로 하락했고, 극심한 가격변동에 휩싸였다. 1983~1985년의 소 값 파동이 그 대표적인 예로, 농가경제에 치명적인 타격을 주었다. 영농기계화는 국가의 지원하에 조달된 영농대부자금으로 가능했으나 생산력의 발전을 가져오기보다 오히려 농가부채를 급증시켰다.

정부는 1987년 3월 부채경감조치를 발표했으나 그것은 사채대체자금의 지원, 중장기 자금의 부채에 대한 상환기간 연장, 각종 자금의 이자율 및 부담료율 등의 인하를 통해 단기성 부채를 장기성 부채로 바꾸었다. 하지만 상환유예시효가 끝나기 시작하는 1992년부터는 부채상환에 대한 부담이 다시 시작되었다. 1970년대 후반 급증하기 시작한 농가부채는 1980~1999년 사이에 무려 55배나 증가했다. 반면 동시기 농가소득은 8배 증가하는 데 그쳤다.

이런 상황에서 1970년대 진행된 농민운동의 조직화를 기반으로 저농산물 가격정책 폐지운동, 농산물 가격보장운동과 농축산물 수입저지투쟁, 민주농협 쟁취투쟁, 농가부채 거부투쟁이 전국적으로 전개되었다.

3) 한국 경제의 개방, IMF 금융 위기, 그리고 지식정보사회로의 이행

1980년대 중반부터 미국은 미국과 무역을 원하는 나라는 미국의 시장이 열려 있는 만큼 그 나라의 시장도 개방해야 한다고 요구했다. 미국은 통상법 '슈퍼 301조'에 근거하여 한국시장의 개방을 요구하고, 이를 받아들이지 않을 경우 관세율을 높이는 등 무역보복조치를 취했다. 미국은 1990년대 우루과이라운드를 통해 여러 국가가 참여하는 무역체제를 정비하기 시작했고, 1995년 세계무역기구(World Trade Organization: WTO)가 출범된 이후에는 각 나라 간의 무역 분쟁을 WTO에 제소하여 해결하는 방식을 취했다.

김영삼 정부가 출범한 1993년 12월, 8년 가까이 끌어오던 우루과이라운드 협상이 타결되었다. 대통령 선거 유세 때 "대통령직을 걸고 쌀시장 개방을 막겠다"라며 큰소리쳤음에도 쌀시장의 완전 개방을 10년간 유예하는 대신 1995년부터 연간소비량의 1~4%(1%에서 시작하여 연차적으로 늘려나간다)를 5%의 관세율로 수입하기로 했다. 농산품의 수입자유화조치 이후 수익성이 떨어진 보리·밀·콩·옥수수 등의 생산이 감소하여 자급률이 급감했다. 쌀의 자급률은 1990년 108.3%로 최고치를 기록했다가 1995년 91.4%, 1999년 96.6%로 감소했다.

1994년에 외환자유화가 이루어지고 1996년에는 선진국의 경제협력개발기구인 OECD 가입을 위해 주식시장을 개방하는 등 자본시장의 개방이 급속도로 진행되었다. 1990년대 중반 외국인 직접 투자에 대한 규제완화와 시장개방 덕분에 외국인 직접투자액이 1995년 19억 달러에서 1997년 69억 달러(115.6% 증가)로 비약적으로 증가했다.

한국의 금융시장 개방은 경제자율화에 수반되어야 할 안전장치, 즉 건전성 규제방안 등이 마련되지 않은 상태에서 이루어진 것으로 한국

우루과이라운드 협상에 따른 '쌀 및 기초농산물 수입개방 저지를 위한 전북도민궐기대회'(1993.12)

식량자급도

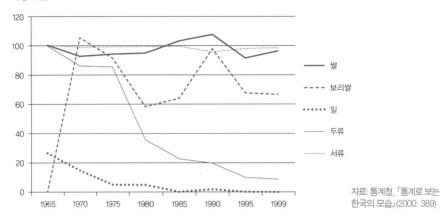

자료: 통계청, 『통계로 보는
한국의 모습』(2000: 389)

경제를 국제금융시장의 위험에 노출시키는 결과를 초래했다. 특히 자본자유화에 편
승한 종합금융회사들이 달러 단기자금을 차입하여 높은 자산 수입을 찾아 인도네시
아와 태국의 회사채에 투자하거나 상대적으로 신용이 취약한 국내 기업에 대한 대
출에 뛰어들면서 1996년에 단기외채의 비중이 62%를 초과했다. 게다가 반도체 가
격 하락 등 교역조건의 악화로 230억 달러의 적자를 기록하는 등 1994년 이후 경상
수지적자가 확대되었다.

　1997년 1월부터 한보·삼미·진로·대농·기아 등 대기업이 연쇄적으로 부도처리되
었고, 이는 금융기관의 부실화를 가속화시켰다. 이로 인해 외국 금융기관의 우리 경
제에 대한 불신이 증폭되었다. 게다가 같은 해 4월 태국 바트화의 가치 폭락, 7월 홍
콩 주식시장의 주가 폭락, 10월 홍콩·말레이시아·싱가포르 증시의 동반 폭락 등 동
남아 국가들의 통화위기로 외국 투자자와 금융기관들이 아시아시장에 대한 자금 공
급을 거부했다. 하지만 정책 당국은 국제 투자자들의 힘을 과소평가하고 단기외채
에 과도하게 의존하고 있다는 현실을 망각한 채, 외국 금융기관들의 태도 변화 가능
성을 간과하고 일본과 미국의 지원을 과신하며 3개월 동안 300억 달러에 달하는 원
화보유고를 원화가치안정에 낭비하는 등 부적절한 대응을 했다.

　한국 경제는 1991년부터 1997년까지 연평균 8%의 실질성장률을 기록했고, 국민총생산과 무역 규모 면에서도 세계 11~12권에 머물렀다. 그러나 1996년 12월 OECD의 29번째 정회원국이 되어 경제선진국임을 자처했던 한국의 금융체계는 외환 유동성위기를 맞아 하루아침에 붕괴했다(1997.12). 1997년 9월 915원하던 환율이 12월 24일 1,965원을 기록했고, 주가지수는 647.1에서 376.3으로 폭락했으며 가용한 외환보유고도 224억 달러에서 12월 18일 현재 39억 달러로 급감했다.

한국 금융기관들은 채무이행 불능상태에서 IMF로부터 195억 달러의 자금을 지원받았고, 그 대가로 IMF는 경제의 안정화와 구조조정을 요구했다. 특히 후자와 관련해서 변동환율제로의 이행, 부실 금융기관의 조기 퇴출, 건전성규제 강화를 통한 금융산업의 정상화, 기업 투명성 제고 등을 요구했다.

IMF는 통화긴축이 물가를 하락시켜 환율을 하락시킬 것이며, 고금리로 인한 국내외 금리의 차이 확대가 외자를 유입시켜 환율안정과 한계기업정리를 촉진함으로써 구조조정을 가속화시킨다는 전제하에 고금리정책과 재정긴축정책을 강제했다. 또한 은행들에게 단기간 내에 국제결제은행(BIS)의 기준에 맞추어 자기자본비율을 높일 것을 요구했다. 이로 인해 은행들이 보수적으로 자금을 운용하는 경향이 심화되었고, 외국 은행들의 대출금 회수가 촉발되었다.

IMF의 초긴축 처방과 BIS 자기자본비율 조기 준수 요구 등 경직되고 급진적인 구조조정 프로그램의 시행은 오히려 경제의 과잉침체현상을 초래했다. 기업의 도산이 확대되었고 실업의 홍수로 사회불안이 초래되었다. 특히 소재·부품·조립으로 연결되는 산업 네트워크가 무너지면서 산업기반이 유실되었다.

정부는 1998년 5월부터 금리를 인하하고, 외환과 금융 부문의 위기가 확산되는 것을 서둘러 차단하고자 1997년 11월부터 2002년 9월 말까지 총 157조억 원의 공적자금을 조성하여 금융기관에 대한 출자, 부실채권 매입, 퇴출 금융기관의 예금자 보호를 위한 예금대지급을 했다. 금융기관의 구조조정 결과 2002년 6월 말까지 전체 금융기관의 29.8%에 해당하는 631개의 부실 금융기관이 퇴출 또는 합병되었다. 또 금융기관에 대한 건전성 감독이 강화되었다.

기업의 구조조정 부문에서는 재무구조 개선을 위한 노력의 결과 재벌의 부채비율

IMF위기 당시
금모으기 운동

이 200%로 감소했다. 1998년 83개 기업이 기업개선작업(workout) 대상으로 선정되어 21개가 잔존했다. '선택과 집중'의 원칙하에서 재벌 간 상호 취약한 사업 부문을 교환하여 과잉경쟁으로 초래된 투자 중복과 과잉생산능력을 조정함으로써 업종 전문화를 유도하는 사업 맞교환, 소위 '빅딜 정책'이 채택되었다. 1999년 9월에는 반도체와 철도 차량, 정유 등 3개 업종이 경쟁력 우위 기업에 사업을 이전함으로써 통합작업이 완료되었고, 발전설비·선박용 엔진·석유 화학·항공 사업 등 4개 분야도 통합이 진행되었다. 또한 사외이사제, 소액주주권 강화 등 투명성 제고를 위한 제도와 책임경영 및 전문경영인체제의 확산을 위한 제도가 마련되었다. 정리해고제를 도입하여 긴박한 경영상의 이유 등 법적 요건을 갖춘 경우라면 해고가 가능하게 되었다.

한편 IMF 위기를 극복하는 과정에서 세계화 및 개방화에 대응하고 21세기 경제 패러다임에 부응하기 위한 새로운 성장동력으로 정보·서비스 산업이 강조되었다. 이미 1980년대부터 정보통신혁명, 생명공학 등 첨단 신산업의 확산에 따라 산업의 중심이 제조업에서 서비스업으로 빠르게 이동하고 있었다. 이들 신산업이 기존의 산업군과 다양한 형태로 서로 보완하면서 새로운 산업발전의 길로 들어섰다. 특히 1992년부터 한국의 기술능력을 2001년까지 선진 7개국의 수준으로 올린다는 목표 하에 추진한 미래 산업을 선도할 핵심기술 개발사업, 즉 HD TV·신약품·차세대 자동차 기술·반도체 등이 일정한 성과를 보임으로써 한국 산업의 중심이 전자·자동차·조선·석유화학·반도체 등 고기술 산업으로 바뀌어나갔다.

이제 한국의 정보통신 기술은 세계적 수준으로 성장했고 반도체, 컴퓨터, 휴대전화 등이 한국의 주요 수출 상품이 되었으며, 휴대전화와 인터넷 보급률은 세계 최고의 수준에 이르렀다. 정보통신 산업이 국민경제에서 차지하는 비중도 1997년 7.7%

에서 2001년 15.6%로 연평균 20% 성장했다. 인터넷 사용 인구도 세계에서 가장 빠른 속도로 증가했다. 2001년 말 인터넷 사용 인구가 2000년 대비 28% 증가했고, 초고속 인터넷 서비스 가입자 수가 2000년 대비 94%나 증가했다. 정부에서도 서울·부산·대전·대구·광주·제주 등 12개 거점지역과 132개 시·군 단위의 접속망을 갖춘 기간 전송망을 2000년 말 구축했고, 이를 통해 지역 간 정보격차가 해소되었다. 또한 인터넷의 확산, 디지털 정보처리기술의 고도화, 하이퍼텍스트 시스템의 발전 등은 사이버스페이스라는 새로운 사회적 공간을 창출해냈고, 그 결과 기존 사회와는 구조적으로 다른 사이버 시대로의 변화가 촉진되고 있다.

1998년 말부터 한국 경제는 급속한 회복세를 보였다. 이는 1998년 중반부터 채택된 금리인하정책과 공적자금을 통한 금융기관들의 자본구조 재조정의 결과였다. 1998년 -9.3%를 기록했던 실질임금 상승률이 1999년 11.1%로 상승했고, 실업률도 6.8%였던 데서 1999년 6.3%, 2000년 4.1%, 2001년 3.7%로 낮아졌다. 1998년 경제성장률도 -6.7%를 기록했으나 1999년 10.9%, 2000년 9.3%로 빠르게 회복했다. 외화유동성도 개선되었고, 기업과 금융기관의 건전성도 국제기준 이상의 수준으로 높아졌다. 그 결과 추락했던 국가신용등급도 1999년에 투자적격 수준으로 회복되었고, 2002년에는 3대 국제 신용평가기관으로부터 A등급을 받았다.

그러나 이러한 성과는 국민의 고통과 국가채무의 증가라는 비용을 지불하고 얻은 결과였다. 외환위기를 거치면서 여러 차원에서 불평등과 격차가 확대, 심화되었다. 기업의 도산과 정리해고로 실업의 위기에 내몰린 서민들은 정리해고를 합법화하고 부실채권에 허덕이는 금융 부문

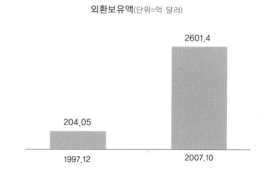

외환보유액(단위=억 달러)

2601.4

204.05

1997.12   2007.10

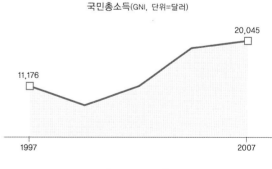

국민총소득(GNI, 단위=달러)

20,045

11,176

1997   2007

자료: 재정경제부, 「주요경제지표」, 『통계로 보는 한국의 모습』.

경제성장률, 실업률, 그리고 양극화 지수

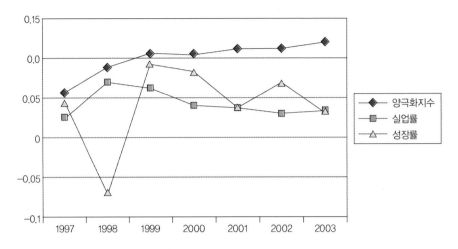

출전 : 전병유·신동균·신관호·이성균·남기곤, 『노동시장 양극화의 경제적 분석』(2007: 42).
비고 : 양극화 지수는 한국노동연구원의 KLIPS 데이터, 양극화 지수값은 α =1.3에 해당. 실업률, 성장률은 통계청.

에 거대한 규모의 공적자금을 투입하는 정부의 정책이 금융위기의 주범인 재벌의
부담을 줄여주면서 오히려 그 부담을 서민들에게 일방적으로 전가시키는 것이라고
비판했다. 실제로 1980년대 이래 민주화 과정에서 표출된 분배형평에 대한 요구의
결과 1993년까지 감소하는 추세에 있던 상대적 빈곤율이 외환위기 직후 다시 증가
하여 1998년 10.6%, 2005년 11.2%, 2006년 14.7%, 2007년 14.6%로 계속 심화되고
있다. 한국의 상대적 빈곤율은 2007년 현재 OECD의 30개 회원국 중 8번째로 높다.
상대적 빈곤율의 증가는 자영업의 구조조정 및 비정규직 확산에 따라 저소득 계층
의 실질소득이 감소한 결과이며, 이는 외환위기 이후 성장의 과실이 저소득 계층에
게까지 파급되지 못했음을 의미한다. 그 결과 일을 하고 있는데도 빈곤상태에 머무
는 '근로빈곤'이라는 새로운 문제가 대두되었다. 또한 경직되고 급진적인 초기의 구
조조정 과정에서 중산층이 붕괴되었고, 이들이 저소득 집단과 고소득 집단으로 이
동함으로써 양극화현상이 심화되고 있다. 양극화 문제가 소득구조뿐만 아니라 노동
시장과 교육 등 우리 사회 각 분야에 나타남으로써 한국 사회의 새로운 화두로 등장

했다.

한편 금융산업에 대한 구조조정 과정에서 자산매각의 필요성과 정부의 적극적인 외자유치의지가 맞물려 OECD 가입 시에 수립한 단계적 개방계획보다 더욱 빠른 속도로 자본시장이 개방되었다. 2002년 10월 현재 라디오 방송업 및 TV 방송업을 제외한 전면적인 자유화가 이루어져 자유화율이 99.8%에 달했다. 외국 자본에 의한 한국 금융시장에 대한 점유율도 지속적으로 증가하여, 2004년 12월 말 현재 외국계 은행의 총자산이 전체의 21.8%를 차지했다. 한국은 세계에서 가장 짧은 기간에 가장 폭넓게 개방한 나라가 되었다. 한국 경제는 이제 개방이 아니라 어떻게 개방하느냐를 그 과제로 안게 되었다. ∣ 김점숙

이야깃거리

1. 해방 직후 한국 자본주의의 재편과정에서 미군정이 수행한 역할에 대해 생각해보자.

2. 미국이 원조와 차관을 담보로 한국경제에 개입한 양태와 그러한 미국의 경제 개입이 한국 정부의 정책변화에 미친 영향에 대해 생각해보자.

3. 1960년대 이래 남한의 고도경제성장은 국가 주도로 이루어졌다. 국가의 경제 개입이 갖는 긍정성과 부정성에 대해 생각해보자. 특히 급속한 경제개방 속에서 국가의 경제 개입이 갖는 폐해를 지적하며 산업정책의 폐기를 주장하고 자유시장 지상주의를 지향하는 신자유주의적 경제논리가 타당한가 생각해보자.

4. IMF 외환위기가 우리에게 준 역사적 교훈에 대해 생각해보자.

5. 경제개방은 거스를 수 없는 대세인가? 경제개방의 긍정성과 부정성, 그리고 지속 가능한 개방전략에 대해 생각해보자.

더 읽을거리

강만길 엮음. 2000. 『한국 자본주의의 역사』. 역사비평사.

신장섭·장하준. 2004. 『주식회사 한국의 구조조정』. 창비.

이대근. 2005. 『(새로운) 한국 경제발전사: 조선 후기에서 20세기 고도성장까지』. 나남출판.

이병천. 2004. 『개발독재와 박정희 시대』. 창비.

이한구. 2010. 『한국재벌사』. 대명출판사.

장하준·정승일. 2005. 『쾌도난마 한국 경제』. 부키.

조동근. 2000. 『IMF 개혁정책의 평가와 한국 경제의 신(新) 패러다임』. 집문당.

차동세. 1995. 『韓國經濟 半世紀: 歷史的 評價와 21世紀 비전』. 한국개발연구원.

통계청. 2000. 『통계로 보는 한국의 모습』.

홍순영·장재철 외. 2006. 『한국 경제 20년의 재조명』. 삼성경제연구소.

해방 후 한국인의 의식주생활 변화

4

1 다이내믹 코리아

　다이내믹 코리아(Dynamic Korea), 역동적인 한국. 몇 해 전부터 한국을 상징하며 외국에 소개되는 슬로건이다. 역동적이라는 표현이 매력적이었는지 서울이나 부산 같은 대도시도 자신들을 다이내믹 서울, 다이내믹 부산이라고 소개하고 있다. 2004년 대통령 탄핵을 둘러싼 한국 정치의 격변을 바라본 한 외국 기자는 한국이 "너무 역동적(too dynamic)"이라고 너스레를 떨기도 했다. 다이내믹함이 지나치다는 지적이었다.

　정치 못지않게 다이내믹하게 변한 분야는 의식주를 대표로 하는 일상생활일 것이다. 해방 후 3년이 지난 1948년에 서울우유는 우량아 선발대회를 개최했다. 자사가 생산하는 우유를 먹으면 '아이가 토실토실해진다는 믿음'을 소비자들에게 심어주기 위한 노력이었다. 하지만 21세기를 사는 한국의 어머니 중 아이를 살찌우기 위해 우유를 먹이는 사람은 많지 않을 것이다. 아이의 건강을 생각한다면 모유를 먹여야 한다는 이야기는 이미 상식이 되었고, 오히려 비만아들을 위한 다이어트 프로그램이

유행하는 실정이다. 한국인의 먹거리는 반세기만에 그 이전 수백 년을 넘어서는 변화를 겪고 있다. 한복의 퇴장, 아파트의 유행 등 입을 거나 사는 집의 변화속도도 결코 뒤지지 않는다.

이 장은 해방 후 한국 사회의 변화를 일상생활, 특히 의식주생활을 중심으로 살펴보는 것을 목적으로 한다. 그 변화는 정치적 변동의 영향을 받았지만 그보다 경제의 발전과 더 친밀성을 가지고 있다. 경제성장의 성과들이 일상적인 소비 내용이나 형태를 변화시켰기 때문이다. 따라서 이와 관련한 시기 구분은 대체로 정치적 격변보다는 그 하부에서 유동했던 경제적 성장에 보다 초점을 맞추었다. 경제성장에 주목하다보니 한국인의 일상생활이라고는 하지만 주로 도시인의 그것을 살펴보게 될 것이다. 한국 사회의 발전이 공업화, 도시화를 중심으로 이루어졌다고 할 때 이런 편향성은 불가피할 수도 있지만 그 과정에서 소외된 농촌이나 계층에 대한 서술이 소략할 것도 사실이다.

2 파라다이스 미국(1945~1960년)

1945년 한국인들은 일본의 지배에서 벗어났다. 해방이었다. 공출과 징집·징용으로 대표되는 전시체제기 억압으로부터의 해방이었다. 그 해방은 자유와 동의어였다. 마음대로 할 수 있는 자유, 먹고 마실 수 있는 자유는 그중에서도 가장 본능적인 것이었다. 특히 배급제도하에서 억눌렸던 쌀에 대한 소비욕망은 하늘을 찔렀다. 사람들은 쌀로 밥을 해먹고, 술을 빚어 먹고, 떡을 쪄먹고, 엿을 구워먹었다. 입의 숫자도 늘어났다. 해외에서 동포들이 돌아왔고, 북한에서 월남민들이 내려왔다. 미군정은 자신들의 이념에 걸맞게 쌀의 판매와 소비를 시장에 맡겼다. 그 결과는 매점매석에 의한 쌀 부족이었다. 결식자들이 생겨났고 쌀을 둘러싼 '살인적인 쟁탈전'이 벌어졌으며 해적선까지 출몰했다. 1946년 미군정은 '폭동'을 겪었고, 1949년 대한민국정부는 부족한 식량을 메우기 위해 낮술 판매를 금지하고 밀을 수출한 자는 사형에 처한다는 방침을 발표해야 했다.

한국인을 곤궁함에서 구해준 것은 미국이 보내준 잉여 농산물이었다. 1946년부터 사회안정을 위해 미국의 잉여 농산물이 도입되었고, 1955년 농산물 교역발전 및 원조법에 의해 대규모의 농산물이 도착했다. 이는 1956년에서 1964년까지 쌀·보리·밀을 합쳐 국내 총 곡물생산량의 40%를 차지했다. 도착한 보리와 밀은 한국인의 식생활을 바꿔나갔다. 보리밥·콩밥·조밥 등 잡곡밥이 쌀밥의 자리를 차지했다. 잡곡밥 장려를 위해 초·중·고등학교에서는 선생님이 학생들의 도시락을 검사했다. 잡곡을 많이 섞은 학생에게는 표창이 주어졌고, 여전히 쌀밥을 싸오는 학생에게는 실내 청소 등 벌칙이 내려졌다.

혼분식 장려 운동

쌀밥은 건강에 안 좋다는 선전도 이어졌다. 쌀을 주식으로 할 경우 동물성 단백질, 지방, 철분, 칼슘, 비타민 A, B1, B2 등이 부족해져 영양상의 불균형이 생기고 쌀

'즐거운 혼, 분식'이라는 노래를 담은 음반   최초의 라면인 삼양라면

밥의 싱거운 맛을 보완하기 위해 짜고 매운 반찬을 먹게 됨으로써 고혈압, 암 같은 성인병이 생길 수 있다는 경고였다. 대안은 밀가루 음식이었다. 밀가루를 원료로 한 '양떡'집, 즉 제과점이 등장했다. 새로운 양떡집들은 '뉴욕'을 접미사로 하여 '서울뉴욕' '부산뉴욕'이라는 이름으로 자신의 이국성을 자랑했다. 밀은 서구인의 주식이라는 점에서 한국인의 식생활을 서양식, 즉 근대식으로 바꿀 수 있다는 논리도 매혹적이었다.

한국인의 입맛을 바꿔놓은 밀가루 음식 중 최고의 스타는 라면이었다. 1963년 최초로 삼양라면이 생산된 이후 값이 싸고 조리가 간편하며 보관하기 쉽다는 장점 덕분에 라면은 한국인의 훌륭한 대용식으로 자리잡아갔다. '제2의 쌀'로 불릴 만큼 인기가 높았던 라면은 한국인의 생활수준이 향상되면서 고급화하기 시작했다. 1981년 출시된 사발면은 물만 부으면 먹을 수 있는 새로운 방식으로 라면시장에 돌풍을 일으켰다. 매운맛을 상징하는 신라면은 1986년에 발매되어 세계에 한국인의 입맛을 대표하는 음식으로 자리잡고 있다.

청계천 염색 공장

한국인은 미국에서 먹거리만 받은 것이 아니었다. 입을 거리도 미국에서 받았다. 사실 받았다기보다 스스로 만들어냈다. 군대에서 흘러나온 군복, 군화, 내복, 담요로 옷을 만들어 입기 시작한 것이다. 녹색 계통의 색을 일반적으로 '국방색'이라고 부를 정도로 군복이나 담요는 광범위하게 유통되었다. 특히 군복은 적당한 입을 거리가 없던 한국인에게 인기가 좋았다. 염색을 한 후 착용하지 않을 경우 모두 몰수하겠다는 미군 헌병사령부의 경고가 있을 정도였다. 그 결과 군용 기름드럼통에 검정 물을 끓여서 카키색 군복을 물들이는 곳이 늘어갔다. 서울의 경우 청계천 방파제 위에는 염색을 마치고 햇볕에 널어놓은 미군복이 지천을 이루었다. 청계천이 그 이름에 걸맞지 않게 더러워진 데는 이 염색 군복들도 한몫을 단단히 했다.

군복 못지않게 해방 후 한국인의 의생활을 강하게 지배한 입을 거리는 나일론이었다. 1953년 일본에서 수입된 나일론은 올이 가늘고 질겨 세탁이 간편하고 구김이 생기지 않았으며, 해충 피해가 없어 보관하기도 쉬웠다. 늦은 밤 흐릿한 전깃불 아래에서 구멍 난 양말을 깁곤 하던 주부들에게 나일론은 결코 헤지지 않는 '꿈의 섬유'였다. 실용성만 좋은 것이 아니었다. 색상이 다양하고 화사해 매혹적이었다. 나일론의 인기는 끝이 없어 저고리, 치마, 바지, 블라우스, 스커트, 원피스, 나아가 양말, 넥타이, 머플러, 핸드백까지 나일론으로 만들어졌다. 양말회사는 판매를 위해 자사 제품이 '100% 나일론'이라는 점을 강조했다. 종자를 개량해 단맛을 높인 참외를 '나일론 참외'라고 부를 정도였으니 한마디로 나일론의 전성시대가 온 것이었다.

검정색 군복, 나일론 등 새로운 입을 거리가 등장하면서 한국인의 옷차림도 점차 한복에서 양복으로 바뀌어갔다. 하지만 그 흐름이 순조롭지만은 않았다. 미군이 진주하면서 그들과 함께하는 여성들이 생겼고, 사람들은 그들에게 '양공주'라는 이름을 붙였다. 직업상 대체로 양장을 하고 있었기에 한복은 여염집 여자라는 표시가 되기도 했다. 전통적인 정숙한 여인의 상징으로 한복이 이용되었던 것이다. 하지만 1950년대 후반 한복과 양장의 비율이 거의 비슷해진 가운데, 이미 40대 미만의 여성 대부분이 양장을 하고 있었다는 사실에서 알 수 있듯이 양장은 시대의 대세였다.

시공관에서 처음으로 열렸던
패션쇼 장면(1953.7.12)

해방, 전쟁으로 이어지는 1950년대의 궁핍함 속에서도 멋을 내고자 하는 사람들의 욕망은 잠들지 않았고, 그 욕망을 표출하기 위한 공간이 필요했다. 1953년 시공관에서 해방 후 최초의 패션쇼가 열렸고, 1955년 최초의 디자이너 모임인 대한복식연우회(大韓服飾硏友會)가 결성되었다. 지금은 익숙해진 '디자이너'라는 명칭이 사용되기 시작한 때도 1955년이었다. 옷이 밀수된 곳을 뜻한다는 점에서 결코 자랑스럽지는 않았지만 사람들은 영국산 옷감으로 멋을 낸 남성들을 '마카오 신사'라 불렀다. 그들의 구두를 반짝거리게 하기 위해 '슈사인보이'들이 거리를 누볐다. "구두를 닦으세요, 구두를 닦으세요 …… 구두 하나 못 닦아 신은 도련님은 …… 노굿이래요"라는 노랫말의 '슈샤인보이'가 거리에 울려 퍼졌다. 옷으로 양장을 입기 시작했듯이 사람들은 영어로 자신의 마음을 표현했다.

양장이 근대화를 상징했다면 그 중심에는 영어의 나라, 아니 무엇보다 풍요의 나라로 불렸던 미국이 있었다. 달콤한 미제 초콜릿이나 껌은 한국인들의 입맛을, 특히 아이들의 입맛을 사로잡았다. 미제라는 말은 달콤함 그 자체였고 쉽게 접근할 수 없는 '고급'의 이미지를 가지게 되었다. 1955년 럭키치약이 광고를 하면서 '미제와 똑같은'이라는 문구를 집어넣은 것도 그 때문이었다. 영어사전과 시사주간지 ≪타임지≫를 끼고 있는 젊은이의 미래는 밝았다. 미국은 한국인의 생활변화를 설명할 수 있는 가장 중요한 키워드로 자리잡아갔다.

3 잘살아보세(1960~1970년대)

1960년대에도 궁핍한 삶은 계속되었다. 1963년 개봉된 영화 〈또순이〉, 다음 해 개봉된 〈월급봉투〉는 그 제목만으로도 당시 한국인이 겪었던 삶이 얼마나 고단했는지를 알려준다. 하지만 1960년대는 역동적인 한국이 시작되는 시기이기도 했다. 1960년 학생들의 항쟁은 한국이 민주주의 국가로 발전할 수 있는 가능성을 보여주었고, 1961년 집권한 군사정권은 자신의 부족한 정통성을 만회하려는 듯 강력하게 공업화를 외쳤다. 공업화의 중심은 도시였고 사람들은 도시로 몰려들었다. 귀환동포, 월남민, 전쟁에 이은 베이비붐으로 해방 직후 1,614만 명이던 인구는 1960년에 2,499만 명으로 급증해 있었다. 이들을 소화할 능력이 농촌에는 없었다. 잉여농산물 도입에 따른 저곡가정책 등이 농촌을 내리누르고 있었다. 전재민과 이농민들이 고용의 기회를 찾아 떠난 곳은 도시였다. 주로 수도권과 영남권의 공업지역이 이들의 정착지였다. 공장이나 회사 같은 '버젓한' 직장을 가지지 못한 여성들은 버스 차장이나 식모가 되었고, 남성들은 육체노동에 종사하며 날품을 팔았다.

감당할 수 없는 인구가 유입되면서 도시는 몸살을 앓기 시작했다. 가장 심각한 문제는 주택난이었다. 산비탈이나 하천변에 무허가 주택들이 줄을 잇고 있었다. 식민지 시기에는 흙으로 된 토막집이 지어졌다면 이제는 양철, 베니어판, 함석 등으로 이루어진 판잣집이 지어졌다. 미군부대에서 나온 골판지 상자나 깡통만으로도 하룻밤 사이에 거뜬히 집 한 채가 지어지곤 했다. 국공유지를 무단점유하며 지어진 무허가 주택들은 1966년 기준으로 서울시 인구 380만 명 가운데 1/3에 해당하는 127만 명의 보금자리였다.

군사정권은 '인구의 과도한 도시집중화'로 '주택난과 택지가격의 앙등'이 초래된다고 지적하고 문제의 해결을 위해 '고층 아파트 주택의 건립이 절대적으로 요청'된다고 결론지었다. 아파트의 시대가 시작된 것이었다. 1962년 설립된 대한주택공사가 건설사업을 주도했다. 마당과 대규모 생활공간이 없는 아파트는 생산과 소비가 분화되고 노동과 휴식의 장이 이원화된 도시적 생활양식에 걸맞았다. 집안살림을 담당하던 주부의 입장에서도 아파트는 반가운 존재였다. 입식 부엌의 설치와 식당의 일체화는 주부들의 노동에서 거리와 시간을 단축시켜주었다. 기름보일러식 중앙난방 역시 신선했다. 1971년 동부이촌동에 중앙난방식 아파트 단지가 건립되었는데, 일반 주택에서 시간마다 연탄을 갈아야 했던 주부들에게는 '엄청난 혁신'이었다. 비록 소규모로 시작되었지만 아파트는 점차 한국인 사이에서 편리한 집으로 인식되어갔다.

청계천변 판자촌

그러나 아파트가 한국인들에게 쉽게 연착륙한 것은 아니었다. 생활 방식을 단번에 바꾸는 일은 쉽지 않았다. 온돌에 익숙한 한국인들에게 서서 생활해야 하는 아파트는 낯설었다. 초기의 아파트들은 소형이어서 소유자들에게 자부심을 안겨주지도 못했다. 1970년에는 와우아파트가 붕괴되었다. 구조체인 기둥에 철근을 제대로 쓰지 않아 생긴 부실공사의 결과였지만 사람들은 다르게 생각했다. 아파트라는 건물 자체가 치명적인 결함을 가졌다는 것이다. 하지만 무주택자들에게는 작은 시민아파트라도 감사해야 할 대상이었고, 무엇보다 아파트의 편리성에

서울 와우시민아파트 붕괴(1970.4)

사람들은 익숙해져갔다. 그 결과 입주도 되지 않은 시민아파트에 프리미엄이 붙기 시작했다. 나아가 1970년대부터 본격적인 아파트 시대가 열리면서 한국은 다른 예를 찾아보기 힘든 '아파트공화국'으로 변모해갔다. 그 변모는 한강변에 자리잡은 아파트단지의 축약도를 본 한 외국인이 "군사기지 규모가 대단하군!"이라고 '감탄'했듯이 한국인의 삶을 규격화시키는 것이었다.

정권을 획득한 군인들은 자신들에게 익숙한 규격화된 생활양식을 국민에게도 강요하기 시작했다. 제복은 대표적인 예였다. 신생활재건운동의 일환으로 추진된 의복 간소화작업으로 남성에게는 작업복 스타일의 재건복, 여성에게는 신생활복이 제

시된 해가 1961년이었다. 군사정권만 제복을 원한 것은 아니었다. 이승만 정권 역시 활동을 간편하게 하고 옷 손질에 소모되는 시간을 절약할 수 있다는 이점을 내세워 1955년 의무적으로 신생활복(재건복)을 입도록 요구하기도 했다. 하지만 규격화에 대한 군사정권의 요구는 1970년대에 접어들면서 어떤 것을 하라는 '명령'의 차원을 넘어 정해진 그 이상의 것을 하지 말라는 '단속'의 단계로 넘어가고 있었다.

서울 명동 거리(1969)

1960년대 중반부터 경제성장의 성과가 분배되면서 한국인들은 생존과 편안함으로부터 다양함과 개성의 추구로 삶의 중심을 서서히 옮겨갔다. 옷은 개성을 표현하기에 가장 적합한 수단이었다. 1966년 베트남전쟁의 영향으로 길이가 길고 밑이 퍼진 '베트남 치마'가 유행하더니 1967년에는 대학생이나 젊은 세대 사이에서 미니스커트가 퍼져나갔다. 사내아이 같은 보이시 룩이나 군복 같은 밀리터리 룩을 입은 여성들이 거리를 활보하기 시작한 것도 1967년이었다. 1970년에 유행한 핫 팬츠는 보는 사람을 민망하게 할 정도로 짧았다.

규격화에 익숙한 군사정권에 이런 자유로움은 참기 어려운 '반항'이었다. 특히 박정희 일인독재체제를 완성한 1972년 '10월 유신'은 한국 사회를 경직시켰다. 텔레비전에서는 패션 중계가 허용되지 않았고, 호텔에서는 패션쇼가 열리지 못했다. 단속에는 경찰이 선두에 섰다. 1973년 경범죄처벌법 조항에 따르면 "지나친 노출이나 속이 비치는 옷"은 단속의 대상이 되어 과태료나 벌금, 심지어 구류처분을 받기도 했다. 장발 역시 예외가 될 수 없었다. 1975년 개봉되어 공전의 히트를 기록한 〈바보들의 행진〉은 장발을 한 주인공 대학생들을 쫓는 경찰의 추격신으로 시작한다. 배경음악으로는 경찰을 야유하듯 '왜 불러'라는 노래가 흐른다. 당시 한국에서 어렵지 않게 볼 수 있는 장면이었다. 공무원이나 학생같이 신분이 분명한 사람은 기관장의 지시 아래 이발을 해야 했고 무직자나 부랑자는 이발

후 훈방되었다. 단속에 대한 호응이 지나쳐 일부 '국민학교'에서는 학생들이 지나치게 머리를 짧게 깎는 부작용까지 나타났다.

장발 단속

그러나 〈바보들의 행진〉의 주인공들이 그렇듯 당시 한국인들은 힘껏 달려 단속을 피하고 자유를 즐기려 했다. 대학생들은 그 중심에 있었다. 이들은 제도교육을 통해 민주주의와 자유를 배운 세대였고, 1960년대부터 추진된 경제개발의 성과를 맛보기 시작한 세대였다. 군사정권에 저항할 수 있는 의식이 자리잡고 있었고, 무엇보다 적당한 시간과 돈 그리고 사회의 너그러운 시선을 가지고 있었다. 소비를 위한 여유가 갖추어져 있었던 것이다. 이들의 소비에 영향을 미친 것은 미국의 청년문화였다. 미국의 청년들처럼 이들도 청바지를 입고 머리를 길렀으며 포크송을 듣고 맥주를 마셨다. 비록 미국의 청년문화가 지닌 정치의식까지 소유했다고 할 수는 없었지만 소비의 형태는 비슷했다. 이들은 1980년대라는 본격적인 소비 시대를 부족하나마 앞서 즐긴 선배들이었다.

4 컬러의 세계로(1980~1990년대 중반)

1977년 한국은 수출 100만 달러, 소득 1,000달러 시대를 맞이했다. 당장의 생존을 뛰어넘어 소비를 할 수 있는 시대가 다가온 것이다. 먹거리 문화가 바뀌기 시작했다. 변화는 한국인의 주식인 쌀에서부터 찾아왔다. 1972년 통일벼 개발을 기점으로 밀양 21호, 22호 등 다수확 품종의 보급이 이루어진 지 5년이 지난 1977년 한국은 마침내 쌀의 자급자족을 이루어냈다. 박정희 정권은 자축을 위해 쌀막걸리 제조를 허용하고 북한에 식량원조를 제안했으며 혼분식 단속조치를 해제했다. 학생들은 더 이상 학교에서 선생님의 눈치를 살피며 도시락 뚜껑을 열 필요가 없어졌다.

그러나 혼식은 1980년대에 접어들면서 새로운 방식으로 찾아왔다. 이번에는 식량절약 차원이 아니었다. 건강을 위해서였다. 백미만 섭취할 경우 건강에 필요한 각종 영양소와 섬유질이 부족해질 수 있다는 진단에 의해 현미나 잡곡으로 그것들을 보충하려는 움직임이 나타났다. 팥, 콩, 보리, 조를 섞은 혼식이 다시 식탁에 오르기 시작했고, 1990년대에 접어들면서 흑미와 향미가 끼어들었다. 자급자족의 일등 공신이었던 통일벼의 신세도 바뀌었다. 사람들은 통일벼가 맛이 없다는 이야기를 나누면서 점차 '일반미'를 찾기 시작했다. 1984년에는 통일벼 재배가 중단되었고 1987년과 1988년 연속 풍년이 들면서 일반미가 일반화되기 시작했다.

명절 때나 먹던 고기도 마찬가지였다. 1970년대까지도 국제경기를 앞둔 국가대표 팀의 건승을 빌며 마련해준 것이 불고기 파티였다. 평소에 먹기 힘든 불고기를 먹고 힘을 내라는 요구였다. 그 고기를 한국인이 본격적으로 즐기게 된 시기는 1980년대에 마련되었다. 1970년대 후반부터 대중화되기 시작한 불고기·갈비집이 '가든'이라는 이름을 붙이고 도시 근교에 자리잡았다. 가족들은 주말 외식을 위해 자동차를 몰고 그곳을 찾았다. 고기뿐만이 아니었다. 이전에는 식탁에 쉽게 오르지 못하던 각종 과일들이 소비되면서 한국인의 입맛도 다양화, 고급화되었다. 국내에서 생산되는 사과, 배, 감, 포도, 복숭아뿐만이 아니었다. 외국산 바나나, 파인애플, 멜론, 레몬, 오렌지 같은 과일들도 후식으로 접시에 올라왔다.

1970년대에 보급된 TV

경제성장은 한국인의 입맛만 변화시킨 것이 아니었다. 달라진 입맛에 걸맞게 눈요깃거리도 바뀌어야 했다. 한국인들은 새로운 색채를 요구하고 있었다. 1980년 시작된 컬러 텔레비전 방송은 오히려 늦은 감이 있었다. 텔레비전은 한국인의 여가생활을 독차지하는 귀염둥이였다. 1970년 6.6%에 불과했던 텔레비전 보급률은 점차 라디오가 차지하던 자리를 뺏으며 1975년에 30.6%, 1980년에는 86.6%로 상승해 있었다. 컬러 텔레비전은 일종의 '색채혁명'을 일으켰다. 출연자의 옷차림이나 상품의 색깔이 천연색 화면에 걸맞게 화려해졌고, 그 화면을 매일 소비하는 한국인의 생활도 덩달아 화사해졌다.

옷 색깔에 대한 관심이 높아지자 1984년 시판된 산소계 표백제 옥시크린은 '흰옷은 더욱 희게 색깔 옷은 선명하게'를 캐치프레이즈로 내세웠다.

한국을 '겨울공화국'으로 만들었던 전두환 정권이 취한 몇몇 유화책 중 하나였던 1982년 교복자율화 조치는 단색 위주였던 학생들의 옷차림을 컬러 시대에 맞게끔 바꾸어놓았다. 더구나 이 시기 중고등학생들은 1970년대에 접어들어 본격적으로 열리기 시작한 경제성장의 과실을 먹고 자란 신세대였다. 전쟁으로 피폐해진 사회 분위기에서 성장한 부모 세대와 달리 경제적 풍요를 누리고 교육과 문화혜택을 받으며 자랐기에 감각적이고 개성이 강한 패션을 즐겼다. '이랜드'가 중저가 브랜드로 인기를 끌었고, 진 브랜드로 '브렌따노', '언더우드', '헌트', '뱅뱅', '죠다쉬'가 출시되었다. 고가의 상품도 이들을 노렸다. 1986년 한국에 진출한 나이키 운동화가 대표적이었다. 한 켤레 값으로 보통 운동화 열 켤레를 살 수 있는 고가였지만, 아이들은 친구들에게 자랑하기 위해서 아니면 무시를 당하지 않기 위해서 부모를 졸랐다.

옷을 통해 개성을 표현하려는 욕구는 청소년층에 한정되지 않았다. 성인 남성들도 뒤따랐다. 1980년대 중반에 접어들면서 기능성과 경제성 위주로 선택되던 남성복이 개성을 표현하는 도구로 패션화하기 시작했다. 1990년대에 접어들면 그 대상은 주부로까지 넓어진다. 그들은 결혼 후 자식이나 남편을 위해 희생하는 '현모양처'를 더 이상 자신의 모델로 선택하지 않았다. 젊은 감각을 유지하면서 자기를 표현하고자 했다. 미시족의 출현이었다. 개성의 출현은 양장 위주의 입을 거리에도 변화를 주었다. 한복이 재등장했다. 명절에나 입는 예복이었던 한복이 개량을 거쳐 생활한복으로 다시 태어났다. 천염염료, 천연소재를 사용하여 기능 못지않게 건강에도 신경을 썼다. 생활한복의 출현은 해방 이후 일방적으로 진행된 서양화에 대한 견제이기도 했고, 전통에 눈을 돌릴 수 있을 만큼 생활과 사고에 여유가 생겼다는 반증이기도 했다.

전두환 정권이 준 또 하나의 '선물'인 통행금지 해제는 한국인의 생활을 획기적으로 바꾸어놓았다. 이른바 '통금'이

통금 해제 기사를 실은
호외 신문(1982.1.5)

해제되기 이전에는 12시를 넘긴 시각까지 거리에 남아 있던 사람들은 경찰서에 갇혀야 했다. 한 경험자는 말한다. "제기랄, 그 무지막지한 인신구속! 그 지린내 진동하던 파출소의 미니 감방 …… 그 남루한 아버지와 삼촌들에게 가해지던 순사들의 X 같은 폭력!" 폭력뿐 아니었다. 검문에 불응하고 도주하는 차량에는 발포한다는 경고까지 나왔다. 하지만 1982년 1월 5일 4시를 기해 한국인들은 통행금지라는 굴레에서 벗어나 밤 시간을 자유롭게 만끽할 수 있게 되었다. 심야업소가 생겨났고 24시간 편의점이 등장했다. 밤에도 잠들지 않는 다이내믹 코리아가 탄생한 것이다.

5 웰빙을 향하여 (1990년대 중반~21세기)

1987년, 30년 가까이 이어진 군사정권에 대항하여 전 국민이 들고일어난 '6월 항쟁' 이후 대통령 직선제가 도입되면서 한국은 본격적인 민주화의 길에 접어들기 시작했다. 노태우에 이어 대통령으로 당선된 김영삼, 김대중은 민주화운동을 상징하는 인물들이었다. 1960~1970년대의 공업화, 1980~1990년대의 민주화를 거친 한국인에게 주어진 다음 과제는 세계화였다. 1988년 서울올림픽의 슬로건처럼 "세계는 서울로 서울은 세계로"였다. 시장은 개방되었고, 외국인들은 한국을 '구입'하기 시작했다.

88서울올림픽 마스코드 '호돌이'

해외여행은 한국인이 구체적으로 체험하는 세계화였다. 1989년 해외여행이 전면 자율화되면서 대학생들은 배낭여행을 떠났고, 신혼부부들은 더 이상 제주도를 유일한 신혼여행지로 선택하지 않았다. 해외여행은 사귀려는 상대방의 매력을 높이는 요소가 되기도 했다. 1990년대에 등장한 '공일오비'라는 그룹은 사귀려는 여자친구의 "아버지가 누구인지"도 궁금하지만, "해외여행 가봤는지"가 그에 못지않게 중요하다고 고백했다. 입맛도 세계화되었다. 1988년에는 맥도날드 햄버거가, 1999년에는 스타벅스 커피가 한국에 매장을 설치했다. 해외에 나간 한국인들은 자신들에게 익숙해진 햄버거와 커피 상표의 가게를 반갑게 찾아가기 시작했다.

부동산을 돌아보는 소위 강남 '복부인'들

세계가 이웃이 되기 시작했지만 종래 하나였던 한국은 갈라졌다. 1987년 대통령 선거는 지지하는 후보자에 따라 한국을 정확히 경상도, 전라도, 충청도로 나누어놓았다. 서울의 경우 '강남'이 출현했다. 그 출현은 아파트가 주도했다. 1974년 반포에, 1977년 잠실에 대규모의 아파트 단지가 조성되었다. 압구정동에는 1976년부터 '시민'이 아닌 도시중산층을 위한 아파트가 건설되었다. 이때부터 아파트는 생활공간이 아닌 재산 증식의 수단으로 이용되기 시작했다. 1980년대에 접어들면서 저유가, 저금리, 저달러의 이른바 '3저 호황'으로 생긴 유휴자금이 부동산으로 투입되면서 아파트는 훌륭한 투기대상임이 재확인되었다. 강남의 아파트들은 부유층의 상징이었다. 1997년 닥친 외환위기는 한국 경제를 추락시키며 구조조정과 해직이라는 깊은 상처를 남겼지만, 그 사이에 부유층은 더 부유해졌다. 한국 경제의 결정권을 쥔 국제통화기금은 경제침체에도 불구하고 고금리를 요구했고, 금융자산을 많이 보유했던 부유층은 기대하지도 않았던 혜택을 보았다.

부유층들은 남과 자신을 구별하는 방법을 찾기 시작했다. 명품의 소비가 증가했다. 명품은 드러내는 것이었다. 이미 의류의 로고는 1970년대 후반부터 옷 바깥으로 나오고 있었다. 1980년대에 접어들면서 백화점마다 수입의류코너를 늘리기 시작했다. 갤러리아 백화점 명품관에서 청담동으로 이어지는 거리에는 해외 유명 고급 의류가 전시되었고, 이 의류들은 국산의 2~4배가 넘는 파격적인 가격에도 꾸준히 팔려나갔다. 새로운 세대들도 이곳에 모습을 나타냈다. 소위 '오렌지족'이었다. 고가의 유명 브랜드 옷을 입고 스포츠카를 모는 이들은 향락적 소비문화의 상징으로 지목받았다. 하지만 오렌지 빛이 그렇듯 연하고 화사한 이들의 삶이 부러운 것도 사실이었다.

보통 한국인들도 이전 세대와 다른 소비행태를 보이기 시작했다. 1995년에는 국민소득 1만 달러 시대가 열렸다. 먹거리에서 고급화는 대세였다. 환경 문제가 전 세계적으로 부각되자 주부들은 약간 비싸더라도 화학첨가물을 빼고 덜 가공한 친환경적 유기농산물, 웰빙식품을 바구니에 담기 시작했다. 채식을 주로 하는 사찰음식도 인기를 끌었다. 판매량에서 OB맥주에 뒤지던 크라운맥주가 '지하 150m의 암반천연수'를 내세운 '하이트'를 판매하면서 맥주시장을 뒤흔든 때가 1993년이었다. 1995년에는 옛날 같으면 상상하기 힘들었던 사먹는 물, 생수가 판매되기 시작했다.

환경에 대한 관심은 한국인의 보금자리에도 변화를 주었다. 재건축, 재개발에 힘입어 아파트의 인기는 식을 줄 몰랐지만 1990년대 접어들어 도시 근교에서 전원생활을 하려는 사람들이 나타나기 시작했다. 이들은 삶의 질을 내세우며 도시가 주는 단점들, 대표적으로 대기오염, 교통체증을 지목했다. 공업화 과정에서 소외되었던 시골이 이들에 의해 재평가받았다. 특히 도시 근교는 도시가 주는 유익함과 편리함을 멀리 하지 않으면서도 전원이 주는 아름다움과 건강함을 가까이 할 수 있는 곳으로 주목받았다. 새로운 삶을 의미하는 '웰빙'은 음식에만 국한된 것이 아니었다.

그러나 전원생활은 도시의 삶에 싫증을 느낀 현대인의 욕망만을 재료로 만들어진 것이 아니었다. 도시개발을 마친 건설기업들의 욕심도 한몫을 하고 있었다. 건설업체뿐만이 아니었다. 기업들은 자신의 생존을 위해 한국인의 소비를 부추기고 있었다. 한국의 신용카드회사들은 광고를 통해 재즈바, 스포츠카, 유럽식 건물부터 파티, 크루즈 여행을 보여주었다. 환상이 주는 유혹에 빠진 한국인들은 카드를 발급받았고, 모델이 보여주는 멋진 소비생활을 흉내 내기 시작했다. 그 생활은 얼핏 1990년대 초반 서울의 강남에 새롭게 나타난 '오렌지족'의 그것과 유사하기도 했다. 딱히 그 때문만은 아니었지만 2002년 한국 사회는 초유의 신용카드 위기를 맞았다. 행복한 삶을 위해 한국인들은 소비를 했지만, 그리고 소비할 자유가 있었지만, 그 소비는 능력을 요구하고 있었다.

21세기의 첫 10년을 넘긴 지금, 지난 60여 년 동안 한국에서 이루어진 일상생활의 변화를 바라보는 눈은 어지럽다. 그 변화는 전통적인 것의 서양적인 것으로의 교체였다. 한국인의 일상복이었던 한복은 더 이상 거리의 주류가 아니게 되었고, 주말 외식을 위해 한국인들은 서양식 레스토랑을 찾고 있으며, 한옥과 판잣집은 헐려 아파트 단지로 변했다. 민족주의가 강고하게 자리잡고 있는 듯한 한국이지만, 생활은 어느덧 서양화되어 있다.

그러나 그 변화가 일방적인 것만은 아니었다. 익숙한 생활전통은 익숙했기에 쉽게 교체될 수 없었고, 근대는 한국에 맞게 변형되어야 했다. 서양식 혼례를 올리면서도 주인공들의 어머니는 예외 없이 한복을 입고 있고, 폐백을 드릴 때 신랑신부는 자연스럽게 전통혼례복으로 갈아입는다. 파스타와 스테이크를 즐기면서도 밥을 주식으로 하고 반찬을 함께 먹는 식생활은 여전하다. 완전한 입식이었던 초기 아파트들도 온돌이라는 전통적 주거양식을 수용해야 했다. 나아가 온돌식 아파트가 외국에 수출되고 있다는 사실은 한국식 근대의 새로운 생명력을 보여주고 있다.

세계화의 목소리가 줄어들지 않고 있는 것을 볼 때 한국인의 생활양식은 해방 후부터 지속된 서양화의 길에서 크게 이탈할 것 같지 않다. 이미 '전통'이 되어버린 현재 한국인의 생활에 세계화의 진원지인 서양인의 생활은 끊임없이 간섭을 하며 들어올 것이다. 하지만 아파트 단지로 대표되는 한국인의 집 살이가 원형을 제공한 서양과 다르듯이 한국인의 생활 역시 서양인의 그것과 닮으면서도 달라질 것은 분명하다. ｜박윤재

이야깃거리

1. 미국의 경제원조가 한국 사회의 발전에 미친 영향에 대해 생각해보자.

2. 아파트가 한국에서 매력적인 거주공간으로 자리잡은 이유에 대해 생각해보자.

3. 자유로운 개성 표현을 국가에서 규제하고자 한 이유에 대해 생각해보자.

4. 경제성장은 소비생활에 어떤 영향을 미쳤는지 생각해보자.

5. 기업의 이윤추구와 소비생활이 어떤 관계를 가지고 있는지 생각해보자.

6. 현재 자신이 누리는 의식주생활 중 역사에 기록될만한 것은 무엇인지 생각해보자.

더 읽을거리

강준만. 2004~2006.『한국현대사 산책』. 인물과사상사.

고부자. 2001.『우리 생활 100년·옷』. 현암사.

구동회. 1997.「중산층의 도시탈출과 전원 담론」.≪문화과학≫ 13.

김광언. 2000.『우리 생활 100년·집』. 현암사.

남은영. 2007.「1990년대 한국 소비문화」.≪사회와 역사≫ 76.

마정미. 2004.『광고로 읽는 한국사회문화사』. 개마고원.

박완서. 1991.「1950년대: '미제 문화'와 '비로도'가 판치던 거리」.≪역사비평≫ 13.

서울시정개발연구원. 2001.『서울 20세기 생활·문화변천사』.

이승호. 2002.『옛날 신문을 읽었다』. 다우.

이영미. 1998.『한국 대중가요사』. 시공사.

전상인. 2006.「해방 공간의 사회사」.『해방 전후사의 재인식』 2. 책세상.

한국역사연구회. 1998-1999.『우리는 지난 100년 동안 어떻게 살았을까』 1-3. 역사비평사.

한복진. 2001.『우리 생활 100년·음식』. 현암사.

5

북한현대사

1 **대한민국과 북한**

대한민국은 지정학적으로 '섬나라'이다. 그곳에 살고 있는 사람들은 비행기와 선박을 이용하지 않으면 다른 국가에 갈 수 없다. 휴전선과 북한 땅이 육로 이용을 막고 있기 때문이다. 휴전선은 단순한 경계가 아니다. 미국 대통령 클린턴이 1993년 비무장지대를 방문하며 말했듯이 "지구상에서 가장 무서운 곳"이다. 한반도의 남북 정권과 구성원들은 경계선을 사이에 두고 전쟁과 대결을 하면서도, 철도·도로를 연결한 개성공단을 설치하여 협력하고 있다.

북한은 언제, 누가 어떻게 만들었는가? '북한'이라는 용어를 현재 사용하는 개념으로 쓰기 시작한 것은 1945년 한반도가 분단된 때부터이다. 제2차 세계대전이 끝나면서 한반도는 소련과 미국의 군사점령 때문에 북한과 남한으로 갈라졌다. 우리가 많은 것을 알고 있는 것 같지만 정작 별로 정확하게 아는 것도 없을 북한은 과연 대한민국에 어떤 존재인가?

북한의 공식명칭은 '조선민주주의인민공화국(Democratic People's Republic of Korea)'

북한의 행정구역

이다. 한반도 북쪽 38도선 이북 지역을 범위로 1948년 9월 9일에 정부 수립을 선포했다. 면적은 한반도 전체의 약 55%를 차지하며, 2012년 현재 인구는 약 2,500만 명이다. 행정구역은 평양·나선·남포의 3개 시와 강원도, 양강도, 자강도, 평안남도, 평안북도, 함경남도, 함경북도, 황해남도, 황해북도의 9개 도로 이루어져 있다. 현재 유럽연합 대부분을 포함한 161개 국가와 수교를 맺고 있지만, 미국·일본과는 정치·군사적으로 아직 대결상태에 있다. 분단의 세월이 길어지면서 대한민국과 여러 부분에서 많은 차이가 생겼다.

도대체 북한은 대한민국과 비교하여 무엇이 어떻게 다른 나라이며, 왜 달라졌을까? 북한의 역사학자들은 자신들의 현대사를 항일무장투쟁과 연관시켜 1926년부터라고 보고 있으며, 주체사상의 구현과 선군혁명이라는 두 가지 키워드를 통해 '자랑찬 승리의 역사'로 정리한다. 북한 밖에 살고 있는 연구자들은 1945년부터 1960년대 말까지 북한 연구의 주요 내용을 '위성국가론'의 증명과 북한 내부의 권력투쟁에 집중했다. 그런데 1968년 프에블로호 사건의 해결과정에서 소련의 압력이 전혀 통하지 않자 '북한=위성국가론'은 설득력을 잃었다. 이후 1970년대 데탕트 시기의 주된 연구동향은 한국 공산주의운동의 흐름 위에 북한 권력의 주체들을 자리매김하고 상대화시켜 비판하는 것이었다. 1980년대에는 북한의 체제, 경제발전노선, 주체사상 등으로 연구주제가 넓어졌으며, 소련·동유럽 사회주의 국가들의 몰락 이후에는 북한의 붕괴, 개혁·개방, 핵·미사일 문제 등에 초점이 맞춰졌다.

북한의 학자들은 식민지 경험과 반외세 자주화라는 과제로부터 주어진 자기 사회의 집체성(collectivism)을 역사적으로 정당화하고자 연구했다. 반면에 다른 국가에 있는 대부분의 연구자들은 냉전적 적대감과 '안보 패러다임'에서 북한체제의 붕괴 또는 정권교체를 목적으로 연구했다. 그 결과 북한의 역사에 대한 구체적인 분석을 결여한 채 선험적 잣대로 재단한 연구들만 쌓였고, 여전히 우리에게 북한은 '이상한 나라'로 남아 있다. 우리가 한국의 근현대사와 민족해방운동의 경험, 특히 1945년 이후 북한이 직면했던 현실과 대외관계 등을 알 수 있다면 우리와 '다른' 또는 '이상한' 요소들이 무엇인지도 이해할 수 있을 것이다.

2 북한사 시기 구분과 개요

북한의 역사를 이해하기 위해서는 몇 가지 역사적 사실을 먼저 살펴보아야 할 것이다. 한국 공산주의운동의 역사와 그 가운데 김일성 유격대의 항일무장투쟁, 항일 유격대의 중국공산당·소련과의 연대, 그리고 소련의 북한 점령과 내정 개입 등이다. 이 세 가지가 1945~1948년 북한 정권의 수립에 결정적인 영향을 끼쳤기 때문이다.

분단된 지 60여 년이 지난 현재의 시점에서 되돌아볼 때, 북한의 역사는 1974년 2월 김정일 비서의 '유일지도체제' 구축과 '온 사회의 주체사상화 강령' 선포를 분기점으로 전기와 후기로 크게 나눌 수 있다. 그리고 전기는 신국가건설, 6·25전쟁과 전후 복구, 사회주의 기초 건설로, 후기는 1994년 김일성 주석의 사망, 2002년 경제관리 개선, 2006년 핵실험, 2011년 김정은의 권력승계 등을 기준으로 또 다시 시기 구분이 가능할 것이다.

1) 건당(建黨)·건국(建國)·건군(建軍)(1945년 8월~1950년 6월)

한반도가 남과 북의 두 지역으로 분열된 상황에서 공산주의자들과 그들을 지지하는 주민들은 인민위원회에 바탕을 둔 인민정권을 수립해나갔다. 그들은 1945년 10

1948년 9월 수립된 북한의 초대 내각.
앞줄 왼쪽 세 번째부터 박헌영, 김일성, 홍명희.

월 10일 '조선공산당 북부조선분국'을 만들었다. 1946년 2월 8일에는 북한 지역 중앙정권기관으로서 북조선임시인민위원회를 선포하고 김일성을 위원장으로 선출했다. 김일성은 1937년 보천보전투의 주역으로 이미 잘 알려진 인물이었다. 김일성을 중심으로 한 공산주의자들이 권력을 장악한 과정은 합법적이지도, 대의제에 기초한 것도 아니었다. 무엇보다 소련군이 북한을 점령했기 때문에 김일성은 누구보다 유리하게 정국을 이끌 수 있었다. 김일성과 유격대 동료들이 항일무장투쟁을 통해 이룬 성과도 권력장악에 도움을 주었을 것이다. 북조선임시인민위원회는 주민의 동의를 얻기 위해 신속하게 토지개혁과 산업국유화 등을 추진했다. 해방 직후 폭풍처럼 몰아친 '민주개혁'의 격랑 속에서 북한 주민 대부분의 생활방식은 근본적으로 변화했다. 1947년 3월 한국 역사상 최초의 보통선거를 통해 북조선인민위원회를 출범시켰고, 1948년 2월에는 조선인민군을 창설했다. 1948년 4월 남북협상회의를 개최했고, 주민 토의에 바탕을 둔 헌법을 마련한 후 최고인민회의 대의원 선거를 통해 1948년 9월 9일 '조선민주주의인민공화국' 수립을 선포했다. 인민정권 수립 후에는 '민주기지론'과 '국토완정론'에 근거하여 대한민국 정부를 위협했다.

2) 6·25전쟁, 전후 복구와 사회주의 기초 건설(1950~1961년)

북한은 자신들이 일으킨 6·25전쟁에서 승리했다고 주장하지만, 희생과 피해도 컸다. 약 30만 명의 군인과 40만 명의 민간인이 죽었고, 300만 명의 주민이 월남했다. 도시와 농촌 가릴 것 없이 모두 부서졌다. 6·25전쟁은 북한 주민에게 최악의 재앙이었던 것이다. 북한 주민은 피해 복구를 위해 엄청난 희생을 치러야 했고, 그 과정에서 사회주의 국가들의 '원조'도 받았다. 그런데 김일성은 전후 발전전략과 관련하여 소련식 발전모델을 북한 사회에 그대로 적용하지 않았다. 전쟁에 참전했던 중국의 인민지원군도 철군시켰다. 전쟁의 영향으로 북한 사회에 애국주의·민족주의가 크게 발양하자 북한은 자신의 현실과 과거 전통에 근거하여 북한식 발전전략을 추진해나갔다. 김일성과 조선노동당은 각지의 공장과 기업소 등을 찾아가서 "천리마를 탄 기세로 달리자!"라는 구호를 외치며 노동자·농민을 사회주의 건설과 계급투쟁의 주체로 내세웠다. '고난의 행군'으로 어려웠지만, 자주성을 되찾은 시기였다.

평양의 모란봉기슭에 세워진
천리마 동상(1961.4)

3) 사회주의의 전면적 건설과 수령제 정치체제의 수립(1961~1974년)

북한은 사회주의 생산양식을 갖추며 대규모의 강제적 산업화를 통해 어느 정도 자급자족을 이룰 수 있었다. 공작기계 분야 등에서는 대외경쟁력도 생겼다. 북한 정권은 비동맹운동에 참가하면서 아프리카 국가들에 수백만 달러의 원조금도 제공했다. 그러나 농업 생산은 계속 불충분했다. 1967년 조선노동당 제4기 15차 전원회의를 계기로 '유일사상체계'를 세웠으며, 사상·기술·문화의 3대 혁명을 적극 추진해나갔다. 1972년에는 '사회주의헌법'을 제정하여 국가사회제도를 공고화했지만, 헌법의 세부 내용들은 이미 북한 주민에게 아무런 의미도 없었다. 김일성 주석 한 사람이 당·정·군의 권한을 손에 쥐고 조선노동당과 자신의 물리력을 통해 통치했기 때문이다.

4) 김정일 비서의 등장과 전당의 주체사상화(1974~1980년)

김정일은 1964년부터 조선노동당 중앙위원회에 근무하면서 후계자로 키워졌다. 그는 1974년 조선노동당 제5기 8차 전원회의에서 '당중앙'으로 추대되었다. 김정일 비서는 주체사상을 김일성혁명사상으로 정식화하여 당의 최고강령으로 공포했다. 국제무대에서도 주체사상을 보급하기 위하여 적극 활동했다. 김정일 비서는 당과 군대, 정부에서 유일지도체제를 내세우며 자신을 중심으로 권력을 재편했다. 더불어 사람들의 사상개조까지 포함하는 대중운동으로 '3대혁명 붉은기 쟁취운동'을 추진했다.

5) 온 사회의 주체사상화 추진(1980~1989년)

평양 조선혁명박물관 앞의
김일성 동상

북한은 1980년 조선노동당 제6차 대회를 계기로 '온 사회를 주체사상화' 하는 사업을 당면 목표로 내세웠다. 그것은 사회의 모든 구성원들을 혁명화, 노동계급화, 인텔리화하여 경제건설을 강화하고 인민경제를 주체화, 과학화, 현대화한다는 과제였다. 이 시기까지 북한의 연평균 공업 생산 성장률은 12%를 기록하며 제3세계 비동맹국가들 사이에서 모범이 되었다. 1980년대 말에는 '과학기술 발전 3개년 계획'을 수립하여 전자공학과 생물학, 역공학 분야에서 새로운 성과를 거두기도 했다. 그러나 정작 희망을 쫓아 북한을 방문한 사람들에게 그곳은 시민사회조차 형성하지 못한 '슬프고, 비참한 나라'로 비쳐져갔다.

6) 우리식 사회주의 고수(1990~1994년)

북한은 1980년대 말부터 1990년대 전반까지 외부로부터 체제유지가 어려울 정도의 심각한 압박을 받았다. 소련과 동유럽 사회주의 국가들의 해체를 지켜보면서 북한은 외롭게 '우리식 사회주의'를 끝까지 지켜나가기 위해 힘에 부친 노력을 했다. 김정일 비서는 1991년에 인민군 최고사령관의 지위에 올랐다. 1993년에 북한은 '북한 핵 위기'와 관련하여 '준전시상태'에 들어갔다. 단군릉의 개건 등 '노동당 시대의 기념비적 건축사업'을 통해 주민을 새롭게 통합시키고자 힘을 쏟기도 했다. 그러나 1994년 남북정상회담을 준비하던 김일성 주석이 갑자기 사망하면서 북한 주민은 전례 없는 난관과 시련에 부닥쳤다.

북한의 대집단 체조
아리랑 공연 장면

7) '고난의 행군', 선군시대(1994~2011년)

북한 주민들은 김일성 주석이 없는 데다 자연재해까지 연이어 당하자 김일성의 '유훈'을 내세우며 '고난의 행군'을 지속했다. 김정일 위원장은 총체적 위기를 '선군(先軍)정치' 방식으로 관리했다. 북한 당국은 2000년의 신년 공동사설에서 사상, 총대, 과학기술을 중시해 나갈 것을 대내외에 밝혔다. 이후 경제적 어려움으로 북한 땅을 벗어나는 주민이 늘고 있는 상황 속에서도 로켓을 발사하고 핵무기 보유를 선언하며 대결과 협상을 반복하는 외교를 펼쳤으며, '아리랑' 공연을 통해 '북한식 사회주의'를 선전하며 주민을 결속시켜나갔다. 김정일 위원장은 "가는 길 험난해도 웃으며 가자"라며 주민을 설득하는 한편, "오늘을 위한 오늘이 아니라, 내일을 위한 오늘을 살자"며 '사회주의 강성국가' 구호를 내걸고 군대에 의한 체제유지에 온 힘을 쏟았다.

8) 김정은 제1비서의 등장과 '강성부흥'(2012년~현재)

김정일 위원장이 2011년 12월 17일에 갑자기 사망하자 아들 김정은이 2012년 4월 11일 열린 노동당 제4차 대표자회를 통해 권력을 승계받았다. 그는 2010년 9월 27일 대장 칭호를 부여받았고, 바로 다음날 당 대표자회에 공식적으로 모습을 드러냈다. 북한은 현재 '김일성·김정일주의 유일지도사상'을 내세우며 김정은체제의 안정적 구축에 매진하고 있다. 이를 위해 "강성부흥의 대문을 열자", "김정은을 수반으로 하는 당중앙위원회를 목숨으로 사수하자"라며 주민들에게 호소하고 있다. 더불어 '식·

의·주 문제' 해결을 위해 외국인 투자를 촉진시키고자 관련 법을 수정·보충하여 투자환경을 개선하고 있다. 가시적 성과로 중국과 공동개발 중인 나선경제무역지대, 황금평·위화도경제지대가 있다. 북한에서 '강성부흥'의 의미는 '인민들이 쌀밥에 고깃국을 먹는 것'이라고 한다. 그 성공 여부는 아직 불투명하다.

3 통치이념과 정치체제

북한의 통치이념은 주체사상과 선군정치이다. 북한학계의 설명에 따르면, 주체사상은 "사람 중심의 세계관이고 인민대중의 자주성을 실현하기 위한 혁명사상"이다. 1950년대 중반까지 조선노동당의 지도이념은 마르크스-레닌주의였으나, 1970년대 전반기에 주체사상이 '김일성주의'로 천명되면서 통치이념으로 자리잡았다.

주체사상 확립 과정에 대한 논의와 관련하여, 항일무장투쟁 시기부터 그 시원을 찾을 수도 있다. 하지만 실제적으로는 1950년대 중반 사회주의 국가들 사이에서 큰 나라가 작은 나라들을 통합·예속하려는 움직임에 대응하면서 '주체' 개념을 제창했고, 이를 통해 대외관계에서 '자주성'을 확보·강화해왔다고 볼 수 있다. 북한 공산주의자들은 민족적·유토피아적 지향이 누구보다 강했다. 더불어 소련이 지도하는 국제공산주의운동에도 일찌감치 실망했다. 그들은 사회주의 블록과의 연계보다도 북한 사회 자체의 필요에 따른 발전전략을 선택했다. 1955년 '사상사업에서 주체' 바로잡기를 분수령으로, 1956년 '경제에서의 자립', 1957년 '정치에서의 자주', 1962년 '국방에서의 자위' 등을 거치며 주체사상은 1966년 '당의 사상'으로 내세워졌다.

정치체제 또한 계속 변화했지만, 외부에서 북한에 '이름 붙이기'를 시작한 후 지금까지 등장한 표현들은 '위성국가', '전체주의', '김일성왕조' 등으로 거의 바뀌지 않았다. 많은 학자들이 지적하

북한의 주체사상 관련 포스터

조선노동당 당대회 및 당대표자회 개최 현황

차 수	개최일	의제
1차 당대회	1946.8.28~30	○ 당창립 보고 ○ 당강령·규약·기관지 보고 ○ 당중앙위원회, 중앙검열위원회 선거
2차 당대회	1948.3.27~30	○ 당중앙위원회 사업결산 보고 ○ 당규약 수정, 당중앙지도기관 선거
3차 당대회	1956.4.23~29	○ 당중앙위, 당중앙검사위 사업총결 보고 ○ 당규약 개정, 당 중앙지도기관 선거
1차 당대표자회	1958.3.3~6	○ 인민경제발전 1차 5개년계획(1957~1961) ○ 당조직 문제
4차 당대회	1961.9.11~18	○ 당중앙위, 당중앙검사위 사업총화 ○ 인민경제발전 7개년계획(1961~1967) ○ 당규약 수정, 당중앙지도기관 선거
2차 당대표자회	1966.10.5~12	○ 국방·경제 병진정책 ○ 인민경제발전 7개년계획 3년 연장 ○ 당중앙위원장제 폐지, 총비서 직제
5차 당대회	1970.11.2~13	○ 당중앙위, 당중앙검사위 사업총화 ○ 인민경제발전 6개년계획(1971~1976) ○ 당규약 개정, 당중앙지도기관 선거
6차 당대회	1980.10.10~14	○ 당중앙위, 당중앙검사위 사업총화 ○ 당규약 개정, 당중앙지도기관 선거 ○ 김정일 당정치국 상무위원 선출
3차 당대표자회	2010.9.28	○ 김정일 당총비서 추대 ○ 당규약 개정, 당중앙지도기관 선서
4차 당대표자회	2012.4.11	○ 김정은 당 제1비서 추대 ○ 당규약 개정, 당중앙지도기관 선거

듯이 북한 정치체제의 구조와 운영 방식은 다른 사회주의 국가들의 경험과는 다른 독특한 특징을 보여준다. 북한의 정치체제에서 가장 핵심적인 요소는 모든 것이 수령으로부터 비롯되고 집중되는 '수령론', 수령에 대한 절대적 충성을 보장하는 '수령관', 혁명위업과 혁명전통의 계승을 매개로 한 '후계자론' 등이다. 그 밖에 철저한 중앙집권적 유일지도체계와 유일사상체계 등은 다른 나라와 견주어 상당히 다르다. 자유주의 국가와 비교하여 틀리다거나 잘못된 것이 아니라 크게 '다른' 것이다. 따라서 북한의 정치체제를 설명하기 위한 논리와 방법도 상이해야 한다.

북한의 정치체제 형성과 관련하여 연구자들은 북한이 처했던 역사적 환경과 함께

6차 조선노동당 당대회 전경(1980.10)

만경대에 걸린 김일성, 김정일 초상화

김일성·김정일 개인의 능력에 주목하기도 한다. 이들에 따르면 정권출범 직후부터 북한 내부의 정파 사이에는 대립과 갈등이 있었고, 1950년대 발전노선을 둘러싼 투쟁의 결과 강력한 지도력을 창출했으며, 그것이 주체 확립과 지도자에 대한 충성이라는 형태로 귀결했다고 설명한다. 실제로 김일성은 '8월 종파'의 주역들이 겪은 공포를 당 안으로 끌고 들어와 당 내부 '분파'의 형성과 활동을 '반혁명행위'와 동등한 범죄로 다뤘다. 이 같은 체제에 대하여 여러 연구자들은 각각 '신전체주의', '사회주의적 조합주의', '수령제 사회주의' 등으로 다양하게 규정했다. 어떤 이는 북한이라는 대상에서 전체주의체제의 일탈된 모습을 읽고, 다른 사람은 동심원적 사회구조에 주목하거나 사회주의와 유교문화전통의 공명에 초점을 맞추었던 것이다.

북한은 식민지를 경험한 저발전국가였다. 소련이 신생국 북한을 사회주의 블록으로 편입하려고 강제하자, 북한 지도부는 동유럽 사회주의 국가들과는 다르게 '자력갱생'의 험로를 택했다. 한 세대에 두 개의 강대국과 전쟁을 치른 경험, 안보위기의 상존, 유토피아 민족공동체 건설에 대한 남다른 의지 등이 북한을 '물질'보다 '사상'을, '동맹'보다 '전통'을 우선하도록 만들었다. 하지만 '속도와 균형 논쟁'으로 포장된 발전전략의 충돌이 있었고, 개인주의의 확산에 따라 사회적 이완현상도 늘어갔다. 북한 당국은 사회 전체를 하나의 유기적 조직으로 구성하면 이 위기에서 벗어날 수 있을 것으로 판단했다. 이것이 곧 수령 - 당 - 대중의 통일된 단결체를 하나의 유기체로 엮어낸 '수령제'였다. 수령제의 출현은 권력 그 자체의 강화가 목적이 아닌 '주체'의 확립을 위한 전 사회의 동심원적 조직화였다.

1970년대 북한 사회는 흐트러진 사회조직을 재정비했다. 정치구조에서 '주석제'를 신설하고, 당 - 행정부 - 군대에 수령유일적 영도체계를 구축하고자 했으며, 수령

북한의 정권기관 체계

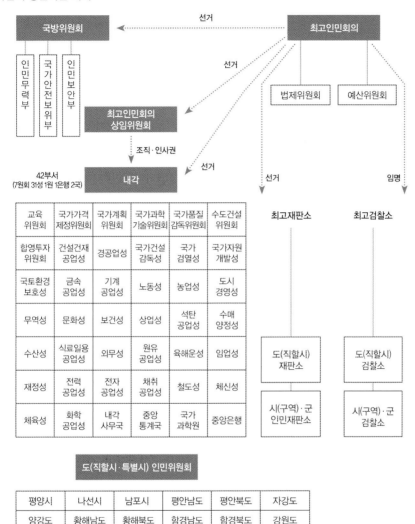

평양시	나선시	남포시	평안남도	평안북도	자강도
양강도	황해남도	황해북도	함경남도	함경북도	강원도

출처: 통일부, 『북한권력기구도』(2012.4)

에 대한 절대충성을 최고의 가치관으로 설정했다. 북한 주민들은 김일성의 '계몽'을
받아들였다. 이제 북한식 '사회주의 대가정'의 구성원들은 자신의 운명을 집단과 결
부시켜야만 했으며, 자신들의 지도자·사상·제도에 어떠한 의문도 품지 않고 무조건

적응해야 살기 편한 질서에 순응해갔다.

수령제가 안착되면서 북한은 외형적으로 강한 집체적 결속력을 갖추었다. 하지만 시간이 흐르면서 왜 수령제 정치체제를 선택했었는지에 대한 처음의 문제의식을 잃어갔고, 권력의 독재화를 피할 수 없었다. 그 결과 개인의 창발성은 제약받았고 사회적 약자에 대한 배려까지 무뎌져갔다. 여기서 김일성 주석의 사망은 북한 사회 위기의 또 다른 분기점이 되었다. 당시는 미국과 핵·미사일 문제로 갈등을 빚어 전쟁 발발 직전의 상황이었고, 최악의 식량난·에너지난 속에 굶어죽거나 방랑하는 사람들까지 발생했다. 북한 당국이 위기에서 벗어나고자 선택한 것은 고난의 공유와 분배의 투명성 등이었다. 김정일 국방위원장은 1990년대 중반, 심각한 현안들을 풀기 위한 열쇠로 '선군정치'를 내세웠다. 선군정치란 "군사선행의 원칙에서 혁명과 건설에서 나오는 모든 문제를 해결하고 군대를 혁명의 기둥으로 내세워 사회주의 위업 전반을 밀고 나가는 영도 방식"을 말한다. 높아진 군부의 위상을 반영하여 1998년의 개정 헌법에서는 '국방위원회'를 북한 최고의 국가권력기관으로 격상시켰다. 2012년 새롭게 등장한 김정은 정권도 김정일 위원장의 정책을 대체로 유지하면서 남한·미국·일본에 대해 '부드러운 갈등관계'를 선택적으로 유지해나갈 것이다.

북한은 조선노동당과 국방위원회가 국가의 모든 영역을 주도하는 군사선행(軍事先行)의 '당 - 국가체제'이다. 최고인민회의는 입법권을 행사하는 최고주권기관이며, 내각은 최고인민회의의 행정집행기관이다. 국방위원회는 국가주권의 최고군사지도기관이다. 국가권력은 국가의 안위를 책임지는 국방위원회 제1위원장, 국가를 대외적으로 대표하는 최고인민회의 상임위원장, 정부를 대표하는 내각총리의 세 사람에게 나누어져 있다. 그러나 실제 정치권력은 조선노동당과 국방위원회를 대표하는 김정은 당제1비서 겸 조선인민군 최고사령관에게 집중되어 있으며, 중요한 결정들은 회의자료 수집과 분석, 토론 등을 거쳐 집단적으로 이뤄진다.

북한은 생산수단을 국가와 협동단체가 소유하는 사회주의적 소유제도와 '개방형 민족경제건설노선'을 표방하는 중앙집권적 계획경제제도를 채택하고 있다. 북한에서도 제한적이지만 개인소유를 인정하며, 상속도 가능하다.

북한은 6·25전쟁 이후 중공업을 우선으로 하되 경공업과 농업을 동시에 발전시킨다는 발전전략을 추진했다. 중공업 육성에 중점을 둔 이유는 자립경제를 이루겠다는 목적과 함께 군사적으로 필요했기 때문이었다. 당시 북한은 소련의 원조가 급감하고 중국으로부터도 지원을 받기 어려운 상황에서 '자력갱생' 이외에 다른 선택의 여지가 없었다. 북한 스스로 자신의 체제를 지켜나가기 위해서는 1920년대 소련이 그랬듯이 중공업 건설이 필수적이었다.

1950년대에 추진한 '천리마운동'은 자원이 부족한 상황에서 사회주의 사회로의 이행을 재촉하기 위한 주민의 노력동원이었다. 또한 개인보다 집단을 중시하는 가치관을 사회에 폭넓게 퍼뜨리기 위한 사상교양이기도 했다. 북한 지도자들은 사상을 물질보다 중시했고, 전쟁 준비를 최우선으로 했다. 국방을 소홀히 하여 남의 나라에 지배를 당한다면 경제발전과 생활 문제가 성립조차 되지 않는다고 판단했기 때문이다. 그 결과 북한은 경제 규모에 견주어 과다한 국방비를 지출할 수밖에 없었고, 인구 대비 세계에서 가장 많은 군인을 유지했다.

북한의 지도자들은 자신들의 정책이 '과학적'이라고 믿었다. 그러나 관료들은 계획을 어떻게 짜야 할지를 제대로 몰랐으며, 비효율을 줄여나갈 수단도 막연했다. 엄청난 통계자료를 생산했지만 그것들은 상품생산량과 별개였다.

북한 당국은 경제적 어려움을 풀고자 경제관리 방식을 계속 바꿔나갔다. 1960년대 초에 추진한 '청산리 정신과 방법', '대안의 사업체계'는 집단운영 관리체계로 바꿔서 경제건설속도를 높이고자 기획한 것이었다. 1984년에 시작한 '8·3 인민소비품 창조운동'은 시장경제의 맹아 형태를 담았다. 또한 다른 국가가 북한에 직접 투자할 수 있는 합영법(1984)을 도입했으며, 1991년에는 중국·러시아와 국경을 접한 나진·

북한의 GDP 그래프

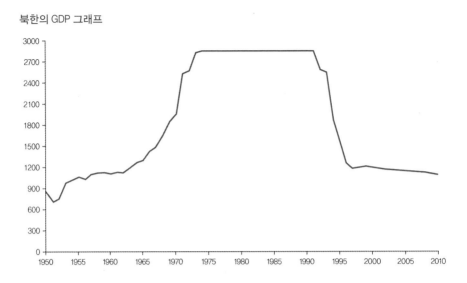

선봉 지역에 '자유경제무역지대'를 설치했지만 기대만큼의 성과는 없었다.

북한은 소련의 영향 아래에서 사회혁명의 주 내용을 '생산성'과 '효율성'으로 설정했다. 그들은 국가 주도의 경제개발계획을 추진했고, 노동강도를 강화하기 위해 속도경쟁을 벌였다. 그들은 '토대'를 중시하는 어쩔 수 없는 마르크시스트였고, '속도'에 포박당한 개발론자였다. 그 결과 개인 또는 사회적 소수자에 대한 배려는 '전체를 위한다'는 산술적 계산에 묻혀 무시되었고, 주체가 아닌 대상으로 전락한 '표정 없는 군중'을 양산했다. 사회주의 지상낙원을 신속하게 건설하겠다며 '인간은 인간답게 살아야 한다'는 절대가치까지 양보했지만 북한의 경제성장은 1970년대 중반을 기점으로 둔화했다. 1990년대 들어서부터는 마이너스로 돌아섰다. 1990년대 중반 연속된 자연재해를 당하면서 1990년대에 연평균 -3.8%의 경제성장을 겪은 결과 식량난·에너지난·원자재난 등 심각한 경제위기를 겪었고 산업시설은 가동을 멈춰야 했다. 또한 사회주의체제의 해체로 인하여 외국시장도 잃었다. 새로운 돌파구로서 북한의 정책입안자들은 2002년 '경제관리개선조치'를 통해 분권화·자율화·물질적 인센티브를 강화했고, 개성공업지구법을 제정하여 남한 자본에 개성 주민과 땅을 내주기까지 했다. 한국은 이에 호응하여 2002~2007년 동안 매년 30~35만 톤의 비료와 40만 톤의 쌀을 지원했으나, 이명박 정부가 들어서면서 전면 중단했다.

개성공단 전경

북한의 심각한 경제위기는 각자의 운명을 체제보다는 각 개인의 노력으로 해결해야 한다는 사실을 깨닫는 계기가 되었다. 더 이상 식량을 공급해주지 못하는 체제 속에서 각 가정은 사회 급양망(給養網)이 아닌 시장을 찾았다. 이제 북한의 기본 경제노선은 실리·실적·실력을 강조하는 방향으로 변해갔다. 시장에서는 돈이 있으면 필요한 물품을 구할 수 있었지만 개인의 지불능력을 초과하는 비싼 가격으로 거래되었다. 그럼에도 종합시장 등에서의 상품유통은 활발해졌다. 북한 당국은 속도조절을 위해 2005년 10월부터 사회주의 계획경제의 우월성을 재차 강조하고 있지만, 시장을 예전처럼 규제할 수 없을 것이다.

2010년 현재 북한의 대외무역 총액은 약 61억 달러이며, 주된 무역상대국은 중국이다. 중국은 나선경제무역지구에 30억 달러를 투자하여 화력발전소 등 기반시설을 건설하고 있다. 주민들은 이제 일하는 만큼, 자기가 소득을 올리는 만큼 소비수준이 결정된다는 사실을 받아들이고 있다. 새롭게 출범한 김정은 정권도 '빈곤의 함정'에서 빠져나오기 위하여 계획:시장, 통제:자율, 체제수호:개혁 등에 걸쳐 균형과 배합의 황금비율을 찾아나갈 것이다.

5 사회·문화

현재 북한은 세계화 물결에 맞서 현대판 동도서기를 추구하는 듯하다. 정신세계는 충효사상을 유지하면서 물질적인 측면에서는 개방을 추구한다. 이와 같은 바탕에는 북한 주민이 겪은 역사적 경험이 작용한다. 그들의 역사는 외세에 대한 분노의

평양직할시의 모습(2009)

감정으로 채워져 있다. 북한 주민의 미국에 대한 감정은 한반도 분단, 6·25전쟁, 미군의 남한 주둔, 북한 봉쇄 등으로 인한 증오심 때문에 적대적이다. 최근에 겪은 굶주림에 대한 공포와 아픈 기억 역시 북한의 사회·문화에 심대한 영향을 끼쳤을 것이다. 대중을 지배하는 데 '공포'는 일정한 효과를 발휘한다.

북한 사람들은 사회구조 안에 갇혀 있다. 북한의 모든 지역에는 가까이에 사는 수십 세대의 가정을 묶은 '인민반'이 있으며, 주민 모두가 인민반원으로 한데 모여 생활한다. 인민반은 조선노동당과 정부의 정책으로 주민을 의식화, 조직화하는 역할을 한다. 주민의 생활을 조직화하기 위한 주요 사회단체로는 민주여성동맹, 농업근로자동맹, 직업총동맹 등이 있다.

외부인의 눈에 비친 북한 주민은 모두가 하나같이 보인다. 그러나 그들 역시 복잡한 동기부여를 가진 감정 있는 사람이다. 졸리면 수업시간에 졸고, 학교 안에서 남녀 대학생들이 손을 잡고 걸으며, 해떨어진 으슥한 보통 강변의 벤치에서 포옹을 나누기도 한다. 남보다 자기 가족을 우선 걱정하며, 각종 시험이 없는 세상에서 단지 오늘만을 위해 살고 싶어 하기도 할 것이다. 물론 주어진 기준에서 일탈하는 행위는 개인주의·자유주의로 손가락질 받을 것이다. 또한 아직 많은 북한 사람들이 민족 고유의 전통문화와 도덕적 우위가 물질생활의 어려움을 극복해줄 것으로 믿는다. 그들은 어려서부터 조직생활을 통해 그렇게 배웠다.

북한의 공휴일은 다음과 같다. 공휴일은 최고지도자들의 출생일, 국제공산주의운동 또는 체제형성 관련 기념일 그리고 민속명절 등을 포함하여 1년에 대략 17일이 된다.

북한의 교육제도는 사회의 모든 구성원을 최고지도자의 '충직한 전위투사'로 키우기 위한 11년제 의무교육이다. 각종 사회교육과 성인교육도 정부 부담으로 실시

한다. 북한의 교육체계는 유치원 - 4년제 소학교 - 6년제 중학교 - 3년제 전문학교·4년제 대학 - 박사원으로 짜여 있다. 그 외에 일하면서 배우는 공장전문학교, 공장대학, 통신 및 야간교육망이 있으며, 사회교육을 위한 학생소년궁전, 학생소년회관, 인민대학습당, 도서관 등이 있다. 북한의 학교에서는 정치사상교육과 함께 국어·영어·수학 등을 배우지만, 최근에는 정보기술교육도 중시한다.

학술연구는 김일성 주석과 김정일 국방위원장의 활동을 찬양하고 조선노동당의 사상과 정책을 옹호하는 것을 기본으로 한다. 북한의 지식풍토는 '집산주의'와 '인간의 속성과 활동이 법칙의 지배를 받는다'는 결정론의 성격을 띤다. 북

북한의 공휴일

날짜	명칭	비고
1. 1.	양력 설	
1. 1(음력)	설 명절	민속명절
1. 15(음력)	정월대보름	민속명절
2. 16.	광명성절	김정일 출생일
3. 8.	국제부녀절	
4. 4.	청명절	민속명절
4. 15.	태양절	김일성 출생일
4. 25.	조선인민군 창건일	
5. 1.	국제노동자절	
7. 27.	조국해방전쟁승리기념일	
8. 15.	조국해방의 날	
8. 15(음력)	추석	민속명절
9. 9.	공화국 창건일	
10. 10.	노동당 창건일	
12. 27.	헌법절	

한학계는 '주체사회과학'을 세상에 소개하며 1970~1980년대에 일부 관심을 불러일으켰지만, 지금은 영향력이 예전에 비해 상당히 축소되었다.

문학·예술도 '사회주의문화 건설노선'을 관철시켜 대중에게 공산주의사상을 가르치기 위한 무기이다. 문학작품은 '당과 수령에게 충직한 인간'을 그려낸 총서 『불멸의 역사』와 『불멸의 향도』가 대표적이다. 영화는 북한에서 '당원들과 근로자들의 생활에 없어서는 안 될 투쟁의 무기, 생활의 교과서'로 취급된다. 기록영화, 예술영화, 과학영화, 아동영화 등을 매년 여러 편 창작한다. 음악, 무용, 연극 등 무대예술은 '조선노동당의 사상전선을 지켜선 초병' 역할을 맡고 있다. 최근의 대표작은 대집단체조와 예술공연을 결합한 〈아리랑〉이 있다. 북한의 문학예술은 아직 인간과 사회의 복잡성 가운데 많은 부분을 고의로 빠뜨린 채 당이 중시하는 교훈적 주제들에 얽매여 있다.

북한 당국은 집단주의 생활양식을 우선시하지만, 그것이 개인의 요구와 항상 일

치할 수는 없을 것이다. 개인의 생존과 행복을 감내할 수 없을 정도로 제약하면 모순이 생길 수밖에 없다. 이 같은 상황에서 식량위기 이후 노동당원이나 정부관리로 일하기보다 장사를 통해 부를 얻는 것을 우선 고려하는 사회 분위기가 만들어졌다. 앞으로도 북한 사회에서 '공식부문'과 '비공식부문' 간의 틈새는 계속 만들어질 것이며, 개인과 개성을 존중하는 문화양식이 삐져나간 공간을 새롭게 채워나갈 것이다.

6 북한의 미래

2012년부터 시작한 '김정은 시대'의 북한은 어떻게 될 것인가? 북한 당국은 '우리에게 어떤 변화도 바라지 말라'면서 '김정일 시대'를 그대로 유지할 것이라고 여러 차례 밝혔다. 김일성의 후계자들은 변화보다 안정을, 변혁보다 질서를 선호한 것이다. 김일성의 집권 이래 북한 당국은 대중에게 북한 인민이 스스로의 노력으로 성취해나가야 할 영웅적인 목표들을 줄곧 제시해왔다. 북한의 통치 이데올로기들은 쉽고 단순하지만, 신성했다. 그 때문에 김일성 세력이 '위로부터의 혁명'을 시작했을 때 영웅정신에 이끌린 많은 사람들이 그들과 함께했었다. 하지만 모든 것이 오랜 기간 정체하고 그것이 고통까지 수반한다면 체제에 대한 충성도는 그만큼 떨어질 수밖에 없을 것이다.

현재 북한은 절대권력의 의지와 관계없이 주민 자신들조차 모르게 서서히, 조금씩 변화하고 있다. 21세기를 살아갈 북한 주민은 20세기에 만들어졌던 체제에서는 더 이상 살 수 없을 것이며, 또 구질서대로 살기를 원하지 않을 것이다. 북한의 변화는 대한민국 국민의 안위와 관련해서도 중요한 문제이다. 다만 새로운 바뀜이 근본적인 변혁으로 이어질지는 북한 지도자와 주민이 하기 나름이다. 외부에서는 그 어떤 것도 강제할 수 없다.

북한의 현 세대는 크게 넷으로 나눌 수 있다. 1세대는 일제시기에 태어난 건국세대이다. 2세대는 1950~1960년대의 전후 복구와 천리마운동에 참여하며 성장했다. 3

세대는 1970~1980년대에 김정일 위원장이 이끈 3대혁명소조운동 속에서 삶의 의미를 배웠다. 4세대는 1990년대 '고난의 행군' 시기를 거치면서 성장한 새 세대이다. 1, 2세대는 식민지 지배계급에 대한 적개심이 컸고, 그만큼 신국가건설에 적극적이었을 것이다. 그러나 이후 세대는 북한의 체제·지도자·사상으로부터 낙관적인 미래를 약속 받았지만 그것의 이행에 대한 판단이 달랐을 것이다.

북한의 미래는 새 세대가 자신들의 앞 세대로부터 무엇을 계승 또는 단절하고, 어떤 것을 새롭게 창조하느냐에 달려 있다. 북한 주민이 '강성국가'의 희망을 품고 한국 역사상 가장 자주적인 시대를 살고 있다는 긍지 속에서 '조선식 사회주의혁명' 실험을 계속해나갈 수 있을지, 아니면 외부의 압력으로 해체당하거나 내부로부터 자체 폭발할지를 선택할 열쇠는 아직 그들이 쥐고 있다. 그러나 한반도의 미래는 남과 북이 함께 만들어갈 과제이다. 북한의 변화는 북한 지역에서만 끝나지 않는다. 대한민국의 향후 발전에 보탬이 될 수도 있고, 발목을 잡을 수도 있기 때문이다. 따라서 우리는 북한역사를 민족사의 한 부분으로 인식하고, 북한을 '사람 사는 세상'으로 함께 만들어나가야 할 것이다. | 김광운

이야깃거리

1. 북한정권 수립 이후 정치 지도자들은 소련·중국과의 관계를 어떻게 변화시켜 나갔으며, 왜 그렇게 했는지에 대해 정리해보자.
2. "하나는 전체를 위하여, 전체는 하나를 위하여"라는 집단주의원칙이 북한에서 뿌리를 내릴 수 있었던 역사적 조건과 환경에 관해 생각해보자.
3. 1993년과 2001년 두 차례의 북핵위기에서 남북한과 미국은 어떻게 대응했는지 정리하고, 향후 동북아 지역질서가 어떻게 재편되어야 문제를 평화적으로 해결할 수 있을지 고민해보자.
4. 대한민국은 북한과 중국의 경제협력활성화에 어떻게 대응해야 할지 판단해보자.
5. 북한 주민의 하루 생활, 생애과정, 조직생활 등을 대한민국 주민의 그것과 비교해보자.

더 읽을거리

김광운. 2003. 『북한정치사연구』 1. 선인.

김성보. 2000. 『남북한 경제구조의 기원과 전개』. 역사비평사.

김성보·기광서·이신철. 2004. 『북한현대사』. 웅진지식하우스.

김연철·박순성 엮음. 2002. 『북한 경제개혁연구』. 후마니타스.

브루스 커밍스. 2005. 『김정일코드: 브루스 커밍스의 북한』. 남성욱 옮김. 따뜻한 손.

서동만. 2005. 『북조선 사회주의체제성립사』. 선인.

스테판 해거드·마커스 놀랜드. 2007. 『북한의 선택』. 이형욱 옮김. 매일경제신문사.

와다 하루키. 2002. 『북조선』. 서동만·남기정 옮김. 돌베개.

이종석. 2000. 『새로 쓴 현대북한의 이해』. 역사비평사.

정영철. 2004. 『북한의 개혁 개방』. 선인.

정창현. 2005. 『변화하는 북한, 변하지 않는 북한』. 선인.

통일부. 2011. 『북한 이해』.

6

남북관계와 통일운동

1 1948년 분단과 남북협상운동

1945년 해방과 동시에 한반도에 진주한 미군과 소련군은 모스크바 3상회의의 결정을 실행에 옮기기 위해 미소 공동위원회를 개최했으나 합의에 이르지 못했다. 그 뒤 소련은 한반도에서 양국 군의 동시철수를 제안했으나 미국은 한반도 문제를 유엔에 이관했다. 결국 미국의 주도하에 유엔은 선거를 실시하여 '코리안 정부'를 세우고자 했다.

남쪽만의 단독선거가 단독정부의 수립 즉, 심각한 분단상황으로 빠져들 것을 우려한 우익계 거두 김구와 김규식 등은 본격적인 남북 지도자회담을 추진했다. 김구는 1947년에 이르러 이승만이 단독정부수립론을 노골화하자 그와 결별하고 통일정부 수립노선을 내세웠다. 김규식은 좌우합작운동을 벌이면서 중도파 세력을 추슬러 남북 통일정부 수립을 지향했다. 이들은 한반도에 두 개의 정부가 세워지는 일이 목전에 임박했다는 위기의식을 느꼈으며 '남북협상'에 의한 통일정부 수립이라는 노선을 적극적으로 실행에 옮기기 시작했다.

서울에서 열린
유엔한국임시위원단 환영집회(1948)

1948년 초 유엔의 결정에 의해 유엔 한국임시위원단이 서울에 도착하여 실사에 착수했다. 현실적으로 단독선거에 의한 남한만의 단독정부 수립이 구체화되자 김구·김규식 등은 2월 16일 김일성(북조선 임시인민위원회 위원장), 김두봉(북조선노동당 위원장) 등 북측 지도자들에게 남북의 정치 지도자들이 만나 통일정부 수립 등 현안을 토의하자는 내용의 서한을 보냈다. 이들은 서한에서 "국토의 영원한 분열과 완전한 독립을 판가름하려는 최후의 순간에 수수방관할 수 없다"며 민족공동의 힘으로 분단을 막아야 할 것이라는 강한 의지를 피력했다. 김구, 김규식의 서한에 대한 북측의 답신은 3월 25일 평양방송을 통해 공개되었다. '북조선 민주주의민족전선' 명의의 서한에서 북측은 4월에 평양에서 남과 북의 모든 정당, 사회단체 대표들이 참여하는 연석회의를 하자고 제안했다.

북측의 초청제안에 대해 남측의 정치 세력들은 크게 찬반으로 갈라졌다. 미군정을 비롯하여 유엔한국임시위원단과 한민당 등 우익 정치 세력은 남북협상에 냉소적이었던 반면, 남로당을 비롯한 좌익과 중간파 정치 세력들은 적극 찬성하면서 '남북협상노선'이야말로 진정한 통일의 길이라며 참여할 뜻을 분명히 했다. 이들은 연석회의에 참석하기 위해 대거 38선을 넘어 평양으로 향했다.

1948년 4월 19일, 평양 모란봉극장에서 남측 대표 240명을 포함하여 총 695명이 참석한 가운데 남북 제(諸) 정당 사회단체 대표자 연석회의가 열렸다. 남쪽 좌익계는 적극 참여한 반면 중도 우파와 임시정부 계열은 소극적이었다. 대회장에서의 발표에 따르면, 참석자들 대부분이 항일운동 이력을 가진 사람들이었던 것으로 파악된다. 참석자들이 일제시기에 독립운동을 한 대가로 살아야 했던 징역살이의 총합이 무려 746년 9개월이나 되었기 때문이다. 김구·김규식 등 남측 우익계 지도자들이 4월 21일 평양에 도착하여 대회에 합류함으로써 연석회의의 열기가 크게 고조되었다. 임박한 단선·단정의 위기에 직면해 닷새간 열린 남북연석회의에서는 미소 양군의 동시 철수, 단독정부 수립 반대 등의 결정서를 채택했다.

연석회의와는 별도로 4월 26~30일에 남측의 김구, 김규식과 북측의 김일성, 김두봉이 참석한 '4김 회담'이 대동강 쑥섬에서 열렸다. 남북의 정치 지도자들은 외국군의 철수, 내전 방지의 약속, 전국 총선에 의한 통일정부 수립과 남한 단선 불승인 등에 합의했다.

남북연석회의와 4김 회담 등에 대한 남쪽 좌익계와 중간파 정치 세력들의 호응은 대단했지만, 우익계의 대응은 비난과 모멸에 가까운 것이었다. 특히 우익계 정치 지도자들의 김구, 김규식에 대한 조롱과 힐난은 가혹할 정도였다. 38선 이남의 유일한 권력체였던 미군정의 하지 사령관은 김구, 김규식이 돌아온 후 특별성명에서 "이들이 공산당의 모략에 빠졌다"라고 비난하면서 "미국이 한국의 분단에 책임이 있다고 믿는 사람들은 '머리로 걸어 다니는 사람'"이라고 조롱했다.

평양에서 개최된 남북연석회의에 참가한 김구가 김일성의 안내로 회의장으로 향하고 있는 장면

"38선을 베고 쓰러질지언정 일신의 안일을 위해 구차한 타협을 하지 않겠다"라며 38도선을 넘어 남북협상의 길에 올랐던 김구와 김규식 등의 노선에 대한 평가는 매우 양극화되어 있다. 이들의 주장과 행동은 선언적이었을 뿐만 아니라 실제로 분단을 극복할 수 없었고, 이미 유엔에 의한 단독선거가 예정된 상황에서 북측의 의도에 따라 '들러리' 역할을 한 데 불과했으며, 결국 북측에 '이용당했다'는 지적이다. 반면 유엔의 단선 결정에도 굴하지 않고 우익 정치 지도자들과 중간파, 좌익 정치 세력들의 연대를 통해 남북이 자주적으로 민족통일원칙에 합의함으로써 통일을 최우선의 과제로 삼은 민족적 열망과 과제를 명확히 제시했다는 평가를 받기도 한다.

남북협상운동에도 불구하고 1948년 5월 10일, 미군정 관할 지역인 38도선 이남에서는 유엔 감시하에 첫 총선거가 치러졌고, 그에 따라 8월 15일 해방 3주년 기념일에 대한민국이 선포되었으며, 북측은 9월 9일 조선민주주의인민공화국을 선포함으로써 한반도에 두 개의 분단정부가 등장했다.

2 1950년대 북진통일론과 평화통일론

6·25전쟁은 우리 민족에게 돌이킬 수 없는 고통과 피해를 주었으며, 남과 북은 서로에 대한 원한과 증오, 대립을 가중시켜나가는 한편 각자 체제결속을 강화함에 따라 한반도의 냉전체제를 더욱 굳게 만들었다. 6·25전쟁 후 이승만 정부는 동아시아 냉전질서 수호를 위한 첨병으로서의 역할을 자임했다. 이러한 태도는 대외적으로 한미 간 안보전선 유대의 강화로 이어졌으며, 국내적으로 반공의식의 공고화와 승공(勝共)통일노선의 정립으로 나타났다. 전쟁 초기 후퇴하는 과정에서 한국군의 작전지휘권을 유엔군으로 이전함으로써 한미 간 군 작전의 일원화가 이루어진 상황에서 정전협정 직후인 1953년 10월에 한국과 미국은 상호방위조약을 체결했다. 이로써 미국에 의지한 채, 아시아에서 추구된 대 공산권 봉쇄정책에 협조해나감에 따라 반공노선에 입각한 강력한 한미 안보동맹체제가 창출되었다.

이승만 정부는 철저한 반공, 승공정책을 견지해나갔다. 이승만 정부의 이러한 대북정책은 '실지(失地) 회복'이라는 관점에서 비롯되었으며, 대한민국의 정통성을 강

북진통일궐기대회에서 '북진통일 주권사수' 피켓을 들고 있는 학생들(1953.4)

조하고 북한을 반국가단체로 규정함으로써 공세적인 반공 대북정책의 확립으로 이어졌다. 이승만 정부의 통일방안은 유엔 감시하 북한 지역만의 총선거였다. '북진통일론'과 '북한 지역만의 총선거안' 등과 같은 제1공화국의 통일·대북정책은 유일합법정부론에 근거했으며, 북한 정부 자체를 인정하지 않는 태도로 나타났다. 따라서 북한과의 공존이 아닌 남북대결주의에 입각한 흡수통일전략을 추구한 것으로 볼 수 있다. 1954년 4월 제네바회담에서 한국의 외

무장관이 '북한 지역만의 자유총선'을 주장한 것도 그와 같은 대북인식에서 비롯되었다. 제네바회담은 유엔군 측 15개국(남 아공 제외)과 소련, 중국, 남북한 등 총 19개국이 참가하여 휴전 이후의 한반도 문제를 다룬 회의였다. 이 자리에서 변영태 외 무장관의 '북한 지역만의 제한적 선거' 주장과 북한 측 남일 외 상의 '남북 대표들로 구성된 전조선위원회 구성과 전조선 선거 를 통한 통일' 방안이 충돌하며 현격한 입장의 차이를 드러냈 다. 특히 북한은 선거감시단에 대해서도 교전 당사자인 유엔 이 아니라 전쟁에 간여하지 않은 중립국 대표들로 이루어져야 한다고 주장했다.

이승만 대통령의
'멸공통일'과 '북진통일' 휘호

논란 끝에 애초 북한만의 제한선거를 주장했던 한국 측 주장이 6·25전쟁 참전 국가들의 권유에 따라 '유엔 감시하의 남북한 총선거안'으로 수정, 제출되었다. 그러나 여전히 북한으로서는 불리할 수밖에 없는 인구비례에 의한 총선거안을 고수했으며, 북한의 체제를 전혀 인정하지 않는 완강한 자세를 견지했다. 회담 막바지에 북한이 '1년 이내 남북 병력 10만 감군'과 정전상태를 극복하기 위한 '남북위원회'와 '전조선 정치위원회' 구성 등을 제안했으나 제대로 토론되지 못했다. 결국 제네바회담은 분 단 이후 열린 남북 간 최초의 협상이었으나 구체적인 성과를 전혀 거두지 못했을 뿐 만 아니라 상대방을 상호 부정하고 자신의 체제정통성에 기초한 합병논리로 일관함 으로써 남북의 차이와 대립을 대내, 대외적으로 공고히 하는 데 그치고 말았다. 그 럼에도 남과 북이 정전체제를 다루는 국제적인 다자간 회의를 인정하고 유엔의 울 타리 밖에서 처음으로 마주 앉아 서로의 통일방안을 논의한 정치협상이었다는 점에 서 그 의미가 적지 않다.

한편 국내에서는 이승만 정부의 북진통일론을 비판하면서 적극적인 '평화통일론' 을 주장하는 정치 세력이 형성되어 정부와 대립하기 시작했다. 특히 이승만 세력이 1954년 '사사오입' 개헌을 강행처리하자 반이승만 성향을 띤 혁신계 세력이 진보당 을 중심으로 결집했는데, 이들은 이승만 정부의 통일·대북정책과 다른 목소리를 내

1956년 대통령 선거 당시
조봉암 후보 벽보

기 시작했다. 진보당은 정강정책에서 "유엔을 통한 민주적이고 평화적인 조국통일"을 규정하여 '평화통일론'을 정면으로 부각시킴으로써 이승만 정부의 무력에 의한 북진통일론과 뚜렷한 대조를 보였다. 진보당을 이끈 당수 조봉암은 평화통일을 저해하는 요소를 견제하고 민주주의적 진보 세력이 주도권을 장악해야 한다고 역설했다. 또한 남북 총선거를 위한 국제감시위원회에 인도·스위스·폴란드·체코를 포함시키자는 중립국 감시하의 통일방안을 제시했다.

진보당의 이와 같은 평화통일론은 이승만 정부와 다른 현실적 국제인식에서 비롯된 것으로 볼 수 있다. 한미 상호방위조약에 따른 자유진영의 반공전선과 북·중·소 간의 연대전선이 대립하여 더 이상 무력통일노선을 유지하기가 어렵다고 파악한 것이다. 또한 국제적으로도 한반도의 평화통일에 대한 여론이 고조되고 있으며, 미소 간 대립구도를 피하기 위해서도 평화통일노선이 견지되어야 한다는 판단에 기초했다. 나아가 진보당은 남북이 정치적으로 가까워지기 위해 선출을 통해 '전한국위원회'를 설치할 것을 주장했다. 이 위원회에는 남북한의 다양한 정치적 경향을 가진 사회단체들도 포함될 수 있으며, 위원회의 최대 당면과업은 자유선거와 진정한 민주주의를 보장할 수 있는 선거법 마련 및 자유로운 선거 분위기 조성 등이라는 점을 강조했다.

진보당의 적극적인 평화통일론은 3년간의 전쟁으로 피폐해진 대중들에게 적지 않게 파고들었다. 1956년 대통령 선거에 출마한 조봉암은 216만 표를 획득하면서 돌풍을 일으켜 504만 표를 획득한 이승만 진영을 긴장시켰다. 정치적 호적수로 등장한데다가 이승만 세력이 볼 때 조봉암과 진보당은 평화통일을 주장하는 '위험하기 짝이 없는' 세력이었다. 진보당은 결국 1958년 10월 '진보당 사건'으로 당수 조봉암이 사형당하고 진보당 자체가 강제 해산되는 비극을 맞이했다. 6·25전쟁이 끝난 지 몇 년 되지 않은 상황에서 대북적개심과 남한정통론에 기초한 북진통일론에 맞서 평화통일론을 펼친 진보당의 주장과 활동은 이승만 세력에 커다란 정치적 위협이 아닐 수 없었다.

3 4·19혁명 직후의 통일논의

1960년 4·19혁명으로 이승만 독재의 12년 아성이 무너지자 정국은 각계각층에서 분출되는 다양한 욕구로 들끓었다. 이러한 사회적 분위기 속에서 여러 진보적인 통일론과 주장이 제기되어 유례없는 통일논의정국이 형성되었다. 이승만 자유당 권력이 붕괴한 후 새로운 정치권력은 1960년 7·29총선을 통해 민주당으로 넘어갔지만 민주당 내의 신·구파 갈등은 또 다른 문제를 낳았다. 신파를 대표하는 장면이 제2공화국 총리로서 권력을 장악해나가자 신·구파 갈등은 마침내 분당으로 이어졌고, 구파 세력은 신민당을 창당하기에 이르렀다. 신민당은 민주당과 차별 짓기 위한 정책의 일환으로서 '제한적 남북교류안'을 제시하고, 통일정책으로 '유엔 감시하의 총선거'를 표방했다. 또한 서신교환과 비정치적 인사의 교류, 스포츠 교류, 남북한 예술인회담 등 진일보한 구상을 내놓았다.

4·19혁명 이후 열린 정치무대에서는 제1공화국 시기에는 볼 수 없었던 여러 혁신계 정치 세력이 출현하여 통일논의를 진작시켜나갔다. 사회대중당은 '유엔 협조하의 평화적·민주적 통일'을 통일정책으로 정하고, 제한적이나마 '남북 교역 및 통신'을 촉구했다. 한국사회당과 통일사회당도 사회대중당과 비슷한 내용의 남북교류를 주장했다. 혁신동지총연맹은 '민주적 정당 및 사회단체가 통일위원회를 구성하여 유엔 협조하의 정치적 통일을 달성하자'라는 통일방안을 내놓았다. 사회혁신당은 '유엔 감시하의 남북 총선거'를 주장했다.

혁신계 정치 세력들은 특히 7·29총선을 전후하여 더욱 진보적이고 대담한 남북교류안과 통일방안을 제시했

총리 인준 후 만난 장면 총리(가운데)와
윤보선 대통령(오른쪽)

4·19혁명 직후 제안된 남북학생회담운동을
지지하는 혁신계 인사들

다. 이들 대부분은 이듬해인 1961년 2월 정치 세력과
사회운동 세력의 협의체인 '민족자주통일중앙협의회'
(민자통)를 조직하여 대중적인 선전과 조직화를 통해
통일운동을 고조시켜나갔다. 민자통은 "뭉치자 민족주
체 세력", "배격하자 외세의존 세력"이라는 구호를 통
해 '민족 대 반민족'의 구도를 형성하고자 했으며, 단순
한 남북교류를 넘어 '남북협상'에 의한 자주적인 민족
통일을 주장함으로써 가장 진보적인 양상을 띠었다.

민자통과 함께 이 시기 통일논의를 주도해나간 또 하나의 세력은 '중립화조국통일
총연맹'(중통련)이었다. 이들은 국제역량에 입각한 영세(永世)중립화 통일방안을 주
장함으로써 통일논의를 확장시켰다.

4·19혁명 시기 통일논의의 또 다른 주도 세력으로 혁신계 정치 세력 외에 이들의
정치적 기관지 역할을 했던 ≪민족일보≫와 ≪영남일보≫ 등의 언론매체들이 있었다.
특히 4·19혁명의 영향으로 1961년 2월 새로이 출현한 진보적 성향의 ≪민족일보≫는
5·16군사쿠데타 세력에 의해 강제폐간될 때까지 혁신계 정치인들은 물론 학계와 사
회운동 세력의 통일론을 적극 소개하고 이들에 의한 논의의 장을 제공함으로써 통
일논의의 활성화에 크게 기여했다. 이 밖에 군사쿠데타 세력에 의해 단죄당함으로
써 논란이 되었던 ≪국제신보≫ 이병주 주필의 필화 사건도 주목된다. 이병주는
≪새벽≫과 ≪국제신보≫ 등에 '조국의 부재', '통일에 민족역량을 집결하라'는 등의
글을 게재하여 통일논의에 동참한 대가를 치러야 했다.

또한 당시 대학생층과 진보적 청년단체들에 의한 통일론도 활발했다. 4·19혁명으
로 이승만 체제가 몰락하자 대학생들은 학원민주화운동과 신생활운동 등을 전개하
며 학생운동을 확장시켜나간 반면, 총선거 시기에는 공명선거운동과 국민계몽운동
등을 전개하며 사회운동의 신조류를 형성해나갔다. 이 같은 학생운동의 흐름과 달
리 혁신계 정치 세력, 사회운동 세력과 직간접적으로 결합하여 좀 더 진보적이고 통
일에 강한 의지를 드러낸 학생운동 세력이 출현했다. 이들은 통일 문제를 주제로 심

포지엄을 개최하거나 시국대토론회 등을 통해 통일논의를 확산시켜나갔다.

진보적 대학생들은 각 대학 별로 '민족통일연맹' 등과 같은 통일운동단체를 조직하여 대학생들뿐만 아니라 기성 정당 및 사회단체와 시민들을 대상으로 통일에 대한 의식을 고취시켰다. 이들은 1961년 5월 5일 전국 18개 대학과 1개 고등학교 학생 대표가 참가한 가운데 '민족통일전국학생연맹'(민통학련) 결성준비대회를 개최하고, 이틀 전 서울대 민통련이 제의한 것을 발전시켜 5월 이내에 판문점에서 '남북학생회담'을 열자는 등의 결의문과 공동선언문을 채택했다.

대학생들에 의한 판문점 남북학생회담 개최 주장은 커다란 논란거리였다. 민주당 정부와 신민당 등 야당은 극력 반대 입장이었으나 혁신 세력은 적극 찬성했을 뿐만 아니라 함께 대시민홍보와 대회준비를 도모했다. 특히 민족민주청년동맹(민민청)과 통일민주청년동맹(통민청) 등을 비롯한 진보적 청년단체들과 민자통 등 통일운동 세력은 남북학생회담운동을 계기로 남북협상 방식에 입각한 자주적인 통일방안을 적극 주장했다. 결국 1961년 5·16군사쿠데타로 남북학생회담은 무산되고 말았지만 6·25전쟁 이후 나타난 학생들의 대중적인 통일의지와 순수한 열정이 반영된 상징적 통일운동으로 볼 수 있다.

4 군사정권기 남북관계와 통일운동

1961년 5월 16일 박정희 등 일부 군 세력은 쿠데타를 일으켜 '반공(反共)'을 혁명공약의 제일의(第一義)로 발표했다. 6·25전쟁 후 만연한 반북, 반공 정서를 반영한 것이기도 하지만, 수월한 권력장악과 이후 미국과의 협력을 강화하기 위해서 반공을 앞세운 것으로 이해된다. 북한에서는 쿠데타 발생 직후 박정희의 의중을 확인하기 위해 밀사 황태성을 파견했으나 박정희 정권은 그를 사형시키고 말았다. 이로써 남북 간의 비밀접촉은 더 이상 이어지지 못했다.

쿠데타 세력은 4·19혁명 이후 출현한 혁신계와 통일운동 세력을 철저히 부정했

《민족일보》 창간호(1961.2.13)

다. 먼저 혁신계 정당인 사회당 조직부장 최백근(崔百根)과 혁신계의 대변지 역할을 했던 《민족일보》의 조용수(趙鏞壽) 사장을 사형시켰다. 또한 각종 혁신 정당들과 민자통 및 청년, 학생들의 통일운동단체를 강제로 해산시키고 관련자들을 '혁명재판'에 회부하여 민간 차원의 통일운동과 논의를 철저하게 탄압했다. 박정희 정권 내내 재야와 언론의 통일논의는 곧잘 공안사건으로 비화될 뿐이었다.

박정희 세력은 반공과 안보를 명분으로 민간통일운동을 억압하는 대신 혁명공약 제5항에 반영된 경제개발을 통해 국력을 키워 북한과 상대하고자 하는 '실력양성'을 대북정책의 기초로 삼았다. 이 점에서 제2공화국의 '선건설 후통일' 노선을 계승한 것으로 볼 수 있다. 반면 북한은 쿠데타 직후인 1961년 9월 조선노동당 제4차 대회에서 남한의 혁명역량강화를 기초에 둔 '남조선 민족해방혁명' 전략을 공개하고, 이듬해 12월 4대 군사노선을 확정하여 군사노선의 강화를 꾀했다. 또한 1964년 2월에는 북조선 혁명역량, 남조선 혁명역량, 국제 혁명역량 등 3대 혁명역량 강화노선을 채택함으로써 남한의 혁명역량강화를 추구해나갔다.

1965년 박정희 정부는 극심한 반대여론에도 불구하고 한일국교정상화를 강행했으며, 베트남전쟁에 한국군의 파병을 단행했다. 이에 따라 한미, 한일관계는 공고해져갔으나 남북관계는 대결상태가 심화되었다. 북한은 대남공세를 강화했고, 미국의 베트남전 개입이 한계상황에 이르자 대남무력도발을 노골화하기 시작했다. 1968년 1월에는 북한의 특수부대가 청와대를 습격하는 사건이 일어났으며, 연이어 동해상에서 미국의 정보함정 푸에블로호를 나포하여 동북아정세를 위기 속으로 빠뜨렸다. 그해 말 완전무장한 북한의 특수부대원 150여 명이 강원도 울진, 삼척지구에 잠입해 이 지역을 장악하여 일시적인 해방구를 구축하다가 군경과 교전하는 충격적인 사건도 연이어 발생했다. 또한 북한 노동당의 직접 지시를 받는 대규모 지하정당인 통혁당 사건이 발생하여 한국 사회는 안보위기에 직면했다. 이듬해 4월에는 북한이 미

정찰기 EC-121기를 격추하기에 이르렀다. 이러한 상황으로 인해 남북관계는 6·25전쟁 이후 가장 극한 상태에 이르렀으며, 박정희 정권의 반공정책은 더욱 강화되었다. 북한의 무력공세에 대비하고 장기적이고 체계적인 통일정책을 수립하기 위한 목적에서 국토통일원을 설립(1969)한 때도 이 즈음이었다.

1·21사태 당시 붙잡힌
무장공비 김신조

하지만 1960년대의 남북관계가 대립과 파행으로만 점철된 것은 아니었다. 1954년 제네바회담을 끝으로 단절되었던 남북대화가 1964년 도쿄올림픽을 계기로 재개되었다. 북한은 1962년 6월 제59차 모스크바 국제올림픽위원회(IOC) 총회를 매개로 도쿄올림픽에 남북한 단일팀을 참가시키자며 판문점에서 남북체육회담을 개최하자고 제의했다. 8월에 대한올림픽위원회는 단일팀 구성에 동의했으며, 12월에 스위스 로잔느에서 남북체육회담을 개최하자고 제안했다. 이에 1963년 1월 로잔느의 IOC 사무국 회의실에서 남북은 IOC의 주재로 체육실무회담을 열었다. 양측은 단일팀 구성에 원칙적으로 합의했으며, 국기는 합의를 보지 못했으나 국가에 대해서는 '아리랑'으로 대체하기로 하고 대표단 단장과 종목별 지도자는 양측 가운데 더 많은 선발선수를 낸 측에서 임명하기로 하는 등의 합의사항을 발표했다. 이어 5월에는 홍콩에서 남북체육회담을 이어나갔다. 그러나 이때부터 양측은 단일팀 호칭 문제, 예선경기 장소와 일시, 선수들의 훈련과 임원구성 문제, 올림픽 참가와 관련된 행정절차 문제 등에 대해 엇갈린 의견을 제시하기 시작했다. 7월에 회담이 재개되었으나 실무회담 우선이냐, 본회담 우선이냐를 둘러싼 이견을 좁히지 못한 채 결국 결렬되고 말았다.

1970년대 초반에 접어들어 남북관계는 국제적인 데탕트에 힘입어 과거와는 다른 양상을 빚었다. 미국과 소련을 양 극으로 한 국제적 냉전구조에 일시적인 화해 국면이 조성되기 시작했다. 당시 미국의 닉슨 대통령은 새로운 대외정책(닉슨독트린)을 제시하여 불개입정책을 표방했다. 이 같은 노선의 전환에 따라 미국은 열강 간의 세력균형과 베트남전쟁의 종결을 위해 냉전의 긴장완화를 도모하는 데탕트정책을 적극 구사했다. 그리고 닉슨은 1972년 2월 중국을 방문하여 상하이 코뮈니케를 발표하면서 본격적인 데탕트 시대를 선언했으며, 이 같은 분위기는 동아시아 데탕트로 이어지는 결정적 계기가 되었다. 미국의 데탕트 정책은 1960년대 말 이래 위기의식이 고조된 한반도의 안정화와 현상유지를 필요로 했는데, 이에 따라 박정희 정부에 남북대화를 적극 권유하기 시작했다.

1969년 3선개헌의 강행으로 반정부운동이 본격화되고 1971년 대통령 선거에서 야당인 신민당의 김대중 후보가 '3단계 평화통일론'과 남북교류를 주장하자 박정희 정권은 남북관계의 변화를 모색하지 않을 수 없는 형편이었다. 경제력 또한 1970년대 초를 기점으로 1인당 국민소득이 북한을 앞서기 시작한 것으로 판단한 박정희 정부는 '체제경쟁'이 가능하다는 인식을 하게 되었다. 대북정책 변화의 시작은 1970년 8월 15일 박정희의 '평화통일 구상선언'으로 나타났으며, 1971년 대선과 총선을 치른 후 본격적인 대북 접촉을 시도해나갔다.

7·4남북공동성명을 발표하는
이후락 중앙정보부장

북한 역시 국제적인 데탕트 분위기 속에서 1960년대 말 모험적인 대남도발노선을 접고 중국의 문화대혁명 이래 소원했던 북중관계를 회복해가며 적극적인 대남평화공세를 전개하기 시작했다. 1971년 8월 6일 김일성은 닉슨의 중국 방문을 '백기투항'으로 선전하며 '남측과의 접촉 용의'라는 발언을 하는 동시에 주한미군 철수 문제를 제기하며 남북대화에 대한 의지를 표명했다.

동아시아 데탕트 속에서 남북은 1971년부터 적십자회담을 열기 시작함으로써 국제적인 관심을 끌며 한반도의 평화분위기를 고조시켜나갔다. 그 결과 1972년 7월 4일 서울과 평양에서 동시에 남북공동성명을 발표하고 자주·평화·민족대단결을 통일의 3원칙으로 제시했으며, 당국간 정치적 논의기구인 남북조절위원회를 가동시킴으로써 4반세기의 대립과 갈등에 종지부를 찍는 듯했다. 그러나 그해 말 박정희 정권은 통일정책의 효율적인 추진과 국정안정을 이유로 대통령의 권한을 강화시키는 유신체제를 선포했으며, 이듬해에는 6·23 평화통일 외교정책을 선언하여 남북한 유엔 동시 가입 등을 주장했다. 동시에 북한의 김일성도 6월 23일 평화통일 5대 방침을 통해 미국의 '한반도 영구분열정책'과 남측의 '두 개의 조선 조작책동'을 강하게 비판했다. 남북관계의 급랭 분위기는 결국 7월 27일 북한의 남북대화 중단 발표로 귀착되고 말았다.

1979년 대통령 암살 사건 이후 민주화의 꿈이 무산된 채 신군부가 권력을 장악하면서 남측의 권력재편이 진행되었다. 북측에서도 1980년 10월 조선노동당 제6차 대회를 통해 김정일 후계구도가 공식화됨으로써 남북의 체제경쟁 또한 지속되어갔다. 미국과 소련의 신냉전질서가 강화되면서 전두환 정권은 적극적인 대북정책을 표방했다. 1981년 6월, 남북 당국 최고책임자 회의를 제안한 데 이어 이듬해 1월에는 '민족화합 민주통일방안'을 제시했다. 그러나 1983년 9월 소련 전투기에 의한 KAL기 격추 사건과 10월의 버마 아웅산 테러 사건, 12월의 다대포 해안 간첩침투 사건 등으로 남북관계는 극히 경색되어갔다.

1984년 LA올림픽을 계기로 북한이 단일팀 구성을 위한 남북체육회담 개최를 제안함으로써 남북대화가 다시 이어지게 되었다. 본격적인 남북대화의 재개는 예기치 못한 상황에서 비롯되었다. 1984년 9월 폭우로 인해 남측이 수해를 입자 북한은 전격적으로 수해물자의 제공을 제의했으며, 남측이 이에 호응함으로써 적십자 본회담이 개최되었다. 그리고 이 남북적십자회담에서 이산가족 상봉까지 성사되는 커다란 진전을 이루었다. 1985년 9월 20일, 남측 방문단 35명과 북측 방문단 30명이 각각 평양과 서울을 상호 방문하여 분단 40년 만에 처음으로 남북의 이산가족이 만남을 이루었으며, 양측 예술단의 교환공연도 열렸다.

이산가족 상봉장에서 가족을 만난
남북고향방문단 일행(1985.9)

남북 간의 해빙 무드 속에서 1986년 아시안게임과 1988년 올림픽을 앞두고 한반도 정세를 안정화시킬 요량으로 전두환은 1985년 1월에 남북한 최고당국자회담을 전격 제안했다. 같은 해 4월 인도네시아 반둥에서 남북 간 접촉이 시작되어 이후부터는 판문점에서 양측의 당국 간 비밀접촉이 지속적으로 시도되었다. 9월에 북한의 허담 노동당 비서가 서울을 비밀리에 방문했으며, 그 직후 장세동 안기부장이 평양을 방문하여 남북정상회담 개최에 합의했다. 그러나 대북 강경론자들의 반대와 미국의 우려 그리고 북측의 무장간첩선 사건 등의 요인으로 결국 정상회담이 무산되고 말았다. 같은 시기인 1985년 10월에는 사마란치 IOC 위원장의 제의로 스위스 로잔느에서 제24회 서울올림픽대회를 앞두고 남북체육회담이 열렸다. 이때 북측은 올림픽의 공동개최를 주장했으나 남측이 수용하지 않았으며 결국 북한은 서울올림픽대회 불참을 선언했다.

위와 같이 1980년대 중반 남북 당국 간에는 남북정상회담 합의에까지 이르는 등 여러 방면에 걸쳐 꾸준한 대화가 이루어졌다. 경제협력 추진 상설기구 구성을 위한 경제회담, 남북 국회회담을 위한 예비 접촉 등도 시도되었다. 특히 1984년 11월부터 1년가량 총 다섯 회에 걸쳐 남북의 경제교류와 협력을 위한 경제회담을 열었다. 그러나 북측은 남측의 팀스피리트 군사훈련을 이유로 대화를 중단시키고 말았다.

1960~1980년대 남북 당국 간의 대화 시도와는 별개로, 한국 사회 내부의 민간통일논의와 통일운동 역시 꾸준히 전개되었다. 특히 1971년 대선 때 김대중의 3단계 평화통일론 주장과 이듬해 7·4남북공동성명 발표를 계기로 한 재야인사들의 통일논의가 주목된다. 장준하, 함석헌(咸錫憲), 문익환(文益煥) 등이 대표적 인물인데, 이들은 당국에 의해 통일논의가 독점되어서는 안 되며 '민중 스스로의 일'이라는 인식을 뚜렷이 드러냈다. 종교계의 경우 1974년 기독교청년협의회가 임진각에서 통일기원 예배 및 가두행진 등의 실천활동을 통해 통일의지를 나타내기도 했다.

박정희 정권기 민간통일논의의 또 다른 축은 비공개 통일운동으로 시도되었다. 민간 차원의 통일논의 자체를 용납하지 않았던 군사정권기에 나타난 불가피한 현상이었다. 1964년 제1차 인민혁명당(인혁당) 사건, 1968년 남조선해방전략당 사건, 1974년 제2차 인혁당 사건 및 민주청년학생전국연맹(민청학련) 사건, 1979년 남조선민족해방준비위원회(남민전) 사건 등을 통해 비공개, 비합법 조직의 통일 문제 인식을 살펴볼 수 있다. 인혁당 발기인회에서 드러난 "외국군 철수와 남북 서신·문화·경제교류를 통한 평화통일"이라는 인식부터 "반파쇼 민주투쟁의 승리와 민족적 민주정부의 수립이야말로 조국통일의 첩경"이라는 남민전의 '조국통일에 관한 투쟁강령'에 이르기까지 이들의 분단 및 통일에 대한 인식은 매우 치열하고 적극적이었다.

1980년에는 광주항쟁을 계기로 미 문화원 방화 사건 등 각종 미국 관련 시설물에 대한 공격 및 점거 사건 등이 발생했다. 이처럼 1980년대 초반의 통일운동은 급진적인 반미 자주화 의지를 노출시키며 통일논의가 형성된 점이 특징이다. 1985년 3월에는 민주통일민중운동연합(민통련)이라는 재야단체의 통합체가 출현하여 "민주화와 통일은 양립된 개념이 아니라 표리일체의 관계"라고 규정하며 민주화운동과 통일운동의 병행을 추구하기 시작했다. 1970년대의 반독재 민주화운동과 1980년대 전반 반미 자주화 의식의 확산을 거쳐 1980년대 중반에 이르러 민주화와 통일을 일체로 인식하게 된 것으로 이해할 수 있다. 그 결과 1987년 6월 민주항쟁을 경험하면서 특히 학생운동을 중심으로 한 통일운동이 전면적으로 대두했다. 대학생들은 1988년 판문점 남북 학생회담 개최와 남북 공동올림픽을 주장했으며, 이듬해 전국대학생대표자협의회(전대협)는 평양에서 열린 제13차 세계청년학생축전에 대표(임수경)를 파견하여 깜짝 놀라게 했다. 1989년 1월 결성된 전국민족민주운동연합(전민련)과 1991년 12월 민주주의민족통일전국연합(전국연합) 등의 재야통합단체 등도 '자주적 평화통일'을 자체 강령으로 제시하는 등 통일운동이 크게 고조되었다. 이 같은 흐름 속에서 1989년 3월 문익환 목사의 방북 사건이 발생했다. 재야통일운동의 상징적 존재였던 문익환 목사는 당국과의 사전협의 없이 평양을 방문함으로써 커다란 충격을 주었다. 문익환 목사와 북한의 조국평화통일위원회(조평통)는 공동성명을 발표하고 연방제 방식의 통일합의 등 9개 항을 채택함으로써 한국 사회 내부에 격렬한 통일논쟁을 촉발했다. 이즈음 소설가 황석영(黃晳暎), 전국회의원 서경원(徐敬元) 등의 밀입국 사건이 잇따라 발생하자 당국은 '공안정국'을 조성하여 임의적인 개별 방북을 강력하게 처벌하는 동시에 이를 계기로 반정부 민주화 세력 및 통일운동 세력을 탄압하는 등 복잡한 정치적 대립구도가 형성되기도 했다.

종교계 또한 통일운동에 적극성을 띠었다. 1981년 해외에 거주하던 한인 기독교인들이 북한과 접촉하기 시작했으며, 1986년 9월 스위스에서 열린 제1차 글리온회의에 남북의 개신교 대표가 참석함으로써 분단 이후 남북 종교인들 간의 첫 만남이 이루어졌다. 이후 1988년 한국기독교교회협의회가 제37차 총회에서 '민족의 통일과 평화에 대한 한국기독교회 선언'을 발표함으로써 기독교 통일운동사에 한 이정표를 세웠다. 천주교 또한 1970년대 사회민주화에 큰 기여를 한 정의구현사제단을 중심으로 1980년대에 많은 노력을 기울였다. 1982년에는 북한선교부(이후 1985년 북한선교위원회, 1999년 민족화해위원회로 명칭 변경) 설치 등을 통해 민족의 화해와 일치를 위한 기도운동과 홍보활동을 적극 전개했다. 불교계는 1985년 민중불교운동연합(민불련) 창립과 함께 '자주적 평화통일론'을 정립했으며, 이듬해에는 불교정토구현 전국 승가회와 대학생 조직인 대불련 등이 중심이 되어 불교계의 통일운동을 주도해 나갔다.

위와 같이 1980년대 말에 이르러 통일운동이 각계각층으로 확산되어감에 따라 과거 정부가 독점하고 있던 통일논의구도는 재조정되지 않을 수 없는 상황에 놓였다. 권위주의 정권이라고 할지라도 이제부터 민간의 통일운동 세력과 경쟁해야 하는 새로운 시대에 진입하게 된 것이다.

5 탈냉전 이후 남북관계의 진퇴

1980년대 말부터 시작된 사회주의권의 변화와 붕괴는 동서냉전의 종식을 불러왔다. 1988년에 출범한 노태우 정권은 '민족자존과 통일번영을 위한 특별선언'(7·7선언)을 발표하고 적극적인 대공산권 외교정책(북방정책)을 펼쳐나갔다. 그 결과 1980년대 후반부터 1990년대 초반에 걸쳐 동구권의 구 사회주의권 국가들, 즉 소련, 중국 등과 차례로 국교를 수립하게 되었다. 노태우 정권은 1989년 9월 '한민족공동체 통일방안'을 발표했는데, 이는 자주·평화·민주의 3원칙 아래 '남북정상회담 → 남북연합단계 → 통일헌법에 의한 통일정부 구성'이라는 단계적 통일을 추구하는 안이었다. 1980년 10월에 제시된 북한의 통일방안인 '고려민주연방공화국 창립방안'에 대

응한 남측의 공식적인 통일방안으로서 발표된 셈
이다.

탈냉전과 북방정책에 따라 남북대화도 활발히
진행되었다. 1988년 12월 남측의 제의와 북측의 수
정제의에 따라 1989년 2월부터 1990년 7월까지 여
덟 차례에 걸친 예비회담 끝에 남북 고위급회담을
개최하는 데 합의했다. '남북 간의 정치·군사적 대
결상태를 해소하고 다각적인 교류·협력을 실시하
는 문제'가 의제로 채택되었다. 이후 1990년 9월부

남북기본합의서를 채택한 서울에서 열린
제5차 고위급회담 장면(1991.12.13)

터 쌍방 총리를 수석대표로 하는 남북고위급회담이 서울과 평양을 오가면서 열린
결과 1991년 12월 남북기본합의서(남북 사이의 화해와 불가침 및 교류·협력에 관한 합의
서) 채택에 합의했으며, 이듬해 2월 '남북기본합의서' 및 '한반도 비핵화 공동선언'을
발효시켰다. 그러나 1992년 9월 제8차 남북고위급회담 이후 북측은 남측의 93팀스
피리트 합동군사훈련 재개를 비난하며 더 이상의 회담에 응하지 않았다.

탈냉전 시대에 접어들면서 남과 북은 당국 간 대화뿐만 아니라 이산가족 문제의
해결을 위한 적십자회담을 비롯하여 각종 체육회담 및 남북 국회회담을 위한 접촉
등을 통해 다방면에 걸쳐 대화를 확대해나갔다. 제2차 이산가족 고향 방문과 예술
단 교환사업도 논의되었으나 성과 없이 중단되었다. 반면 제11회 베이징아시안게임
을 앞두고 남북 단일팀 구성을 논의했는데 비록 단일팀은 무산되었지만 호칭(코리
아), 단기(흰색 바탕에 하늘색 한반도 지도), 단가(아리랑) 등에 합의한 점이 주목할 만하
다. 또한 제41회 세계탁구선수권대회(1991.4~5)와 제6회 세계청소년축구선수권대회
(1991.6)에 남북 단일팀을 구성하여 참가함으로써 각각 단체전 우승과 8강 진출이라
는 쾌거를 이루기도 했다. 또한 이때 국회회담 준비를 위한 접촉이 2년 11개월 만에
열려 모두 열 차례나 시도되었으나 불가침선언 등을 위한 내용을 놓고 갈등한 끝에
무산되고 말았다.

노태우 정권의 7.7선언과 통일정책 발표, 북방정책과 함께 추진된 정부 주도의 남

북대화가 전개되는 상황 속에서 당시 정치권과 재야 및 사회운동 세력들도 활발한 통일논의와 함께 통일운동을 펼쳤다. 평화민주당(총재 김대중)은 1970년대 3단계 통일론과 1980년대 공화국연방제에 기초하여 1991년에 공화국연합제를 제시했다. 공화국연합제는 1단계에서 1연합 2독립정부로 남북연합기구를 구성하고, 2단계에서 1연방 2지역자치정부를 구성하여 외교군사적 권한을 행사하는 연방정부를 구성하며, 최종적으로 3단계에 완전한 통일단계를 이룬다는 방안이다. 통일민주당통일민주당(총재 김영삼)은 3단계 통일방안을 제시했으며 신뢰회복과 남북교류 및 군사 문제 등을 포괄적으로 해결하려는 특징을 보였다. 반면 신민주공화당(총재 김종필)의 경우는 정치협상을 피하고 비정치적 문제로 접근하려는 기능주의적 경향이 강했으며, 현상유지적 공존정책을 추구했다.

1987년 6월의 민주항쟁 이후 대중적이고 조직적인 통일운동이 활발해진 가운데, 특히 1988년 9월 민통련 등 21개 단체가 범민족대회의 개최를 촉구했고 북한의 조국평화통일위원회가 호응하면서 예비 접촉을 추진했으나 당국의 제지로 불발에 그치고 말았다. 1988년은 사회운동 세력에 의한 올림픽 남북 공동개최 주장 속에서 남북 문제가 커다란 사회적 이슈로 떠오른 한 해였다. 특히 대학생들은 남북 학생회담을 제안하면서 6월 10일과 8월 15일, 두 차례에 걸쳐 회담 개최를 주장하며 적극적인 통일운동을 벌였고 이를 저지하려는 정부에 맞서 강력한 대정부투쟁을 전개함에 따라 정국은 통일 문제로 뜨겁게 달아올랐다.

학생들의 선도적인 통일운동 전개는 이후 사회 각 분야로 확산되어나갔다. 학원가에서는 '북한 바로알기 운동'이 전개되었으며, 종교계 인사들의 개별 방북과 제3국에서 남북 종교인들 간의 만남이 러시를 이루었다. 또한 1990년에 평양과 서울에서 '통일음악회'가 열렸으며, 1991~1993년간 다섯 차례에 걸쳐 개최된 남북 해외 여성들의 토론회도 주목을 끌었다. 언론과 기업들도 북한과의 교류와 협력을 추진하기 시작했다. 특히 1989년 1월 북한을 방문한 정주영 현대그룹 회장이 북한의 조선아시아태평양평화위원회와 금강산 개발에 관한 의정서를 체결한 것은 특기할 만한 일이었다. 이후 1990년 남북교류협력에 관한 법률 등이 공포됨으로써 남북 간의 교역 규모 또한 급속도로 늘어나 1988년에 4건, 100만 달러에 불과하던 것이 1992년에는 400여 건에 2억 달러로 급증하는 추세를 보였다.

이와 같은 흐름 속에서 1992년 대통령 선거에서 김영삼 후보가 당선되었다. 이듬해 2월 김영삼 대통령은 취임사를 통해 "어떤 동맹국도 민족보다 더 나을 수는 없다"며 민족 중시적 입장을 드러냈으나, 노태우 정권 말기부터 등장한 북핵 문제로 인해 한반도 정세가 악화되자 남북관계와 핵문제를 연관시키는 '핵연계전략'으로 전환했다. 이미 1993년 3월 북한이 핵확산금지조약(NPT) 탈퇴를 선언하면서 북미 간에는 전운마저 감돌던 시기였다. 그러나 1994년 6월 카터 전 미국 대통령이 평양을 방문, 김일성 주석과 전격적인 회담을 전개하여 타협의 실마리를 찾고, 같은 해 10월 제네바에서 북미 간 경수로협정을 체결함으로써 북미 간 평화의 기운이 조성되었다. 그 과정에서 남북정상회담까지 합의되었으나 1994년 7월 김일성의 급작스러운 사망으로 남한 정국은 이른바 '조문파동' 논란이 불거지며 또 다시 북한과의 관계는 극한 대립으로 치닫게 되었다.

김일성 사후 북한은 사회주의체제의 몰락과 유례없는 자연재해의 여파로 식량난, 에너지난, 외화난 등 '3난'을 겪으면서도 김정일을 중심으로 체계를 다져나가면서 '고난의 행군기'라고 불리는 내핍체제를 강화함으로써 체제유지를 위한 결속력을 강화해나갔다. 반면 한미 양국은 한반도 문제 해결을 위한 관련국 4자 회담에 합의하고 북·중도 이에 동조하여 1997년 12월 제1차 본 회담이 열렸으나 1999년 8월까지 이어진 후 중단되었다.

1994년 이후 경색된 남북관계를 해소하기 위해 김영삼 정부는 1995년부터 북측에 식량을 제공하기 시작했다. 또한 자연재해로 인해 식량 사정이 나빠진 북한은 국제기구에 도움을 요청했는데 이때 남측 정부 역시 국제기구를 통하여 식량을 원조했다. 남북 사이의 구호물자 제공과 전달을 위한 남북 적십자 대표 접촉이 1995년부터 1998년까지 다섯 차례에 걸쳐 베이징에서 열렸다. 그러나 1995년 대북 식량전달 과정에서 발생한 '인공기 사건'과 이듬해 북한의 강릉 잠수함 침투 사건으로 대북정책이 강경해지기 시작하여 다시금 갈등국면으로 이어지고 말았다.

김영삼 정부 시기 사회운동 세력의 통일운동은 매우 적극적으로 전개되었다. 1990년 조국통일범민족연합(범민련)의 해외 본부 결성 이후 3년간은 국내 범민족대회를 매개로 한 통일운동이 고조되었다. 그러나 당국은 이를 불허했을 뿐만 아니라 1996년 연세대에서 열린 범민족대회에는 공권력을 투입하여 '한총련사태'라는 극한적인 충돌을 빚어냈다. '범민족대회 사수'를 축으로 전개된 1990년대 전반기의 통일운동은 그 과정에서 통일운동 세력 내부의 노선을 둘러싼 문제를 야기하기도 했다. 무엇보다 한총련이 당국에 의해 불법이적단체로 규정됨으로써 학생운동이 점차 쇠락하기 시작했다.

한편 1990년대 중반 북한의 어려워진 식량 사정을 돕기 위해 시민단체들의 대북지원활동이 본격화된 것도 주목할 점이다. 여기에 6개 종단 등 종교계와 여성계가 가세함으로써 북한동포돕기 범국민운동이 전개되어 순수한 인도주의적 지원운동이 형성, 발전해나가기 시작했다. 또한 언론은 적극적인 방북 취재를 시도했고 기업의 대북 투자와 교류도 점차 확대되어나갔다. 대우는 1990년부터 대북투자를 모색하다가 1995년 남포공단사업을 시작했고 이듬해 남북한 합영공장을 세웠다. 이처럼 대북투자진출은 1997년까지 교역 규모 3억 달러를 넘어서면서 발전해가는 양상을 띠었으나, 1998년 'IMF 사태'로 인해 남북교역은 급속히 줄어들기 시작했다.

1997년 대통령 선거에서 오랫동안 통일 문제에 집중해온 김대중 후보가 당선되었고 이듬해 대통령에 취임함으로써 '햇볕정책'이라고 불리는 대북포용정책이 적극적으로 구사되기 시작했다. 1998년 8월 말 북한의 장거리 미사일 시험 발사와 이듬해 금창리 핵 의혹 시설 등으로 한반도에 전운이 감돌았을 때 김대중 정부는 현안 해결을 위한 포괄적 접근을 추구했고, 이는 미 클린턴 대통령의 대북정책 조정관 페리의 보고서에도 반영되어 한미 간 대북정책이 긴밀히 조율되어나갔다. 이 과정에서 1999년 9월 북미 간 미사일 합의가 이루어지면서 대타협 분위기가 급물살을 타기 시작했다.

북미 간 화해 분위기는 무엇보다 남북의 화해협력 분위기에 크게 기여했다. 김대중 정부는 집권 초기부터 북측과의 당국 간 회담을 시도했지만 1999년 서해교전 사

태가 남북관계를 급랭시켰다. 그러나 북미 간 미사일 문
제가 타결된 직후인 2000년 3월, 대규모의 남북경협을 시
사한 김대중의 베를린선언 이후 정부는 북한과 비밀접촉
을 시도한 끝에 마침내 분단 이후 처음으로 남북정상회담
을 2000년 6월 13일부터 15일까지 평양에서 개최하게 되
었다. 남북의 정상은 6·15공동선언을 통해 5개 항의 내용
에 합의하고 전면적인 남북화해와 협력의 시대를 열어나
가기 시작했다.

분단 이후 첫 남북정상회담,
김대중 대통령과 김정일 국방위원장(2000.6)

　6·15공동선언은 북미 간의 관계 정상화를 위한 대화에
긍정적인 영향을 주었다. 남북정상회담 직후인 2000년 10
월에 북한의 김정일 특사 조명록 인민군 차수와 올브라이트 미 국무장관 간의 워싱
턴 - 평양 상호 방문이 이루어졌고 그에 따라 북미 공동코뮈니케가 발표되었다. 그
러나 곧 치러진 미국 대선에서 공화당의 조지 부시 후보가 당선됨으로써 임기 말 모
색되던 클린턴의 평양 방문과 전격적인 북미관계 정상화는 끝내 무산되고 말았다.

　6·15공동선언 이후 남과 북은 장관급회담을 비롯하여 남북군사회담, 남북경제회
담 등 각 방면에서 대화와 교류를 시작하고, 남북 이산가족 상봉을 이루어냈으며,
정부 간뿐만 아니라 각계각층의 민간급 대화와 교류를 적극 지원하고 보장했다. 특
히 남북은 '3대 경협사업'이라고 불리는 철도·도로 연결사업과 개성공단 건설사업,
금강산 관광사업 등을 통해 경제, 문화 교류협력의 새로운 장을 펼쳐나가기 시작했
다. 김대중 정부의 대북 화해협력정책은 2003년 출범한 노무현 정부에 의해 계승되
었다. 노무현 정부는 2007년 10월 제2차 남북정상회담을 성사시킴으로써 대북포용
정책을 지속했다. 남북의 정상은 '남북관계의 발전과 평화번영을 위한 선언'(10·4공
동선언)을 공식 발표하고 8개 항에 걸친 합의를 통해 남북관계의 지속적인 발전에 합
의했다.

　그러나 2007년 대통령 선거에서 한나라당 이명박 후보가 당선됨으로써 10년간 추
진되어온 대북정책은 근본적인 변화를 맞이하게 되었다. 이명박 정부는 대북포용정

책 대신 강력한 대북압박정책을 구사하기 시작했다. 개성공단은 겨우 유지되고 있지만 금강산 관광사업과 도로·철도 연결사업이 전면 중단되었으며, 모든 분야에서 남북 간의 대화와 교류가 차단되었다. 천안함 사건과 연평도 포격 등 비극적인 사건들도 발생했다. 이명박 정부의 남북관계에 대한 근본적인 재조정에 의해 남과 북은 긴장과 대결이라는 새로운 상황에 놓이게 되었다. | 김지형

이야깃거리

1. 남북대화가 가능한 외적 요인과 내적 요인이 있다면 무엇일까?

2. 1950년대 한국 사회에서 진보당의 평화통일론은 어떤 의미가 있을까?

3. 7·4남북공동성명에서 합의한 통일의 3원칙은 무엇이며 이에 대한 남과 북의 해석은 어떠했는가?

4. 과거 군사정권 시기 비공개 사회운동조직들의 통일논의를 어떻게 평가할 수 있을까?

5. 6·15공동선언이 동북아 정세에 영향을 미쳤다면 어떤 점에서 그러할까?

더 읽을거리

강만길. 2003. 『우리 통일, 어떻게 할까요』. 당대.

강인덕·송종환 외. 2004. 『남북회담: 7·4에서 6·15까지』. 극동문제연구소.

김지형. 2008. 『데탕트와 남북관계』. 선인.

김지형. 2010. 「통일운동」. 『한국민주화운동사 3: 서울의 봄부터 문민정부 수립까지』. 돌베개.

노중선 엮음. 1996. 『연표: 남북한 통일정책과 통일운동 50년』. 사계절.

노중선. 2000. 『남북대화 백서: 남북교류의 갈등과 성과』. 한울아카데미.

도진순. 1997. 『한국민족주의와 남북관계』. 서울대학교 출판부.

서중석. 1995. 「한국전쟁 후 통일사상의 전개와 민족공동체의 모색」. 『분단 50년과 통일시대의 과제』. 역사비평사.

송건호. 1983. 「60·70년대의 통일논의」. 『한국민족주의론』 II. 창작과비평사.

양호민·이상우·김학준. 1986. 『민족통일론의 전개』. 형성사.

이삼성 외. 1996. 『평화통일을 위한 남북대결』. 소화.

이화여대 통일학연구원. 2009. 『남북관계사: 갈등과 화해의 60년』. 이화여자대학교 출판부.

통일부. 1988. 『남북대화백서』.

홍석률. 2001. 『통일문제와 정치·사회적 갈등』. 서울대학교 출판부.

보론
해방 후 해외 한인의 귀환

1. 귀환 문제의 역사성

　1945년 일제 패망 당시 해외 한인의 수는 대략 500만 명에 달했다. 이는 당시 한국인의 20%를 차지하는 규모였다. 제국주의 침략전쟁의 희생자였던 이들 해외 한인은 포츠담선언의 제9항에서 명시된 바처럼 인도주의원칙에 따라 조국으로 귀환되어야 마땅한 일이었다. 그러나 현실은 달랐다. 전후처리과정에서 해당국의 이해에 따라 인도주의가 망실된 채 해외 한인은 또다시 유린당해야 했다.

　한인의 수가 200만 명이 넘었던 일본에서는 연합군사령부와 일본의 무책임한 처리로 한인들이 '해방국민'의 대우를 받지 못한 채 귀환과정에서 많은 희생과 고통을 치러야 했다. 230만 명에 달했던 중국에서는 많은 한인들이 재산을 몰수당한 채 강제 추방되는 등 해당국의 횡포를 받아야 했고, 소련군 점령지역인 사할린에서는 한인의 귀환이 원천 봉쇄되었으며, 일제의 침략전선에 강제 배치되었던 한인들은 연합국 점령군의 포로나 '전범'으로 취급받으며 가혹한 고난과 시련을 겪어야 했다.

　해방 후 500여만 명의 해외 한인 가운데 절반인 250여 만 명이 귀환하고, 나머지는 해외 각처에서 억류되거나 현지에 정착하는 등 미귀환했다. 자료에 따라 편차가 있지만 일본에서 대략 140만 명, 만주에서 80여 만 명, 중국대륙에서 10여 만 명, 타이완·오키나와·남태평양 군도 등에서 10여 만 명이 귀환한 것으로 알려져 있다. 그

밖의 지역은 귀환 자체를 밝힐 수 없는 형편이다.

이들이 해외에 머물게 된 배경이 달랐던 것처럼 돌아오는 과정과 양상도 각기 달랐다. 일제가 침략전쟁을 벌이면서 강제 동원한 한인들은 세계 각처에 배치되어 있었다. 그 때문에 이들의 귀환 역시 다양한 지역에서 이뤄졌고, 그곳 사정에 따라 귀환의 양상도 달랐다. 사할린처럼 본인의 의지와 관계없이 돌아올 수 없는 경우도 많았다.

일제의 패전과 더불어 해방되었다고 하지만 국가가 성립된 것은 아니었다. 독립국가를 건설하지 못한 채 해외 한인의 귀환 문제는 우리의 의지와 달리 주변 열강의 이해에 따라 이뤄지고 있었다. 더욱이 해방 후 남북분단과 냉전체제의 현실은 귀환을 더욱 어렵게 만드는 요인으로 작용했다. 소련이나 중국공산당의 지배지역과 같은 공산권에서의 귀환은 원천적으로 봉쇄되거나 제한적으로 이뤄질 수밖에 없었다.

귀환의 역사는 돌아오는 것에 그치지 않고, 돌아온 후 한국 사회에 적응해가는 과정과 그로 인해 발생되는 사회 문제로까지 이어졌다. 당시 남한 인구가 1,700여만 명이었는데 200만 명이 새롭게 편입되면서 남한사회는 생활난에 직면하게 되었고, 이들에 대한 구호가 가장 시급한 사회 문제로 대두되었다. 특히 토지기반을 갖지 못했던 이들이 대도시로 집중되면서 더욱 심각성을 드러냈다. 미군정 당국과 사회단체의 구호사업이 펼쳐졌지만 문제를 해결하는 데는 근본적으로 한계가 있었다. 귀환자의 사회 문제는 결국 일제의 식민지통치가 남긴 상처로서, 돌아온 것으로 그칠 수 없는 귀환의 뼈아픈 역사성을 말해주고 있다.

해방 당시 한인의 귀환 문제는 복잡한 국제정세와 맞물리고 해당국의 이해에 따라 다양한 경로를 통해 이뤄졌다. 따라서 귀환 문제의 실상과 성격을 규명하기 위해서는 해외 한인의 주관적 조건뿐 아니라 국제정세 등의 객관적 환경까지 폭넓게 보아야 한다.

2. 해방 후 국제정세와 해외 한인의 처지

태평양전쟁이 발발하면서 일제의 식민지였던 한국 문제는 전후처리와 관련하여 일찍부터 국제사회에서 제기되었다. 당시 미국은 동아시아 재편의 일환으로 한국을 연합국의 신탁통치하에 두려는 방침을 세우고 국제여론을 조성해나갔는데, 500여만 명에 달하던 해외 한인의 처리 문제도 이러한 연관선상에 있었다.

미국은 향후 동아시아 지역 문제를 커다란 틀에서 구상하고 있었다. 중국을 동북아시아의 중심축으로 삼고자 했던 미국은 그중에도 만주 지역을 가장 중요시했다. 전후처리와 관련하여 한국 문제를 만주에 종속시켜 파악할 정도였다. 만주 지역을 소련의 남진과 동진을 견제할 수 있는 전략적 요충지로 주목했기 때문이다. 이에 1942년 3월 미국의 대외관계협의회는 '동아시아 평화체제' 구축이라는 틀에서 만주 문제 해결의 연장선 내지 부차적 차원에서 한국의 즉각 독립을 결정한다는 방침을 세우기도 했다.

1945년 태평양전쟁에서 확실한 승기를 잡은 미국은 한국 처리 문제에 대한 정책을 밀도 있게 수립해갔다. 이때 해외 한인의 처리 문제도 주요 안건 중의 하나였다. 특히 만주 지역 한인에 대한 처리를 놓고 다각도로 궁리했다. 극동지역분과조정위원회 한국소위원회는 1945년 3월과 6월 두 차례의 회의를 통해 '만주국'의 기술, 행정 각 분야에 근무하는 2만 내지 2만 5,000여 명의 한인을 새롭게 구성될 행정부에서 일하게 하는 것이 중국을 위해서도 바람직하다는 입장을 세웠다. 일제 패망 후 7만 5,000여 명의 일본인 기술자가 만주를 떠나면 그들을 대신하여 기술적으로 훈련을 받은 한인에 대한 수요가 커질 것이고, 한인은 다른 종족보다 중국인에 더 쉽게 동화될 수 있는 장점을 지니고 있다는 것이었다.

아울러 간도 지역 이외의 만주 전역에 거주하는 한인 대부분 역시 현지정착이 필요하다면서, 한인의 대부분이 한국 북부 출신으로 허난(河南)과 산둥 출신의 보통 중국인과 다를 바 없을 정도로 인종적으로 가깝기 때문에 한인에게 중국귀화의 권리가 부여되는 것이 좋다는 견해를 내보이기도 했다.

반면에 중국인에 비해 한인이 많았던 간도 지역에서는 민족별 인구의 불균형을 해소하기 위해 상당수를 귀환시켜야 할 것으로 판단하고 있었다. 간도 지역에서 한인이 다수를 점하게 될 경우 중국의 통치가 어려워질 수 있다고 보았기 때문이다. 즉 중국의 안정적 통치를 위한 관점에서 한인의 거취 문제를 다루고 있었던 것이다. 그러면서도 80여 만 명에 달했던 간도 지역 한인의 대거 귀환도 원치 않았다. 간도 지역에서 25만 명 이상의 한인이 귀환하게 되면 한국 내 경제적 어려움이 도래할 것으로 전망하면서 한인 귀환을 제한하려 했다. 즉 간도에서 한인이 많이 사는 것도 안 되고, 그렇다고 대규모의 한인이 귀환하는 것도 억제해야 했다. 그중에서도 우선 귀환 대상자는 친일파 내지 반중국적 민족주의자들이었고, 간도 통치에 필요한 한인들은 잔류를 유도하여 중국인으로 귀화시켜야 한다는 것이 미국의 입장이었다.

이렇듯 중국 지역 특히 만주와 간도 지역 한인의 거취는 해방 이전부터 미국이 희망하는 '동아시아 평화체제' 내지 '중국의 만주'를 기준으로 향방이 결정되고 있었다. 열강들의 전후처리와 관련하여 한국 문제가 자신의 의지와 관계없이 '신탁통치' 내지 '남북분단'으로 획정되어갔던 것처럼, 해외 한인의 운명 역시 열강의 이해에 따라 구획되어갔던 것이다. 그러나 해방 후 중국 동북 지역의 정세는 미국이 전망하던 대로 국민당 정부가 장악하지 못한 채 관할구역이 국민당·공산당으로 양분되었다. 그에 따라 미국의 의도대로 한인의 현지정착이 이뤄지지 않았지만, 귀환과정에서 미국의 영향력은 절대적이었다.

독립운동을 통할하던 임시정부의 귀환 문제에 대해서도 미국은 민감하게 대응했다. 잘 알려져 있듯이, 미국은 일찍부터 임시정부 불승인방침과 함께 임시정부 차원의 귀환을 반대하고 있었다. 다만 개인 자격으로 귀환하는 것은 막지 않는다는 것이 미국의 방침이었다. 1945년 10월 17일 미국 삼성조정위원회가 맥아더에게 보낸 전문에서 '임시정부를 활용하더라도 공식적으로 인정해서는 안 되며, 필요한 경우 언질을 주지 않은 채 개인 자격으로 활용할 수 있다'라고 밝혔듯이, 미국의 임시정부 불승인 방침을 그대로 보여준다.

만주가 중국의 영토로 귀속되거나 혹은 중소 간의 경쟁이 예상된 지역이라면, 일본은 미국의 확고한 지배가 예상되던 지역이었다. 때문에 일본 문제는 만주의 경우와 같이 복잡하지 않았으며 정책방향도 비교적 단선적으로 이루어져갔다. 재일 한인 문제도 그 틀에서 크게 벗어나지 않았다.

태평양전쟁에서 승기를 잡은 1944년 6월 미 극동지역위원회는 재일 한인의 지위와 관련하여 '한인은 일본신민이며 법적으로는 적국민이다. 그러나 군정부는 곧 독립할 것이 약속된 지역의 국민이 될 그들의 지위를 고려하는 데 노력할 것'이라고 밝힌 바 있다. 그러나 여전히 재일 한인은 독일인, 이탈리아인과 같은 적국민인 '일본신민'으로 규정되었다. 그렇지만 일본 내 치안과 질서 문제에 있어서는 일본인이 아닌 외국인으로 취급하는 등 이중 잣대가 적용되면서 재일 한인의 처지와 지위는 불안정했다.

1945년 4월 극동지역위원회 한국소위원회에서 재일 한인의 귀환 문제를 구체적으로 다루는 과정에서도 그와 같은 입장은 그대로 유지되었다. 대부분의 한인을 현지에 정착시키려 했던 만주 지역과 달리 일본에서는 한인의 대부분을 귀환시키고자 했다. 그 이유는 '이들은 빈한한 상태에서 경제적 안정이 결여된 일용노동자들이다. 종전 시 일본에서 이들의 노동이 필요 없을 것이고, 따라서 실업이라는 심각한 경제문제를 악화시킬 것이다. 일본에 식량부족이 예상되는 가운데 100만 명이 넘는 한인을 먹여 살리기가 어려울 것이다. 그리고 한인들은 일본화 선전정책에 동화되지 않을 뿐만 아니라 일본인들이 적대시할 소수 종족집단이 될 것'이라는 이유였다.

미국이 규정한 재일 한인의 국적 문제도 한인들의 귀환을 억압하는 요인으로 작용했다. 전통적으로 '속인주의'를 따랐던 우리와 달리 '속지주의'를 결합시키면서 한인의 국적 결정에 혼선을 빚어내고 있었다. 즉 태평양전쟁 발발 이전 적어도 2년 동안 일본에 거주한 한인의 경우 한인이 아닌 일본인으로 처리해야 한다는 것이었다. 이는 한인의 정서와 전통을 전혀 고려하지 않은 점령군 위주의 일방적 판단이었다. 이 같은 판단과 인식에 따라 해방 직후 200여 만 명의 재일 한인은 '해방국민'으로서 정당한 법적 지위를 얻지 못한 채 '적국민' 내지 일본의 치안을 어지럽히는 존재로 취급받아야 했다.

3. 중국 지역 한인의 귀환

미국의 예상과 달리 동북아정세는 소련군의 대일선전포고 직후 일본의 조기 항복으로 인해 전연 다른 양상으로 급전되어갔다. 특히 소련군 점령지역인 중국 동북 지역(만주)은 국민당과 공산당 간의 각축장으로 전화되면서 한인의 귀환 문제 역시 복잡한 양상을 띠었다. 중국 내 한인의 귀환은 지역과 경우에 따라 차이를 보였다. 국민당과 공산당이 지배하는 지역이 달랐고, 국민당 정권이 장악한 지역이라도 곳에 따라 귀환 양상과 과정이 달랐다.

동북 지역은 소련·한국 등과 인접한 지리적 특수성으로 인하여 2차 국공내전 당시 군사적 요충지로 부상했다. 즉 중국공산당이 동북 지역을 장악할 경우 국민당의 포위를 벗어나 광범한 지역에서 해방구를 건설할 수 있을 뿐만 아니라 소련과 한국 등의 지원과 협조를 받을 수 있는 이점을 지니고 있었다. 때문에 동북 지역은 중국에서 국민당과 공산당의 승패를 결정짓는 대결장이 되었다.

그중에도 간도 지역은 지리적으로 한국과 두만강을 두고 인접한 관계로 중국 관내 지역과 달리 언제든지 국내로 귀환할 수 있는 장점이 있었다. 특히 해방 직후의 무정부 상태에서 한인의 귀환은 자유롭게 이뤄졌다. 통계에 의하면 해방 직전 동북 지역의 한인은 216만 명에 달했으나 그 가운데 약 80여 만 명이 귀환했다. 한인의 귀환과정은 대체로 두 갈래 통로로 이뤄졌는데, 60여 만 명은 압록강 대안의 안동(단둥)을 통해 귀환했고 간도 지역에서는 두만강 연안을 통해 20여 만 명이 귀환했다.

해방 직후 동북 지역 한인의 초기 귀환은 중국공산당의 정책에 의한 것이라기보다 대부분 자의적으로 이루어지진 것이었다. 이들은 주로 지주 내지 일제 협력자 출신이었던 것으로 파악된다. 그리고 함경도 등 한반도 북쪽 출신의 한인들은 현지에 정착했던 반면에 남쪽 출신 사람들은 상당수가 해방 직후 국내로 귀환했던 것으로 알려져 있다. 또한 남쪽 출신이라도 1930년대 말이나 1940년대 초에 이주한 사람들의 귀환율이 높았다. 그리고 이들 가운데는 일제에 의해 집단부락형성이라는 명목 아래 강제 이주된 한인들이 많았다.

당시 옌지(延吉)는 지린성(吉林省)·쑹장성(松江省)·싱안성(興安省) 일대의 한인들이 귀환을 위해 집결하던 곳이었다. 중공군의 군사적 공세로 동북근거지가 확대되면서 국민당 점령지역에 거주하던 피난민들과 유민들이 한국으로 귀환하기 위해 무단장시(牡丹江市)를 거쳐 대거 간도로 몰려들었다. 간도 지역의 한인들 중에서도 지방정부에 귀국을 신청하는 사례가 늘어났다. 이에 지방정부와 빈고농단(貧雇農團) 등에서는 한인들에게 천거증명을 발급해주었다. 그러나 당시 북한 측은 이미 토지분배가 끝나고 공장에도 노동력이 과잉 현상을 보이는 것을 이유로 한인의 대거 입국을 절대 금한다는 입장을 취하고 있었다. 한인의 귀환 문제가 이렇게 되자, 중공 당국은 특별한 이유 없이 귀환을 허락하지 않았으며, 귀환을 허락할 때는 엄격하게 제한했다.

그런가 하면 중국 동북 지역에서 국민당의 관할구역에 있던 한인은 대부분 귀환을 희망했다. 그 규모를 정확히 밝힐 수 없지만 이들 중 상당수는 북한과 접경한 지역을 통과하여 귀환했고 그것이 불가능한 지역에서는 주로 미국과 국민당 당국의 협의 아래에서 귀환이 이뤄지고 있었다. 중국국민당 당국은 중국 내 한인의 집결과 수송을 담당했고, 미국은 귀환에 필요한 선박을 제공하는 형태로 추진되었다. 이러한 동북 지역 한인들의 귀환은 일본이나 중국 관내 지역 한인들의 귀환이 어느 정도 완료된 1946년 12월에야 시작될 수 있었다. 이는 해방된 지 1년 4개월이 지난 시점이었다. 일본 지역의 경우 해방 직후부터 한인의 귀환이 이뤄져 이 무렵에는 귀환이 거의 마무리되던 상황이었다. 중국 지역 특히 동북 지역 한인의 귀환이 늦어진 원인은 여러 가지로 찾아볼 수 있지만, 국민당과 공산당이 대립하던 중국 내 정세와 더불어 한인 귀환의 결정권을 쥐고 있던 미국 당국의 방침에서 비롯되었던 것으로 보인다. 당시 미국은 종전 후 동북아정세의 향방을 예측하면서, 일본의 안정을 유지하고 중국국민당을 지원하여 자유주의 진영의 우위를 지켜가고자 했다. 해외 한인의 귀환 역시 그와 같은 구도에서 진행된 것으로 파악된다. 일본에서는 일본 내 치안확보와 질서안정을 위해 한인의 귀환을 1945년 11월부터 정식으로 진행시켰던 것에 반해, 중국에서는 국공내전이 재개되는 상황에서 국민당 점령지역의 확대에 주력했던 관계로 한인의 귀환은 그 다음 문제였기 때문이다.

관내 지역에는 약 10여만 명의 한인이 있었던 것으로 알려지고 있는데 대부분은 국민당 관할구역에 속해 있었다. 그로 인해 국민당의 방침에 의해 귀환절차를 밟아야 했다. 그런데 주목할 것은 한인들을 '적국민'인 일본인과 크게 구별하지 않은 채 처리했던 점이다. 즉 각처의 한인들이 일본인과 같이 취급되면서 재산을 몰수당하거나 강제로 수용되는 일이 적지 않았다. 중국국민당과 우호적 관계를 유지하던 대한민국 임시정부의 노력으로 한인에 대한 처우가 다소 개선되기는 했으나, 한인은 귀환과정에서 어려움을 겪어야 했다. 한인들은 1946년 초부터 중국 동해변의 탕구(塘沽)·칭다오·상하이 등 항구로 집결하여 대부분 미군 선박을 이용하여 인천과 부산을 통해 귀환할 수 있었다.

4. 일본 지역 한인의 귀환

연합군사령부는 일본 정부를 앞세우고 간접적으로 통치하는 방식으로 일본을 지배했다. 때문에 간접통치의 성격상 재일 한인이 일본 정부의 통제를 받아야 했던 점에서는 패망 이전과 크게 달라질게 없었다. 또한 연합군사령부는 재일 한인을 '해방국민'으로 규정하다가, 경우에 따라서는 '일본인'과 같은 '적국인'으로 취급하는 등 일관성을 결여했다. 일본 정부가 한인을 '외국인'으로 취급하는 것에 대해서도 묵인하는 입장을 보였다.

당시 일본 정부는 '외국인'인 재일 한인의 귀환에 대한 관심보다는 일본 내 치안과 질서 차원에서 한인들을 통제하고 관리했다. 일본 정부가 한인의 귀환 순위를 결정하는 데 있어서 경제복구를 위해 필요한 한인 석탄노무자 들을 최후 순위로 정하는 등 자국의 이익에 따라 귀환 문제를 처리했다. 연합군사령부는 '말썽의 소지가 있는' 재일 외국인, 특히 재일 한인을 가능한 한 빨리 한국으로 송환시킨다는 기본 방침을 세웠다.

일본 정부와 연합군사령부의 이 같은 태도는 조속한 귀환을 열망하는 한인의 뜻과는 배치되는 것이었다. 때문에 많은 한인이 연합군사령부나 일본 정부의 방침을 기다리지 않고 독자적으로 귀환을 서둘렀으며, 이렇게 귀환한 한인의 수가 40만 명에 달했다.

재일 한인의 귀환은 일본의 패망이 예견되고 또 그러한 정보가 흘러나오기 시작한 1944년 말부터 시작되었다. 이른 시기부터 귀환을 서두른 한인들은 자신들이 직접 배를 구입하거나 빌려 출항했다. 그런데 자발적인 귀환과정에서 많은 한인이 희생되는 시련을 겪어야 했다. 당시 일본의 연안해안에는 태평양전쟁 시기 미군과 일본군이 설치해놓은 기뢰가 있었는데, 이를 모르고 귀환하던 많은 귀환선이 침몰한 것이다. 또한 초기 귀환자들이 구입하거나 빌린 선박들은 대부분 발동기가 달린 소형 기선이었다. 그 때문에 바다의 태풍이나 풍랑에 쉽게 침몰하기도 했다.

귀환 도중 1,000여 명의 한인이 일본 군함에서 폭사한 '우키시마마루(浮島丸) 사건'은 그것이 고의였는지 자연사고였는지 아직도 풀리지 않은 채 귀환의 '비극'을 상징하고 있다. 이와 같은 참혹함은 패전국 일본 국민이 한국에서 일본으로 안전하게 귀환했던 사실과 크게 대조를 이룬다.

한인의 귀환은 1945년 11월에 들어서야 연합군사령부와 일본 정부의 통제 속에서 진행될 수 있었다. 물론 이후에도 개별적 귀환이 없지는 않았으나 1946년 초가 되면서 귀환 한인의 수는 점점 줄어들었다. 이에 연합군사령부는 귀환희망자 등록을 받았으며, 그에 의해 승선 날짜를 개인별로 통고하여 귀환을 실시했다. 연합군사령부는 1946년 2월 17일 '한국인, 중국인, 류큐인 및 타이완인의 등록'에 관한 각서를 발표했다. 그 내용은 이들 나라 사람들은 3월 18일까지 귀환을 희망한다는 등록을 할 것, 등록을 하지 않은 자나 귀환을 희망하지 않는 다고 등록한 자는 귀환의 특권을 잃는다는 것이었다. 등록을 받은 결과 그때까지 남아 있던 전체 재일한인 64만 7,006명(이들 중 수형자는 3,595명) 중 귀환희망자 수가 51만 4,060명(이들 중 수형자는 3,373명)이었다. 재일 한인 중 79%가 귀환의사를 표명했던 것이다. 그러나 이때 등록한 79%의 재일 한인도 지정된 날짜에 출발하지 못했으며, 이후로 많은 수가 귀환을 포기했다.

1947년 9월 초 연합군사령부의 지시에 의해 귀환은 일시 정지되었다. 한국에 주둔하고 있는 미군의 요청에 의한 것이었는데, 그 후의 귀환수속은 한국주둔 미군 측에 신청서가 회부되어 허가를 받고 난 뒤 다시 연합군사령부가 허가하는 형식으로 바뀌어나갔다.

5. 기타 지역 한인의 귀환

중국과 일본 지역 외에도 해외 한인은 세계 각처에 머물고 있었다. 그들 가운데 대부분은 일제식민지 지배의 모순으로 조국을 떠나거나 침략전쟁에 강제로 동원된 사람들이었다. 특히 타이완이나 태평양 지역, 시베리아 등지에 있던 한인들의 경우는 강제로 끌려간 사람들이 많았다. 이들 사례를 일일이 밝힐 수 없지만 연구성과에 의해 확인되는 지역을 살피면 다음과 같다.

해방 당시 타이완 지역 한인은 일본군 출신 1,300여 명, 강제연행자 2,000여 명을 포함해 4~5,000명에 달했다. 이들의 귀환은 중국 국민정부의 정책에 의해 결정되었다. 타이완은 일제 패망과 함께 중국 국민정부의 관할하에 놓였다. 그러나 중국 본토 내에서 벌어지는 국공내전에 전력을 집중한 국민정부는 타이오나 지역을 수복과 치안 유지에서 차순위로 설정했다. 이러한 상황하에 1945년 10월까지 패전국 일본은 타이완 지역에 대한 지배력을 유지하고 있었다. 이후에도 타이완 내 일제 산업기반을 유지하려는 중국 국민정부의 정책에 편승하여 자신들의 이익을 지속적으로 도모했다. 일본인의 자국 송환은 이러한 배경 속에서 비교적 원활히 진행될 수 있었다.

일본군 소속 한인은 일본인과는 구분되지만, 궁극적으로 강제 송환 대상이라는 점에서 패전국 포로로 취급받았던 것은 크게 다르지 않았다. 임시정부는 그 부당성을 지적하면서 개선방안을 요구했으나 별다른 성과를 거두지 못했다. 타이완에서의 한인 귀환은 타이완성 정부가 외교부에 귀환업무의 허가를 요청하면 외교부가 이를 미국대사관을 통해 연합군사령부, 주한미군 당국에 입국 여부를 타진하는 형식을 취했다. 이런 가운데 한인의 귀환은 '자진귀환'과 '강제 송환'의 형태로 간헐적으로 이어졌다.

　중부 태평양에 위치한 팔라우(Palau)는 1944년 펠렐리우전투와 앙가우르전투에서 일본군이 미군과 70여 일간을 싸우며 1만여 명이 전멸한 지역으로, 수많은 한인들이 희생된 곳이다. 팔라우에는 육해공군을 통괄하는 팔라우집단사령부가 있었고, 남양청 본청을 비롯하여 법원, 병원, 우편국 등 공공시설 등이 설치되어 있었던 태평양상 일본의 최대 근거지였다.

　팔라우의 한인 가운데는 군속들이 많았다. 1941년 9월 해군에서 긴급 토목작업을 시키기 위해 군속을 요구하면서 한인들이 팔라우로 끌려왔다. 그러나 말이 '군속'이지 실상은 군부(軍夫)에 지나지 않았다. 이들은 처음에 일본 본토와 남양 간의 수송 관계 노동을 했다. 그러나 미군의 공습이 심해지자 한인 군속들은 진지를 구축하는 공사에 동원되었다. 펠렐리우(Peleliu)섬에는 주로 노무자 한인들이 많았다. 이들은 남양척식주식회사가 운영하는 인광(燐鑛)에서 채굴작업에 동원되고 있었다.

　팔라우 지역의 경우 패전 후 미군이 들어오면서 일본군을 무장해제하고 군정을 실시했다. 이와 함께 이곳의 한인들은 자치회를 조직했다. 인근의 티니안(Tinian)섬에서도 미군정의 보호 아래 한인 2,400명이 자치회를 구성하고 투표를 통해 자신들의 지도자를 선출했다. 그리고 미군정은 한인들의 자치조직에 경찰권을 부여했다.

　그러나 일본군 측은 미군정의 요구와 명령에도 불구하고 한인들을 현지에 남겨놓고 일본인들만 송환시키고 말았다. 또한 미군정도 한인들을 즉시 귀국시키지 않고 팔라우섬 정글에 일본군이 숨겨둔 무기, 탄약을 찾는 데 동원했다. 한인 군인, 군속들은 그 일을 마치고서야 귀환할 수 있었다.

　한편 소련으로 끌려간 한인들은 일제에 의해 만주 지역으로 강제 동원되었던 일본군 출신의 군인과 군속들이었다. 이들은 1945년 8월 소련군의 만주 침공과 더불어 소련군 포로가 되었으며, 일본군 포로 60만 명과 함께 시베리아 각지에 수용되어 강제 노역을 당했다. 이곳에서 그들은 3년 6개월 동안 억류된 후 1948년 12월 귀환했다.

　당시 일본 정부는 외교권을 상실한 상태였으나 소련에 억류 중인 일본군 포로들의 송환을 위해 연합군사령부와 교섭하여 미국 정부를 통해 소련 정부에 일본인의 송환을 요청하는 비밀회담을 진행시켰다. 그 결과 1946년 가을 소위 '미소협정'이 체결되면서, 그해 12월 5일부터 일본인의 송환이 개시되었다.

하지만 시베리아에 끌려간 한인 군인, 군속들에 대한 귀환교섭은 일본 정부는 물론 미군정 당국도 외면할 뿐이었다. 그런 상황에서 한인 포로들은 조국으로 돌아가기 위해 소련 당국에 여러 차례 귀국허가를 신청했으나, 소련은 한국에 정식 정부가 없다는 이유를 들어 한인의 청원을 거절했다. 그런 가운데 일본군 포로들에 대한 송환이 시작되면서 한인 포로들의 송환도 1948년 5월에 이르러 부분적으로 이루어질 수 있었다.

일본군에 강제 동원된 한인 포로들은 패전국 일본과 소련, 그리고 연합국사령부 간의 복잡한 이해관계와 국제정치의 냉혹한 현실에 철저하게 희생당한 사람들이었다. 이들은 해방을 맞이한 상황에서도 시베리아 포로수용소에서 3년간 인권을 유린당하며 잔혹한 강제 노역에 시달렸을 뿐만 아니라, 귀환 후에도 남북분단이라는 이데올로기적 대치상황에서 상당한 기간에 걸쳐 정치적 상황으로 인한 여러 가지 제약을 당하며 이중의 고통을 겪어야만 했다. ┃ 장석흥

한국근현대사학회는 한국근현대사를 연구하고 대학에서 강의하고 있는 젊은 연구자들이 모여 연구 풍토의 쇄신과 근현대사 연구의 진작을 위해 1993년 1월에 창립한 학술단체이다.

글쓴이(수록순)

1부
김상기 충남대학교 명예교수
윤소영 독립기념관 한국독립운동사연구소
        연구위원
이현주 국사편찬위원회 편사연구관
권오영 한국학중앙연구원 교수
한철호 동국대학교 교수
박맹수 원광대학교 교수
이민원 동아역사연구소 소장
최기영 서강대학교 교수
홍영기 순천대학교 명예교수
이계형 국민대학교 교수

2부
김희곤 안동대학교 명예교수
신주백 독립기념관 한국독립운동사연구소 소장

이경란 연세대학교 HK연구교수
이현주 국가보훈처 연구관
김광재 국사편찬위원회 편사연구관
박종린 한남대학교 교수
장규식 중앙대학교 교수
이준식 독립기념관 관장

3부
박찬승 한양대학교 교수
허 종 충남대학교 교수
허 은 고려대학교 교수
김점숙 명지대학교 교수
박윤재 경희대학교 교수
김광운 국사편찬위원회 편사연구관
김지형 서원대학교 교수
장석흥 국민대학교 교수

한울아카데미 1528
한국근현대사 강의
ⓒ 한국근현대사학회, 2013

엮은이 ◆ 한국근현대사학회
펴낸이 ◆ 김종수
펴낸곳 ◆ 한울엠플러스(주)

초판 1쇄 발행 ◆ 2013년 3월 1일
초판 5쇄 발행 ◆ 2020년 9월 25일

주소 ◆ 10881 경기도 파주시 광인사길 153 한울시소빌딩 3층
전화 ◆ 031-955-0655
팩스 ◆ 031-955-0656
홈페이지 ◆ www.hanulmplus.kr
등록번호 ◆ 제406-2015-000143호

Printed in Korea.

ISBN 978-89-460-6947-3 93910